MYTHISCHES IN BIBLISCHER BILDSPRACHE

GESTALT UND VERWANDLUNG IN PROPHETIE UND PSALMEN

QUAESTIONES DISPUTATAE

Begründet von
KARL RAHNER UND HEINRICH SCHLIER

Herausgegeben von
PETER HÜNERMANN UND THOMAS SÖDING

209

MYTHISCHES IN BIBLISCHER BILDSPRACHE

MYTHISCHES IN BIBLISCHER BILDSPRACHE

GESTALT UND VERWANDLUNG IN PROPHETIE UND PSALMEN

UNTER MITARBEIT VON
EBERHARD BONS, MANFRED GÖRG,
MARIA HÄUSL, OTHMAR KEEL,
HANS-PETER MÜLLER, RUTH SCORALICK,
SILVIA SCHROER, BERND WILLMES

HERAUSGEGEBEN VON
HUBERT IRSIGLER

HERDER

FREIBURG · BASEL · WIEN

Bibliographische Information der Deutschen Bibliothek

Die Deutsche Bibliothek verzeichnet diese Publikation in der Deutschen Nationalbibliographie; detaillierte bibliographische Daten sind im Internet über ⟨http://dnb.ddb.de⟩ abrufbar.

Druckvorlage durch den Herausgeber

www.herder.de
Druck und Bindung: Difo-Druck, Bamberg 2004
Gedruckt auf umweltfreundlichem, chlorfrei gebleichtem Papier
ISBN 3-451-02209-5

Inhalt

Vorwort

„Mythos" ist ein ebenso viel gebrauchtes wie vieldeutiges Wort. Inwieweit sich Mythos bzw. mythische Rede zumindest in gebrochener, nicht mehr produktiver Form im Alten Testament findet und vor allem in welchen Funktionen, zu welchen Zwecken Mythos und Mythisches textlich verwendet wird, ist eine Frage, die sich der alttestamentlichen Exegese nicht erst, aber verstärkt mit einem neu erwachten kultur- und religionswissenschaftlichen Interesse am Mythos stellt. Der vorliegende Band bietet die überarbeiteten Fassungen von Referaten, die auf der Jahrestagung der Arbeitsgemeinschaft der deutschsprachigen katholischen Alttestamentlerinnen und Alttestamentler vom 1. – 5. September 2003 in Freiburg i.Br. zum Rahmenthema „Gestalt und Verwandlung des Mythischen in der Bildsprache von Prophetie und Psalmen" gehalten wurden. Die Beiträge beschäftigen sich aus verschiedenen Blickwinkeln mit der Frage, inwiefern und in welcher Weise mythische Hintergründe, Konstellationen, Elemente und Motive in Propheten- und Psalmentexten rezipiert, aktualisiert und durch je eigenständige Intentionen der Texte transformiert werden: *Wie werden (auch) aus mythischen Bildern, Bildgeschichten und Vorstellungselementen biblische, näherhin psalmistische und prophetische Texte bzw. Textbilder?* Handelt es sich in den einzelnen exemplarisch untersuchten Texten um eine noch mythische oder eine mythenkritische Rezeption des Mythos? Mythisches kann als Modell der Rede von einem göttlichen Handeln verwendet werden oder durch Kontextualisierung, Metaphorisierung bzw. durch Überlagerung und Verschmelzung mit lebensweltlich begründeten Metaphern sowie durch Historisierung und Eschatologisierung transformiert werden. *Inhaltlich* zielen die Themen auf das auch oder wesentlich von mythischen Hintergründen her geprägte jeweilige *Gottesverständnis* der untersuchten Texte.

Der thematische Bogen der Beiträge geht aus von der einführenden Fragestellung nach Mythos und Mythischem in der Hebräischen Bibel mit einem exemplarischen Ausblick auf die Debatte um die ‚Solarisierung' JHWHs im alten Israel sowie von grundsätzlichen Erwägungen über das Verhältnis von originärem Mythos und dem textlich zurückbehaltenen Mythischen (mit ambivalenter Geltung) zu religiöser Metaphorik und führt hin zum zentralen Vorstellungskreis vom Königtum Gottes in den Psalmen und in der Prophetie. Sodann wendet sich der Blick von der Untersuchung von mythischen Motiven und der Metaphorik von Gottesbildern in Einzeltexten wie in Am 9,1-4 und Ps 139,7-12 einerseits und Hos 2,4-25 andererseits über die Frage nach rezipierten mythischen Vorstellungen in familiär orientierten Verständnissen von Gott und Volk hin zur Frage nach Aktualisierung und Transformation von Totenweltmythologie im alten Israel sowie zu einer intertextuellen Untersuchung der Motive von JHWH als Quelle der Fruchtbarkeit und vom Gottesgarten im Rahmen des Zwölfprophetenbuches. – Ein englisches Abstract ist den einzelnen Beiträgen jeweils angefügt.

Ich danke vorab den Kolleginnen und Kollegen, die auf der AGAT-Tagung 2003 aus der Perspektive ihrer Forschung zum Rahmenthema referierten und jenen, die sich als Gesprächspartner zur Verfügung stellten. Meinen Mitarbeiterinnen und Mitarbeitern am Arbeitsbereich Alttestamentliche Literatur der Universität Freiburg danke ich herzlich für ihren Einsatz bei der Fertigstellung dieses Bandes: Für die Mitarbeit an der Redaktion und Formatierung der Beiträge sowie für die EDV-Bearbeitung der Bildmaterialien und die Erstellung der Druckvorlage einschließlich der Register habe ich vornehmlich Frau Carmen Diller zu danken. Herr Dr. Ralf Rothenbusch half in bewährter Kompetenz bei Literatursammlungen und besonders auch bei der umfangreichen Korrekturarbeit, Frau Rodica Matasariu bei Formatierungsarbeiten, Herr Achim Haberland und Frau Christina Betz bei letzten Korrekturen in der Endphase der Redaktion.

Hubert Irsigler

Vom Mythos zur Bildsprache
Eine Einführung am Beispiel der „Solarisierung" JHWHs

Hubert Irsigler
Freiburg

1. Die Frage nach dem „Mythos" (Methodisches und Terminologisches)

Die Sprach- und Begriffsverwirrung in Sachen „Mythos" ist groß. Eine literaturwissenschaftliche Untersuchung aus neuester Zeit (Peter TEPE 2001) zum Mythos-Sprachgebrauch im Alltag und in den Medien mit einem Seitenblick auf den Sprachgebrauch in den Wissenschaften kommt auf die sagenhafte Zahl von 73 Bedeutungen des Wortes Mythos! Von der traditionellen Bedeutung als Erzählung von Göttern, Heroen und anderen Gestalten und Geschehnissen aus vorgeschichtlicher Zeit bis hin zu Mythos als Berühmtheit, Objekt der Verehrung und Bewunderung, Ideal, Wunschbild, unzutreffendes, verklärendes Bild, Leitbild, politischer Glaube, Ideologie usw. Eine Verdichtung auf sieben Mythos-Begriffe schlagen Aleida und Jan ASSMANN vor; den gemeinsamen Nenner sehen sie in dem einer Gruppe vorgegebenen Fundus an Bildern und Geschichten.[1]

Die Tatsache, dass der Mythos-Begriff schon seit der Epoche der Aufklärung in die Bibelwissenschaft eingeführt wurde[2], kann über die Problematik nicht hinwegtäuschen, die sich mit der Anwendung von Ausdruck und Begriff des Mythos auf biblische Texte immer noch stellt. Zu einem Teil hängt sie schon mit der

---

[1] A. und J. ASSMANN 1998, 179-181: polemischer, historisch-kritischer, funktionalistischer Begriff, Alltags-Mythos, narrativer Begriff, literarische Mythen, Ideologien / ‚Große Erzählungen'.

[2] Vgl. C.H. HARTLICH / W. SACHS 1952 mit dem eingehenden Nachweis, dass der Göttinger Professor Christian Gottlob Heyne (1729-1812) als der eigentliche Begründer der mythologischen Studien in der Klassischen Altertumswissenschaft zu gelten hat. Seine Untersuchungen zur griechischen Mythologie haben eine entscheidende Neubestimmung des Mythos als einer eigenständigen Redeform eingeführt, die der poetischen Phantasie und Produktion von Dichtern vorausliegt. Vgl. bes. auch F. GRAF 1993, 284-294.

Herkunft des Wortes μῦθος und seiner Verwendung in der griechischen Literaturgeschichte zusammen. Es war der griechische Mythos vorab als traditionelle Geschichte oder Erzählung von Göttern und Heroen, der weithin bestimmt hat, was als Mythos zu verstehen sei.

In der religionsgeschichtlichen und biblischen Forschungsliteratur hat John W. ROGERSON (1974, 174-178) zwölf unterschiedliche Bedeutungen von „myth" / Mythos entdeckt – noch ohne die Arbeiten Hans-Peter MÜLLERs zur Mythos-Thematik im Kontext der Bibel und ihren religionsphänomenologischen Ansatz zu berücksichtigen. In einer späteren Arbeit (1978-79, 10f.) differenziert ROGERSON zwischen „myths" / Mythen (im Plural) als Texten, in denen Götter oder andersweltliche Kräfte („otherworldly agencies") handeln und „myth" / Mythos, von dem man konsensfähig nur sagen könne, dass er das sei, was Mythen hervorbringt oder das Weltverständnis bedeute, das in den Mythen enthalten ist (ebd. 10). Auch wenn man davon ausgeht, dass der Terminus Mythos einen komplexen Begriff bezeichnet, der sich sowohl auf eine Welt- und Lebensauffassung, eine mythische „Denkform" oder „Mentalitätsstrukturen" als auch auf eine Redeform bzw. auf Textstrukturen bezieht[3], so ist uns doch „Mythos" im vorderaltorientalischen (und biblischen) Bereich *primär* nur im letzteren Sinne zugänglich. Was mythische „Denkform" ist oder sein könnte, ist nur an deren Ausprägung in Texten (erzählend in Prosa oder Poesie), in bildlichen Darstellungen und Bildkonstellationen sowie (möglicherweise) an der Symbolik von Riten ablesbar. Nun können aber „Mythen" (im Plural) als mündliche oder schriftliche Texte jedenfalls prinzipiell gattungskritisch erfasst werden. Zwar kaum in dem Sinne, dass wir in den verschiedenen altorientalisch (und biblisch) überlieferten Mythentexten einen durchaus einheitlichen Redestrukturtyp herausstellen könnten, wohl aber im weiteren Sinn eines komplexen Redetyps oder einer komplexen literarischen „Gattung" (mit nach Redeform, Thema und Funktion unter-

---

[3] Vgl. z.B. A. und J. ASSMANN 1998, 187ff.190ff. H.-F. RICHTER 1988 (bes. 24-28) bestimmt „Mythos" und „Logos" als „Verstehensformen", die sich sowohl bildhafter als auch abstrakter Sprache und Ausdrucksmittel bedienen können. A. GRABNER-HAIDER 1993, 86.421, unterscheidet zwischen Mythos im engeren Sinn als „geoffenbartes", geheimes, manahältiges Wort oder „heilige Rede", die von Generation zu Generation weitergegeben wird und Mythos im weiteren Sinne als mythische Lebenswelt, in der Menschen mit metaempirischen Kraftfeldern bzw. mit der Welt von Geistwesen rechnen, auf sie Einfluss gewinnen wollen und auf kreative Weise auf die Lebenskontingenzen antworten.

scheidbaren Unterarten).[4] Daher liegt ein entsprechendes primäres Verständnis auch für den Singular „Mythos" nahe. Es folgt dem originären griechischen Sprachgebrauch von μῦθος als „Wort" oder „(erzählte) Geschichte". Dabei ist wie bei all unseren üblichen Gattungsbezeichnungen wie Klagelied, Hymnus usw. daran zu erinnern, dass freilich auch der Terminus *„Mythos"* im Grunde äquivok verwendet wird, einerseits als Bezeichnung des Strukturtyps, der Gattung, andererseits auch als Name für das Gattungsexemplar, den jeweiligen konkret ausgeführten Einzeltext, der dieser Gattung angehört. Es sei denn, man wolle z.B. mit André JOLLES (1930, 100) genauer zwischen der von ihm so genannten „Einfachen Form", d.h. dem (gleichwohl komplexen) Strukturtyp als „Mythe" und ihrer „Vergegenwärtigung" als vereinzelt jeweils vorliegende, konkret ausgeführte Form als „Mythos" unterscheiden. Andere Verständnisse von „Mythos" in den Wissenschaften, in der Religionswissenschaft, der Philosophie und in der historischen und strukturalen Anthropologie haben ihre je eigene Begründung und Berechtigung[5] und entbinden nicht von der Frage nach einem *operativen literaturwissenschaftlichen Mythos-Begriff*, wenn auch nur für einen eingegrenzten Überlieferungsraum oder kulturellen Bereich. Ein solcher operativer Mythos-Begriff sollte nicht wie eine vorgegebene Schablone auf alttestamentliche Texte angewandt, wohl aber kann er als heuristisches Mittel, das an

---

4 Eine „Gattungsbeschreibung des Mythos" bietet H.-P. MÜLLER 1998b, 216-220; bei den erzählenden Gattungen seien allerdings weniger „feste Formalstrukturen" als vielmehr inhaltliche Merkmale charakteristisch (215, ebd. 214f. zum Begriff ‚Gattung'). Die pauschale Behauptung Th. SCHMIDTS 1996, 85, Mythos sei als „symbolische Erzählung" „gattungsindifferent", greift zu kurz.

5 Vgl. nur die verschiedenen Artikel zum Stichwort „Mythos" in TRE 23 (1994) 597-665 (philosophisch, religionsgeschichtlich, alttestamentlich, neutestamentlich, systematisch-theologisch, praktisch-theologisch); F. GRAF 1985, 39-57 (Neuansätze der Mythendeutung im 20. Jahrhundert); K. HÜBNER 1985 zur Geschichte der Mythos-Deutung (48-92) und zur Gegenwart des „Mythischen" in der modernen Malerei, in der christlichen Religion und in der Politik heute (293-365). J. MOHN 1998 will in seiner religionswissenschaftlichen Untersuchung zu Mythos und Interkulturalität den Begriff Mythos nicht auf eine Definition verkürzen, sondern zu einer transkulturellen, offenen und „aspektiven Theorie des Mythos" beitragen (z.B. 40-44). Er favorisiert den von Mircea Eliade vertretenen religionswissenschaftlichen Zugang zum Mythos, der vom Mythos in traditionalen Gesellschaften als einem archaischen, traditionalen, noch „lebendigen" und prototypischen Mythos als einer exemplarischen modellhaften Geschichte ausgeht. Eliades Mythosbegriff erlaube einen formalen Zugang zur Pluralität der Mythen in der Pluralität der Kulturen bis in die Moderne hinein (121-135.231-239). Vgl. auch Th. SCHMIDT 1996, 41-86, zu Mythos und Mythologie als Grundbegriffen der Religionswissenschaft.

überlieferten Texten gewonnen worden ist, eingesetzt werden, um einen Zugang zu „Mythos“ und „Mythischem“ im Alten Testament zu eröffnen.

Nun ist weitgehend unbestritten, dass sich in den Literaturen Griechenlands und Mesopotamiens, Ugarits und Kleinasiens, in begrenztem Maß auch in Ägypten „mythische“ Erzählungen mit gleichartigen Merkmalen, z.T. in unterschiedlichen Literaturformen finden und dass „mythische Motive“ im Alten Testament vorrangig kanaanäischen, aber auch mesopotamischen und ägyptischen Hintergrund verraten bzw. eher die Teilhabe Israels an einem traditionellen Reservoir oder Arsenal mythischer Bildsprache und Vorstellungen.[6] *Was aber ist ein **Mythos** als Textsorte, als (im weiteren Sinn) ‚Gattung‘* primär der Rede, für den altorientalischen Raum uns freilich nur in schriftlicher Form, in literarischer Gestaltung überliefert? Die Versuche einer gattungskritischen Eingrenzung und Normierung, wenn schon nicht Definition von Mythos als einer (komplexen) Gattung nennen im Allgemeinen für den altorientalischen und dann auch alttestamentlichen Bereich als kleinsten gemeinsamen Nenner einige Merkmale, die ich in sieben Punkten resümieren möchte.

Ich beziehe mich dabei – ohne hier auf unterschiedliche Ansätze, Aspekte und Akzentuierungen im Einzelnen einzugehen – unter anderem[7] auf Claus PETERSEN (1982, bes. 20-33), der von typischen Merkmalen als „mythisch“ anerkannter altorientalischer Texte aus der unmittelbaren Umwelt Israels ausgeht, um Kriterien für „Mythos“ im Alten Testament zu finden, auf die wichtigen Beiträge Hans-Peter MÜLLERs zu Begriff und Gattung des Mythos (s.u. in diesem Band, dazu bes. ders., Mythos als Elementarform religiöser Rede 1998b, 213-229; ders. 1991, 188-219; 1979, 9-11 [9-41]; 1977, bes. 70ff.), auf die resümierenden Arbeiten von Werner H. SCHMIDT (1967; 1994, bes. 626-628), Hubert CANCIK / Eva C. CANCIK-KIRSCHBAUM (1995), Claus WESTERMANN (1999, 212-232) und R. Mark SHIPP (2002, 24-31 [1-31]), auf die literaturwissenschaftlichen und mythologiegeschichtlichen Arbeiten von Fritz GRAF (1985, hier bes. 7-14), Walter BURKERT (1993) und Lutz RÖHRICH (1993), ferner auf die

---

6 Zur alttestamentlichen ‚Mythologie‘ im Kontext von Literatur und Religion des altorientalischen Nahen Ostens vgl. exemplarisch W.G. LAMBERT 1988, dazu die drei altorientalischen Beispiele für „Funktionen und Leistungen des Mythos“ bei J. ASSMANN / W. BURKERT / F. STOLZ 1982; M.S. SMITH 1994.

7 Als ältere Monographien zum Thema Mythos und Mythisches im Alten Testament seien besonders genannt A. OHLER 1969 und J.W. ROGERSON 1974. Vgl. auch J. BARR 1959; J.L. MCKENZIE 1959; J. SCHREINER 1971; H. Graf REVENTLOW 1982; ders. 1990; sowie zur Aufnahme und Umdeutung insbesondere von Chaoskampfmythen im Ijobbuch G. FUCHS 1993. Zum Fragenkreis ‚Mythos und moderne Mythentheorie‘ bieten W. BARNER / A. DETKEN / J. WESCHE (Hrsg.) 2003 eine konzise Textsammlung.

religionsgeschichtlich sowie philosophisch und theologisch resümierenden Arbeiten von Jean BÓTTERO / Samuel Noah KRAMER (1989, bes. 79-94. 95-104), Jan ASSMANN / Walter BURKERT / Fritz STOLZ (1982); Jan ASSMANN (2002, bes. 73-86), Aleida und Jan ASSMANN (1998), Mircea ELIADE (1977; 1988, bes. 11-27; 1998), Jürgen MOHN (Mythostheorien 1998, bes. 58-82.124-173), Fritz STOLZ (1994), Anton GRABNER-HAIDER (1993; 1988), Kurt HÜBNER (1985 bes. zum griechischen Mythos; 1994) und Martin LEINER (1998).

Folgende Gattungsmerkmale von Mythos-Texten lassen sich als hinreichend oder weithin konsensfähig nennen: **1.** Mythos ist grundlegend eine narrative Redeform in mündlicher Überlieferung, sekundär eine literarische Textsorte, als eine im Rahmen einer Kultur *traditionelle*, für das kollektive Selbstverständnis bedeutsame *Erzählung, Geschichte oder narrative Sequenz*, die von *Geschehnissen*, Handlungsfolgen und Ereignissen spricht, nicht vorrangig zuständliche Gegebenheiten schildert. Solche Geschichten sind in Bilder konvertierbar und umgekehrt. Auch Bilder, wie Aufführungen und Tänze, können Geschichten erzählen, einen narrativen Charakter haben. Insofern könnte man z.B. von ‚Bildmythen' (insbesondere im alten Ägypten) sprechen. Jedoch, auch wenn man mythische Bilder etwa der altvorderasiatischen und griechischen Kunst nicht einfach als Illustrationen ausformulierter Texte betrachtet, so sind sie doch nicht selbst schon (im terminologischen Sinn) „Mythos", vielmehr kondensierter Ausdruck mythischer Vorstellungen oder Anspielung auf Mythen-Geschichten, die zum traditionellen Wissensfundus einer Kultur gehören.[8] Erst die ‚zur Sprache' kommende, erzählbare, primär mündliche traditionelle „lebendige" (variationsfähige) Geschichte ist im engeren Sinne „Mythos", was weiter gefasste Verständnisse

[8] A. und J. ASSMANN 1998, 188f., betrachten neben der Narrativität die Ikonizität oder „kondensierte Bildhaftigkeit" als konstitutives Element des Mythos, mythische Bilder der Kunst beziehen sich demnach unmittelbar auf einen in der Kultur verankerten Wissensfundus. Das erscheint plausibel. Sind jedoch mythische Bilddarstellungen, wenn sie denn eine Handlungsfolge implizieren sollen und nicht nur isoliertes Bild sind, ohne einen Zusammenhang mit wie auch immer gearteten ‚gewussten' Geschichten, die jedenfalls prinzipiell erzählbar sind und zu diesem Wissensfundus gehören, anzunehmen? W. BURKERT 1993, 14f., beharrt, wie mir scheint, mit guten Gründen auf dem „Mythos" als primär sprachlicher Form gegenüber begrifflichen Bestimmungen, die Erzählung und Bilddarstellung als gleichwertige ‚symbolische' Formen und in diesem Sinne als Mythos verstehen. Anders gelagert ist die Frage nach einer sachgemäßen Verhältnisbestimmung altorientalischer Bilder und Texte. O. KEEL 1992 (z.B. XI-XII) betont das Recht der Bilder, als eigene Darstellungen der Wirklichkeit gesehen und ernst genommen zu werden, aber auch die je eigens zu bestimmende Komplementarität von Bild und Text.

von Mythos in den Wissenschaften und moderner Kultur nicht ausschließt (s.o.). **2.** An den erzählten Geschehnissen sind *numinose Wesen*, eine Gottheit oder mehrere Götter in ihrem Verhältnis zueinander oder auch zu (einem) Menschen beteiligt. **3.** Der als Mythos erzählte *Vorgang* verläuft in der Regel unumkehrbar von einem Zustand der Veränderungsoffenheit, der *Labilität* hin zu einem (positiven oder negativen) Zustand der *Stabilität.* **4.** Diese Geschehnisse werden *als einmalige Ereignisse* erzählt, auch wenn sie sachlich regelhafte Abläufe in Natur- und Menschenwelt referieren. **5.** Die *Handlungszeit* des Mythos liegt außerhalb oder jenseits der als geschichtlich oder alltäglich begriffenen Menschen-Zeit, in einer ‚Urzeitlichkeit', einer Vorzeit oder einer „prototypische(n) Zeit, in der eine gegenwärtige Existenz begründet wird" (H.-P. MÜLLER 1995, 6). Die erzählten oder geschilderten Vorgänge haben daher den Charakter eines Urgeschehens. **6.** Was den *Handlungsraum* angeht, so ist er grundsätzlich nicht begrenzt, nicht abgrenzbar, hat aber numinose Qualität (Götterberg, Gottesgarten, Tempel u.a.) und liegt nicht selten außerhalb unmittelbar zugänglicher Erfahrung (Himmel, Unterwelt), kann indes in den menschlichen Lebensbereich hineinwirken. **7.** *In funktionaler Hinsicht* geht es im Mythos wesentlich darum, Grunderfahrungen des Menschen in einer ihm geheimnisvollen und oft bedrohlichen Welt offenbar zu machen. Die im Mythos als primordial / prototypisch erzählten Ereignisse wirken als exemplarische Modelle menschlicher Existenz und Tätigkeiten fort. Der Mythos beschreibt eine gründende Ordnung; er ist Rede, die gegenwärtige Wirklichkeit stiftet, begründet, legitimiert oder deutet.[9]

---

[9] Zu legitimierenden und deutenden Mythen vgl. zusammenfassend A. und J. ASSMANN 1998, 185f. Im Kontext seiner Untersuchung zur Erinnerungskultur unterscheidet J. ASSMANN (2002, 75-83, bes. 78f.) zwischen „fundierender", d.h. Gegenwärtiges als „sinnvoll, gottgewollt, notwendig und unabänderlich" erscheinen lassender Erinnerung und „kontrapräsentischer", d.h. die Gegenwart relativierender Erinnerung, entsprechend zwischen fundierender und kontrapräsentischer Funktion des Mythos. Dessen orientierende Kraft, die er für eine Gruppe in einer bestimmten Situation besitzt, nennt ASSMANN „Mythomotorik" (79f.). Nach M. ELIADE 1988, 17, „besteht die Hauptfunktion des Mythos darin, die exemplarischen Modelle aller Riten und aller bedeutsamen menschlichen Tätigkeiten zu offenbaren: dies gilt für die Ernährung oder die Heirat ebenso wie für die Arbeit, die Erziehung, die Kunst oder die Weisheit." Ähnlich bestimmt W. BURKERT 1982, 65ff., den Mythos als traditionelle ‚angewandte Erzählung', die die Spuren ihrer möglicherweise vielschichtigen Anwendung in ihrer überlieferten Gestalt weiterträgt. F. STOLZ 1982, 100, versteht den ugaritischen Ba'alsmythos als „kosmologischen" Mythos, zu dem nicht nur die Natur, sondern auch der Bereich von Geographie und Geschichte gehöre. Im Anschluss an G.S. KIRK betont H. Graf REVENTLOW 1982, 177-183, die vorwiegend erzählerisch-begründende Funktion des Mythos; sie zeige

Soweit einige wichtige Merkmale einer Textsorte Mythos, die sich für Mythen im altorientalischen Raum als konsensfähig erwiesen haben, trotz unterschiedlicher Akzentuierungen und mancher Probleme im Detail (z.B. zum Verhältnis von außergeschichtlicher Zeitsphäre / Urzeit / Ursprungszeit und geschichtlicher / volksgeschichtlicher Zeit in Texten der biblischen Urgeschichte, der Väter- / Erzelternüberlieferung und der Exodusüberlieferung). Schwierig zu beantworten bleibt die Frage nach einem oder mehreren *„Sitzen im Leben"* von Mythen und damit nach ihren lebenspraktischen Verwendungszusammenhängen und Funktionen (in Formen des Kults, in [weisheitlicher] Belehrung, in Propaganda usw.), insbesondere nach mehr oder weniger lockeren Bezügen zwischen mythischer Rezitation und ritueller Handlung.[10] Die Unterscheidung von primären, *„reflektierten"* und *„konstruierten"* Mythen[11] spitzt diese Frage noch einmal zu. Allerdings ist eine heuristische Verwendung der an anerkannten Mythentexten gewonnenen Mythos-Merkmalen auch ohne vorgängige Klärung der umstrittenen Frage nach einem „Sitz im Leben" von Mythen möglich.

Eine Begriffsklärung oder doch -eingrenzung ist allerdings noch zu den häufig gebrauchten Termini „mytisches Element" und „mythisches Motiv" nötig. Während „Mythos" im engeren Sinn textbezogen (mündlich und dann auch schriftlich!, nicht unmittelbar denkweltbezogen) die (mehr oder weniger geschlossene) Geschichte oder Erzählung mit ihren spezifischen Merkmalen bezeichnet, soll hier als ***„mythisches Element"*** (im Anschluss an C. PETERSEN 1982, 32f.) ein in der Hauptsache nur quantitativ vom

---

sich nicht nur in der biblischen Urgeschichte, sondern ebenso in der mythischen Dimension (auch) der alttestamentlichen Geschichtstradition.

[10] Zur „pragmatischen Dimension" des Mythos vgl. A. und J. ASSMANN 1998, 186f.; zu der mit „Myth and Ritual" gekennzeichneten Forschungsrichtung, deren theoretische Positionen in der Erforschung der Religionen des alten Nahen Ostens weithin überholt sind, vgl. z.B. J.W. ROGERSON 1974, 66-84, bzw. zur ritualistisch-soziologischen Deutung des Mythos F. GRAF 1985, 43-47.98-116; K. HÜBNER 1985, 54-57.

[11] Zu Letzteren vgl. W. VON SODEN 1984, 4f.; ders. 1985, 199: Die Masse der aufgezeichneten Mythendichtungen des Alten Orients sind „reflektierte Mythen", die wohl noch an sicher vorhandene vorliterarische Mythen anschließen, die alten Überlieferungen aber unter bestimmten Leitgedanken umformten und die den Dichtern wichtigen Überzeugungen veranschaulichen. „Konstruierte Mythen" (ders. 1984, 6-9; 1985, 199) tauchen in Babylonien und Assyrien nach 800 v. Chr. auf; sie schließen nicht an ältere mündlich tradierte Mythen an, ihre Handlung ist frei erfunden und nach gängigen mythologischen Schemata ausgestaltet, nennen bisweilen auch ausdrücklich den Namen des Verfassers (z.B. im Erra-Mythos) und verraten zeitgeschichtlich gebundene politische und theologische Tendenzen.

„Mythos" unterschiedenes Textelement (Abschnitt / Satz / Prädikation) gelten, das wesentliche Merkmale eines Mythos enthält (ein Geschehen mit ‚urzeitlichem Charakter' und numinoser bzw. göttlicher Beteiligung). Ein ***„mythisches Motiv"*** als typische bedeutsame Situation bzw. elementarer kombinationsfähiger Bestandteil eines mythischen Stoffes lässt sich von einem belegbaren oder doch erschließbaren Mythos herleiten, kann aber in einem nicht-mythologischen Redekontext in veränderter Funktion auftreten (vgl. H. CANCIK 1995, 866). Mythos, mythische Elemente bzw. Motive verweisen auf eine wenigstens ansatzweise erschließbare *‚mythische Vorstellungswelt'*, in der sie ihre primäre Funktion und ihren Sinn erhalten.

Von einer ***Mythologie*** wird (entgegen der ursprünglichen Bedeutung ‚Vortrag eines Mythos') terminologisch meist dann gesprochen, wenn eine Gesamtheit der Mythen, mythischer oder mythisch geprägter Überlieferung einer Epoche, in einem Kulturraum oder einem Volk bzw. einer Gemeinschaft im Blick steht oder ein Element aus dieser Gesamtheit referiert wird (vgl. zur Mythologie in einer Mythostheorie J. MOHN 1998, 80-82). Entsprechend kann man von einer Mythologie grundlegender Phänomene des menschlichen Lebens oder des Weltverständnisses reden, z.B. einer Mythologie des Todes, des Himmels usw. Der Terminus Mythologie kann aber auch das reflexive Verhältnis zum Mythos betonen und im Sinne eines genitivus objectivus den Logos vom Mythos, d.h. seine rationale Reflexion, seine wissenschaftliche Analyse oder einen vernünftigen, rationalen Zugang zum Mythos bezeichnen (J. MOHN 1998, 81f.). So verstanden ist Mythologie „Arbeit am Mythos" (nach Hans BLUMENBERG 1996). Sie zeigt sich bereits in den uns überlieferten schriftlichen Zeugnissen von Mythen als deren Rezeptionsformen, auch wenn man nicht *jede* Rezeption als „Arbeit am Mythos" verstehen will[12], sondern eine *mythische*, eine *„mythologische"* (reflektierte, literarisch gezielt gestaltete, ästhetisierende) und eine *mythenkritische* Rezeption des Mythos unterscheidet (so E. JÜNGEL 2000, 42f.).

Nach diesen Versuchen einer konsensfähigen begrifflichen Bestimmung von Mythos und Mythologie im Hinblick auf die für das Rahmenthema relevanten altorientalischen und alttestamentlichen Literaturen ist allerdings noch einmal auf die Problematik eines

[12] Anders H. BLUMENBERG 1996, der „Arbeit am Mythos" sehr weit fasst, z.B. 133: „Auch die frühesten uns erreichbaren Mythologeme sind schon Produkte der Arbeit am Mythos. Teilweise ist diese vorliterarische Arbeitsphase in den Mythenverbund eingegangen, der Rezeptionsvorgang also zur Darstellung der Funktionsweise selbst geworden."

operativen Mythos-Begriffs hinzuweisen. Sie stellt sich, einmal abgesehen von der biblischen Literatur (und auch von der Frage nach den Mythen des antiken Rom), zumal auch für das alte Ägypten, wie Jan ASSMANN (1982; 1977) gezeigt hat. Er spricht von der „Verborgenheit" des Mythos in Ägypten, da hier schriftliche mythische Erzählungen nicht zu den gewöhnlichen und typischen Ausdrucksformen der religiösen Überlieferung gehören und sogar etwa der höchst bedeutsame Osiris-Mythos „uns in den Aufzeichnungsformen der ihm eigentümlichen Kommunikationsgemeinschaft immer nur ausschnitthaft entgegentritt" (1982, 13). Nun ist damit nicht nur gesagt, dass der Mythos seinen primären und eigentlichen Ort in der *mündlichen* Überlieferung hat. ASSMANN stellt für Ägypten vielmehr die besondere Bedeutsamkeit und Wirkkraft von „so etwas wie vormythische(n) Sinnkomplexe(n), die sich erst im Laufe der Geschichte fallweise zu ganzen Mythen entfalten" heraus, für die er den Terminus *„Konstellationen"* vorschlägt; eine solche Konstellation ist „z.B. die von (totem) Vater und (lebendem) Sohn, aus der auch der Osirismythos in wesentlichen seiner Aspekte hervorgewachsen ist" (1982, 14). Konstellationen sind demnach „Relationen der Handlung und der Rolle" zwischen Göttern, die noch nicht narrativ in den Handlungszusammenhängen des Mythos, verstanden als geschlossene, fortlaufende Handlung, entfaltet sind (1977, 14f.). Angesichts der überwältigenden Evidenz der „Ikone" (oder „Beziehungsbilder", die den Begriff des Bildhaften und des „Konstellativen" verbinden) in Ägypten möchte ASSMANN eine Definition des Mythos vorziehen, die nicht seine „Narrativität", sondern seine „Ikonizität" in den Vordergrund stellt: „Mythen sind zu Geschichten entfaltete Ikone (Konstellationen, „Beziehungsbilder"), die sich, ohne ihre Identität zu verlieren, wieder in die reine Ikonizität zurückziehen können" (1982, 40). Darauf beruht die Konvertierbarkeit von Bildern in Geschichten und von Geschichten in Bilder (A. und J. ASSMANN 1998, 189). Andererseits hält Jan ASSMANN freilich daran fest, dass Mythen bevorzugt narrative Äußerungsformen sind, so im Zusammenhang der Unterscheidung von fundierender und kontrapräsentischer Erinnerung bzw. Funktionen des Mythos (2002, bes. 74-80): „Mythos ist der (vorzugsweise narrative) Bezug auf die Vergangenheit, der von dort Licht auf die Gegenwart und Zukunft fallen läßt" (2002, 78). Auf in Texten zu Wort kommende mythische „Beziehungsbilder" oder „Konstellationen", die selbst noch nicht „Mythen" sind, aber zu eigentlichen Mythen als Geschichten entfaltet werden können bzw. nachweislich oder erschließbar entfaltet sind, wird jedenfalls auch in biblischer Bildsprache besonders zu achten sein.

2. Mythisches im Alten Testament und die Frage nach seinen Verwendungsweisen in Prophetie und Psalmen

Mythische Sprache bzw. Rede begegnet in altorientalischen und alttestamentlichen Texten einerseits als konkrete Erzählung, dem eigentlichen Mythos (allerdings schon als „reflektierter", literarisch gestalteter Mythos), möglicherweise, aber nicht notwendig mit rituellem Hintergrund. Andererseits begegnet Mythisches in poetischer Bildsprache, in bildhaften „Konstellationen" bzw. Modellen von Situationen, Personen und Handlungen, in mythischen (Text-)Elementen sowie in einzelnen mythischen Motiven und Motivkomplexen (mit den ihnen zugrunde liegenden Vorstellungen), die in andersartigen literarischen Kontexten wie Hymnen, Gebeten oder Prophetenworten auftreten. Israel schöpft wie seine altorientalische Um- und Mitwelt aus einem reichen tradierten kulturellen Wissensfundus an mythischer Bildsprache und mythischem Erzählungsgut, die „als anthropomorph-adäquate, speicherbare und abrufbare Programme"[13] wirken. Sie werden in verschiedenartigen literarischen Formen und in unterschiedlicher Weise angewandt, funktionalisiert und instrumentalisiert; ihre mythische Qualität, die sie keineswegs einfach abstreifen, wird dabei in den Texten je spezifisch wirkintentional eingesetzt.

Mythen im engsten Sinne von Göttererzählungen, gar in einer rituellen Einbettung, sind in den *alttestamentlichen Literaturen* anerkanntermaßen so gut wie unbekannt. In diesen Rahmen fügt sich in etwa nur die freilich historisierend und ethisierend umfunktionierte Kurzerzählung von den Ehen der Gottessöhne mit Menschentöchtern in Gen 6,1-4 und ähnlich noch Ez 28,11-19 mit einem zur Klage über den König von Tyrus umfunktionierten zugrundeliegenden Mythos vom Sturz des Urmenschen vom Götterberg (und aus dem Gottesgarten). Mythische Erzählungen finden sich im Alten Testament in theologischer Umformung am ehesten in Gen 1-11[14]. Eine mythisierende, den urzeitlich-über-

---

13 So W. BURKERT 1993, 18, in seiner Mythen-Bestimmung.

14 Als „frühkulturelle Mythen" bezeichnet H.-P. MÜLLER, z.B. 1998b, 216f., die Menschenschöpfungserzählung Gen 2,5ff. und die fünf Geschichten vom Konflikt JHWHs mit den urzeitlichen Menschen, d.h. die Sündenfallerzählungen oder Geschichten von Schuld und Strafe in Gen 3; 4,1-16; 6,1-4; 9,20-27; 11,1-9, während er Gen 1,1-2,4a als „hochkulturell unterlaufenen Weltschöp-

zeitlichen, „archetypischen“ Charakter des Geschehens hervorhebende Darstellung der Exodusüberlieferung begegnet in Prosa und Poesie.[15] Zumal in poetischen Texten tauchen häufig mythische Motive und Motivkomplexe auf, etwa das Königtum Gottes im Kontext eines „himmlischen Hofstaats“ oder der Gottesberg und der Gottesgarten oder Urzeitkampfmotive („Chaoskampf“ der Gottheit, die in den Meeresfluten und -ungeheuern verkörperte chaotische Macht), Tod und Totenreich als quasipersonale Mächte und anderes mehr. Sie sind in der Regel aus ihrem ursprünglichen Begründungs- und Verstehenszusammenhang genommen, um einer neuen Funktion zu dienen.

Der Altmeister der alttestamentlichen Gattungsforschung *Hermann* GUNKEL schreibt in begeisterten Tönen von der Fülle und Kraft des Mythischen, das bei den hebräischen Dichtern überliefert und verarbeitet ist. Ich zitiere einen Passus aus seiner „Israelitischen Literatur“ (1963 [1925], 17), der an seine berühmte vereinfachte Definition des Mythos als einer Erzählung, deren handelnde Personen Götter sind, d.h. einer „Göttergeschichte“ anschließt: „Eine erstaunliche Fülle mythischen Stoffes aber ist uns bei den hebräischen Dichtern aus allen Zeiten überliefert; haben doch die Dichter aller Völker stets die altererbten, herrlichen Mythen geliebt. Und was für ein dankbarer Stoff sind diese altorientalischen Mythen mit ihren brennenden Farben und ihrer gewaltigen Leidenschaft! Ja, selbst Propheten haben trotz ihres entschiedenen Monotheismus, wenn sie nur ein Dichterherz im Leibe hatten, die heidnischen Stoffe nicht verschmäht! So ist denn die poetische Sprache im Hebräischen des Mythischen übervoll: da wird das Totenreich unter der Erde einem grimmigen Ungetüm verglichen, das den Rachen aufsperrt ohn’ Maßen (Jes. 5,14), oder einer gewaltigen Festung mit unzerbrechlichen Toren und Riegeln (Jes. 38,10; Jonas 2,7); oder das hebräische Klagelied beschreibt die Hadesfahrt des Toten, der zu den Wassern der Unterwelt hinabmuß, wie man in heidnischen Mythen etwa von Ištars Höllenfahrt

---

fungsmythos“ (ebd. 221) und die Sintflutgeschichte als zu den Schöpfungsmythen komplementären „Antimythos“ bezeichnet (ebd. 221).

[15] Vgl. exemplarisch H.-J. FABRY 1999 zu Ex 13,17-14,31, der allerdings trotz der von theologischen Interessen geleiteten Aufnahme von Mythengut in die Erzählung nicht (generell) von einer Mythisierung der Geschichte sprechen will (103). Für H.-P. MÜLLER 1998b, 218, sind insgesamt die Pentateuchthemen in Gen 12ff., „da sie die Existenz Israels mit dessen Institutionen begründen, in die Vor- und Frühgeschichte Israels versetzte Mythen ...“. Zur poetischen Mythisierung der Exodus-‚Heilsgeschichte‘ etwa in Ps 74 (V. 12-17) vgl. H. SPIECKERMANN 1989, 129-131 (122-133).

sprechen mag. Die hebräische Kosmologie ist nie ganz aus dem Mythischen herausgekommen ...".

Wir mögen hinter den ein oder anderen Satz GUNKELs ein (dickes) Fragezeichen machen. So hinter seine berühmte Definition des Mythos als einer Erzählung, deren handelnde Personen Götter (im Plural) sind, weil sie wohl für viele, aber jedenfalls nicht für alle Mythen zutrifft und weitere wichtige Aspekte nicht benennt. So auch hinter die Aussage, dass selbst Propheten „trotz ihres entschiedenen Monotheismus", wie GUNKEL sagt, die für sie angeblich „heidnischen Stoffe" der „altererbten, herrlichen Mythen" nicht verschmäht haben. Aber dass „die poetische Sprache im Hebräischen des Mythischen übervoll" ist, wird gewiss weithin Zustimmung finden. Bei Hermann GUNKEL begegnet auch schon die von ihm noch nicht terminologisch verstandene *Unterscheidung zwischen der erzählenden Gattung Mythos und dem „Mythischen"*, eine Unterscheidung, die Hans-Peter MÜLLER in mehreren intensiven Studien zur Mythos-Frage terminologisch aufgenommen und begrifflich geklärt hat. Im Gegensatz zum Mythos als einer vorliterarischen bzw. literarischen narrativen Gattung bestimmt MÜLLER „das Mythische" als „Inbegriff der in der Gattung Mythos zur Geltung kommenden Inhalte und Funktionen, bzw. des ihnen entsprechenden Selbst- und Wirklichkeitsverständnisses" (so ders. 1991, 4 Anm. 3; 1979, 10f.).

Auf das so verstandene „Mythische" treffen wir gerade in der Poesie. Die Rede vom „Mythischen in der Bildsprache von Psalmen und Propheten" im Rahmenthema der AGAT-Tagung 2003 sowie entsprechend im Rahmenthema dieses Bandes dürfte daher sachlich weithin mit dieser MÜLLERschen Bestimmung des Mythischen kongruieren. Wir können jedoch *das Mythische* zunächst bewusst *heuristisch im weiten Sinn* interpretieren als alle möglichen Arten von Bezugnahmen in Prophetie und Psalmen auf vorausgesetzte Mythen, deren Inhalte, Strukturen und Funktionen, seien es Anspielungen, Konnotationen, mythische Textelemente oder mythische Motive, die losgelöst von ihren ursprünglichen Mythen-Kontexten in andersartigen sprachlichen Kontexten begegnen.

Poetische Texte generieren auf der Basis unterschiedlicher Wissensstoffe, Traditionen und Motive eine je neue Sinnwelt. Die Beiträge des vorliegenden Bandes stellen sich der Aufgabe, die poetische Bildsprache in Psalmen und Prophetentexten im Hinblick auf die Frage zu untersuchen, inwiefern und vor allem *in welcher Weise* sowie *warum und wozu* gerade mythische Hintergründe, Konstellationen, Elemente und Motive textlich aufgenommen, adaptiert, aktualisiert und durch je eigenständige Intentionen der Texte transformiert und insoweit „entmythisiert“[16] werden: *Wie werden (auch) aus mythischen Bildern, Bildgeschichten und Vorstellungselementen biblische, näherhin psalmistische und prophetische Texte bzw.* ***Text****bilder?* Handelt es sich in den untersuchten Texten um eine noch mythische, eine mythologisch-reflektierte und ästhetisierende oder um eine eigentlich mythenkritische Rezeption des Mythos?[17] Oder haben wir es zu einem gewissen Teil gar schon mit einer auch heute üblichen unbewussten Verwendung mythischer Rede zu tun, die ihre mythische Valenz verloren hat und als Element eines allgemeinen Bildungsguts zu einer ornamentierenden Rhetorik gehört? Eher stoßen wir in Psalmdichtung und Prophetie auf eine „Substratwirkung“ des Mythos: Typische Termini und Motive lassen auf mythische Zusammenhänge schließen, auch wenn diese „Substrate“ durch neue Sprachebenen und spezifische Textintentionen überlagert, umgedeutet und funktionalisiert worden sind.[18] Die Übernahme mythischer Motive aus ihren ursprünglichen oder älteren Verstehenszusammenhängen in einen neuen Kontext impliziert sachgemäß eine Beziehung zu beiden Bereichen, dem alten wie dem neuen Zusammenhang, ohne dass im Einzelnen gesagt werden könnte, inwieweit den Verfassern der biblischen Texte die ursprünglichen mythischen Zusammenhänge der verwendeten Motive bewusst waren.

Die Funktionen des Mythischen in Psalmdichtung und Prophetie sind nicht weniger komplex als die aufgenommenen mythischen Stoffe, Motive, Termini, Redeweisen und Strukturen selbst. Mythisches kann als Modell der Rede von einem göttlichen geschichtlichen Handeln verwendet werden oder durch Kontextualisierung mit nicht-mythologischen Aussagen, durch Metaphorisierung bzw. durch Überlagerung und Verschmelzung mit lebensweltlich begründeten Metaphern transformiert und den jeweiligen Textfunktionen dienstbar gemacht werden. Man kann im Blick auf

---

[16] Die Rezeption und theologisierende Verwendung von Mythen im Alten Testament bezeichnet J. HELLER 1988 (z.B. 128f.) im Anschluss an W.H. SCHMIDT als „Entmythisierung“ im Gegensatz zur hermeneutischen Methode der „Entmythologisierung“. Letztere bleibt Aufgabe der Theologie als hermeneutische Unterscheidung zwischen biblischer ‚Botschaft‘ und mythologischen Darstellungsweisen, vgl. I.U. DALFERTH 1988, bes. 76-81. Zur Problematik der Entmythologisierung im Blick auf das Alte Testament vgl. H.-P. MÜLLER 1998a.

[17] Vgl. E. JÜNGEL 2000, 42f.

[18] Für die ‚Chaoskampfmotivik‘ im Ijobuch hat dies G. FUCHS 1993 (vgl. ebd. 292f.) exemplarisch gezeigt. Vgl. T. PODELLA 1993.

biblische Aussagen vom geschichtlichen Handeln Gottes, wie häufig geschehen, von einer Historisierung des Mythos bzw. umgekehrt von einer Mythisierung der Geschichte als zur kollektiven Erinnerung verdichteter ‚Heilsgeschichte' Israels sprechen, wodurch diese als fundamentierend und prägend für Gegenwart und Zukunft Israels verdeutlicht wird.[19] Im Gegensatz dazu kann die Eschatologisierung mythischer Rede und Vorstellung bzw. die Rezeption des Mythischen in eschatologischer Erwartung ein Mittel sein, um das endgültig Andere und Neue der erwarteten Zukunft gegenüber der (notvoll) erfahrenen Gegenwart zu artikulieren.[20]

Mit der Verwendung mythischer Rede und ihren Veränderungen stellt sich freilich auch die Frage, in welchem Maß das biblische Sprechen von Gott und Welt (noch) Teil hat an einer mythischen Weltsicht und was der Gewinn dieser mythischen Dimension ist. Stammt, so kann man z.B. weiterfragen, unsere biblisch fundierte personhafte Vorstellung und Rede von Gott letzten Ende aus dem Mythos (H.-P. MÜLLER 1998b, 218f.225f.) oder ist sie nicht – wie alle Rede von Gott – einfach notwendig analoge und metaphorische Rede vom göttlichen Du? Allem Anschein nach stoßen wir auf eine charakteristische Ambivalenz in der Verwendung des Mythischen in Prophetie und Psalmendichtung.[21] Einerseits wirkt das Gottesverständnis, das sich in den Texten ausprägt, als der entscheidende Maßstab der Rezeption und Transformation des Mythischen, andererseits ist dieses in größerem oder geringerem Maß eine notwendige und elementare Dimension der Rede von Gott, die eine lebendige, menschennahe Gottesvorstellung hervorruft und prägt. *Inhaltlich* zielen die Themen dieses Bandes letzten Endes zumal auf das auch oder wesentlich von mythischen Hintergründen her geprägte jeweilige Gottesverständnis der untersuchten Texte.

---

[19] Vgl. zum Fragenkreis der ‚Mythisierung geschichtlicher Ereignisse' bzw. zum Verhältnis von Mythos und Geschichte in biblischen Texten z.B. K.-H. BERNHARDT 1963; W. JOHNSTONE 1971; H. Graf REVENTLOW 1982, bes. 181f.; R.H. MOYE 1990; V. FRITZ 1990; H.-J. FABRY 1999 und jetzt bes. H.-P. MÜLLER 2003.

[20] Vgl. z.B. W.H. SCHMIDT 1994, 633-635; zur Hermeneutik biblischer Eschatologie bes. Th. SCHMIDT 1996.

[21] Vgl. entsprechend für das Ijobbuch G. FUCHS 1993, 294f.

3. Ein exemplarischer Themenbereich: die Solarisierung JHWHs

Nach dieser thematischen Einführung macht es Sinn, die wissenschaftliche Problematik, die in unserem Rahmenthema liegt, anhand einer exegetisch und religionsgeschichtlich ebenso interessanten wie diskutierten Forschungsfrage zu verdeutlichen und zu konkretisieren. Ich meine die *Diskussion um die Solarisierung JHWHs*. Inwiefern sind Funktionen, Wirkweisen und Rollen der Sonne in ihrer mythisch begründeten Bedeutung als Gottheit und mit ihrem mythisch-empirisch verstandenen Sonnenlauf auf JHWH übertragen worden? Inwiefern ist darüber hinaus JHWH selbst eine sonnenhafte Lichtnatur zugeschrieben worden? Natürlich verbindet sich mit der Frage nach der Art der Solarisierung sogleich die Frage, wann und unter welchen Umständen JHWH zu seinen solaren Zügen gekommen ist.[22] Von vornherein ist klar, dass ich mit meinen Bemerkungen diese Diskussion nicht in extenso darstellen, sondern gerade nur anreißen kann und will. Es geht um einige methodische und sachliche Gesichtspunkte in der Solarisierungsdebatte, die die Fragerichtung unseres Rahmenthemas an einem Forschungsfeld konkret zuspitzen können.

3.1 Der enge Zusammenhang von solaren Zügen der Gottheit mit ihrem richterlichen Handeln und die zur Sonnengottheit analogen Funktionen JHWHs

Im Kontext der religionsgeschichtlich-exegetischen Solarisierungsdiskussion hat vor allem Bernd JANOWSKI (1989; ders. 1999 [1994], 92ff.) die Rolle des Sonnengottes in seinem mythisch-empirischen Sonnenlauf als morgendlicher Retter und Richter in Mesopotamien, in Kleinasien und Ugarit sowie in Ägypten und eine entsprechende Rolle JHWHs in Israel (anhand des Motivs von der „Hilfe Gottes am Morgen“) eingehend und überzeugend dargestellt. Das Handlungskorrelat Richten und Retten kennzeichnet das Wirken der Gottheit wie des sie repräsentierenden Königs.[23]

Unbestreitbar zeigen sich solare Züge bzw. Analogien in Beschreibungen des richterlichen bzw. Rechtshandelns JHWHs aus der vorexilischen wie nachexilischen Zeit Israel / Judas. Dies gilt nicht nur für Texte aus dem Umkreis der Jerusalemer Tempel- und

---

[22] Vgl. O. KEEL, Der Salomonische Tempelweihspruch 2002, 20.
[23] J. ASSMANN / B. JANOWSKI / M. WELKER 1998, 9-35.

Königstheologie, sondern auch für das Nordreich Israel. Es genügt hier an einige in diesem Zusammenhang häufiger zitierte prophetische Texte zu erinnern. Für das Nordreich steht der Vergleich des Aufbruchs JHWHs mit der aufsteigenden Morgenröte bzw. von JHWHs Recht mit dem aufgehenden Sonnenlicht in Hos 6,3 bzw. 6,5 (t.em.), auch wenn der Komplex Hos 5,8-6,6 eine Israel- *und* eine Judaperspektive enthält.[24] Hinzu kommt der ikonographische Nachweis durch Othmar KEEL und Christoph UEHLINGER, die zeigen konnten, dass sich Sonnensymbolik wesentlich ägyptischer Herkunft im phönizisch-israelitischen Kunsthandwerk des 9. und 8. Jh. v. Chr. findet und auf ein uranisch und solar orientiertes Symbolsystem verweist. Entsprechendes gilt für Juda seit dem Ende des 8. Jh.[25] Der Deutungszusammenhang von Rechtsgabe JHWHs und morgendlichem Sonnenlicht in Zef 3,5 schließt wohl an spätvorexilische Jerusalemer Tradition an. Als Zusatztext jedoch entstammt Zef 3,5 eher der exilischen Epoche Judas.[26] Die Bildsprache in Mal 3,20 schließlich von der aufstrahlenden „Sonne der Gerechtigkeit", auf / an deren Flügeln Heilung ist, versteht sich als eine kontextuelle Metapher für JHWHs Recht verschaffende und heilende Zuwendung (JHWH ist sprachlich nicht direkt mit der „Sonne" identifiziert!). Sie gehört in die nachexilische Perserzeit, wohl der zweiten Hälfte des 5. Jh. v. Chr., deutlich älter als der späte weisheitliche Schöpfungs-(/ Sonnen-) und Tora-Psalm 19[27]. Der in Mal 3,20 mit der „Sonne der Gerechtigkeit" verknüpfte Vergleich der Freudensprünge der Gerechten mit aus dem Stall kommenden hüpfenden Kälbern wurde von Silvia SCHROER ebenfalls der Sonnensymbolik ägyptischer Herkunft zugeordnet.[28] Wenn wir hier motivgeschichtlich wirklich auf eine Reminiszenz des von der Himmelsgöttin geborenen Sonnenkalbes stoßen sollten, so erscheint dieses Mythologem doch charakteristisch durch einen Vergleich aus der Lebenswelt Israels (so noch Jer 50,11!) überlagert. Spätere nachexilische Prophetentexte verwenden ganz geläufig die Lichtmetapher, um einen durch „Recht" (*mišpaṭ*) und „Gerechtigkeit" *(ṣàdq / ṣàdaqā*) gekennzeichneten

[24] J. JEREMIAS, Hosea 1983, 78ff.

[25] O. KEEL / Chr. UEHLINGER 2001 [GGG], § 148-153.157-165.

[26] H. IRSIGLER, Zefanja 2002, 62.334-336.339, anders B. JANOWSKI 1999 [1995], 206-209, der Zef 3,1-5 undifferenziert als Einheit insgesamt spätvorexilisch datiert (206).

[27] Zur Interpretation des Sonnenlaufs und des Zusammenhangs von solarer Bildsprache und Tora JHWHs in Ps 19 vgl. M. ALBANI 1994 und W.P. BROWN 2002, 81-103.237-235, auch N. WYATT 1995.

[28] S. SCHROER 1997, 305-307. Vgl. dies. unten in diesem Band!

heilvollen Zustand zu beschreiben (vgl. Jes 51,4-5; 58,8.10; 59,9; Mi 7,9).

Richterliche Züge und rechtskonformes Handeln JHWHs lassen sich freilich nicht generell auf eine Solarisierung JHWHs zurückführen. Sie treten auch davon unabhängig auf und sind im Solarisierungsprozess bei JHWH doch schon vorausgesetzt.[29] Analog zu dieser Unterscheidung von Rechtskompetenz und solarem Charakter der Gottheit kommt selbst in Mesopotamien auch anderen Göttern als dem Sonnengott richterliche Tätigkeit zu[30], obwohl gerade dieser, d.h. UTU bzw. Šamaš, seit der Akkad-Zeit (um 2350-2150 v. Chr.) als der Lichtgott zugleich der richtende Gott schlechthin ist, „der große Richter des Himmels und der Erde"[31], der Herr von *kittu* und *mīšaru*, „Wahrheit" und „Gerechtigkeit".[32]

Sowenig das richterliche Handeln JHWHs notwendig und von vornherein mit seiner Solarisierung zusammenhängen muss, ebenso wenig betrifft jedoch andererseits die Aufnahme solarer Elemente in das Verständnis von Sein und Wirken JHWHs allein sein gerechtes und rettendes *Richtertum*. Wenn Dtn 33,14 von den „Erzeugnissen der Sonne" (*tȧbū'ōt šamš*) redet, so ist klar der Erfahrungszusammenhang von Licht und Wärme spendender Sonne mit Wachstum und Leben vorausgesetzt. Wenn JHWH Licht spendet, so gibt und erhält er Leben, wie exemplarisch etwa Ps 36,10 formuliert: „Denn bei dir ist die Quelle des Lebens; in deinem Licht schauen wir Licht", d.h. Licht als Inbegriff des Lebens! Das beliebte Motiv vom leuchtenden Angesicht JHWHs ist eine solare Metapher für umfassende Hilfe, Segen und Lebenskraft, Schutz und Heil, das von JHWH kommt (vgl. Num 6,24-26; Ps 4,7; 31,17; 34,6; 67,2; 80,4.8.20; 89,16; 90,8; 119,25). Das über alle Maßen gesteigerte Sonnenlicht wird zum Zeichen des heilvollen Eschaton für JHWHs Volk in Jes 30,26.[33]

Der Gott, der wie JHWH Licht des Lebens spendet, ist aber zugleich Schöpfergott. Nirgends im vorderen Alten Orient ist dieser Zusammenhang bekanntlich eindrucksvoller dokumentiert als in ägyptischer Mythologie und Religion. Weit über seine richterli-

---

29 Vgl. H. NIEHR 1990, 162 u.a.

30 Zum sumerischen Richtergott Dikud / Ma(n)dānu vgl. St. MAUL 1988, bes. 210f. zu Eršaḫunga Nr. 37. Ein akkadisches Rollsiegel stellt den weisen Gott Ea, den Herrn des Grundwassers, in einer richterlichen Szenerie dar, vgl. O. KEEL, Bildsymbolik 1996, 187f., Nr. 285.

31 So z.B. im Epilog des Codex Hammurapi XLVII, 84-86 und XLIX, 14-16.

32 P.A. SCHOLLMEYER 1912, 3-7; A. GAMPER 1966, 93; B. JANOWSKI 1989, 31ff.84ff.

33 Vgl. entsprechend vom himmlischen Lichtthron von Engeln in Clemens Alexandrinus, Stromata V, XI, 77,2 (GCS Clem. Alex. II, S. 377).

che und herrscherliche Funktion hinaus ist der ägyptische Sonnengott Schöpfer und Lebensspender.[34] Der kosmisch-mythische Lauf des Sonnengottes im traditionellen Sonnenkult als Chepre, Re (-Harachte) und Atum in den Tagesphasen (Morgen, Mittag, Abend) und als Atum in der Nachtbarke bzw. als unterweltlich mit Osiris vereinigter Re aktualisiert immer neu Schöpfung, verstanden als ständige Regeneration des Lebendigen, wie dies eindrücklich die traditionellen Sonnenhymnen (Tageszeitenlieder), auf radikal neue („entmythisierende") Weise die Amarna-Hymnen und sodann als Anwort darauf die im ramessidischen Theben verfassten Hymnen an Amun-Re als (in der Welt verborgener) Schöpfer- und Weltgott und Herr der gerechten Weltordnung belegen.[35] Eine besondere funktionale Analogie verbindet JHWH mit dem *babylonisch-assyrischen Sonnengott* Šamaš. Mit ihm kommt JHWH nicht nur in der analogen Funktion des Wahrers von Recht und Gerechtigkeit überein, sondern auch in der Kompetenz, den einzelnen Beter aus Krankheit und vom Todesgeschick erretten zu können, Licht zu spenden und Leben zu erhalten (solches Rettungsgeschehen erscheint in den Gebetsbeschwörungen an den Richtergott Šamaš als ein Rechtsakt); endlich zeigt sich die Analogie auch in der ermächtigenden und legitimierenden Funktion für den König im Kontext der Königsideologie.[36]

---

[34] Entsprechend wirkt JHWH etwa in Ps 104. Zu diesem häufig mit dem großen Hymnus Echnatons an Aton verglichenen Psalm, der freilich trotz tiefgreifender Unterschiede auch Analogien zu weiteren ägyptischen Hymnen an den Sonnengott und den Einfluss kanaanäisch-altorientalischer Mythologeme verrät, vgl. z.B. P.E. DION 1991 und Th. KRÜGER 1993.

[35] Vgl. J. ASSMANN 1969, 333-342; ders. 1975 [ÄHG], 47ff.66ff.97ff.255ff.; ders. 1984; W. WESTENDORF, 1984; E. HORNUNG 1991 zur „Nachtfahrt der Sonne" vom Sonnenuntergang und der Überwindung der kosmischen Feindesmacht („Drachenkampf") bis zur morgendlichen Neugeburt, bes. 13ff.85ff.109ff.183ff.; M. GÖRG 2001, 15ff.59ff.; O. KEEL, Bildsymbolik 1996, 188-192. S. WIEBACH-KOEPKE 2003 (vgl. bes. in Teil 1: 4-7.206-216.217f.) untersucht die Übertragung der Erscheinungsformen des Sonnengottes in den Sonnenhymnen des Neuen Reiches auf die Phasen-Gottheiten der gleichzeitigen Unterweltsbücher (Amduat und Pfortenbuch) und der liturgischen „Sonnenlitanei".

[36] Vgl. schon A. SCHOLLMEYER 1912, 3-7; W. MAYER 1976, 221ff., zu den Bitten um Hilfe in juridischen Redewendungen; B. JANOWSKI 1989, 31ff.55ff.84ff.; ders. 2000, 52-55; H.U. STEYMANS 1995, 139-142; M. ARNETH 2000; ders. 1999 zum sog. Krönungshymnus Assurbanipals. ARNETH will zeigen, dass der Krönungshymnus Assurbanipals in Juda bekannt gewesen und dass die Grundschicht von Ps 72 in direkter Anlehnung daran entstanden sei (ders. 2000, 202f.). Zu Ps 72 als der „Magna Charta" der judäischen Königsideologie mit einer kritischen Stellungnahme zur These von E. OTTO und M. ARNETH, dass „in Ps 72 eine explizite Auseinandersetzung mit

Doch bleibt näherhin zu fragen, ob es sich „nur“ um funktionale Analogien oder nicht doch (auch) um eigentliche Rezeption, Übertragung und Adaption von Zügen einer mythisch begründeten Vorstellung von der Sonnengottheit in einem polytheistischen religiösen Lebenskontext und Symbolsystem handelt und inwiefern eine solche Übernahme Wesen und Wirken JHWHs in den Gottesvorstellungen Israels prägt. Damit ist nochmals die Frage nach der Interpretation solarer Metaphern und Vergleiche für JHWH und insbesondere nach deren Herkunftsaspekt gestellt, aber auch nach dem Alter einer „Solarisierung“ JHWHs.

3.2 Die Frage nach Art und Alter der Solarisierung JHWHs in Israel

Die Kritik von Steve A. WIGGINS (1996b) an Hans-Peter STÄHLI (1985) und J. Glen TAYLOR (1993) und die heftige Auseinandersetzung zwischen ihm und J. Glen TAYLOR (1996) gegen bzw. für ein solares Verständnis JHWHs betrifft u.a. neben der Deutung ikonographischer Zeugnisse und Symbole insbesondere auch die Interpretation einzelner biblischer Texte und das Verständnis solarer Metaphern für JHWH. Nicht jeder okkasionelle poetische Vergleich des Wirkens JHWHs mit jenem der Sonne, nicht jede Sonnenmetapher für JHWH in der Bildsprache von Prophetie und Psalmen kann als Hinweis auf eine typische solare Gottesvorstellung bei JHWH-Verehrern gewertet werden. Gewiss beeinflusst auch poetische Bildsprache das Gottesverständnis ihrer Verwender, das sich in z.B. textlich ausgeprägten Gottesbildern äußert. Dennoch ist zu unterscheiden zwischen lebensweltlich naheliegenden sprachlichen Bildern, die je und dann Wirkweisen JHWHs durch solche einer nicht divinisiert verstandenen Sonne veranschaulichen zum einen, der Desintegration mythischer Vorstellungszusammenhänge und der Metaphorisierung originär in mythischer Rede und Vorstellung verankerter (bzw. im engeren Sinn ‚mythologischer‘, reflektiert wahrgenommener mythischer) Züge von Sonnengottheiten zum anderen und endlich einer Integration sonnenhafter Züge bzw. von Funktionen von Sonnengottheiten oder gar der weitgehenden Übernahme ihrer Rolle und ihrer Lichtnatur in das Verständnis und in die kultische Verehrung JHWHs.

---

der neuassyrischen Königsideologie geführt werde ...“, vgl. B. JANOWSKI 2002, 109 (109-114 und ferner 114-120).

Einige Beispiele mögen dies verdeutlichen. Wenn der Beter in Ps 27,1 bekennt: „JHWH ist mein Licht und meine Hilfe“ (*YHWH ʾōr=ī w˙=yišʿ=ī*), so zwingt nichts, diese Metapher der heilvollen Gottespräsenz für den Beter (hinsichtlich des Herkunftsaspekts der Metapher) auf mythologische Zusammenhänge, etwa auf einen traditionellen Motivkomplex einer solaren Theophanie JHWHs (Dtn 33,2; Hab 3,3-4; vgl. Jes 60,1-3.19f.; Mal 3,20) zurückzuführen. Die Bedingung der Möglichkeit, diese metaphorische Prädikation im Kontext des Psalms zu verstehen (d.h. ihren Verwendungsaspekt), ist die Kenntnis der traditionellen lebensweltlichen Erfahrung der positiven Wirkungen des (Sonnen-)Lichts. Die in der Solarisierungsdebatte viel zitierte *Sonnenmetapher von Ps 84,12* „Ja, Sonne und Schild ist JHWH <Gott>...“ gehört zur sprachlichen Tropik von Ps 84 als Einzeltext und ist Ausdruck eines spezifischen textlichen Gottesbildes (JHWH als schützende und rettende Quelle von Leben und Recht / Gerechtigkeit). Dass diese Gottesbeschreibung „offenbar eine solare Präsenz JHWHs im Tempel voraussetzt“, wie Bernd JANOWSKI sagt (1999, 205), ist keine notwendige Bedingung für das Verständnis der Prädikation als visualisierende und konkretisierende Metapher für JHWH. Ein Unbehagen an der Sonnenmetapher in Ps 84,12 verraten jedoch allem Anschein nach schon LXX und Peschitta, die beide die Sonne aus dem Psalmtext eliminieren, wie dies in der ein oder anderen Weise durch Umdeutung mehrere Exegeten bis Klaus SEYBOLD tun.[37] Auch das Motiv vom Schauen Gottes[38] in Ps 84,8 (t. em.) führt nicht notwendig auf einen explizit ‚solar‘ vorgestellten und geglaubten Gott. Die Nachbarschaft von „Sonne“ und „Schild“ als Prädikate für JHWH lässt an deren metaphorischem Charakter keinen Zweifel. Allerdings kann man fragen, ob nicht eine vorgängige solare Konzeption JHWHs die Verwendung der textlichen Metapher angeregt hat. Plausibler scheint mir JANOWSKIs Behauptung auf dem Hintergrund religionsgeschichtlicher Beobachtungen zur Solarisierung des Gottesbildes in der Jerusalemer Kulttradition, die JANOWSKI vorbildlich zusammengetragen hat.[39]

---

[37] K. SEYBOLD, Die Psalmen: HAT I/15, Tübingen 1996, 331 Anm. 12a: „Sonne“ ist hier wohl identisch mit *šlṭ* „Rundschild“; vgl. zu Ps 84,12 und seiner Deutung in der Exegese H.-P. STÄHLI 1985, 42f.

[38] Eingehend zu diesem Motiv in den Psalmen M.S. SMITH 1988; ders. 1990a, 115; 1990b, 30, der jedoch das Gott-Schauen in einen engen Zusammenhang mit „solar language“ in Ps 84 bringt.

[39] B. JANOWSKI 1989, 185-191; 1999 [1995], bes. 199ff.

Dass Richter- und Retterfunktionen des Sonnengottes auf JHWH übertragen wurden, ist, wie erwähnt, weithin akzeptiert. Ein weitergehender Aspekt der Solarisierung dürfte sich in der Epiphanie- bzw. Theophanietradition zeigen. Was die *Theophaniedarstellungen* angeht, wird die Argumentation Hans-Peter STÄHLIs (1985, 41)[40] zutreffen: JHWH trägt hier deutlich solare Züge, er tritt in Texten wie Dtn 33,2 (*ZRḤ* „aufstrahlen, aufleuchten", primär und charakteristisch von der Sonne gebraucht) und Hab 3,3-4 (vgl. auch Jes 60,2 und Mal 3,20!) in der Art und Wirkweise einer Sonnengottheit auf, ohne damit einfach identisch zu sein.[41] Ein bloßes Sprachbild liegt jedenfalls nicht vor, zumal Theophanieschilderungen mehrfach belegt und mindestens zu einem Teil auch literarisch eigenständig sind.[42]

JHWHs „aufstrahlendes" Erscheinen gleicht in diesen Texten jenem eines bereits solarisiert vorgestellten El, wie er in der Pithos-Inschrift Kuntillet ʿAğrud 7 (J. RENZ, KAgr(9): 7) begegnet, wenn man der wahrscheinlichen Lesung Moshe WEINFELDs und Johannes RENZ' folgen darf: „... und (?) beim Aufstrahlen (*b=zrḥ*) Els (/ Gottes), da schmolzen (*w=ymsn*) Berge...". Die Inschrift wird ins 9. bzw. in den Beginn des 8. Jh. v.Chr. datiert.[43] Zu den Theophaniebelegen mit solarer Konnotation JHWHs treten bestätigend die Belege des Eigennamens *YHWZRḤ* „JHWH ist aufgestrahlt / leuchtend aufgegangen" auf (bisher drei) althebräi-

---

[40] Gegen F. SCHNUTENHAUS, Das Kommen und Erscheinen Gottes im Alten Testament: ZAW 76 (1964) 1-22.

[41] Die Differenz zeigt sich schon im Sprachgebrauch an: *YPʿ*-H „aufleuchten, strahlend erscheinen", in Dtn 33,2 parallel zu *ZRḤ* verwendet, wird biblisch, anders als *ZRḤ*, nur in Sir M und B marg 43,2 von der Sonne gesagt, sonst bevorzugt allein vom erscheinenden Gott, vgl. Dtn 33,2; Ps 50,2; 80,2; 94,1.

[42] Vgl. auch M. ALBANI 2000, 192. Wenn J. JEREMIAS und F. HARTENSTEIN in ihrem Beitrag „JHWH und seine Aschera" 1999, 112f. Anm. 131, eine „notwendigerweise" solare Konnotation des „Aufstrahlens" Gottes in den genannten Kontexten bestreiten und auf den in mesopotamischen Theophanieschilderungen so geläufigen „Schreckensglanz" (*pulḫu* bzw. *melammu*) der Götter verweisen, so steht dem die ganz charakteristische Verwendung von hebräisch *ZRḤ* für den Aufgang der Sonne entgegen, vgl. z.B. Ri 9,33; 2 Sam 23,4; Jona 4,8; Ps 104,22 u.a.; der übertragene Gebrauch in 2 Chr 26,19 (vom Hervorbrechen des Aussatzes) ändert daran nichts. Dem mesopotamischen „Schreckensglanz" entsprechen hingegen eher die Substantive *kabōd* „Herrlichkeit(sglanz)" z.B. Jes 60,1.2 und *nugh* „Glanz, Leuchten" Hab 3,4; Jes 60,3; Ez 10,4.

[43] J. RENZ, Die althebräischen Inschriften, Teil 1: Handbuch der althebräischen Epigraphik I, Darmstadt 1995, 59 (57-59); M. WEINFELD, Kuntillet ᶜAjrud Inscriptions and their Significance: SEL 1 (1984) 126f. (121-130); A. LEMAIRE, SEL 1 (1984) 139 (131-143); O. KEEL / Chr. UEHLINGER 2001 [GGG], 277f.; J. JEREMIAS / F. HARTENSTEIN 1999, 112.

schen Siegeln vom Ende des 8. und aus dem 7. Jh. v. Chr.[44] Dieser Eigenname verweist wie die biblischen Personennamen *ZRḤYH* (Serachja) und das Hypokoristikon *ZRḤ* (Serach)[45] auf das verbreitete Motiv der „Hilfe Gottes am Morgen"[46]. In der Namengebung fungieren diese Eigennamen als Metapher für die hilfreiche, rettende Zuwendung JHWHs. Sie stammen aus der Theophanietradition; ihr Gottesverständnis lässt sich nicht auf eine Volksreligion gegenüber der offiziellen Religion festlegen. JHWH scheint in diesem spezifischen Vorstellungs- und Traditionszusammenhang der Theophanie umfassender die Rolle und Wirkweise des Sonnengottes übernommen zu haben. Eine sonnenhafte Vorstellung von JHWH selbst und seinem Auftreten liegt da jedenfalls nahe. Grundsätzlich allerdings gilt, dass wir zwischen der Solarisierung von Funktionen JHWHs, insbesondere seinem richterlichen Rechtshandeln und seiner rettenden Aktivität einerseits und der Zuordnung einer sonnenhaften Lichtnatur an JHWH unterscheiden müssen. Thomas PODELLA (1996, z.B. 202.206f.224f. 267) hat m.E. mit guten Gründen gezeigt, dass erst Ezechiel und die *kābōd YHWH*-Konzeption der Priesterschrift im Unterschied zu Jesaja eine solche Lichtnatur JHWHs deutlich machen.[47] Gleichwohl wird JHWH in dieser Sicht Ezechiels und der Priesterschrift nicht zum israelitischen Sonnengott. Die Differenz zeigt sich gerade bei Ezechiel in der Versündigungsszene von Ez 8,16: Jene Männer, die mit dem Rücken zum JHWH-Tempel sich nach Osten zur Sonne hin verehrend niederwerfen, werden prophetisch wegen ihrer Abkehr von JHWH (genauer vom Wohnort JHWHs!) gebrandmarkt, nicht deshalb, weil sie etwa einen *solar konnotierten JHWH*, sondern weil sie *die Sonne* als JHWH verehren, obwohl sie sich selber nicht als Verräter am JHWH-Glauben betrachteten.[48]

---

44 W. RÖLLIG, Siegel und Gewichte, in: Handbuch der althebräischen Epigraphik II/2, Darmstadt 2003, Nr. 10.26; 13.85; 13.97, S. 238.296.299.

45 Belege z.B. Gesenius[18] 312b.

46 Eingehend untersucht von B. JANOWSKI 1989 für den Alten Orient mit einem Ausblick auf das Alte Testament.

47 Vgl. entsprechend in der nachexilischen Zionstheologie bes. Jes 60,1-3.19-20!, dazu B. LANGER 1989.

48 J.G. TAYLOR 1993, 147-158 („... not so much opposed to the worship of *Yahweh* as the sun, but with the worship of the *sun* [that is, a physical object] as Yahweh ...", ebd. 150); ders. 1996, 116f. W. ZIMMERLI, Ezechiel: BK XIII/1 (1969), 221.

Doch wie alt ist die unbestreitbare, wenn auch nach Art und Umfang zu differenzierende Solarisierung JHWHs?[49] Und welche Bedeutsamkeit, welcher Stellenwert kommt ihr im JHWH-Glauben und seiner Geschichte zu? In der Kontroverse über die Anfänge der Übernahme von Funktionen und Zügen des Sonnengottes durch JHWH dürften jene Argumente mehr Gewicht haben, die für eine Rezeption solarer Elemente nicht erst – wie häufiger angenommen – seit der Zeit der assyrischen Oberherrschaft über Israel und Juda, also ab dem 8. Jh., sprechen. Gegenüber dem Solarisierungsbeginn in der assyrischen Epoche, zuletzt nachdrücklich vertreten von Martin ARNETH[50], haben insbesondere die ikonographischen Untersuchungen von Othmar KEEL und Christoph UEHLINGER (2001 [GGG], 302-321) den Stellenwert von Sonnen- und Himmelssymbolik gerade ägyptischer, nicht assyrischer Herkunft in der religiösen Welt Israels und Judas im 9. und 8. Jh. überzeugend dokumentiert. Darüber hinaus haben dieselben (1994, 269-306) und insbesondere Othmar KEEL mit beachtlichen Argumenten versucht, die Übernahme eines vorisraelitischen Sonnengottkults in die JHWH-Religion seit dem Einzug JHWHs in Jerusalem nachzuweisen.[51] Unabhängig von KEELs (nicht völlig problemfreier) Interpretation von Jos 10,12-13 und LXX 3 Regum 8,53 bzw. 1 Kön 8,12f.[52] vertreten diese Linie der Argumentation

---

[49] Die m.E. überzogene Kritik an der Solarisierungshypothese durch S.A. WIGGINS (1996b, 89-106, s.o.) hat jedenfalls darin ihre Bedeutung, dass sie zur behutsamen Argumentation mahnt.

[50] M. ARNETH 2000, zu Ps 72 bes. 126ff.201ff. Vgl. auch H. NIEHR 1990, 147f.149ff.; ders. 1995, 45-73, ebd. 67-71. F. ZEEB 2002, 899-917, anerkennt zwar solare Einflüsse während der späten Königszeit, steht aber der Solarisierungshypothese insgesamt skeptisch gegenüber, und lehnt (in dieser Hinsicht m.E. mit Recht) eine *Verehrung* JHWHs als eines *Sonnengottes* ab (905f.908.913f.).

[51] Zuletzt O. KEEL 2002, 9-23, vgl. auch ders. 1994 und ders. / S. SCHROER 2002, 77-82.

[52] Ohne hier eine eingehende Stellungnahme leisten zu können, seien wenige Anfragen genannt. M. ALBANI 2000, 192, fragt m.E. mit Recht zur Interpretation des Textes Jos 10,12-13 von O. KEEL / Chr. UEHLINGER (1994, 281-285; vgl. O. KEEL 2002, 10-12) an, „ob die These von der wettergöttlichen Einschüchterung von Sonne und Mond wirklich zutrifft." Im poetischen Fragment selbst – zu unterscheiden vom erzählerischen Kontext – erinnere nichts an das Auftreten des Wettergottes. Im Übrigen sei zu fragen, ob „die Reduktion" JHWHs auf den zweifellos vorhandenen Wettergottaspekt den religionsgeschichtlichen Befund nicht zu sehr vereinfache. In der Rekonstruktion des Tempelweihspruchs 1 Kön 8,12f. durch KEEL (2002, 12-18, neugefasst gegenüber O. KEEL / Chr. UEHLINGER 1994, 286-287, wo der angenommene Primärtext auf die Ausbürgerung des Sonnengottes aus dem Tempel durch den Wettergott JHWH gedeutet wird) bleibt z.B. – trotz ungewöhnlicher, aber keineswegs unmöglicher Satzteilfolge – die Deutung der Sonne als agierendes Satzsubjekt statt als Objekt des rekonstruierten transitiven Verbs (*YDʿ*-H

für ältere Anfänge der Solarisierung JHWHs mit guten Gründen in neuerer Zeit z.B. Matthias ALBANI (2000, 167f.); Bernd JANOWSKI (1999 [1995], 192-219, ebd. 201ff.; vgl. 2002, 97f.114-120), Mark S. SMITH (1990a, 120; ders. 1990b, 38f.); J. Glen TAYLOR (1993, 257ff.); Oswald LORETZ (1990, 167-174) und Fritz STOLZ (1996, bes. 106f.). Dabei wird immer wieder auf die wichtige Rolle des Jerusalemer Königtums bzw. der Königsideologie für die Ausbildung solarer Vorstellungen von JHWH wie auch auf deren nachhaltige Wirkung in der Geschichte des JHWH-Glaubens hingewiesen.[53] Angelika BERLEJUNG schließlich lässt die Datierungsfrage nach dem Beginn der Solarisierung JHWHs offen. Mit Blick auf die Grabinschrift von Hirbet el-Qom (in Juda, Ende 8. Jh. v. Chr.) und die deutlich späteren Grabamulette aus Ketef Hinnom bei Jerusalem kommt sie indes zu der sehr beachtlichen These, dass JHWH neben der seit langem bekannten Rezeption von richterlichen und himmlischen Aspekten des Sonnengottes auch dessen chtonische, auf die Unterwelt bezogene Kompetenzen im judäischen Süden ab dem 8. Jh. übernommen hat.[54] Entsprechendes dürfte m.E. auch für den israelitischen Norden in der mittleren Königszeit anzunehmen sein.[55] Resümierend können wir sagen, dass wahrscheinlich schon in der frühen vorexilischen Königszeit Israels und Judas die dann in der mittleren und späteren Königszeit produktiv ausgebauten Fundamente für eine weit

„wissen lassen") mit JHWH als Satzsubjekt problematisch: „Die Sonne hat vom Himmel her kundgetan: ‚JHWH beabsichtigt im Dunkeln zu thronen' ..." (KEEL 2002, 16.17). Selbst wenn man (gegen LXX) einer Rekonstruktion folgen wollte, die die Sonne zum Subjekt von *hōdīᶜ* macht und wenn man im weiteren Verlauf der LXX folgt, muss die Sonne nicht schon der Auftraggeber an den König sein, ein Haus zu bauen, das „ein Haus für JHWH, als Gast des Sonnengottes, und gleichzeitig ein Haus für den König sein soll" (ebd. 16). Eher könnte sie dann die Botschafterin, der personifizierte dienstbare Herold, sein, der am Himmel den Entschluss JHWHs und seinen Befehl an den König zum Tempelbau verkündet und damit die kosmische Dimension und Bedeutung dieses Aktes symbolisiert (vgl. zu solcher Art Kundgabe z.B. Ps 19,2). Dann entspräche ihre Rolle recht genau der autoritativen Botschafterrolle der alles sehenden ugaritischen Sonnengöttin *Šapšu* als „divine messenger" (S.A. WIGGINS 1996a, 331 u.a.).

[53] Vgl. z.B. B. JANOWSKI 1999 [1995], 212-216; auch ders. 2002 (zu Ps 72); E. VAN WOLDE 2003 zu 2 Sam 12,11(-12), bes. 265-276; vgl. auch M. ARNETH 1999 zur Solarisierung des neuassyrischen Königtums; ders. 2000 zur Solarisierung JHWHs und der Königskonzeption nach Ps 72.

[54] A. BERLEJUNG 2001, 489f., in ihrer Untersuchung von Todesvorstellungen in Israel.

[55] Vgl. dazu meinen Beitrag „Keine Flucht vor Gott" in diesem Band, insbesondere zu Am 9,1-4.

gespannte bedeutsame Wirkungsgeschichte einer solarisierten Gottesvorstellung gelegt worden sind.[56]

Der Ausblick auf die Solarisierungsdebatte führte exemplarisch auf entscheidende Fragen der Interpretation biblischer Texte. Wie sind solare Metaphern und Vergleiche für Sein und Wirken Gottes zu verstehen? Ist die bildspendende Wirklichkeit in solchen Fällen einfach nur die lebensweltliche Erfahrung der Wirkungen des Sonnenlichts oder tun sich hinter den sprachlichen Bildprädikationen mythologische Zusammenhänge auf? Verschmelzen nicht beide Ebenen in der textlichen Darstellung? Wenn biblische Verfasser und Tradentenkreise tatsächlich „Mythos", wenn schon nicht als geschlossene Erzählung, so doch zumindest als „Mythisches", mythische Elemente, Motive, Konstellationen von Situationen, Personen und Handlungen, mythologische Redeweisen und Termini sowie Funktionen des Mythos aus einem traditionellen Wissensfundus schöpfen und mehr oder weniger frei gemäß ihrer lebensweltlich-religiös gebundenen Wirklichkeitswahrnehmung und -deutung in der Textbildung einsetzen konnten: wie, in welchem Umfang und in welcher Weise, aber auch warum und wozu taten sie dies und mussten sie es tun? Vieles spricht dafür, dass der qualitative Maßstab für den Gebrauch von „Mythos" in der bildhaften Gottes-Rede der Prophetie und der Psalmen das vorausgesetzte Gottesverständnis der Verfasser und Tradentenkreise ist, deren Vorstellungen und Verständnis von Gott (notwendig) auch – jedoch nicht allein – mythisch geprägt ist. Diesem Zirkel des Verstehens ist nie ganz auszukommen. JHWH aber konnte im Spiegel biblischer Texte bzw. in der Sicht seiner Verehrer in erstaunlicher Breite „sein" Bild durch Aufnahme und Anverwandlung mythisch begründeter Rollen und Vorstellungen erweitern. Nichtsdestoweniger zeigt sich seine verwandelnde Kraft, seine Kompetenz zur Profilierung eigener Züge und endlich auch sein Anspruch des alleinigen Rettertums und Gottseins vorab in der Umdeutung, Entmythisierung oder auch Überwindung und Abstoßung tradierter mythischer Gottes-Rede.

---

[56] Vgl. zur weiteren Solarisierungsgeschichte bis in die hellenistische Zeit Palästinas, zur Licht-Theologie der solar orientierten Qumran-Gemeinschaft, zur antiken Synagogenkunst und zur Christologie der frühen Kirche M.S. SMITH 1996 [1982], 238-262, bes. 253ff.; St. BEYERLE 1998, 286-288; H.-P. STÄHLI 1985, 1-5, auch schon F.J. DÖLGER 1918.

Abstract

This introductory article to the basic theme of this volume, i.e. to the question of shape, character and biblical transformation of mythical traditions in biblical imagery-speech, especially in prophecy and psalms, first tries to gain an operative concept of myth capable of consensus in studies of Ancient Near Eastern and Old Testament literature. "Myth" is considered as a complex genre of speech in the broader sense, characterised by seven features. Israel draws upon a rich traditional fund of knowledge of myths, mythical imagery and ideas encountered in imagery-speech of biblical texts. Imagery-speech includes the manifold *"mythical"* understood as mythical constellations of figures and actions, elements, motifs, motif structures and functions. The decisive question is that of the particular mode of reception and the functions of myth and the "mythical" in the Old Testament. This is exemplified in the concluding part of the article on the basis of the discussion of type, intensity and dating of the *"solarization"* of YHWH as a borrowing of roles, effective functions and light nature of sun-gods and their mythical-empirical solar circuit.

Literatur

1. Zum Themenbereich „Mythos"

ASSMANN, J. 1977: Die Verborgenheit des Mythos in Ägypten: GM 25 (1977) 7-43.

-- 1982: Die Zeugung des Sohnes. Bild, Spiel, Erzählung und das Problem des ägyptischen Mythos, in: ASSMANN, J. / BURKERT, W. / STOLZ, F., Funktionen und Leistungen des Mythos. Drei altorientalische Beispiele: OBO 48, Freiburg (Schweiz) / Göttingen 1982, 13-61.

-- 2002: Das kulturelle Gedächtnis. Schrift, Erinnerung und politische Identität in frühen Hochkulturen, München ^{4}2002.

ASSMANN, J. / ASSMANN, A. 1998: Art. Mythos: Handbuch religionswissenschaftlicher Grundbegriffe, hrsg. v. H. CANCIK u.a., Bd. 4, Stuttgart u.a. 1998, 179-200.

ASSMANN, J. / BURKERT, W. / STOLZ, F. 1982: Funktionen und Leistungen des Mythos. Drei altorientalische Beispiele: OBO 48, Freiburg (Schweiz) / Göttingen 1982.

BARNER, W. / DETKEN, A. / WESCHE, J. (Hrsg.) 2003: Texte zur modernen Mythentheorie: Reclam Universal-Bibliothek Nr. 17642, Stuttgart 2003.

BARR, J. 1959: The Meaning of „Mythology" in Relation to the Old Testament: VT 9 (1959) 1-10.

BERNHARDT, K.-H. 1963: Elemente mythischen Stils in der alttestamentlichen Geschichtsschreibung: WZ(R) 12 (1963) 295-297.

BLUMENBERG, H. 1996 [1979]: Arbeit am Mythos. Sonderausg. nach der 5. Aufl., Frankfurt a.M. 1996 (Erstdruck 1979).

BOTTÉRO, J. / KRAMER, S.N. 1989: Lorsque les dieux faisaient l'homme. Mythologie mésopotamienne, Paris 1989.

BURKERT, W. 1982: Literarische Texte und funktionaler Mythos: zu Ištar und Atraḫasis, in: ASSMANN, J. / BURKERT, W. / STOLZ, F., Funktionen und Leistungen des Mythos. Drei altorientalische Beispiele: OBO 48, Freiburg (Schweiz) / Göttingen 1982, 63-82.

-- 1993: Mythos – Begriff, Struktur, Funktionen, in: GRAF, F. (Hrsg.), Mythos in mythenloser Gesellschaft. Das Paradigma Roms: Colloquium Rauricum Bd. 3, Stuttgart Leipzig 1993, 9-24.

CANCIK, H. / CANCIK-KIRSCHBAUM, E. 1995: Art. Mythos: NBL II, Lfg. 10 (1995) 864-876.

DALFERTH, I.U. 1998: Von der Mythenkritik zur Entmythologisierung. Eine Erinnerung an unverzichtbare Aufgaben der Theologie, in: HÖRNER, V. / LEINER, M. (Hrsg.), Die Wirklichkeit des Mythos. Eine theologische Spurensuche, Gütersloh 1998, 57-81.

ELIADE, M. 1977: Gefüge und Funktion der Schöpfungsmythen, in: Die Schöpfungsmythen. Ägypter, Sumerer, Hurriter, Hethiter, Kanaaniter und Israeliten, berecht. Übertr. aus d. Franz. unter Zugrundelegung d. dt. Textausg. von E. KLEIN unter Mitarbeit von W. SCHENKEL u. O. ROESSLER, Darmstadt 1977, 9-34.

-- 1988: Mythos und Wirklichkeit, Frankfurt a.M. 1988.

-- 1998: Mythen und Mythologien, in: GOLOWIN, S., mit Beiträgen von M. ELIADE und J. CAMPBELL, Die großen Mythen der Menschheit, Freiburg i.Br. u.a. 1998, 10-37.

FABRY, H.-J. 1999: Mythos „Schilfmeer", in: LANGE, A. u.a. (Hrsg.), Mythos im Alten Testament und seiner Umwelt. FS H.-P. MÜLLER: BZAW 278, Berlin New York 1999, 88-106.

FRITZ, V. 1990: Weltalter und Lebenszeit. Mythische Elemente in der Geschichtsschreibung Israels und bei Hesiod: ZThK 87 (1990) 145-162.

FUCHS, G. 1993: Mythos und Hiobdichtung. Aufnahme und Umdeutung altorientalischer Vorstellungen, Stuttgart u.a. 1993.

GRABNER-HAIDER, A. 1988: Probleme der Mythosforschung: ThPQ 136 (1988) 362-267.

-- 1993: Strukturen des Mythos. Theorie einer Lebenswelt: Religionswissenschaftliche Studien 28, Würzburg / Altenberge ²1993.

GRAF, F. 1985: Griechische Mythologie. Eine Einführung: Artemis. Einführungen 16, München Zürich 1985.

-- 1993: Die Entstehung des Mythosbegriffs bei Christian Gottlob Heyne, in: ders. (Hrsg.), Mythos in mythenloser Gesellschaft. Das Paradigma Roms: Colloquium Rauricum Bd. 3, Stuttgart Leipzig 1993, 284-294.

GRAF, F. (Hrsg.) 1993: Mythos in mythenloser Gesellschaft. Das Paradigma Roms: Colloquium Rauricum Bd. 3, Stuttgart Leipzig 1993.

GUNKEL, H. 1963 [1925]: Die israelitische Literatur, Darmstadt 1963 (Nachdruck der Ausg. Leipzig 1925).

HARTLICH, Ch. / SACHS, W. 1952: Der Ursprung des Mythosbegriffes in der modernen Bibelwissenschaft: SSEA 2, Tübingen 1952.

HELLER, J. 1988: Das Ringen der alttestamentlichen Überlieferung mit dem Mythos, in: SCHMID, H.H. (Hrsg.), Mythos und Rationalität: Veröffentlichung der Wissenschaftlichen Gesellschaft für Theologie, Gütersloh 1988, 127-133.

HÖRNER, V. / LEINER, M. (Hrsg.) 1998: Die Wirklichkeit des Mythos. Eine theologische Spurensuche, Gütersloh 1998.

HÜBNER, K. 1985: Die Wahrheit des Mythos, München 1985.

-- 1994: Mythos I. Philosophisch: TRE 23 (1994) 597-608.

JOHNSTONE, W. 1971: The Mythologizing of History in the Old Testament: SJT 24 (1971) 201-217.

JOLLES, A. 1930: Einfache Formen. Legende, Sage, Mythe, Rätsel, Spruch, Kasus, Memorabile, Märchen, Witz, Tübingen 1930 (Studienausgabe der 4. Aufl. 1968, Tübingen 1972).

JÜNGEL, E. 2000: Die Wahrheit des Mythos und die Notwendigkeit der Entmythologisierung, in: ders., Indikative der Gnade – Imperative der Freiheit. Theologische Erörterungen IV, Tübingen 2000, 40-47.

KEEL, O. 1992: Das Recht der Bilder gesehen zu werden. Drei Fallstudien zur Methode der Interpretation altorientalischer Bilder: OBO 122, Freiburg (Schweiz) / Göttingen 1992.

-- 1996: Die Welt der altorientalischen Bildsymbolik und das Alte Testament. Am Beispiel der Psalmen, Göttingen ^{5}1996.

LAMBERT, W.G. 1988: Old Testament Mythology in its Ancient Near Eastern Context, in: EMERTON, J.A. (Hrsg.), Congress Volume Jerusalem 1986: VT.S 40, Leiden 1988, 124-143.

LANGE, A. / LICHTENBERGER, H. / RÖMHELD, D. (Hrsg.) 1999: Mythos im Alten Testament und seiner Umwelt. FS H.-P. MÜLLER: BZAW 278, Berlin New York 1999.

LEINER, M. 1998: Mythos – Bedeutungsdimensionen eines unscharfen Begriffs, in: HÖRNER, V. / LEINER, M. (Hrsg.), Die Wirklichkeit des Mythos. Eine theologische Spurensuche, Gütersloh 1998, 30-56.

MCKENZIE, J.L.1959: Myth and the Old Testament: CBQ 21 (1959) 265-282.

MOHN, J. 1998: Mythostheorien. Eine religionswissenschaftliche Untersuchung zu Mythos und Interkulturalität, München 1998.

MOYE, R.H. 1990: In the Beginning: Myth and History in Genesis and Exodus: JBL 109 (1990) 577-598.

MÜLLER, H.-P. 1977: Zum alttestamentlichen Gebrauch mythischer Rede. Orientierungen zwischen Strukturalismus und Hermeneutik, in: STROLZ, W. (Hrsg.), Religiöse Grunderfahrungen. Quellen und Gestalten, Freiburg i.Br. u.a. 1977, 67-93.

-- 1979: Jenseits der Entmythologisierung. Orientierungen am Alten Testament, Neukirchen-Vluyn ²1979 (1. Aufl. erschienen unter dem Titel: Mythos – Tradition – Revolution. Phänomenologische Untersuchungen zum Alten Testament, Neukirchen-Vluyn 1973).

-- 1991: Mythos – Kerygma – Wahrheit. Gesammelte Aufsätze zum Alten Testament in seiner Umwelt und zur Biblischen Theologie: BZAW 200, Berlin New York 1991.

-- 1998a: Entmythologisierung und Altes Testament: Neue Zeitschrift für Systematische Theologie 35 (1993) 1-27, aufgenommen in: ders., Glauben, Denken und Hoffen, Münster 1998, 179-202.

-- 1998b: Mythos als Elementarform religiöser Rede im Alten Orient und im Alten Testament. Zur Theorie der Biblischen Theologie: Neue Zeitschrift für Systematische Theologie 37,1 (1995) 1-19, aufgenommen in: ders., Glauben, Denken und Hoffen, Münster 1998, 213-229.

-- 2003: Mythisierung geschichtlicher Ereignisse im Alten Testament und im Alten Vorderen Orient, in: OBERHAMMER, G. / SCHMÜCKER, M. (Hrsg.), Mythisierung der Transzendenz als Entwurf ihrer Erfahrung: Österreichische Akademie der Wissenschaften. Philosophisch-Historische Klasse. Sitzungsberichte, 706. Bd., Wien 2003, 185-202.

OHLER, A. 1969: Mythologische Elemente im Alten Testament. Eine motivgeschichtliche Untersuchung: KBANT, Düsseldorf 1969.

PETERSEN, C. 1982: Mythos im Alten Testament. Bestimmung des Mythosbegriffs und Untersuchung der mythischen Elemente in den Psalmen: BZAW 157, Berlin New York 1982.

PODELLA, T. 1993: Der „Chaoskampfmythos" im Alten Testament. Eine Problemanzeige, in: DIETRICH, M. / LORETZ, O. (Hrsg.), Mesopotamica – Ugaritica – Biblica. FS K. BERGERHOF: AOAT 232. Kevelaer / Neukirchen-Vluyn 1993, 283-329.

REVENTLOW, H. Graf 1982: Hauptprobleme der alttestamentlichen Theologie im 20. Jahrhundert, Darmstadt 1982; bes. 168-183 (Lit!).

-- 1990: Mythos im Alten Testament – eine neue Wertung?, in: BINDER, G. / EFFE, B. (Hrsg.), Mythos. Erzählende Weltdeutung im Spannungsfeld von Ritual, Geschichte und Rationalität: BAC 2, Trier 1990, 33-55.

RICHTER, H.-F. 1988: Zum Problem des Mythos: ZRGG 40 (1988) 24-43.

ROGERSON, J.W. 1974: Myth in Old Testament Interpretation: BZAW 134, Berlin New York 1974.

-- 1978-79: Slippery Words. V. Myth: The Expository Times 90 (1978-79) 10-14.

RÖHRICH, L. 1993: Märchen und Mythen, in: GRAF, F. (Hrsg.), Mythos in mythenloser Gesellschaft. Das Paradigma Roms: Colloquium Rauricum Bd. 3, Stuttgart Leipzig 1993, 295-304.

SCHMIDT, Th. 1996: Das Ende der Zeit. Mythos und Metaphorik als Fundament einer Hermeneutik biblischer Eschatologie: BBB 109, Frankfurt a.M. u.a. 1996.
SCHMIDT, W.H. 1967: Mythos im Alten Testament: EvTh 27 (1967) 237-254.
-- 1994: Mythos III. Alttestamentlich: TRE 23 (1994) 625-644.
SCHREINER, J. 1971 Mythos und Altes Testament: BiLe 12 (1971) 141-153.
SHIPP, R.M. 2002: Of Dead Kings and Dirges. Myth and Meaning in Isaiah 14: 4b-21: SBL 11, Leiden Boston 2002.
SMITH, M.S. 1994: Mythology and Myth-making in Ugaritic and Israelite Literatures, in: BROOKE, G. / CURTIS, A.H.W. / HEALEY, J.F. (Hrsg.), Ugarit and the Bible. Proceedings of the International Symposium on Ugarit and the Bible, Manchester, September 1992: UBL 11, Münster 1994, 293-341.
SODEN, W. VON, 1984: Reflektierte und konstruierte Mythen, in: FS J. ARO: StOR 55, Helsinki 1984, 149-157.
-- 1985: Einführung in die Altorientalistik, Darmstadt 1985.
SPIECKERMANN, H. 1989: Heilsgegenwart. Eine Theologie der Psalmen, Göttingen 1989.
STOLZ, F. 1982: Funktionen und Bedeutungsbereiche des ugaritischen Baʿalsmythos, in: ASSMANN, J. / BURKERT, W. / STOLZ, F., Funktionen und Leistungen des Mythos. Drei altorientalische Beispiele: OBO 48, Freiburg (Schweiz) / Göttingen 1982, 83-118.
-- 1994: Mythos II. Religionsgeschichtlich: TRE 23 (1994) 608-625.
TEPE, P. 2001: Mythos & Literatur. Aufbau einer literaturwissenschaftlichen Mythosforschung, Würzburg 2001.
WESTERMANN, C. 1999: Die Gliederung der Mythen, in: LANGE, A. / LICHTENBERGER, H. / RÖMHELD, D. (Hrsg.), Mythos im Alten Testament und seiner Umwelt. FS H.-P. MÜLLER: BZAW 278, Berlin New York 1999, 212-232.

2. *Zum Themenbereich „Solarisierung"*

ALBANI, M. 1994: „Das Werk seiner Hände verkündet die Feste". Die doxologische Bedeutung des Sonnenlaufes in Psalm 19, in: ALBANI, M. / ARNDT, T. (Hrsg.), Gottes Ehre erzählen. FS H. SEIDEL, Leipzig 1994, 237-256.
-- 2000: Der eine Gott und die himmlischen Heerscharen. Zur Begründung des Monotheismus bei Deuterojesaja im Horizont der Astralisierung des Gottesverständnisses im Alten Orient: Arbeiten zur Bibel und ihrer Geschichte 1, Leipzig 2000.
ARNETH, M. 1999: „Möge Šamaš dich in das Hirtenamt über die vier Weltgegenden einsetzen". Der „Krönungshymnus Assurbanipals" (SAA III, 11) und die Solarisierung des neuassyrischen Königtums: ZAR 5 (1999) 28-53.

-- 2000: „Sonne der Gerechtigkeit". Studien zur Solarisierung der Jahwe-Religion im Lichte von Psalm 72: BZAR 1, Wiesbaden 2000.

ASSMANN, J. 1969: Liturgische Lieder an den Sonnengott. Untersuchungen zur altägyptischen Hymnik 1: MÄS 19, Berlin 1969.

-- 1975: Ägyptische Hymnen und Gebete: Die Bibliothek der alten Welt. Reihe ‚Der Alte Orient' 7, Zürich München 1975 [ÄHG].

-- 1984: Art. Sonnengott: LÄ V (1984), Sp. 1087-1094.

ASSMANN, J. / JANOWSKI, B. / WELKER, M. 1998: Richten und Retten. Zur Aktualität der altorientalischen und biblischen Gerechtigkeitskonzeption, in: dies. (Hrsg.), Gerechtigkeit. Richten und Retten in der abendländischen Tradition und ihren altorientalischen Ursprüngen, München 1998, 9-35.

BERLEJUNG, A. 2001: Tod und Leben nach den Vorstellungen der Israeliten. Ein ausgewählter Aspekt zu einer Metapher im Spannungsfeld von Leben und Tod, in: JANOWSKI, B. / EGO, B. (Hrsg.), Das biblische Weltbild und seine altorientalischen Kontexte: FAT 32, Tübingen 2001, 465-502.

BEYERLE, St. 1998: Der Gott der Qumraniten. Anmerkungen zum Gottesbild der Qumran-Texte aus der Sicht der Mischna, der Talmudim, frühen Midraschim und des Josephus: Henoch 20 (1998) 271-289, ebd. 286-288 zum „Sonnenkult".

BROWN, W.P. 2002: Seeing the Psalms. A Theology of Metaphor, Louisville London 2002, 81-103.237-245.

DION, P.E. 1991: YHWH as Storm-God and Sun-God. The Double Legacy of Egypt and Canaan as Reflected in Psalm 104: ZAW 103 (1991) 43-71.

DÖLGER, F.J. 1918: Die Sonne der Gerechtigkeit und der Schwarze. Eine religionsgeschichtliche Studie zum Taufgelöbnis: Liturgiegeschichtliche Forschungen, Heft 2, Münster 1918.

GAMPER, A. 1966: Gott als Richter in Mesopotamien und im Alten Testament. Zum Verständnis einer Gebetsbitte, Innsbruck 1966.

GÖRG, M. 2001: Die Barke der Sonne. Religion im alten Ägypten, Freiburg i.Br. u.a. 2001.

HORNUNG, E. 1991: Die Nachtfahrt der Sonne. Eine altägyptische Beschreibung des Jenseits, München 1991.

IRSIGLER, H. 2002: Zefanja: HThKAT, Freiburg i.Br. u.a. 2002.

JANOWSKI, B. 1989: Rettungsgewißheit und Epiphanie des Heils. Das Motiv der Hilfe Gottes „am Morgen" im Alten Orient und im Alten Testament, Bd. I: Alter Orient: WMANT 59, Neukirchen-Vluyn 1989.

-- 1999 [1994]: JHWH der Richter – ein rettender Gott. Psalm 7 und das Motiv des Gottesgerichts, in: ders., Die rettende Gerechtigkeit. Beiträge zur Theologie des Alten Testaments 2, Neukirchen-Vluyn 1999, 92-124 (zuerst erschienen in: JBTh 9 [1994] 53-85).

-- 1999 [1995]: JHWH und der Sonnengott. Aspekte der Solarisierung JHWHs in vorexilischer Zeit, in: ders., Die rettende Gerechtigkeit. Beiträge zur Theologie des Alten Testaments 2, Neukirchen-Vluyn 1999, 192-219 (zuerst erschienen in: MEHLHAUSEN, J. [Hrsg.], Pluralismus und Identität, Gütersloh 1995, 214-241).

-- 2000: Der barmherzige Richter. Zur Einheit von Gerechtigkeit und Barmherzigkeit im Gottesbild des Alten Orients und des Alten Testaments, in: SCORALICK, R. (Hrsg.), Das Drama der Barmherzigkeit Gottes. Studien zur biblischen Gottesrede und ihrer Wirkungsgeschichte im Judentum und Christentum: SBS 183, Stuttgart 2000, 33-91.

-- 2002: Die Frucht der Gerechtigkeit. Psalm 72 und die judäische Königsideologie, in: OTTO, E. / ZENGER, E. (Hrsg.), „Mein Sohn bist du" (Ps 2,7). Studien zu den Königspsalmen: SBS 192, Stuttgart 2002, 94-134.

JEREMIAS, J. 1983: Der Prophet Hosea: ATD 24,1, Göttingen 1983.

JEREMIAS, J. / HARTENSTEIN, F. 1999: „JHWH und seine Aschera". „Offizielle Religion" und „Volksreligion" zur Zeit der klassischen Propheten, in: JANOWSKI, B. / KÖCKERT, M. (Hrsg.), Religionsgeschichte Israels. Formale und materiale Aspekte: Veröffentlichungen der Wissenschaftlichen Gesellschaft für Theologie Bd. 15, München / Gütersloh 1999, 79-138.

KEEL, O. 1994: Sturmgott – Sonnengott – Einziger. Ein neuer Versuch, die Entstehung des judäischen Monotheismus historisch zu verstehen: BiKi 49 (1994) 82-92.

-- 1996: Die Welt der altorientalischen Bildsymbolik und das Alte Testament. Am Beispiel der Psalmen, Göttingen [5]1996.

-- 2002: Der Salomonische Tempelweihspruch. Beobachtungen zum religionsgeschichtlichen Kontext des Ersten Jerusalemer Tempels, in: KEEL, O. / ZENGER, E. (Hrsg.), Gottesstadt und Gottesgarten. Zu Geschichte und Theologie des Jerusalemer Tempels: QD 191, Freiburg i.Br. u.a. 2002, 9-23.

KEEL, O. / UEHLINGER, Chr. 1994: Jahwe und die Sonnengottheit von Jerusalem, in: DIETRICH, W. / KLOPFENSTEIN, M.A. (Hrsg.), Ein Gott allein? JHWH-Verehrung und biblischer Monotheismus im Kontext der israelitischen und altorientalischen Religionsgeschichte, Freiburg (Schweiz) 1994, 269-306.

KEEL, O. / UEHLINGER, Chr. 2001: Göttinnen, Götter und Gottessymbole. Neue Erkenntnisse zur Religionsgeschichte Kanaans und Israels aufgrund bislang unerschlossener ikonographischer Quellen: QD 134, Freiburg i.Br. u.a. 1992.[5]2001 [GGG].

KEEL, O. / SCHROER, S. 2002: Schöpfung. Biblische Theologien im Kontext altorientalischer Religionen, Göttingen / Freiburg (Schweiz) 2002, ebd. 77-82 zur „Sonnenverehrung".

KRÜGER, Th. 1993: „Kosmologie" zwischen Mythos und Erfahrung. Psalm 104 im Horizont altorientalischer und alttestamentlicher „Schöpfungs-Konzepte": BN 68 (1993) 49-74.

LANGER, B. 1989: Gott als „Licht" in Israel und Mesopotamien. Eine Studie zu Jes 60,1-3.19f.: ÖBS 7, Klosterneuburg 1989.

LORETZ, O. 1990: Ugarit und die Bibel. Kanaanäische Götter und Religion im Alten Testament, Darmstadt 1990.

MAUL, St. 1988: ‚Herzberuhigungsklagen': die sumerisch-akkadischen *Eršaḫunga*-Gebete, Wiesbaden 1988.

MAYER, W. 1976: Untersuchungen zur Formensprache der babylonischen „Gebetsbeschwörungen": StP.SM 5, Rom 1976.

NIEHR, H. 1990: Der höchste Gott. Alttestamentlicher JHWH-Glaube im Kontext syrisch-kanaanäischer Religion des 1. Jahrhunderts v.Chr.: BZAW 190, Berlin New York 1990.

-- 1995: The Rise of YHWH in Judahite and Israelite Religion. Methodological and Religio-Historical Aspects, in: EDELMANN, D.V. (Hrsg.), The Triumph of Elohim. From Yahwisms to Judaisms: CBET 13, Kampen 1995, 45-73.

PODELLA, T. 1996: Das Lichtkleid JHWHs. Untersuchungen zur Gestalthaftigkeit Gottes im Alten Testament und seiner altorientalischen Umwelt: FAT 15, Tübingen 1996.

SCHOLLMEYER, P.A. 1912: Sumerisch-babylonische Hymnen und Gebete an Šamaš, Paderborn 1912.

SCHROER, S. 1997: „Im Schatten deiner Flügel". Religionsgeschichtliche und feministische Blicke auf die Metaphorik der Flügel Gottes in den Psalmen, in Ex 19,4; Dtn 32,11 und in Mal 3,20, in: KESSLER, R. u.a. (Hrsg.), „Ihr Völker alle, klatscht in die Hände!" FS E.S. GERSTENBERGER, Münster 1997, 296-316.

SMITH, M.S. 1988: „Seeing God" in the Psalms: The Background to the Beatific Vision in the Hebrew Bible: CBQ 50 (1988) 171-183.

-- 1990a: The Early History of God. Yahweh and the Other Deities in Ancient Israel, San Francisco u.a. 1990.

-- 1990b: The Near Eastern Background of Solar Language for Yahweh: JBL 109 (1990) 29-39.

-- 1996: Helios in Palestine, in: COHEN, Sh.J.D. (Hrsg.), Studies in the Cult of Yahweh by Morton SMITH, Leiden u.a. 1996, 238-262 (zuerst erschienen in: Eretz Israel 16 [1982] 199*-214*).

STÄHLI, H.-P. 1985: Solare Elemente im Jahweglauben des Alten Testaments: OBO 66, Freiburg (Schweiz) / Göttingen 1985.

STEYMANS, H.U. 1995: Deuteronomium 28 und die *adê* zur Thronfolgeregelung Asarhaddons. Segen und Fluch im Alten Orient und in Israel: OBO 145, Freiburg (Schweiz) / Göttingen 1995.

STOLZ, F. 1996: Einführung in den biblischen Monotheismus, Darmstadt 1996.

TAYLOR, J.G. 1993: Yahweh and the Sun. Biblical and Archaeological Evidence for Sun Worship in Ancient Israel: JSOTS 111, Sheffield 1993.

-- 1996: A Response to Steve A. Wiggins, ‚Jahweh: The God of Sun?': JSOT 71 (1996) 107-119.

VAN WOLDE, E. 2003: In Words and Pictures: The Sun in 2 Samuel 12:7-12: Biblical Interpretation 11, 3/4 (2003) 259-278.

WESTENDORF, W. 1984: Art. Sonnenlauf: LÄ V (1984), Sp. 1100-1103.

WIGGINS, S.A. 1996a: Shapsh, Lamp of the Gods, in: WYATT, N. / WATSON, W.G.E. / LLOYD, J.B. (Hrsg.), Ugarit, Religion and

Culture. Proceedings of the international Colloquium on Ugarit, Edinburgh, July 1994: UBL 12, Münster 1996, 327-350.
-- 1996b: Yahweh: The God of Sun?: JSOT 71 (1996) 89-106 [zu Taylor].
WIEBACH-KOEPKE, S. 2003: Phänomenologie der Bewegungsabläufe im Jenseitskonzept der Unterweltbücher Amduat und Pfortenbuch und der liturgischen „Sonnenlitanei". Teil 1: Untersuchungen, Wiesbaden 2003; Teil 2: Annotierte Transkription und Übersetzung. Schautafeln: ÄAT 55, Wiesbaden 2003.
WYATT, N. 1995: The Liturgical Context of Psalm 19 and its Mythical and Ritual Origins: UF 27 (1995) 559-596.
ZEEB, F. 2002: Jahwe und der Sonnengott, in: LORETZ, O. / METZLER, K.A. / SCHAUDIG, H. (Hrsg.), Ex Mesopotamia et Syria Lux. FS Manfried DIETRICH zu seinem 65. Geburtstag: AOAT 281, Münster 2002, 899-917.

Mythos und Metapher
Zur Ambivalenz des Mythischen in poetischer Gestaltung[1]

Hans-Peter Müller
Münster

Gestatten Sie mir, in diesem Referat die in dessen Titel gebrauchten Begriffe zu erörtern, freilich ohne die ausufernde Diskussion voll erfassen zu können! Mit der Erörterung dieser Begriffe fallen hermeneutische Entscheidungen, die unser Verhältnis zur Bibel und zur Kirche und damit unsere theologische Existenz betreffen. Letztlich geht es um das Recht mythischer Rede, zumal die Wurzeln mythischer Religion offenbar in der Natur des Menschen liegen[2].

I. Mythos und Mythisches

Neben dem (vor-)literarischen Gattungsbegriff ‚Mythos' erscheint als Bezeichnung einer seiner Transformationen der Begriff „des Mythischen"; im Gesamtthema der Tagung findet sich sogar nur der letztere Begriff. Was also ist Mythos? Was ist das Mythische?

1. *Mythos* ist eine narrative Gattung, zunächst in mündlicher Überlieferung, sodann, wenn die mündliche Gattung nicht mehr produktiv ist, in schriftlicher Form; durch die Verschriftung wird der Stoff, wie etwa die Weltschöpfungsmythen *Enūma eliš* und Gen 1,1-2,4a zeigen, durch strenge Konstruktion und doktrinale Absicht zum Bildungsgut, das sich der ‚Weisheit' annähert.

a. *Mündlicher wie schriftlicher Mythos* erzählt stiftend und normativ vom Ursprung einzelner Dinge, des Menschen oder der

---

[1] Die Ausarbeitung des folgenden Artikels geschah im Zusammenhang mit einem von der Fritz-Thyssen-Stiftung und der Deutschen Forschungsgemeinschaft geförderten Projekt zur Geschichte der phönizisch-punischen und altaramäischen Religion. – Ich danke Frau stud. theol. et phil. Friederike Niemeier für Recherchen, Beschaffung von Literatur und die Erstellung der PC-Fassung.

[2] Vgl. H.-P. MÜLLER 2002; 2003c; So-Sein und So-Sein-Sollen. Religion im Streit zwischen Natur- und Geisteswissenschaften, demnächst in NZSTh.

Welt, um dadurch die Frage zu beantworten, warum Seiendes sein *darf* und nicht vielmehr Nichts sein muss[3]. Es geht zunächst nicht um Welt-‚Erklärung', auch nicht um die Frage von G.W. Leibniz, F.W.J. Schelling und M. Heidegger, warum Seiendes *ist*, sondern um die Legitimation des Seienden durch Sinnstiftung, weshalb Gen 1 refrainartig betont, dass die Schöpfung in ihrer endgültigen Konstellation „gut", ja „sehr gut", d.h. ihren Zwecken gemäß ist. In dem entsprechenden akkadischen Weltschöpfungsmythos *Enūma eliš* entspricht dem das Lob Marduks u.a. durch den Bau seines Tempels Esāgil und die Verkündung seiner 50 Ehrennamen VI 45ff[4]. Ursprünglich hatte das mythische Erzählen magische Funktionen: es garantierte den Bestand dessen, wovon erzählt wurde. Erst später, als weder die Angst um den Bestand des Seienden noch der Zweifel an seiner Legitimität eine wichtige Rolle spielten, treten explikative Elemente hinzu; insbesondere wird die Kosmo*gonie* zum Rahmen einer präwissenschaftlichen Kosmo*logie*, wie wiederum der weisheitlich rezipierte Weltschöpfungsmythos Gen 1 mit seinen Scheidungen, Benennungen und Integrationen zeigt[5].

Im Laufe seiner Überlieferungsgeschichte und bei seiner Verschriftung kann ein Mythos seine Bedeutungen und Funktionen bei weitgehender Beibehaltung seines Wortlautes verändern[6], was der Vieldeutigkeit (Polysemie) mündlicher Erzählungen in deren Variabilität entspricht. Nach der Verschriftung sind Bedeutungsvarianten, abgesehen von redaktionellen Amplifikationen, nur durch Auslegung zu realisieren, die so die Variabilität der mündlichen Überlieferung ersetzt.

b. Offenbar schon dem *mündlichen* Mythos steht als dessen Gegensatzentsprechung der Antimythos gegenüber, also etwa die Sintfluterzählung in verschiedenen akkadischen Fassungen und in Gen 6,5-8,22(-9,17), die ein Paradigma für die Bedrohung des Menschen von außen nennt[7], oder die Erzählungen von den Sün-

---

3 Vgl. H.-P. MÜLLER 1991d. Hier werden auch die akkadischen Fassungen der Sintfluterzählungen besprochen.

4 Zu weiteren Parallelen vgl. H.-P. MÜLLER 1991b, 54; 1991h, 200-204.

5 G. VON RAD 1958 (1955), hat zu Ijob 38f. u.ä. auf altorientalische Onomastiken und eine entsprechende Listenwissenschaft als Vorbilder hingewiesen. Ähnlich ist die ‚mythische Geographie' zu beurteilen, die Gen 2,10-14 in einen Menschenschöpfungsmythos eingesprengt ist; vgl. H.-P. MÜLLER 1991a, 25-27. W. SCHADEWALDT 1978, 102, benannte ältere „Katalogdichtungen" für entsprechende Auflistungen bei Homer und Hesiod. – Zur Differenzierung und Integration in babylonischen Schöpfungsmythen vgl. W. VON SODEN 1989 (1969), bes. 150.

6 Vgl. am Beispiel von Gen 3 H.-P. MÜLLER 1991c.

7 Vgl. außer meiner in Anm. 3 genannten Arbeit: H.-P. MÜLLER 1991e; 1991d.

denfällen Gen 3; 4,1-16; 6,1-4 sowie vielleicht auch 9,20-27; 11,1-8(-9), von Verfehlungen, die die verschiedenen Möglichkeiten des Menschen behandeln, sein Leben und Gedeihen selbst, sozusagen von innen heraus, zu gefährden[8]. Antimythen sollen *de*legitimieren, was *nicht* sein darf, also die Sintflut, durch die die anfängliche Chaosbewältigung ja auch nur kurzfristig aufgehoben wird (Gen 8,20-22; 9,1-17), und die Sündenfälle, in denen der Mensch die eigene Begrenztheit auf Kosten Gottes zu vermindern sucht, was – zur Beschwichtigung der betreffenden Theodizeeprobleme – Daseinsminderungen als Strafen nach sich zieht.

c. In einer *schriftlichen* Fassung wie in der nicht-priesterschriftlichen oder der priesterschriftlichen Version von Gen 1-9(-11) werden wie im babylonischen Atramḫasīs-Epos Schöpfungs- und Sintfluterzählungen als die komplementären Opposita Mythos versus Antimythos zu den Kernstücken einer ‚Urgeschichte', wobei wir hier offen lassen können, wo die Urgeschichte endet[9]. Entsprechend erscheint einer schon stark reflektierten Weltsicht die *conditio humana* als ambivalent: sie besteht in geschöpflicher Freiheit und unter äußerer und innerer Bedrohung, wobei nach Gen 1 das gebändigte Chaos, indem es dem Kosmos immanent bleibt, zu den schöpferischen Potenzen von Wasser und Erde beiträgt, die Gott durch sein Schöpferwort nur zu entbinden braucht (V. 11f.20.24); so können der Mensch und die übrigen Kreaturen auch noch vom Bedrohlichen profitieren[10].

2a. Wenn die Gattung Mythos aber auch in schriftlicher Form nicht mehr produktiv ist, überlebt *„das Mythische"* als Inbegriff der für den Mythos charakteristischen Motive der Wirklichkeitswahrnehmung, ihrer Inhalte wie ihrer Funktionen; dies geschieht zunächst in anderen ‚Einfachen Formen' wie der Sage, der Legende, ja sogar dem Märchen, aber auch in Hymnen und Gebeten sowie in der Lyrik, etwa im Hohenlied[11] – dazu schließlich in

---

8 Vgl. H.-P. MÜLLER 1998b, bes. 216 mit Anm. 16. – Zum Ende der Urgeschichte vgl. Anm. 9.

9 E. ZENGER 1998, 165f., geht nach dem Vorangang von R. RENDTORFF u. a. davon aus, dass eine ursprünglich selbständige nicht-priesterliche Urgeschichte in Gen 8,22 endete; ähnlich danach M. Witte und C. Baumgart.

10 Auch nach Hesiod scheinen Erde, Tartaros und Eros *aus* einem materiell, nicht gestalthaft gedachten Chaos zu entstehen; vgl. W. SCHADEWALDT 1978, 95f. Darin zeigt sich ein erster Versuch, den Bestand des Seienden teilweise auf dieses selbst zu gründen; immerhin bedarf es aber nach Gen 1 des göttlichen Schöpferworts (s.o.), um die immanenten schöpferischen Kräfte zu entbinden.

11 Vgl. zum Mythischen in den Psalmen E. ZENGER 1999, dazu im Hohenlied H.-P. MÜLLER 1991f; 1992a. – Zur frühgriechischen Lyrik vgl. Anm. 17.

Kunstmythen[12], angefangen mit Platons mythischen Beispielerzählungen, den Abstiegs- und Erlösungsdramen der Gnosis und ihrer Nachfahren, bis hin zum „Mythos vom Untergang des Mythos" bei Richard Wagner[13]. Möglich ist, dass ‚das Mythische' dabei auf mythische Sprachgebärden zurückgreift, wie sie auch in Hymnen, Ritualen und mythischen Anspielungen begegnen; solche mythischen Sprachgebärden mögen älter als erzählerisch ausgeführte Mythen sein[14], was sich aber kaum nachprüfen lässt. Das Nachleben des Mythischen jenseits des produktiven Mythos bezeugt den bleibenden Bedarf an mythischer Wirklichkeitswahrnehmung, etwa den an einer Animatisierung der Gegenstände unserer Wirklichkeit, an einer personhaften Gottesvorstellung und damit an einer Humanisierung unserer Weltbeziehung: physikalische Kausalität erscheint als Willensbetätigung numinoser Subjekte, zu denen der Mensch Beziehungen aufnehmen kann, die den sozialen ähnlich sind[15]; gleichzeitig wird Geschehnissen, die sonst als zufällig erscheinen, ja als chaotisch und sinnraubend, etwa mittels des Postulats eines Tun-Ergehens-Zusammenhangs eine Notwendigkeit zugewiesen, der der Mensch sich in seinem Handeln einordnen kann.

Damit ist zugleich die Möglichkeit einer Mythisierung sowohl einzelner geschichtlicher Ereignisse als auch – wie im Fall der Geschichte Israels – ganzer Geschichtsabläufe begründet; erst durch eine Mythisierung, die das erzählte Geschehen wunderhaft ausstattet und in einen sinnhaften Zusammenhang stellt, gewinnt Geschichte religiöse Relevanz. Fortlaufende Geschichte wird, indem sie eine Konstanz- und Uniformitätserwartung unseres Geistes befriedigt, darüber zur Wiederholung von Prototypen, die schon einmal ihre lebensdienliche Kraft bewährt haben – wie bekanntlich die Exodussage, wenn sie späteren Erfahrungen und Erwartungen zum Modell dient[16]; in die auf uns einströmende Flut von Szenarien wird ein Muster eingebracht, das eine Erfolgsgewissheit für die Zukunft schenkt und so für die eigene Gemein-

---

[12] Zum Kunstmythos im Gegensatz zum ‚Grundmythos' vgl. H. BLUMENBERG 1981, 192-238.

[13] Vgl. K. HÜBNER 1985, 386-402.

[14] Der ‚klassische' Fall einer solchen Sprachgebärde scheint in Gen 1,1 vorzuliegen. – A. JOLLES 1968, 96-101, bes. 100, spricht von der „Mythe" im Gegensatz zum ausgeführten („vergegenwärtigten") Mythos; zur „Sprachgebärde" der Mythe A. JOLLES 1968, 114-116.

[15] Zum Hintergrund des Dämonenglaubens in der Evolution des Menschen vgl. H.-P. MÜLLER 2003a.

[16] Vgl. hierzu und zum Folgenden H.-J. FABRY 1999; H.-P. MÜLLER 1994; 1999; 2001a; 2001b.

schaft einen kosmischen Raum gegen den chaotischen Unraum außerhalb seiner abgrenzt. Indem sie die Möglichkeit einer fortgesetzten Mustererkennung ermöglicht, wird Geschichte zum Ordnungsmodell, zumal unsere Wahrnehmung und Erinnerung ohnehin Wiederholungen des Bewährten favorisiert.

b. Worin gründet das hartnäckige Fortleben mythischer Wirklichkeitswahrnehmung? Das Mythische setzt sich ja nicht nur in der Bildsprache der Propheten und Psalmen, im Hohenlied, aber auch in der frühgriechischen Lyrik[17] fort, sondern gehört zu den basalen Figuren unseres Sprechens und Denkens. Insbesondere Religion kann zwar ohne produktive Mythen, nicht aber ohne das Mythische sein. Schon die frühgriechische Philosophie hat mit dem Begriff ἀρχή die stiftend-normative Funktion des prototypischen Urzeitmythos aufgenommen[18].

In unserer heutigen Religiosität ist das Mythische in der personhaften Gottesvorstellung, dem ἐφάπαξ des Christusgeschehens u.v.a. gegenwärtig[19]. Die Einwirkung auf die Wirklichkeit geschieht auch für uns zwar nicht ausschließlich, aber doch wesentlich auf dem Umweg über den Dialog mit Gott: wir arbeiten nicht nur, sondern beten auch; wir wirken nicht nur unmittelbar auf Dinge und Menschen ein, sondern suchen auch eine herrscherliche Gottheit zu gewinnen, damit sie in den Weltlauf eingreife. Man mag adorative Formen des Gebets für sich bevorzugen; dennoch werden Bitte und Fürbitte in Liturgie und privater Spiritualität nie ganz verschwinden. – Eine mythische Struktur lebt auch in dem Bewusstsein fort, dass die „gute“ Schöpfung vom Anfang nicht durch eine bessere überboten werden kann. Das Entsprechende gilt von den kerygmatischen Zentralmotiven der Inkarnation sowie des Todes und der Auferstehung Christi: der mythische Prototyp, das ἐφάπαξ, ist hier – ähnlich wie im Fall des Exodus als eines my-

---

17 Vgl. zur frühgriechischen Lyrik H.-P. MÜLLER 2003b; 1998d. – Zum Hohenlied vgl. Anm. 11.

18 Umgekehrt erscheint es mir als erwägenswert, in *b^e^rê'šît* Gen 1,1 eine Spur griechischen Einflusses wahrzunehmen, zumal ein so relativ abstrakter Begriff nicht zum Formelbestand der altorientalischen Schöpfungsmythen gehört, dagegen etwa in den Wendungen ἡ ἀρχή τῶν ὄντων des Anaximenes (Aëtius I 3,4) und τὴν τῶν ὅλων ἀρχήν des Philon Byblios (Euseb, Praeparatio evangelica I 10,1) begegnet. Allerdings scheint ἀρχή relativ selten absolut, ohne spezifizierenden Genitiv, gebraucht zu werden.

19 Es ist kein Zufall, dass BULTMANN die personhafte Gottesvorstellung und das ἐφάπαξ des Christusgeschehens von seiner Entmyth(olog)isierung ausgenommen hat. Ebensowenig ‚erledigt‘ ist übrigens die im Grunde mythische Anthropozentrik in der Christologie und der Soteriologie, die in der existentialen, d.h. auf das menschliche Dasein bezogenen Interpretation sogar eine philosophisch-theologische Aufwertung erfuhr. Vgl. H.-P. MÜLLER 1991h; 1998c.

thisierten Geschichtsereignisses – lediglich in die Zeit als ein vorweggenommenes Ende der Geschichte versetzt; überboten werden kann es nicht.

II. Metapher

Dem Begriff ‚Mythos' steht der der ‚Metapher' gegenüber.

1. *In einem weiteren Sinne* kann man mit F. Nietzsche jede Vorstellung, jeden Begriff als metaphorisch bezeichnen. Nietzsche schrieb in dem nachgelassenen Aufsatz ‚Ueber Wahrheit und Lüge im aussermoralischen Sinn': „Ein Nervenreiz zuerst übertragen in ein Bild! Erste Metapher. Das Bild wird nachgeformt in einem Laut! Zweite Metapher. Und jedesmal vollständiges Ueberspringen der Sphäre, mitten hinein in eine ganz neue." ... Man „vergisst also die originalen Anschauungsmetaphern als Metaphern und nimmt sie als die Dinge selbst"[20]. Dass alle Erkenntnis auf Sinnenerfahrung beruhe, gilt also nur mit erheblichen Einschränkungen: der sinnliche Eindruck geht durch mehrere Filter, ehe er – aufgrund eines in vielen Generationen ‚erlernten' Transformationsprozesses – zum sprachlichen Ausdruck gelangt und so zur Erkenntnis wird[21]. Eine erste „Übersetzung" – *translatio* steht lateinisch für μεταφορά – ist die Umwandlung eines neurophysiologischen Reizes in einen geistigen Impuls, wobei die Differenz eines chemisch-elektromagnetischen Prozesses gegenüber einer Vorstellung oder einem Begriff den Kern des Leib-Seele-Problems darstellt. Dazu bedarf eine so metaphorisierte Wirklichkeitswahrnehmung der Interpretation im Kontext anderer Wahrnehmungen und vor allem von Erinnerungen. Bei jedem mentalen Vorgang werden dessen Inhalte zudem am Kriterium der Sprachfähigkeit geprüft: Inhalte werden nur gedacht, soweit sie in eine bestimmte, geschichtlich gewordene Sprache eingehen können; die allgemeinmenschliche Vernunft ist vielgestaltig[22]. In allen metaphorisierenden Instanzen wirkt schließlich das jeweilige Lebensinteresse des Erkennenden mit, dem alle seine Erkenntnis zuarbeitet. Unter den Voraussetzungen einer avancierteren Bewusstseinstheorie muss

---

20 So in F. NIETZSCHE 1973, 377.

21 Zu der empiristischen und zugleich sprachanalytischen Religions- und Metaphysikkritik A.J. AYERS 1987 (1936), bes. 135-159, u.a. vgl. M. LAUBE 1999.

22 Zur entsprechend von der Fremdheit des Dialogpartners ausgehenden Metakritik J.G. Hamanns an der transzendentalen Erkenntnistheorie I. Kants vgl. O. BAYER 2002; Hamann vollzieht eine epistemologische Fundamentalkritik, die erst recht den älteren angelsächsischen Empirismus berührt (vgl. S. 216-238).

man mit K. Jaspers von der „Universalität der Metapher“ sprechen und darum „zweifelnd fragen, ob denn das ‚Bedeuten‘ der Sprache je die Sache selbst zu erfassen gestatte“[23].

2. *In einem engeren* (und konventionellen) *Sinne* kann man von der Metapher als einem Mittel sprechen, das Unausdrückbare ausdrücklich zu machen[24]. Religiöse Rede ist – in Anknüpfung an die bekannte Formulierung R. Bultmanns – insofern metaphorisch, als in ihr „das Unweltliche, Göttliche als Weltliches, Menschliches, das Jenseitige als Diesseitiges erscheint, ... z.B. Gottes Jenseitigkeit als räumliche Ferne gedacht wird“[25].

Metaphorische Prädikate können einen Namen oder Begriff, der als Bezeichnung einer transzendenten Instanz unzulänglich bleibt, bildhaft erschließen, etwa in dem Satz „Jhwh ist mein Hirte“: was Jhwh für den Betenden ist, lässt sich, trägt man dem Geheimnis seiner Gottheit Rechnung, auf unmittelbare Weise nicht sagen; „Hirte“ wird in metaphorischem Gebrauch zu einem Medium, das etwas unmittelbar Verständliches auf das eigentlich Unausdrückbare, das Verhalten Jhwhs, „über-trägt“ (μετα-φόρει). Wie viel von religiöser Rede metaphorisch ist, machen wir uns meist nicht klar: selbst „Liebe Gottes“ ist eine Metapher, die eine soziale Beziehung auf das gott-menschliche Verhältnis über-trägt. Tatsächlich sind alle auf Gott bezogenen Begriffe, in denen sich religiöse Rede freilich nicht erschöpft, im engeren Sinne metaphorisch – eine Einsicht, mit der dem biblischen Bilderverbot entsprochen wird.

3. Metaphern im weiteren Sinne und Metaphern im engeren Sinne sind nicht weit voneinander entfernt. In beiden Fällen liegt der Grund für die Wahl von Metaphern in einem *Bedeutungsdefizit* alternativer nicht-metaphorischer Begriffe[26], das von einer Metaphorik in bewusster Kategorienüberschreitung[27] kompensiert wird: Metaphern im *engeren* Sinne werden nötig, weil *bestimmte* Gegenstände sprachlichen Ausdrucks sich sonst den Möglichkeiten der Prädikation entziehen; Metaphern im *weiteren* Sinne werden

---

[23] K. JASPERS 1991, 399; Jaspers knüpft darin an Nietzsche an. – Angesichts der Universalität metaphorischen Redens erscheint Gewissheit in bezug auf die eigenen Urteile, die sich meist mit Blindheit gegenüber fremden Kognitionen verbindet, geradezu als eine gefährliche Versuchung, insbesondere auch für den Wissenschaftler im Bereich der ihm zugänglichen Wirklichkeitsaspekte.

[24] Vgl. Chr. WALDE 2000, hier 81.

[25] R. BULTMANN 1948, hier 22[2] im Blick auf „mythologische“ Rede.

[26] Zur Inkongruenz von Kosmos und Logos als dem Wurzelboden der Metaphorik vgl. H. BLUMENBERG 1960, 8f. Das Bewusstsein einer solchen Inkongruenz hat es m.E. schon in der Antike gegeben; s.u. sub III 1 mit Anm. 35.

[27] Vgl. zum Begriff P. RICOEUR 1986, 28 u.ö.

nötig, weil aufgrund der leib-seelischen Konstitution unserer Wahrnehmungen, ihrer Kontextualisierung und sprachlichen Gestaltung etc. *alle* Signifikate lediglich lebensdienliche „Übersetzungen“ ihrer Referenz bieten. Metaphorikbedürftige Begriffe wie ‚Gott‘ und Begriffe für andere transzendente Instanzen sind dann nur besonders bezeichnende Grenzfälle.

Gestatten Sie mir an dieser Stelle einen kurzen Exkurs in die Moderne! Das durch Metapherngebrauch eingeräumte Bedeutungsdefizit der zu bezeichnenden Wirklichkeit kann geradezu in einen Widerspruch der Metapher gegen die ‚Realität‘ umschlagen. Im Grunde ist das schon im Hohenlied der Fall, wenn ein Subjekt mit einer prädikativen Metapher ein Oxymoron bildet, etwa in „Deine Augen / Blicke sind Tauben“ (1,15; 4,1, vgl. 5,12)[28]. Bei dem modernen Lyriker Max Hölzer wird ein syntaktisch ähnliches Oxymoron zu einem semantischen Gewaltstreich:

„Unser Bett ist ein fliegender Fisch
unser Bett ist das Sommerlaub auf den Händen der Luft“[29].

Der Grund für die Wahl der Metapher liegt hier nicht so sehr bei der Schwierigkeit, für eine bedeutungshaltige Wirklichkeit einen nicht-metaphorischen Ausdruck bereitzuhalten, als vielmehr in dem Bewusstsein, dass die Wirklichkeit selbst eine Bedeutung nicht hat und man sie ihr geradezu aufnötigen muss. Das Problem ist ja, dass der Bedarf an Bedeutung weiterbesteht, auch wenn die Dinge nichts mehr zu ‚sagen‘ haben. Bedeutung wird nun, um eine Formulierung des früheren Freiburger Romanisten H. Friedrich[30] aufzunehmen, durch „Einblendung eines zweiten Bereichs in die Erscheinung“ gewonnen; die Metapher wird surrealistisch. Weil eine bedeutungsspendende Transzendenz nicht wahrgenommen wird und die Dinge darum keine Botschaften mehr senden, wird Metaphorik zur kalkulierten Absurdität, deren nicht mehr festlegbare Bedeutungen – polysem – in jedem Leser Verschiedenes wachrufen können[31]. Zu fragen ist nun, was ein solcher Extrembe-

---

[28] Wir erfahren – auch aufgrund einer Schwäche der althebräischen Syntax – nicht einmal, ob die Augen bzw. Blicke der Frau mit Tauben oder nur mit deren Augen / Blicken verglichen werden; das Fehlen eines *tertium comparationis* führt zu einer logischen Ellipse (anders 2,14; 5,2; 6,9). Oder liegt die Bedeutung des Taubenvergleichs allgemein bei dem Tatbestand, dass die Taube der Vogel der Astarte bzw. Aphrodite war? Vgl. O. KEEL 1984, 55[125].59-62.

[29] Zitiert nach M.L. KASCHNITZ 1977, 240. In einem S. 228 ebenfalls zitierten Gedicht K. Krolows ist „die Frühe ein rötlicher Fisch ... mit bebender Flosse“.

[30] Vgl. H. FRIEDRICH 1975, 206.

[31] Vgl. den Hinweis H. FRIEDRICHS 1975, 178, auf W.B. Yeats, wonach zu wünschen ist, dass ein Gedicht so viele Bedeutungen annimmt, wie es Leser findet. Der Begriff der Metaphorik als ‚kalkulierter Absurdität‘ stammt von Ch. STRUB 1991.

fund für das Verständnis metaphorischer Sprache überhaupt ergibt.

Wenn im Sinne Nietzsches und Jaspers' umgekehrt alle Begriffe zugleich zu ‚absoluten', d.h. nicht auflösbaren, Metaphern werden, so liegt das Bedeutungsdefizit nicht nur am Unzureichen unserer Wahrnehmung, unserer Sprache etc., sondern vor allem am Transzendenzbezug aller Gegenstände, der anders nicht aussprechbar ist. Die Dinge befinden sich – wie das Ich – in einem nicht-objektivierbaren Wirklichkeitsganzen, das die Offenheit der Gegenständlichkeit für Gott bezeichnet. Die transzendenzorientierte Metapher fügt dem Metaphorisierten also denjenigen Mehrwert zu, den es in seiner endlichen Gegenständlichkeit nicht besitzt[32]. Die Notwendigkeit des metaphorischen Ausdrucks ergibt sich insofern aus dem Gegensatz des transzendenten Ganzen der Objekt und Subjekt umgreifenden Wirklichkeit gegenüber der gegenständlichen Realität; diese wird, weil ihr anders keine religiös befriedigende Bedeutung abgewonnen werden kann, allerdings ein wenig verrätselt, schon wenn etwa eine Metapher wie „Hirte" o.ä. in der Anrede an Gott (Ps 80,2) für einen unvollziehbaren Gegenstandsbegriff eintritt[33].

4. Drückt Metaphorik im engeren Sinne zumindest unter anderem den Transzendenzbezug der Dinge aus, so gehört sie sachgemäß zu den Konstituenten des Mythos: dieser setzt religiöse Metaphernsprache ins Narrative um; Metaphern sind Bausteine mythischen Erzählens; auch für göttliches Handeln stellt die Sprache nur metaphorische Begriffe bereit[34]. Gehen alle Wahrnehmun-

---

32 Vgl. E. JÜNGEL 1974, bes. 78-81. Zum Begriff der ‚absoluten Metapher' vgl. H. BLUMENBERG 1960, 9 u.ö.; Ph. STOELLGER 2000, 87-94, zu Jüngel 434-478.

33 Vgl. H.-P. MÜLLER 1992b; 1992c. Ähnliche Substitutionen wie diejenige von Gegenstandsbegriffen durch Metaphern geschehen auch beim Analogiezauber, wenn ein gleichsam ‚metaphorischer' Gegenstand in einer Objektverschiebung für den ‚gemeinten' eintritt, der dadurch beeinflusst werden soll.

34 Bei allem berechtigten Drängen auf gedankliche Klarheit und überzeugende Nachvollziehbarkeit in Religion und Theologie wird hieran deutlich, wie wenig am Ende Begriffe, deren metaphorischen Charakter man nach Nietzsche lediglich vergessen hat (s.o. sub II 1), zu leisten vermögen: die Wirklichkeit ist zu vielfältig und widersprüchlich, um sich auch nur einer Logik zu fügen, die den einzelnen Begriffen entsprechend unserer Konstanz- und Uniformitätserwartung ihre Plätze anweist; von der Logik wissen wir ja nicht einmal, ob sie einer logischen Struktur der Wirklichkeit selbst oder – angesichts logisch nicht zu bewältigender Zufälligkeiten (Unvorhersehbarkeiten), wie sie die Quantenmechanik oder die Evolution bereithält – nur einem bedürfnisbestimmten Diktat unseres Geistes entspringt, dem kognitiven Pendant eines evolutionär stabilen Syndroms von Überlebens- und Lebensoptimierungsstrategien.

gen durch ein metaphorisierendes Filter, das deren Objekte im Lebensinteresse des Wahrnehmenden ihm anverwandelt, so kann man selbstverständlich auch das Transzendenzbewusstsein und den Glauben an göttliches Handeln aus einem Lebensbedürfnis erklären. Der Abstand von *res* und *verbum* wiederholt sich analog im Verhältnis beider zu den Interessen des erkennenden Subjekts. Dennoch ist auch eine Erkenntnis über unsere Erkenntnisse, eine Wahrheit über unsere Wahrheiten, irgendwie noch vom Lebensinteresse gelenkt oder zumindest von ihm bedroht. Skepsis ist auch auf der Metaebene des Bedenkens des Denkens angezeigt, was noch einmal die bleibende Valenz mythisch-metaphorischer Rede begründet, auch wenn Erkenntnistheorie kein Gegenstand des Mythos ist.

III. Die Ambivalenz des Mythischen

Der dritte Begriff im Vortragstitel ist der der ‚Ambivalenz' des Mythischen.

1. Eine Ambivalenz seiner Geltung ist dem Mythos schon immer eigen; sie wird nicht erst durch das Aufhören seiner Produktivität als Gattung und dadurch motivierte Transformationen begründet. Wegen des metaphorischen Charakters seiner Sprache, die schon den Trägern des lebendigen Mythos halb bewusst ist[35], bewegt sich der Mythos zwischen Spiel und Ernst: er enthält humorige, ja burleske Elemente, so wenn nach der sumerischen Schöpfungserzählung von den Göttern Enki und Ninmaḫ[36] diese im Zustand der Volltrunkenheit misslingende Kreaturen formen, für die der weise Enki einen Platz in der Gesellschaft finden muss, oder wenn nach den akkadischen Antimythen von der Sintflut die hungernden Götter sich über dem ersten Opfer des Sintfluthelden wie Fliegen scharen (Atramḫasīs III 5,35; Gilgameš XI 161) oder nach Gen 11,6f. Gott, obwohl im Tiefsten geängstigt, dennoch vom Himmel herabfahren muss, um das größte Bauwerk aller Zeiten wahrzunehmen. Zu den Figuren aus spielerischem Ernst gehören auch die dem Mythos wie der Sage und der Legende eigenen fiktionalen Elemente, von denen die Antike wusste, dass sie als ein σύμβολον, d.h. ein „Bruchstück", dem Wiedererkennen

35 Dass schon der Mythos selbst mit dem hintersinnigen Bewusstsein spricht, dass seine Sprache nicht zureicht – sowohl im Blick auf seinen ‚Gegenstand' als auch im Blick auf deren Rückwirkung auf den Sprecher – glaube ich in 1991g, gezeigt zu haben; im Folgenden ergänze ich Einzelheiten.

36 Vgl. H.-P. MÜLLER 1977, bes. 67-69.

einer Botschaft des Heilen dient[37]. Man wird auch die deftigen Göttergeschichten Homers nicht als Signale für ein Schwinden religiösen Bewusstseins, gar als Mythenkritik deuten dürfen[38], die vielmehr erst im späteren 6. Jh. v. Chr. mit Xenophanes einsetzt und auch danach nicht nur an den nicht ohne Ironie vorgebrachten Anthropomorphismen, sondern auch und vor allem an der Unmoral dieser Geschichten Anstoß nimmt[39].

Das Spiel des Mythos schwankt von vornherein zwischen Wahrheit und Verstellung. Eigentlich ist der mythisch ‚Gläubige', weil die Metaphern des Mythos immer nur ὡς μή, also gleichsam verflüssigt, gelten, zugleich ungläubig, wie denn das Göttliche in seiner fordernden und richtenden Überlegenheit immer auch eine Last bedeutet, die er sich auf diese Weise erleichtert.

2. Dass Mythisches in der Bildsprache der Propheten und Psalmen wie auch in spielerischen Anspielungen der Lyrik[40] wiederkehrt, hat also schon an der Ambivalenz des originären Mythos seinen Hintergrund.

Eine auch außerhalb der Bibel bezeugte Transformation des Mythischen liegt in der bereits erwähnten Mythisierung von Geschichte (s.o. sub I 2a), auf die sowohl die Prophetenbücher wie die Psalmen zurückgreifen.

Wir beschränken uns hier auf Prophetisches. Mythisierte Geschichte wird Modell für Zukünftiges – in der Unheilsprophetie unter Vorzeichenwechsel, so dass der Geschichtsmythos zum Antimythos wird, etwa wenn der alte heilvolle Jhwh-Tag sich nun zum Teil gegen Israel richtet[41]. Das in der Frühgeschichte erfahrene Eingreifen Gottes am Schauplatz der Not seines Volkes, etwa mit Chaoskampfmotiven unterlegt[42], behält seine Majestät – nun aber als Medium einer ins Zerstörerische transformierten Weise der Zuwendung Gottes. Die dumpf empfundene Unvereinbarkeit

---

[37] Σύμβολον ist ursprünglich eine Erinnerungsscherbe, die man einem Gastfreund mitgibt, damit er, wenn er wieder in dasselbe Haus kommt, durch Zusammenfügen mit der anderen Scherbenhälfte erkannt wird; vgl. H.-G. GADAMER 1986 (1977), 41-53.62f.

[38] So ist Homer gelegentlich als „Mörder der Götter" bezeichnet worden, wenn er die Götter nicht nur distanziert betrachte, sondern geradezu lächerlich mache; vgl. A. HEUBACH 1974, 181. – Treffende Beispiele bietet G. NEBEL 1959, bes. 211-217; vgl. H.-P. MÜLLER 1979, 36-41.

[39] Vgl. H.-P. MÜLLER 1998d.

[40] Vgl. Anm. 11 und 17.

[41] Jes 2,12-17; Am 5,18-20; Zef 1,2-18: Ez 7; Joël 2,1-11. Daneben findet sich die Jhwh-Tags-Ankündigung in Fremdvölkersprüchen und in Heilsweissagungen für Israel. Vgl. H.-P. MÜLLER 1969, 72-85.

[42] Etwa Ps 87,4; 89,10f.; 114, vgl. Jes 30,7; 51,9f.; dazu H.-J. FABRY 1999 und O. KAISER 2003, 138-140.

überlieferter religiöser Vorstellungen und theonomer Normen mit veränderten politischen und sozio-ökonomischen Verhältnissen entlädt sich in Untergangserwartungen, die m.E. durchaus in vorexilischer Zeit vorstellbar sind und nicht prinzipiell als *vaticinia ex eventu* im Dienst einer Rechtfertigung Gottes angesichts eingetretenen Unheils beurteilt werden müssen. – Wie auch immer: das Nebeneinander von Anklage und Unheilsankündigung[43], von Schuldzuweisung und Gericht begründet eine Symmetrie von Tun und Ergehen, die in ihrer binären, komplementären Struktur dem Denken des Menschen offenbar Befriedigung verschafft; wir werden darauf zurückkommen (s.u. sub IV 1b).

Bekanntlich kehrt Deuterojesaja zu einer positiven Modellfunktion des Geschichtsmythos vom Exodus zurück, also zu einer Struktur, die in Am 5,18-20 in Bezug auf den Jhwh-Tag zurückgewiesen wird; wieder bevorzugt die Erinnerung die Wiederholung des Bewährten – hier über eine Nullpunktsituation hinweg. Die Transformation des Modells liegt einerseits darin, dass der Prototyp durch ein Neues, Größeres entmythisierend überboten wird (Jes 43,18f.)[44], andererseits darin, dass neben das Exodusmodell andere geschichtsmythische Traditionsstoffe treten, als hätte das *eine* Modell nicht genug Verbindlichkeit mehr[45].

IV. Die poetische Gestaltung des Mythischen

Der letzte Begriff, der der Erläuterung bedarf, ist der der ‚poetischen Gestaltung‘.

1. Wieder will ich zunächst ein Missverständnis abwehren, nämlich dasjenige, als führte erst eine Destabilisierung des ursprünglichen, lebendigen Mythos ins weniger Verbindliche, Uneigentliche zu seiner poetischen Gestaltung: als narrativ umgesetzte religiöse Metaphorik hat der Mythos von vornherein poetische Gestalt; als Inbegriff der nach dem Ende mythischer Produktivität fortlebenden Inhalte und Funktionen ist auch das Mythische poetisch. Umgekehrt aber ist die metaphorische Uneigentlichkeit bereits dem originären Mythos eigen und macht einen Teil seiner poetischen Wirkung aus[46].

a. Zunächst ist der *Mythos* schon als Erzählung ein Stück Poe-

---

[43] Vgl. zu den Termini C. WESTERMANN 1960, passim.
[44] Vgl. H.-P. MÜLLER 1969, 11-113.
[45] Vgl. H.-P. MÜLLER 1969, 107f.
[46] So bezeichnet A. HAVERKAMP 1983 die Metapher als „‚die Differenzqualität‘ der poetischen Sprache“.

sie. Im Gegensatz zum bloß informierenden Bericht gestaltet die Erzählung ein Geschehen zu einem ästhetisch anspruchsvolleren, von Spannung(en) zur Entspannung führenden Ablauf[47], im Mythos etwa vom unbelebten zum belebten Raum, von einer mangelbehafteten Urwelt zu einer vollkommeneren Jetztwelt, vom Chaos zum Kosmos etc.; die prototypische Kraft der mythischen Erzählung beruht auch darauf, dass der Hörer oder Leser an der Entspannung teilnimmt, die ihm die Realität versagt, in die ihn aber der Mythos führt. Seine Fähigkeit, solche Funktion wahrzunehmen, gründet auch allgemein in der Suggestivkraft des Schönen, einer ‚Magie' des Poetischen[48], die nicht so sehr die vorhandene Wirklichkeit abbildet als vielmehr eine eigene, mit fiktiven Elementen unterlaufene Welt schafft, nach deren ontologischem Status nicht gefragt wird, solange die dichterische Verzauberung anhält.

b. Was aber ist, wenn die Produktivität des originären ‚Mythos' erlischt, an dem verbleibenden ‚*Mythischen*' als Inbegriff seiner Inhalte und Funktionen poetisch?

Einen poetischen Wesenszug mythischer Gestaltung bilden ihre komplementären Symmetrien, die sich in der Opposition von Mythischem und Antimythischem, in der Folge von Anklage und Ankündigung, im Tun-Ergehens-Zusammenhang u.v.a. zeigen. In kleineren Dimensionen erscheint die gleiche poetische Lust an Symmetrien im *parallelismus membrorum*, in Merismen, Dichotomien u.v.a. auch außerhalb des Mythischen. Man mag hier an einen dyadischen Instinkt denken, der unserer Vernunft angeboren zu sein scheint – verbunden mit der Neigung, Gegensätzliches in ein Gleichgewicht zu bringen; an dieser Stelle ist die Verwurzelung religiösen Redens und Denkens in der mentalen Natur des Menschen, dazu in deren neuronalen Voraussetzungen, besonders manifest[49].

Andere poetische Merkmale des Mythischen sind die häufige

---

47 Vgl. C. WESTERMANN 1996.

48 Es wird nicht überflüssig sein, hervorzuheben, dass die von uns gemeinte ‚Magie' des Poetischen von dem, was in der Literaturwissenschaft zeitweise als ‚Sprachmagie' galt, zu unterscheiden ist: wir denken nicht an eine musikalische Eigenmacht des Tönens, des Klangmaterials von Sprache abgesehen von deren semantischem Gehalt, sondern an ein Nachwirken archaischen Bewusstseins von der unmittelbaren Wirkkraft des gesprochenen Worts auf die Referenz.

49 Schon nach C. Lévi-Strauss ist das menschliche Gehirn so „verdrahtet", dass binäre Gegensätze besonders anziehend für das Denken sind; vgl. M. HARRIS 1989 (1987), 328.445f. W. SINGER 2002, 227, führt die ästhetische Höherbewertung symmetrischer Beziehungen auf zentralnervöse Verschaltungen zurück, die auf sie bevorzugt in Resonanz geraten.

Polysemie seiner Signifikate und, damit zusammenhängend, deren im engeren Sinne begriffene Metaphorik, die das metaphorische Medium, vor allem den Tatbestand, dass ein solches Medium nötig ist, zum wesentlichen Element seiner Botschaften macht.

c. Ob im originären Mythos oder im zurückbehaltenen Mythischen: wer eine *Metapher* im engeren Sinne benutzt, nimmt gegenüber dem Metaphorisierten immer so etwas wie eine dichterisch-feiernde Haltung ein. Nicht nur der Mehrwert, den die Metapher gegenüber der Gegenständlichkeit des Metaphorisierten benennt (s.o. sub II 3), sondern vollends die künstlerische Gestaltung vollzieht eine ästhetische Sublimation des Dargestellten als einen Nachklang religiöser Anteilnahme, ja Verehrung. Wortkunst kann der Anbetung aber nur nachfolgen, weil Anbetung schon immer eine Folge ästhetischer Überhöhung dessen war, was die Anbetung auslöste.

2. Allerdings ist nicht zu bestreiten, dass Mythos und Mythisches in der Poesie Transformationen erfährt: dass in nachexilischer Zeit die Offenheit für mythische Metaphorik in poetischer Gestaltung wächst, hat im Bewusstsein einer dichterischen Uneigentlichkeit so gestalteter Inhalte seinen Grund; die Ambivalenz des bloß Metaphorischen, die dem Mythischen von vornherein anhaftete, kommt in später mythischer Sprachkunst erst eigentlich zur Wirkung. Man sollte aber auch beim Verlauten mythischer Erinnerungsreste in postmythischer Welt- und Selbsterfahrung etwa des Hohenliedes[50] oder der frühgriechischen Lyrik die Individualität von Empfindung und Ausdruck nicht überschätzen: die ohnehin stark traditionsgebundenen Dichter der Antike wollten nicht originär sein; der Sprecher und der meist feste Kreis seiner Hörer[51] schließen sich – darin immer noch dem Kollektiv-Ich einer religiösen Gemeinde ähnlich – deshalb noch leichter zu einer überpersönlichen Einheit zusammen[52], wie denn auch Subjekt und Objekt in einer beide umgreifenden lyrischen Gestimmtheit ineinander verfließen[53]. Wird somit die (Sprach-)Kunst bereits in der

---

[50] Vgl. H.-P. MÜLLER 1998a.

[51] Dass die Lyrik der Sappho an einen Kreis gebunden war, ist allgemein bekannt; zu ihrem Anredecharakter vgl. H. FRÄNKEL 1962, 210, zu dem der griechischen Lyrik allgemein 223/4, dazu W. SCHADEWALDT 1989, 68/9.95. Zu Hetairien oder Thiasoi um Sappho und Alkaios in Mytilene auf Lesbos B. SNELL / Z. FRANYÓ 1976, 12. Zum Gastmahl als Ort des Vortrags und der Tradition auch der im Hohelied vereinigten Dichtungen vgl. H.-P. MÜLLER 1991f, 167f., mit Verweisen; zur ähnlichen Verortung der frühgriechischen Lyrik vgl. H. FRÄNKEL 1962, 222f.; W. SCHADEWALDT 1989, 49.

[52] H.-G. GADAMER 1977, 60f.106.111f., fand diese Identifikation auch in neuzeitlicher Dichtung, offenbar als Spezimen des Lyrischen überhaupt.

[53] Vgl. E. STAIGER 1975, 11-61.148f., der den lyrischen Stil überhaupt als ‚Erin-

(Früh-)Antike zum Vehikel des Heiligen, mag man mit G.W.F. Hegel vom „Vergangenheitscharakter der Kunst" sprechen[54], besonders wenn diese gerade wegen ihrer religiösen Herkunftsmerkmale um Strukturveränderung bemüht ist; die Zeit des Spätbürgers, in der Kunst mit ihren Genussritualen als Bildungsreligion galt, geht vorbei; der Transzendenzbezug von Gegenständlichkeit kann nicht aufscheinen, wenn keine bedeutungsfähige Gegenständlichkeit mehr dargestellt wird, aber auch keine Ungegenständlichkeit als Transzendenzmedium verstehbar wird, oder gar, wenn Wort- und Bildkunst überhaupt nicht mehr semantisch sein will, sich also im Verzicht auf eine Bedeutungsträgerfunktion der ‚absoluten Musik' annähert.

V. Das anthropologische Recht mythischer Rede

Ist religiöses Reden und Denken allgemein, wie wir vermuten, in der mentalen Natur des Menschen verwurzelt, so stellt sich angesichts dessen die speziellere Frage, worin das anthropologische Recht mythischer Rede gründe: Welche Wahrheitsfunktion hat sie für das Überleben und die Lebensoptimierung des Menschen? – Dazu am Ende noch drei kurze Hinweise.

1. Erkennen ist eine Handlung, die es mir erlaubt, dadurch mein Leben fortzusetzen und zu verbessern, dass ich mir ein Bild von meiner Welt mache; die Wahrheit des Erkennens muss u.a. an dem von ihm geförderten Lebenserfolg bemessen werden. Auch mythische Rede ist insoweit pragmatisch; aber sie ist es nicht mehr als alle Rede, letztlich auch die wissenschaftliche. Dient aber das Erkennen dem menschlichen Lebenswillen, so bedarf die Beschreibung der Welt, dazu reziprok, einer Beschreibung des Beschreibenden, des erkennenden Ich: Sachbezug ist nicht ohne kritische Selbsthinterfragung möglich, die die Stammesgeschichte (Phylogenese) und Individualgeschichte des Erkennenden als die Bedingungen der Möglichkeit von Erkenntnis, aber auch als mögliche Erkenntnishindernisse berücksichtigt; eine kritische Erkennt-

---

nerung' im Sinne der Eins-Seins mit dem Gegenstand bezeichnet; leicht kritisch dazu W. SCHADEWALDT 1989, 17-22. Was bei STAIGER generalisiert wird, gilt zweifelsfrei speziell für das Hohelied; vgl. H.-P. MÜLLER 1998a, 160.

54 So in der Einleitung seiner Ästhetikvorlesung; vgl. H.-G. GADAMER 1980, 96f.; 1986 (1977), 5. Danach gehört die Kunst der Vergangenheit an, weil sich ihre symbolische Anschaulichkeit der spekulativen Durchdringung durch den Begriff widersetzt.

nistheorie muss die biologischen (humanethologischen) Bedingungen von Erkenntnis reflektieren, ohne diese im mechanistischen Sinne misszuverstehen oder gar die Instanz eines verantwortlichen Ich zu leugnen[55]. Die gleichen Konditionen, die beim Sprecher oder Verfasser von Weltbeschreibungen wirksam sind, werden beim Hörer wirksam, zumal in Kommunikationsvorgängen nicht entscheidend ist, was ein ‚Sender' ausstrahlt, sondern was bei einem ‚Empfänger' ankommt; so ist mythische Wahrheit, ja Wahrheit überhaupt als Instrument des Lebens in vielfältiger Bedingtheit an ihr jeweiliges Wirksam-Werden gebunden, das aber gleichzeitig nur effektiv wird, wenn es auch den objektiven Gegenstandsbezug, die Bodenhaftung, nicht verliert.

2. Wenn, wie wir sahen (s.o. sub I 2a), ein Mythos, auch ein Geschichtsmythos, späteren Erfahrungen und Erwartungen als Modell dient, zumal Wahrnehmung und Erinnerung ohnehin Wiederholungen des Bewährten favorisieren, so hat eine solche „ewige Wiederkunft", weil sie auf regelmäßiger selektiver Aufmerksamkeit beruht, offenbar auch eine neurophysiologische Verursachung[56] – als Basis relativ freier Entscheidungen des handelnden Subjekts. Was bereits einen bewährten Prototyp bildet, ruft entsprechende spätere Erfahrungen – auch gegen die Realität – geradezu hervor; was einmal lebensfördernd war, wird gern immer wieder als wahr genommen, also wahrgenommen[57]. So erklärt sich nochmals, dass fiktionale Elemente konstitutive Teile vor allem des Geschichtsmythos sind, da die Botschaft des Heilen (s.o. sub III 1) nun einmal nicht in der Realität, sondern vielmehr in unseren rationalen und emotionalen Bedürfnissen begründet ist, denen die Realität, auch fiktional, angepasst wird.

3. Das mannigfaltig weiterwirkende Mythische hat gerade in seiner Lebensdienlichkeit eine kritische Aufgabe.

Es unterliegt m.E. keinem Zweifel, dass die orientalisch-hellen(ist)ische Antike mit ihren mythischen Reminiszenzen auch der Mutterboden speziell der narrativ orientierten biblischen Religio-

---

[55] Dass das Ich dagegen eine Illusion ist, „die im Grund gar keine ist, weil sie *niemandes* Illusion ist", sucht jetzt Th. METZINGER 1996, darzulegen; danach wäre selbst das Denken des Denkens, wie Metzinger es aus naturalistischer Perspektive vollzieht, ein Vorgang ohne Subjekt, d.h. der das Denken Denkende würde sein Denken und sich als Denkenden annihilieren. Um einen Satz Voltaires abzuwandeln: Wenn das Subjekt nicht existierte, müsste man es erfinden. Brauchen wir den Mythos also auch, um unseres Ichs gewiss zu bleiben?

[56] W. SINGER 2002, 79f., vgl. 219f.

[57] So entsteht, neuronal disponiert (SINGER 2002, 49f.116.216), ein Kanon von Erfahrungsmustern, der die Wirklichkeitswahrnehmung von Gesellschaften und Individuen in feste Bahnen lenkt.

nen und ihrer begrifflicher ausgeprägten philosophischen Nachfolgeerscheinungen ist. So sollte sich die Moderne nicht aus dem Gegensatz zum Mythischen verstehen, wenn sie ihren geschichtlichen Wurzelboden nicht preisgeben will. Das gilt etwa im Blick darauf, dass im Kontext abwertender Entzauberungen durch die Nachaufklärung zunehmend für Bewusstseinsvorgänge Metaphern aus der Welt des Computers verwendet werden, was rückwirkend von unsere Vernunft als einem Erkenntnis-,Apparat' sprechen lässt, dem damit die Freiheit abgesprochen wird. Je mehr eine Algorithmisierung des Denkens zur unhinterfragten Norm wird, um so mehr vermindert sich das Suchen nach Wahrheit zu einem technischen Management von Symbolkonfigurationen, in dem sich ein mechanistisches Missverständnis schöpferischer Vorgänge verbirgt; gerade ein an Lebensvorgängen orientiertes Verstehen unseres Denkens, das sich immer wieder vor Alternativen des Entscheidens gestellt weiß, darf nicht eine Determinisierung des Denkens nach sich ziehen. Was die Welt, abgesehen von unserem Willen, sich durch Erkenntnis in sie einzunisten, ,an sich' ist, wissen wir ohnehin nicht. Indem wir im eigenen Lebensinteresse ihr Bild entwerfen, entscheiden wir über die Welt – eine Einsicht, die zu einer künstlerisch-ästhetischen Auffassung von Religion führt. Wahrheit ist dann einerseits Anpassung unserer Vorstellungen und Begriffe an die Realität und – künstlerisch-religiös – Anpassung der Realität an unsere Vorstellungen und Begriffe. Thomas von Aquin konnte die Identifikation von *veritas* als *adaequatio rei et intellectus* auf entsprechend dialektische Weise interpretieren: „Wenn ... die Dinge das Maß und die Richtschnur der Erkenntniskraft sind, besteht die Wahrheit darin, daß die Erkenntniskraft sich den Dingen angleicht ...; wenn aber die Erkenntniskraft die Richtschnur und das Maß der Dinge ist, dann besteht die Wahrheit darin, daß die Dinge sich der Erkenntniskraft angleichen – so wie der Künstler sagt, er schaffe ein wahres Werk, wenn es mit (den Regeln) der Kunst übereinstimmt" (STh I 21,2)[58].

[58] Der lateinische Text lautet: Quando igitur res sunt mensura et regula intellectus, veritas consistit in hoc quod intellectus adaequatur rei ...; sed quando intellectus est regula vel mensura rerum, veritas consistit in hoc quod res adaequantur intellectui; sicut dicitur artifex facere verum opus, quando concordat arti. Übersetzung nach J. PIEPER 1953, 28f.

Abstract

The paper describes, on the one hand, myth as a preliteral narrative genre and, on the other hand, 'the mythical' ('das Mythische'), i.e. the remaining embodiments of myth when mythical tales are not produced any more. It then deals with metaphors in a wide and in a narrow sense. The former is an integral part of human language in general, the latter is especially apt for the expression of the transcendent aspect of being.
The validity of myth is ambivalent: speaking metaphorically, myth stands in an intermedium between play and earnestness; therefore it appears usually in poetic formation and with a mostly artistic pretension. – Its anthropological legitimation lies in its contribution to the survival and genuine improvement of humanity.

Literatur

AYER, A.J. 1987: Language, Truth and Logic, London 1936; deutsch: Sprache, Wahrheit und Logik, Taschenbuchausgabe Stuttgart 1987.

BAYER, O. 2002: Vernunft ist Sprache, Stuttgart 2002.

BLUMENBERG, H. 1960: Paradigmen zu einer Metaphorologie, ABG 6 (1960) 1-142.301-305, auszugsweise wieder abgedruckt in: HAVERKAMP, A. (Hrsg.), Theorie der Metapher: WdF 389, Darmstadt 1983, 285-315; Neuausgabe Frankfurt a.M. 1998.

-- 1981: Arbeit am Mythos, Frankfurt a.M. 1981.

BULTMANN, R. 1948: Neues Testament und Mythologie, in: BARTSCH, H.W. (Hrsg.), Kerygma und Mythos (I), Hamburg 1948, 15-48.

FABRY, H.-J. 1999: Mythos „Schilfmeer", in: LANGE, A. u.a. (Hrsg.), Mythos im Alten Testament und seiner Umwelt. FS H.-P. MÜLLER: BZAW 278, Berlin New York 1999, 88-106.

FRÄNKEL, H. 1962: Dichtung und Philosophie des frühen Griechentums, München 1962.

FRIEDRICH, H. 1977: Struktur der modernen Lyrik, Taschenbuchausgabe Hamburg [7]1977.

GADAMER, H.-G. 1977: Poetica. Ausgewählte Essays, Frankfurt a.M. 1977.

-- 1980: Hegels Dialektik, Tübingen [2]1980.

-- 1986: Die Aktualität des Schönen. Kunst als Spiel, Symbol und Fest (1977), Taschenbuchausgabe Stuttgart 1986.

HARRIS, M. 1989: Kulturanthropologie (englisch 1987), Frankfurt a.M. 1989.

HAVERKAMP, A. 1983: Einleitung in die Theorie der Metapher, in: ders. (Hrsg.), Theorie der Metapher: WdF 389, Darmstadt 1983, 1-27.

HEUBACH, A. 1974: Die homerische Frage: EdF 27, Darmstadt 1974.
HÜBNER, K. 1985: Die Wahrheit des Mythos, München 1985.
JASPERS, K. 1991: Von der Wahrheit, Taschenbuchausgabe München Zürich ^{4}1991.
JOLLES, A. 1968: Einfache Formen, Tübingen ^{4}1968.
JÜNGEL, E. 1974: Metaphorische Wahrheit, in: RICOEUR, P. / JÜNGEL, E., Metapher, München 1974, 71-122, wieder abgedruckt in: JÜNGEL, E., Entsprechungen. Gott – Wahrheit – Mensch, Tübingen ^{2}1986, 103-157.
KAISER, O. 2003: Der Gott des Alten Testaments. Theologie des AT 3: Jahwes Gerechtigkeit, Göttingen 2003.
KASCHNITZ, M.L. 1977: Zwischen Immer und Nie (1971), Taschenbuchausgabe Frankfurt a.M. 1977.
KEEL, O. 1984: Deine Blicke sind Tauben: SBS 114/115, Stuttgart 1984.
LAUBE, M. 1999: Im Bann der Sprache. Die analytische Religionsphilosophie im 20. Jahrhundert: TBT 85, Berlin New York 1999.
METZINGER, Th. 1996: *Niemand sein.* Kann man eine naturalistische Perspektive auf die Subjektivität des Menschen einnehmen?, in: KRÄMER, S. (Hrsg.), Bewußtsein, Frankfurt a.M. 1996, 130-154.
MÜLLER, H.-P. 1969: Ursprünge und Strukturen alttestamentlicher Eschatologie: BZAW 109, Berlin New York 1969.
-- 1977: Zum alttestamentlichen Gebrauch mythischer Rede. Orientierungen zwischen Strukturalismus und Hermeneutik, in: STROLZ, W. (Hrsg.), Religiöse Grunderfahrungen: Veröffentlichungen der Stiftung Oratio dominica, Freiburg i.Br. 1977, 67-93.
-- 1979: Jenseits der Entmythologisierung. Orientierungen am Alten Testament, Neukirchen ^{2}1979.
-- 1991a: Mythische Elemente in der jahwistischen Schöpfungserzählung (1972 / 1991), in: ders., Mythos – Kerygma – Wahrheit: BZAW 200, Berlin New York 1991, 3-42.
-- 1991b: Eine neue babylonische Menschenschöpfungerzählung im Licht keilschriftlicher und biblischer Parallelen. Zur Wirklichkeitsauffassung im Mythos (1989), in: ders., Mythos – Kerygma – Wahrheit: BZAW 200, Berlin New York 1991, 43-67.
-- 1991c: Erkenntnis und Verfehlung. Prototypen und Antitypen zu Gen 2-3 in der altorientalischen Literatur (1982), in: ders., Mythos – Kerygma – Wahrheit: BZAW 200, Berlin New York 1991, 68-87.
-- 1991d: Das Motiv für die Sintflut. Die hermeneutische Funktion des Mythos und seiner Analyse (1985), in: ders., Mythos – Kerygma – Wahrheit: BZAW 200, Berlin New York 1991, 88-109.
-- 1991e: Babylonischer und biblischer Mythos von Menschenschöpfung und Sintflut (1986), in: ders., Mythos – Kerygma – Wahrheit: BZAW 200, Berlin New York 1991, 110-135.
-- 1991f: Die lyrische Reproduktion des Mythischen im Hohenlied (1976), in: ders., Mythos – Kerygma – Wahrheit: BZAW 200,

Berlin New York 1991, 152-171.
-- 1991g: Mythos, Ironie und die Sprache des Glaubens (1975), in: ders., Mythos – Kerygma – Wahrheit: BZAW 200, Berlin New York 1991, 175-187.
-- 1991h: Mythos und Kerygma (1986), in: ders., Mythos – Kerygma – Wahrheit: BZAW 200, Berlin New York 1991, 188-219.
-- 1992a: Das Hohelied, in: MÜLLER, H.-P. / KAISER, O. / LOADER, J.A., Das Hohelied. Klagelieder. Das Buch Ester: ATD 16/2, Göttingen 1992, 1-90.
-- 1992b: Der Begriff „Rätsel" im Alten Testament (1970), in: ders., Mensch – Umwelt – Eigenwelt. Gesammelte Aufsätze zur Weisheit Israels, Stuttgart u.a. 1992, 44-68.
-- 1992c: Mantische Weisheit und Apokalyptik (1972), in: ders., Mensch – Umwelt – Eigenwelt. Gesammelte Aufsätze zur Weisheit Israels, Stuttgart u.a. 1992, 194-219.
-- 1994: König Mêša' von Moab und der Gott der Geschichte: UF 26 (1994) 373-395.
-- 1998a: Menschen, Landschaften und religiöse Erinnerungsreste (1994), in: ders., Glauben, Denken und Hoffen, Münster 1998, 155-175.
-- 1998b: Mythos als Elementarform religiöser Rede im Alten Orient und im Alten Testament (1995), in: ders., Glauben, Denken und Hoffen, Münster 1998, 213-229.
-- 1998c: Albert Schweitzer und Rudolf Bultmann (1996), in: ders., Glauben, Denken und Hoffen, Münster 1998, 263-286.
-- 1998d: Anfänge der Religionskritik bei den Vorsokratikern, in: KHOURY, A.Th. / VANONI, G. (Hrsg.), „Geglaubt habe ich, deshalb habe ich geredet". FS A. BSTEH: Religionswissenschaftliche Studien 47, Würzburg Altenberge 1998, 281-295.
-- 1998e: Eine Parallele zur Weinbergmetapher der Hohenliedes aus der frühgriechischen Lyrik, in: DIETRICH, M. / KOTTSIEPER, I., „Und Mose schrieb dieses Lied auf". FS O. LORETZ: AOAT 250, Münster 1998, 569-587.
-- 1999: „Tod" des alttestamentlichen Geschichtsgottes?: NZSTh 41 (1999) 1-21.
-- 2001a: History-Oriented Foundation Myths in Israel and its Environment, in: HENTEN, J.W. VAN / HOUTEPEN, A. (Hrsg.), Religious Identity and the Invention of Tradition: Studies in Theology and Religion 3, Assen 2001, 156-168.
-- 2001b: „Jhwh gebe seinem Volke Kraft". Zum Hintergrund der alttestamentlichen Geschichtsreligion: ZThK 98 (2001) 265-281.
-- 2002: Noch einmal: Naturwissenschaft gegen Religion?: ZThK 99 (2002) 379-399.
-- 2003a: Feinde, Tiere und Dämonen, in: KIESOW, K. / MEURER, Th. (Hrsg.), Textarbeit. FS P. WEIMAR: AOAT 294, Münster 2003, 229-233.
-- 2003b: Psalmen und frühgriechische Lyrik: BZ 47 (2003) 23-42.
-- 2003c: Religion als Teil der Natur des Menschen: Archiv für Religionsgeschichte 5 (2003) 227-242.

NEBEL, G. 1959: Homer, Stuttgart 1959.
NIETZSCHE, F. 1973: Ueber Wahrheit und Lüge im aussermoralischen Sinne, in: COLLI, G. / MONTINARI, M. (Hrsg.), Nietzsche. Werke III 2, Berlin New York 1973.
PIEPER, J. 1953: Philosophia negativa. Zwei Versuche über Thomas von Aquin, München 1953.
RAD, G. VON 1958: Hiob 38 und die altägyptische Weisheit (1955), in: ders., Gesammelte Studien zum AT: TB 8, München 1958, 262-271.
RICOEUR, P. 1986: Die lebendige Metapher: Übergänge 12, München 1986.
SCHADEWALDT, W. 1978: Anfänge der Philosophie bei den Griechen: Tübinger Vorlesungen 1, Frankfurt a.M. 1978.
-- 1989: Die frühgriechische Lyrik: Tübinger Vorlesungen 3, Taschenbuchausgabe Frankfurt a.M. 1989.
SINGER, W. 2002: Der Beobacher im Gehirn, Frankfurt a.M. 2002.
SNELL, B. / FRANYÓ, Z. 1976: Frühgriechische Lyriker 3: Sappho, Alkaios, Anakreon: SQAW 24,3, Berlin 1976.
SODEN, W. VON 1989: „Als die Götter (auch noch) Mensch waren“ (1969), in: ders., Aus Sprache, Geschichte und Religon Babyloniens: IUO. Dipartimento di studi asiatici. Series minor 32, Neapel 1989, 147-164.
STAIGER, E. 1975: Grundbegriffe der Poetik, Taschenbuchausgabe München ^{3}1975.
STOELLGER, Ph. 2000: Metapher und Lebenswelt. Hans Blumenbergs Metaphorologie als Lebenswelthermeneutik und ihr religionsphänomenologischer Horizont: HUTh 39, Tübingen 2000.
STRUB, Ch. 1991: Kalkulierte Absurditäten. Versuch einer historisch reflektierten sprachanalytischen Metaphorologie, Freiburg i.Br. München 1991.
WALDE, Chr. 2000: Art. ‚Metapher‘, in: CANCIK, H. / SCHNEIDER, H. (Hrsg.), Der Neue Pauly 8, Stuttgart Weimar 2000, 78-81.
WESTERMANN, C. 1960: Grundformen prophetischer Rede, München 1960.
-- 1996: Der vorliterarische Bericht, in: ders., Das mündliche Wort: AzTh 82, Stuttgart 1996, 56-66.
ZENGER., E. 1998: Einleitung in das Alte Testament, Stuttgart u.a. ^{3}1998.
-- 1999: Das Mythische in den Psalmen 84 und 85, in: LANGE, A. u.a. (Hrsg.), Mythos im Alten Testament und seiner Umwelt. FS H.-P. MÜLLER: BZAW 278, Berlin New York 1999, 233-251.

Gott als König
Die Bedeutung einer komplexen Metapher für das Gottesverständnis in den Psalmen

Manfred Görg
München

Das Vorstellungsgut um das sogenannte „Königtum Gottes" gehört unbestritten zu den zentralen Themen der Psalmentexte und zur Theologie im Psalter. Dabei geht es nicht nur um diejenigen Psalmen, die explizit von JHWH als König oder vom Königwerden JHWHs in Verbindung mit dem Heiligtum auf dem Zion reden, sondern auch um diejenigen, die die majestätische Dominanz des Gottes Israels mit Phänomenen der Natur oder des Kosmos in Zusammenhang bringen. Von daher ergibt sich eine langanhaltende und wohl noch nicht abgeschlossene Diskussion zur Herkunft und Qualifikation der verschiedenartigen Reden vom Königtum Gottes. Während die genuine Wirkungsgeschichte dieser Reden im Psalter erst jüngst mit Beobachtungen E. ZENGERs zum 29. Psalm einen aufschlussreichen Zugang erfahren hat[1], darf den prägenden Konstituenten der Vorstellung vom Königtum Gottes hier erneut die Aufmerksamkeit gelten. Der noch offene Fragenkomplex betrifft gerade das spezifische und unverwechselbare Profil der poetischen Rede vom Königtum Gottes mit ihrer Anbindung an ein übergreifendes religiöses „Symbolsystem"[2] der Jerusalemer Tempeltheologie.

Die zweifellos gegebene Komplexität der Metapher macht vor allem eine Besinnung auf die religionsgeschichtlichen Vorstufen und die semantische Qualifikation der geprägten Formulierungen nötig, die sich mit den alttestamentlichen Prädikationen im bildhaften Umkreis der Traditionen vom „Königtum Gottes" verbinden. Gerade diese vorzugsweise im Psalter greifbare Rezeption mythischer und mythologischer Vorgaben ist Gegenstand diverser Auseinandersetzungen in der jüngeren Forschung, die denn auch hier zunächst als Ausgangspunkt für eigene Beobachtungen cha-

---

1 Vgl. E. ZENGER 2003, 183-190, mit einschlägigen Literaturhinweisen.
2 Zum Ausdruck vgl. zuletzt B. JANOWSKI 2002, 28; E. ZENGER 2003, 163.

rakterisiert werden soll. Dabei soll ‚Metaphorik' hier von vorneherein nicht nur als sprachlich-semantisches Phänomen verstanden werden, sondern als ‚Bild(er)sprache' mit einer „offenen Sinndynamik"[3], die auch zu den mannigfachen Verzweigungen der „Arbeit am Mythos" (H. BLUMENBERG) gehört.

I. Thronbesteigung

Während mit einem der bekanntesten Werke M. BUBERS das „Königtum Gottes"[4] erstmals in eine übergreifende und die Religionsgeschichte Israels von ihren Anfängen an bestimmende Perspektive gestellt wird, ist das Königtum Gottes in den Psalmen in Verbindung mit der Vorstellung einer göttlichen „Thronbesteigung" bereits seit den kultgeschichtlichen Studien S. MOWINCKELS[5] spezieller Gegenstand monographischer Studien bzw. umfangreicher Beiträge, die in der Nachkriegszeit vor allem von H.-J. KRAUS inspiriert worden sind[6]. Die nach einer Phase zurückhaltender Positionen gegenwärtig relevantesten und hier als Ausgangspunkt dienenden Forschungsperspektiven werden mittlerweile in den Arbeiten von J. JEREMIAS einerseits und B. JANOWSKI andererseits exemplarisch vor Augen geführt. Die von beiden Autoren jeweils ausführlich behandelten Thesen sollen hier zunächst kurz in Erinnerung gerufen werden. Angesichts der inzwischen geführten Debatte über die Gültigkeit der jeweiligen Positionen und der Versuche zur Vermittlung sowie über die Rolle kulttheologischer Grundorientierung der sog. Königspsalmen überhaupt[7] scheinen mir einige weitere, bisher nicht eingebrachte Aspekte bedenkenswert, die vielleicht helfen können, dem

---

3 Vgl. dazu R. ZIMMERMANN 2000, 13-54.

4 M. BUBER 1932 = 1964, 485ff.

5 S. MOWINCKEL 1922, der das „Thronbesteigungsfest" einerseits mit mesopotamischen Vorgaben verbunden und andererseits als Basis der biblischen Eschatologie verstanden wissen wollte. Zur Konzeption und Wirkung MOWINCKELS vgl. v.a. B. JANOWSKI 1989, 394 = 1993, 153 Anm. 16.

6 Das thematische Signal setzt die Arbeit von H.-J. KRAUS 1952, die auf dessen Studien zum „königlichen Zionsfest" aufruht, im vielbenutzten Psalmenkommentar ihre Fortsetzung und in „Theologie der Psalmen" 1979 ein integrierendes Resümee findet. Dabei ist bezeichnend, dass das Thema der kultischen Rückbindung der Vorstellung vom Königtum Gottes beim ehemals engagierten Vertreter selbst sukzessiv an Emphase eingebüßt hat. Zur Beobachtung und Kritik an dem Schwinden der kultdramatischen Beziehung vgl. u.a. B. JANOWSKI 1989, 394 = 1991, 153.

7 Vgl. hierzu die Positionsdarstellung bei E. ZENGER 2001, 319.321, v.a. die Beiträge in E. OTTO / E. ZENGER 2002.

israelitischen Konzept eines Königtums Gottes noch eher gerecht zu werden. Zunächst also ein kurzes Resümee:

Die Monographie von J. JEREMIAS mit dem einschlägigen Titel „Das Königtum Gottes in den Psalmen" (Göttingen 1988) will sich mit gutem Grund an den formalen Gegebenheiten der Rede vom Königtum Gottes orientieren. Es geht ihm darum, die Entwicklung der Übertragung der Königstitulatur auf israelitischem Boden mit ihren charakteristischen Stadien nachzuzeichnen. Ausgehend von dem Tatbestand altkanaanäischer Zeugnisse von einer ausgeprägten Vorstellung vom Königtum Gottes nach erfolgreichem Chaoskampf will JEREMIAS einen innerisraelitischen Prozess der Umprägung des kanaanäischen Mythos vom Königtum Gottes zu einer genuinen Vorstellung erkennen, die wegen ihrer Orientierung an geschichtlichen Erfahrungen und entsprechendem Reflexionsvermögen die Dimensionen des Mythos grundsätzlich und endgültig hinter sich gelassen und so eine völlig andere Ebene bezogen habe. Der ‚JHWH-König-Psalm' 93 solle demnach im Verbund mit den Psalmen 97 und 99, die eine Gruppe bilden, die das Königtum Gottes mit dem Satz *YHWH malak* eingangs thematisieren, daher auch „Thema-Psalmen" genannt, und den Prozess der Emanzipation vom kanaanäischen Mythos widerspiegeln, während eine andere Gruppe, bestehend aus den Psalmen 47, 95, 96, 98 auf der Grundlage der Gattung des Imperativischen Hymnus das fortschreitende Verhältnis von „Mythos und Geschichte" transparent mache.

An Ps 93 wird eine solche Verschränkung von Rezeption und Transformation demonstriert, wobei der ältere Ps 29 als ideologische Vorstufe gelten könne. JEREMIAS will hier eine sprachlich-syntaktisch aufweisbare Modifikation wahrnehmen, nämlich eine Art „Nominalisierung" des Mythos, was besagen will, dass Aussagen mythischer Provenienz nunmehr in „statisch-nominale Aussagen" gegossen werden, um damit einen abgeschlossenen Zustand erkennbar zu machen. So soll in Ps 93,1f. ein wesenhaft zeitloser, erstarrter Zustand zum Ausdruck gebracht worden sein.

Hier setzt nun die Kritik von JANOWSKI ein, demzufolge die sprachliche Gestalt von 93,1f. eben nicht die Annahme einer bloß konstatierenden Aussage rechtfertige, sondern einen vergangenen, aber doch fortwirkenden oder nachhaltigen Sachverhalt vermittle. Im Anschluss an E. OTTO möchte JANOWSKI eher daran denken, dass hier eine „Unableitbarkeit der Königsherrschaft JHWHs" manifest werde. Überdies kann sich JANOWSKI der von J. ASSMANN an anderem Material erhobenen Beobachtung zur

„Stilform der behobenen Krise“[8] bedienen, um klarzustellen, dass es darum gehe, festzuhalten: „JHWH ist Herr über das Chaos, weil er der Königsgott ist“. Diese Perspektive schließe keineswegs aus, dass der Beter die Gefährdung durch das Chaos weiterhin kennt; er kann aber darauf setzen, dass sein Gott ein für allemal der Beherrscher des Chaos ist und bleibt.

Für JANOWSKI besteht das „Proprium“ des Ps 93 im Anschluss an E. OTTO „gerade darin, die beiden Ebenen ‚mythische/s Urzeit/Geschehen‘ und ‚Erfahrungswirklichkeit‘ zu vermitteln und den Tempel als den kosmisch dimensionierten Ort in der empirischen Wirklichkeit auszuweisen, an dem die urzeitliche Festigung der Welt als gegenwärtig erfahrbares Geschehen wahrgenommen wird – im Gotteslob der Kultgemeinde“[9].

Eine weitere Präzisierung wird mit der Interpretation des Psalms 93 bei H. IRSIGLER (1991b) angezielt, der den Gedanken an eine einstmalige Thronbesteigung nicht ausblendet und daran festhalten möchte, dass es nach Syntax und Semantik in 93,1f. zunächst um den Herrschaftsantritt JHWHs geht, ohne dass man auf der zuerst bezogenen Aussageebene des *YHWH malak* „sogleich an seit Urzeit oder prinzipiell gegebene Sachverhalte“ denken müsse[10]. Im folgenden Verlauf präsentiert sich „ein individuell perfektischer Vollzug mit bleibender Wirkung“[11] bzw. ein „konstatiertes urzeitliches (und aktuelles) ‚Gründungsgeschehen‘ mit bleibender Wirkung“[12], das den göttlichen Regierungsantritt, die „Thronbesteigung“ als einen fundamentalen und globalen Akt bestätigt und zugleich empirisch ausweist. Im Verlauf des Psalms wird die anfängliche Sichtweise verdichtet und ausgeweitet, allerdings derart, dass sich der Primärbezug auf die „Thronbesteigung“ JHWHs nur in V. 1-4, nicht mehr aber in dem nach IRSIGLER vermutlich redaktionellen und nachexilischen V. 5 wahrnehmen lässt. Während JANOWSKI dem Bekenntnis zur Verlässlichkeit der ‚Zeugnisse‘ in V. 5 eine „Schlüsselfunktion“ zusprechen möchte[13], will IRSIGLER einer nachherigen Interpretationsebene das Wort reden.

Neben den sog. Themapsalmen gibt es, wie gesagt, die Psalmengruppe, die vom Königtum JHWHs unter Bezug auf die primären Assoziationen redet, nämlich vom Thron, vom Thron-

8 Vgl. J. ASSMANN 1983, 75 Anm. 71. B. JANOWSKI 1989, 149.167f.
9 B. JANOWSKI 1998, 417f. = 1993, 176f.
10 H. IRSIGLER 1991b, 184.
11 H. IRSIGLER 1991b, 184.
12 H. IRSIGLER 1991b, 185.
13 B. JANOWSKI 1989, 416 = 1993, 175.

besteigen und vom Thronen. Als Exemplarfall wird – wiederum in der Kontroverse JEREMIAS vs. JANOWSKI – der Ps 47 gewählt, der beiden als Thronbesteigungspsalm gilt, allerdings in disparatem Sinn. Während JEREMIAS wegen der Verbalsätze an einen geschichtlichen Prozess denkt, nämlich den auch in Ps 68,18f. als „engste Sachparallele" beobachteten „'Aufstieg' JHWHs mit seiner Lade"[14] und an eine kultdramatische Vergegenwärtigung dieses als fundamental empfundenen Ereignisses, will JANOWSKI überhaupt keine Anspielung auf irgendeine Ladeprozession wahrnehmen, sondern eine Interpretation des Epithetons „*ʿaelyon* Höchster" (47,3), um so in dem Psalm eine Verherrlichung JHWHs derart zu sehen, dass, „der in die himmlische Wohnstatt ‚hinaufsteigende' Königsgott auf seinem Thron im Jerusalemer Heiligtum erscheint"[15].

Während für JEREMIAS der „auffällige Wechsel von Nominal- und Verbalsätzen in der Aussagestruktur traditionsgeschichtlich dem Wechsel zwischen mythischen und geschichtlichen Themen entspricht"[16] und demnach gewissermaßen Mythos gegen Geschichte steht, möchte JANOWSKI auf der Basis der semiologischen Doppelstruktur der ingressiven und der durativen Bedeutungsseite von *MLK* einerseits und *YŠB* andererseits (V. 9) von einem Anbruch der Königsherrschaft JHWHs und der Entfaltung der Königsmacht reden. Eine Beziehung auf die Lade oder ein Thronen über der Lade als Wahrzeichen des göttlichen Königtums will JANOWSKI nicht wahrhaben. Stattdessen soll die Genese der Rede vom Königtum Gottes von vorneherein und exklusiv mit schöpfungsbezogenen Ideen und Vorstellungen zu tun haben.

In der Spur einer Anbindung des göttlichen Königtums an die Schöpfungsvorstellungen in Jerusalem geht JANOWSKI weiter. Zugleich entfernt er sich immer mehr von dem Versuch, die Ladetheologie noch in irgendeinem engeren Zusammenhang mit der Thronvorstellung, die ja mit der Idee des Königtums Gottes unverzichtbar liiert ist, zu bringen. Ein weiterer ausführlicher Beitrag JANOWSKIs zur Relation „Keruben und Zion" (1991/1993) hat an den Tag bringen wollen, dass es kein Thronen auf der Lade gibt, sondern lediglich ein Thronen auf den Keruben, so dass nur die Prädikation des „Kerubenthroners" mit ihren Abwandlungen als geeignet erscheinen könne, die Vorstellung vom Königtum Gottes zu stützen und von ihrem vermeintlich altkaanäischen Erbe

[14] J. JEREMIAS 1987, 156.
[15] B. JANOWSKI 1989, 433 = 1993, 192.
[16] J. JEREMIAS 1987, 50.

her zu tragen. Die Keruben stehen hier mit dem Spektrum vor Augen, das ihre Rolle in der Dekoration des Tempels nahelegt, während die Lade lediglich ein in den Tempel verbrachtes Element darstellen soll, das mit dem wahrscheinlich aus Schilo überkommenen Titel Zebaot verbunden wäre. Soweit ich sehe, hat JANOWSKI die Loslösung der Lade aus der Königgott-Konzeption mit seinem zuletzt publizierten Beitrag zur „Jerusalemer Tempeltheologie" mit ihren kosmologischen Implikationen (2003)[17] auf eine vorläufige Spitze geführt. Um so mehr erscheint es nötig, die Aufmerksamkeit noch einmal auf Position und Funktion der Lade im Symbolsystem der Thronvorstellung zu richten, um damit der Idee vom Königtum Gottes eine plausiblere Verhaftung in der Jerusalemer Tempeltheologie zuzusprechen.

II. Thronmythologie

Das Interesse an einer präziseren Erfassung und Auslotung der Dimensionen der Vorstellung vom göttlichen Thronen führt uns mit einem Symbolsystem zusammen, dessen Gebundenheit an mythische Grundvorstellungen grundsätzlich außer Zweifel steht. Nun ist der geradezu inflationäre Umgang mit den Ausdrücken „Mythos" und „Mythologie" und verwandten Wortbildungen gewiss ein Ärgernis, dem es mit einer Beschränkung auf vorläufige Differenzierungen zu begegnen gilt. Vielleicht hilft hier eine unprätentiöse Unterscheidung von „Mythos" und „Mythologie", die den „Mythos" auf eine elementare „Äußerung" oder „Ur-Sprache" bezieht, in die sich eine Gottesprädikation hüllt, um dann in der „Mythologie" als einer „Arbeit am Mythos" (H. BLUMENBERG) eine vielseitig verzweigte Reflexion zu finden. In der Vorrede zur ersten Auflage seiner oben erwähnten Schrift zum „Königtum Gottes" nennt M. BUBER den Mythos „die spontane und rechtmäßige Sprache des erwartenden wie des erinnernden Glaubens"[18].

[17] Zu dem von JANOWSKI präsentierten „Koordinatensystem" der dort vermittelten Vorstellungsbilder vom Königtum JHWHs wird unten Stellung bezogen.

[18] M. BUBER im Vorwort zur ersten Auflage 1932, vgl. M. BUBER 1964, 490. Der Kontext der Formulierungen macht deutlich, dass sich BUBER gegen die zeitgenössische Überschätzung des Mythos zur Wehr setzt, dessen grundsätzliche Relevanz für das Geschichtsbewusstsein aber nicht negiert. Bemerkenswert sind auch die Ausführungen BUBERs in seiner älteren Schrift „Der Glaube des Judentums" (1929), wo es u.a. heißt: „Nur ein abstrakt-theologischer Monotheismus kann des Mythus entraten, ja darf in ihm seinen Feind sehen; der lebendige braucht ihn, wie alles religiöse Leben ihn braucht, als die spe-

Diese Art „Definition“ des Mythos erscheint angesichts der vielfältigen Annäherungsversuche deswegen noch immer attraktiv, weil sie sowohl die Ursprünglichkeit und damit die Partizipation an der elementaren Verborgenheit[19] des Mythos reflektiert wie auch die überzeitliche Verbindlichkeit seines Anspruchs. Das „*eigentlich* Mythische“ ist „eine Art Grenzbestimmung, unerreichbar und da nicht aussagbar, nur im Schweigen erfahrbar“[20]. Wie bei allem Reden über den „Mythos“ seit Beginn der Wortbildung „Mythos“ selbst in der Antike handelt es sich bei jedem Versuch um Näherbestimmung um „Arbeit am Mythos“, d.h. um eine Beschäftigung mit ihm, die das Unbewusste des Mythos in den Prozess des Bewusstwerdens hineinzieht, den Mythos auf seinem Weg aus der Verborgenheit begleitet[21]. In der Konsequenz der Unterscheidung zwischen Mythos und Mythologie möge auch die Differenzierung der jeweiligen Elemente in „Mytheme“ und „Mythologeme“ stehen, die sich als „Konstellation“ darstellen können.

Die Vorstellung von einem göttlichen Thronen als signifikatives Erscheinungsbild des Königtums eines Gottes stellt eine mythische Konstellation vor, ein Mythem, das in biblische und nichtbiblische Sprache, sowie außertextliche, mannigfaltige künstlerische Darstellungsformen, d.h. in textsprachliche und bildsprachliche Äußerungen, in mythologische Metaphern oder Mythologeme gehüllt werden kann. Des Näheren gibt es neben den biblischen Wendungen mit der Basis *MLK* vor allem geprägte Ausdrucksformen und Formelgut mit *YŠB*, das Niederlassungsmythologem und das Thronsitzmythologem. Diese Differenzierung operiert mit der semantischen Doppelstruktur der Basis *YŠB*, die sich in eine „sedative“ und eine „mansive“ Bedeutungsseite aufteilen lässt[22].

---

zifische Gedächtnisform, in der sich seine zentralen Ereignisse bewahren und dauernd einverleiben“ (hier zitiert nach M. BUBER 1933, 41).

19 Zur Verborgenheit des Mythos vgl. u.a. J. ASSMANN 1977, 7-43. Vgl. auch H. STERNBERG 1985, 15-19. Die von uns getroffene Scheidung zwischen Mythos und Mythologie berührt sich mit ASSMANNS Trennung von „Mythos“ und „mythischer Aussage“. Die letztgenannte Bestimmung gilt nach J. ASSMANN 1977, 38 für „realisierte Texte, wie sie uns in Papyri und Steininschriften überliefert sind“. „Mythische Aussagen“ sind damit aber bereits Gegenstand der Mythologie.

20 C.-F. GEYER 1996, 91.

21 Eine verwandte Konzeption und Differenzierung zwischen „Mythos“ und „Mythologie“ finde ich u.a. bei C.-F. GEYER 1996, 92, der überdies auf die Gefahr einer *Remythisierung des Mythos* aufmerksam macht, wie sie mit der Erhebung der „wirkungsgeschichtlich relativen Mythologien“ auf die Ebene des eigentlich nicht wahrnehmbaren „ Mythos an sich“ gegeben sei.

22 Vgl. dazu M. GÖRG 1982b, 1016-1032.

Einer weiteren vorsichtigen Abklärung bedarf das Verhältnis zwischen „Mythos“ und „Geschichte“. Die hier angehende Grundfrage lautet: Wo hört mythische Rede auf, wo beginnt die Sprache der Erfahrungswirklichkeit? Gibt es überhaupt ein Kriterium, Mythos und Geschichte so zu unterscheiden, dass hier zwei strikt voneinander abhebbare Wirklichkeiten definiert werden können? Kann die Syntax ein solches Kriterium sein? Ohne die Kompetenz der Syntax in diesem Bereich auszuloten, verlegt sich JANOWSKI in seiner Kritik an JEREMIAS einschlägigen Versuchen eher auf grundsätzliche Vorbehalte. Das „Spezifikum israelitischer Mythosrezeption“ ist nach JANOWSKI zum einen „Vermittlung von mythischer Urzeit und Erfahrungswirklichkeit“[23], zum anderen eine „*Durchbrechung* des mythischen Zeitbewusstseins“, wenn dieses als „absolute Vergangenheit“ gilt, d.h. als Vergangenheit, „von der man immer gleich weit entfernt ist, wie weit die geschichtliche Zeit auch voranschreiten mag“. Ist aber das Kennzeichen israelitischer Begegnung mit dem Mythos nach und mit BUBER ein Erwarten und Erinnern im Glauben, inspiriert allerdings von einem „echten geschichtlichen Glaubensleben“, dringt der keineswegs schlichtweg ‚überwundene‘ und durchaus positiv besetzte Mythos auch in die „Erfahrungswirklichkeit“ ein, insofern diese eine Zukunftsperspektive der Geschichte impliziert. Der Mythos prägt die Geschichte und die Geschichte prägt den Mythos. Die sprachliche Gestalt der Mythenrezeption grenzt den Mythos nicht aus, sondern lässt ihn bildsprachlich weiter präsent und zukunftswirksam erscheinen. So gibt es auch in den Psalmen eine Mythosrezeption als sprachliche „Arbeit am Mythos“ in Gestalt der Generierung variabler Ausdrucksformen (Mythologeme), die u.a. mit einer oszillierenden Semantik einhergehen kann: „die Erde wankt nicht“ (Ps 93,1) – „es wankt die Erde“ (Ps 99,1). Der Mythos kann somit im Zuge der Mythologisierung, d.h. im Sinne einer ‚Arbeit am Mythos‘ u.a. einer Versprachlichung unterzogen werden, er kann sowohl ‚nominalisiert‘ wie ‚verbalisiert‘ werden. Das bedeutet also nicht, dass etwa Nominalsatzformen im Psalter für sich genommen ein Kriterium für Kritik am erzählenden Mythos seien oder gar die Überwindung desselben signalisierten, während zugleich Verbalsätze als Kriterium für genuin israelitische Bekenntnisaussagen zu gelten hätten. Stattdessen sind nur auf der Bedeutungsebene Metaphern und Mythologeme wahrnehmbar.

---

[23] B. JANOWSKI 1989, 417 = 1993, 176 mit Anm. 102.

Ich kehre zum mythischen Fundus und zur „Arbeit am Mythos" in der Rede vom Königtum Gottes zurück. Hier erscheint es nötig, dass wir der scheinbaren Alternative ‚Thronbesteigung von unten', d.h. mit Lade (JEREMIAS) - ‚Thronbesteigung von oben', d.h. ohne Lade (JANOWSKI) begegnen und dabei der Rolle der Lade noch ein Stück gerechter werden müssen, um nicht das Kind mit dem Bade auszuschütten. Die Lade darf auch nicht aus dem Gesichtskreis verschwinden, nur weil von ihr nicht permanent die Rede zu sein scheint. Ähnlich wie im Islam die mekkanische Kaaba mit dem schwarzen Stein unverzichtbar bleibt, obwohl die Texte des Koran von diesem nicht unablässig reden.

An Stelle eines Rekurses auf altkanaanäische Vorgegebenheiten, deren Bedeutung ich nicht in Frage stellen, aber doch in ihrer Exklusivität in Frage stellen möchte, sei es überdies erlaubt, auch im Blick auf die nachfolgende Argumentation auf die zur staatlichen Zeit Israels / Judas zeitgenössische Entfaltung des Königtums Gottes im Nachbarland Ägypten aufmerksam zu machen. Ich weise hier hin auf die Theologie des Königtums v.a. des Amun-Re, wie sie sich in der bis in den griechischen Sprachbereich erhaltenen Gottesbezeichnung „Amonrasonther" (*Jmn-Rˁ-njswt-nṯrw* „Amun-Re, König der Götter") eindrucksvoll manifestiert. Eine Präsentation und Durchleuchtung der den Hochgöttern gewidmeten Hymnen ab der 18. Dynastie[24] leisten ein Übriges, um die Theologie vom Königtum eines Hochgottes in Ägypten zu profilieren. Nicht zu übersehen ist auch die Dimension der Königlichkeit Gottes im Totenkult, wenn dem „Todesgott" Osiris zugleich die Inthronisation zum Herrscher über Tod und Regeneration zuerkannt wird, welche Funktion er sozusagen in autorisierter Stellvertretung des Sonnengottes vollzieht. Wir haben es also auch mit einer synchronen Gegenwärtigkeit des Mythos, zeitgenössisch zu den einschlägigen Gehversuchen Israels zu tun, eine alternative Mythologie zu gestalten.

Basierend auf vergleichenden Beobachtungen möchte ich im Folgenden die These vertreten, dass die Lade im Tempel zwar nicht ausschließlich konstitutiv für das Königtum Gottes ist, dass sie aber als ein elementares Begleitphänomen in der Entwicklung einer genuin israelitischen Thronidee gelten muss, die ihrerseits zur Ausbildung eines Vorstellungszusammenhangs vom Königtum Gottes beiträgt. Dabei möge die besondere Aufmerksamkeit

---

24 Vgl. hier die Zusammenstellung der ägyptischen Hymnen ab der 18. Dynastie an den „Schöpfer und Weltgott" bei J. ASSMANN 1999, 263-365, insbesondere die theologischen Hymnen an Amun-Re aus der Ramessidenzeit J. ASSMANN 1999, 282-297.

für zwei mit der Basis *YŠB* verbundene Formulierungen beansprucht werden, die aufs erste miteinander nicht kompatibel erscheinen und so noch einmal das Problem der Kompetenz der Rede vom Königtum Gottes exemplarisch und fokussierend darstellen. Es soll um die Fügung *yošeb k'rubim* in Ps 99,1 einerseits und die Formulierung *yešeb lammabbul* Ps 29,10 andererseits gehen, Wendungen, die jeweils daraufhin zu prüfen sind, ob sie als Mythologeme oder mythologische Metaphern einen Zusammenhang mit der Lade kategorisch ausschließen, zulassen oder gar zu fordern vermögen.

III. Kerubenthron

Der Psalm 99, der letzte der sog. Thema-Psalmen zum Königtum Gottes, kennt mit der Fügung *yošeb k'rubim* (V. 1) eine Gottesprädikation, die mit ihren Varianten[25] u.a. auch im Psalter (vgl. etwa Ps 80,2: *yošeb hak=k'rubim*) in der Regel auf die Präsenz des unsichtbar über der Lade thronenden Gottes bezogen worden ist. Zur Sicherung dieser Auffassung verweist man vor allem auf die in 1 Kön 8,6 offerierte Konstellation eines Kerubenthrons mit einem irgendwie darunter befindlichen Ladekasten, dazu v.a. aber auf die sogenannte Ladegeschichte mit der bekannten programmatischen Prädikation *'rwn bryt YHWH Ṣb'wt yšb h-krbym* (1 Sam 4,4 vgl. 2 Sam 6,2) und auf die priesterschriftliche Sicht[26].

Dass dies nicht ohne weiteres selbstverständlich so gesehen werden muss, hat JANOWSKI zeigen wollen[27]. Nach ihm ist die Titulatur des ‚Kerubenthroners' auch ohne Bezug auf die Lade erklärbar. Ein gegebener oder originärer Zusammenhang des Kerubenthrons mit der Lade ist für ihn nicht gegeben, gerade auch nicht im Blick auf 1 Kön 8,6. Auch darf die P-Anweisung zur Herstellung von Keruben oberhalb der ‚Kapporaet'[28] Ex 25,10-22 gewiss nicht ohne weiteres eine objektgeschichtliche Konstellation mit der Lade suggerieren lassen, wenn man nicht weiterhin mit Vorlagen rechnet, die eine derartige Kombination voraussetzen[29], aber gleichfalls nicht in frühe Relationen zurückführen müssen.

Der Kerubenthron ist in der Tat nicht zu lösen von der Vorstellung und Darstellung der Sphingenthrone, wie sie im phöni-

---

25 Zu den Belegen vgl. u.a. M. GÖRG 1982b, 1027. Th. HIEKE 1997, 141.
26 Zu den einschlägigen Angaben vgl. u.a. M. GÖRG 1994, 577.
27 B. JANOWSKI 1991, 231-264 = 1993, 247-280.
28 Dazu v.a. B. JANOWSKI 1982, 279f.295ff. M. GÖRG 1995, 467f.
29 Vgl. dazu K. KOCH 1959, 11-13.

zisch-syrischen (libanesischen) und ägäischen Raum bezeugt sind[30]. Der Kerubenthron ist allerdings anscheinend näher hin aus der Gestalt des nicht nur in Ägypten, sondern auch in der Miniaturkunst Palästinas gut bezeugten Löwenthrons, d.h. des mit Löwenbeinen bzw. löwenbewehrten Armlehnen ausgestatteten Fürstenthrons[31], und dem Sphingenthron herausgewachsen und seiner Idee nach zunächst mit dem Schutzcharakter der Sphingen engstens verknüpft. Dieser apotropäische Charakter scheint mir mit den Keruben viel intensiver verbunden zu sein als etwa eine ausschließlich naturmächtige Assoziation, die in den kanaanäischen Raum weisen würde. Die Herausbildung des Sphingenthrons, der, soweit erkennbar, für Götter oder ‚Gottkönige' vorgesehen ist[32], signalisiert allerdings auch einen wesentlichen Überschritt hin zur Repräsentation des Spenders von Vegetation, Nahrung und Leben, wie Martin METZGER und Bernd JANOWSKI mehrfach und mit Recht betont haben.

Ein qualifizierter Sphingenthron, der Kerubenthron, soll nun auch im Debir gestanden haben. Die Beschreibung in 1 Kön 6,23-28[33] mutet nach einem begrifflichen Unterscheidungsversuch eher wie ein ‚Denkbild' als wie ein ‚Sehbild'[34] an, obwohl beide Perspektiven nicht strikt oder absolut getrennt werden können und die beiden Bezeichnungen nicht sehr glücklich sind. Es soll überdies und vor allem die Meinung vermittelt werden, dass ein besonders ausladender und spezifizierter Kerubenthron mit der Lade nach ihrer Überführung in den Tempel (1 Kön 8,6f.) kombiniert worden sei. Noch immer umstritten ist, wie man sich das Arrangement zu denken habe, da die Informationen zu dürftig sind und über die Motive nichts Eindeutiges verlautet[35]. Entgegen etwa der Position M. METZGERs, der den Keruben keine Tragfunktion zugesteht und die Lade als tragbaren Untersatz verstehen möchte[36], hat die in V. 7 angedeutete Schutzfunktion der Keruben nach JANOWSKI sekundären Charakter, da sie aus der untergeordneten

---

30 Vgl. v.a. M. METZGER 1994, 75-90, dazu die Literaturhinweise bei B. JANOWSKI 1991, 248f. = 1993, 264f. Anm. 66f.

31 Vgl. dazu K. KUHLMANN 1977, 85-89.

32 Vgl. u.a. O. KEEL 1985, 34. B. JANOWSKI 1991, 249 = 1993, 265. M. METZGER 1994, 83.

33 Dazu v.a. O. KEEL 1977, 15ff.

34 Vgl. M. GÖRG 1990, 398. Zu der Unterscheidung vgl. u.a. O. KEEL 1975, 69, allerdings mit Bezug auf Jes 6.

35 Ein kritisches Resümee der Forschungsgeschichte bietet v.a. R. SCHMITT 1972, 128ff.

36 M. METZGER 1985, I, 309-367.

Position der Lade „herausgelesen" sei[37], so dass es lediglich um eine „Akzentverschiebung" gehe, wobei „hinter dem Bericht 1 Kön 8,1ff. so etwas wie ein Konflikt zwischen kanaanäisch-phönizischer Keruben- und israelitischer Ladetradition sichtbar" werde, der freilich, „nicht von Dauer gewesen zu sein" scheine[38]. Dieser Lösungsversuch erweckt freilich den Eindruck, als handele es sich bei der literarischen Darstellung des Throngebildes im Debir um eine bloß konstruierte Vergesellschaftung, um eine Art Verlegenheitsmodell, ein politisch-religiöses Arrangement oder Kunstprodukt ohne substanzielle Bezogenheit seiner Elemente aufeinander. Es seien Zweifel angemeldet, ob man sich mit der These einer Heterogenität von Keruben und Lade abfinden sollte, nur um die Idee eines ‚Ladethrons' vom Jerusalemer Debir fernzuhalten.

Die untere ‚Etage' eines Sphingenthrons ist anderwärts durch den stilisierten und von Tieren flankierten Baum ausgewiesen. Nimmt im Debir nunmehr die Lade eben die Position und Funktion eines Leben fördernden oder garantierenden Symbols ein? Die Frage bleibt und ist bislang nicht beantwortet worden: Gibt es nicht doch irgendein plausibles Konzept, nach dem das (schon von Schilo her programmierte?) Zueinander von Kerubenthron und Lade[39] geordnet sein könnte, und weiter, welche theologische Vorstellung verbirgt sich dahinter, etwa sogar eine solche, die zugleich geeignet wäre, die genuine Idee vom Königtum Gottes in Jerusalemer Theologie besser ins Bild zu setzen?

Das Problem verschärft sich, wenn man eine weitere Perspektive einbezieht, nämlich die gern bemühte Vision des „Heiligen" JHWH in Jes 6,1-5, die doch allem Anschein nach einer ganz anderen Art von Throngebilde das Wort redet. Der „hohe und erhabene Thron" dieser Vision ist von Serafen, nicht von Keruben umgeben; die untere Etage, wenn man so will, wird lediglich mit den Gewandsäumen, die den Hekal erfüllen sollen, angesprochen, aber eben nicht unter Bezug auf die Keruben oder gar die Lade[40]. Es scheint, dass hier eine ganz andere Thronidee zu Wort kommt.

---

[37] B. JANOWSKI 1991, 251f. = 1993, 267f.

[38] B. JANOWSKI 1991, 255 = 1993, 271.

[39] Vgl. u.a. M. METZGER 1985, 309-335. Zur Schilo-These vgl. bereits die kritischen Überlegungen bei H. SCHMIDT 1923, 120-144, eingehend dazu zuletzt v.a. B. JANOWSKI 1991, 237 = 1993, 253.

[40] Vgl. dazu v.a. O. KEEL 1977, 46-124, H. IRSIGLER 1991a, 140ff. und jüngst B. JANOWSKI 2002, 34 mit Anm. 40, der die Rede von den Serafen und das Schweigen von den Keruben und vom ‚Kerubenthroner' für „bedeutungsvoll" hält und „mit der singulären Raum- und Thronvorstellung" zusammenbringen möchte.

Auf jeden Fall nicht die für den Debir üblicherweise und mit Recht reklamierte Form des Kerubenthrons. Überhaupt besteht die Möglichkeit, dass in Jes 6 ein alternatives Thronkonzept zur Geltung kommen soll, schon um dem Königtum JHWHs eine noch größere Erhabenheit im umfassenden Sinn zu vermitteln. Einer erst in jüngster Zeit vorgetragenen Perspektive JANOWSKIs zufolge beruht das in Jes 6,1-5 greifbare „kosmologische" Konzept „auf einem vertikalen Weltbild, demzufolge ‚Höhe' (Gottesthron) und ‚Tiefe' (Tempelschwellen) einander gegenübergestellt werden und das im Tempel von Jerusalem sein ‚Gravitationszentrum' hat"[41]. Bei aller grundsätzlichen Zustimmung zu dieser Sicht dürfen doch gerade die „Tiefe" und die Funktion der „Tempelschwellen" weiter ausgelotet werden, weil sie u.E. zum „Symbolsystem" des Gottesthrons gehören.

IV. Thronsockel

In der Tat gründet die Thronidee bei Jesaja auf einer anderen Thronvorstellung, und zwar offenbar der eines Throns, der einer verbreiteten Form des Blockthrons näher zu stehen scheint, wie dieser in Ägypten in erster Linie den Göttern zugemessen ist. Allerdings wäre dieser Gottesthron von vorneherein den allzu sichtbaren Maßstäben enthoben und ins Überirdische erhöht, freilich so, dass der Tempel bereits als „Himmel" gilt[42]. Um sich dennoch eine Vorstellung von der Struktur und Symbolik eines solchen Gottes-Throns und seiner Elemente zu machen, dürfen wir uns zwei Beispiele vor Augen führen, das erste aus der klassischen Zeit der 18. Dynastie, das zweite aus der griechisch-römischen Zeit.

Die Darstellung des thronenden Hochgottes Amun-Re von Theben mit dem vor ihm räuchernden und libierenden König Tuthmosis III. auf der Rückwand der Hathorkapelle des Tempels der Hatschepsut in Deir el Bahari zeigt den zur Gattung des Blockthrons (ägypt. *ḥwt*)[43] gehörigen Göttersitz, der lediglich mit einer kurzen Rückenlehne in Gestalt eines gefalteten Tuchs bzw. Polsters und einem rechteckigen Winkel an der hinteren unteren Ecke der Seite ausgestattet ist, so dass eine direkte Nähe der Dekoration zum Aussehen der *ḥwt*-Hieroglyphe gegeben ist. Die mit

---

[41] B. JANOWSKI 2002, 41.

[42] Dazu bereits O. KEEL 1975, 52.

[43] Vgl. dazu K.P. KUHLMANN 1977, 51-60. Weitere Informationen zum Blockthron bei K.P. KUHLMANN 1986, 524f.

dem *ḥwt*-Zeichen dekorierten Throne können zwar sowohl Göttern wie Königen zugedacht sein, sind aber „eigentlich Göttersitze, sie symbolisieren in erster Linie die ‚Besonderheit' ihres Besitzers und weisen beim Herrscher auf dessen in Vertretung der Königgötter ausgeübtes Amt hin"[44]. Sowohl der Blockthron wie

Abb. 1[45]

auch die Füße des Thronenden ruhen auf einer dekorierten Thronmatte, die wiederum auf einem trapezförmigen Thronsockel aufliegt. Die Thronmatte (ägypt. *pj* ?)[46] wird als „traditionelles Herrschersymbol" aufgefasst, das auch nach üblicher Einführung des Blockthrons seine anscheinend archaische Funktion behalten hat und die Gottheit sogar als „Du auf Deiner Matte Erhobener" adressiert sein lässt[47]. Bezeichnend ist hier auch, dass die Thronmatte über den Tod hinaus als „Würdezeichen" gilt, insofern der Tote u.a. mit der Rede angesprochen werden kann: „Du sitzt auf

[44] K.P. KUHLMANN 1977, 83. Vgl. auch K.P. KUHLMANN 1986, 525.
[45] Vgl. die farbige Wiedergabe in E. OTTO / M. HIRMER 1966, 113. Die hier gegebene Nachzeichnung ist aus O. KEEL 1972, 254 (Nr. 375) übernommen.
[46] Zum Problem der Terminologie K.P. KUHLMANN 1977, 70.
[47] Vgl. K.P. KUHLMANN 1977, 90.

der Matte des Osiris, Re hat deine Standorte vorne sein lassen“[48]. Auf den Thronsockel allerdings kommt es uns insbesondere an. Er ist hier einem der Hieroglyphenzeichen für ägypt. *mꜣʿt* („Maat“) entsprechend gestaltet, einem der am meisten verbreiteten und zitierten Grundbegriffe der ägyptischen Religion überhaupt, der für eine Art „Sinngefüge“ oder die Grundordnung des Weltgeschehens steht und nur vorläufig mit „Wahrheit“, „Gerechtigkeit“ etc. wiedergegeben werden kann[49]. Der mit dem *mꜣʿt*-Zeichen gebildete Thronsockel trägt demnach die genuine Symbolik einer Basisgarantie für den Bestand des göttlichen Königtums. In der gegebenen Konstellation verbürgt Amun-Re eben diese elementare und universale Stabilität der Weltordnung.

Abb. 2[50]

Auch die nachpharaonische Darstellung des thronenden Osiris aus dem Hathor-Tempel in Dendera[51] zeigt den vorzugsweise

[48] Wiedergabe nach K.P. KUHLMANN 1977, 90.
[49] Näheres zum Spektrum und Gewicht dieses Ausdrucks bei J. ASSMANN 1990.
[50] Ausschnitt aus der Nachzeichnung in: A. MARIETTE 1870-80, III. Pl. 69h.
[51] Der hier gebotene Ausschnitt entstammt einer Repräsentation des thronenden Osiris mit den assistierenden Göttern Isis und Nephthys sowie u.a. mit dem Horussohn *Iwnmutef*, der in der Beischrift als Rächer des Vaters Osiris ange-

Göttern reservierten Blockthron mit den oben genannten Kennzeichen. Allerdings fehlen bei diesem Ensemble sowohl die Thronmatte wie auch die trapezförmige Gestaltung des Thronuntersatzes. Dieser wird in der vereinfachten Form eines Quaders ausgeführt, was den Gedanken an einen symbolisch entwerteten Sockel nahe legen könnte, den eigentlichen Sinn des tragenden Unterbaus aber nicht vergessen lassen sollte. Dass der ‚Maat'-gestaltige Unterbau die Form eines Quaders oder eines Kastens erhalten hat, ist für die weitere Argumentation durchaus relevant.

Ein gewisses Zwischenstadium zwischen den Darstellungen von Götterthronen im Neuen Reich und in der griechisch-römischen Zeit nimmt eine spätzeitliche Konstellation aus den Illustrationen zum Totenkult ein, wie sie auf einem Papyrus der 21. Dynastie begegnet. Hier sitzt wiederum Osiris auf einem Blockthron, der mit einer ausladenden Thronmatte unterlegt ist. Deutlich davon abgetrennt erscheint darunter das trapezförmige Gebilde, dessen Zugehörigkeit zur Throndarstellung zwar unbestreitbar ist, jedoch möglicherweise bewusst in der Schwebe gehalten wird, als sollte damit hervorgehoben werden, dass Osiris in erhabener Weise „über" dem Gebilde thront. Wichtig ist hier auch, dass die Szenerie, die eine Priesterin als Opfernde vor Osiris zeigt, von einer Beischrift begleitet wird, die sie als „Sängerin des Amun-Re, Königs der Götter" bezeichnet. Damit ist klar, dass Osiris als jenseitiger Repräsentant des höchsten Gottes fungiert, der die letzte und souveräne Kontrolle über Leben und Tod behält. Die exponierte Maat-Grundlage des Throns erweist zugleich, dass es sich um ein ideelles Arrangement handelt, eine Art ‚theologischer Architektur', die zeitgleich zur Nationwerdung Israels in ägyptischer Kunst probiert wurde[52]. Von der Möglichkeit eines vergleichbaren Konstrukts sollte man wohl auch bei der Jerusalemer Tempel- und Throntheologie ausgehen. Diese vorläufige Vermutung bedarf noch weiterer Stützung.

---

sprochen wird, weil er dessen Feinde „zurückhält" (*sdnj*). Diese Funktion des Begleitgottes des Osiris als des Herrn über Leben und Tod haben wir seinerzeit zur versuchsweisen Erklärung des biblischen Titels *Sṭn* „Satan" genommen, vgl. M. GÖRG 1996, 9-12.

52 Wie sehr es sich bei der angesprochenen Darstellung um ein symbolisches Ensemble handeln muss, bezeugt u.a. auch eine weitere Illustration des Osiristhrons, die statt des Maat-Zeichens die Festeshieroglyphe zeigt, was deutlich über jede statisch-funktionale Bedeutungsebene hinausgeht, vgl. dazu das Frontispiz bei A. PIANKOFF / N. RAMBOVA 1957 mit einem Ausschnitt aus dem wiederum der 21. Dyn. zugehörigen Papyrus der Sängerin (ebenfalls des Amun-Re) Gaut-sushen A und den Kommentar dazu (185).

Eine Absicherung der These kann m.E. auf philologischem Weg erfolgen. Dazu gilt es zu bedenken, dass die bisher behandelte Maat-Hieroglyphe in Gestalt des trapezförmigen Gebildes auch als Ideogramm für ein anderes Nomen im Gebrauch ist, dessen Semantik eindeutig den Thronsockel erfasst, nämlich die Femininbildung *ḏbꜣ.t* (‚Djebat'), die seit dem Mittleren Reich auch als offenbares Synonym das Nomen *nst* zur Seite hat[53]. Das Nomen *ḏbꜣ.t*, entweder von der Verbalwurzel *ḏbꜣ* mit der Bedeutung „bekleiden, schmücken" u.ä.[54] oder eher wohl von einem Homonym mit der Bedeutung „einnehmen (lassen)" (sc. einen „Sitz" oder Thron)[55] abzuleiten, begegnet bereits in Texten des Alten Reichs mit der angenommenen Bedeutung „Ankleideraum im Palast, ‚Sakristei'"[56], hat aber ebenfalls im Alten Reich ein Nomen *ḏbꜣw* „Kasten" zur Seite[57]. Das mythische Thronen des Sonnengottes Re kann in den Sargtexten mit der Basis *ḏbꜣ* ausgedrückt werden[58]. Ebendort erscheint das Nomen *ḏbꜣ.t* als Terminus für den Thronsockel, wie es etwa von einer Toten heißt: „Ptah hat gemacht", dass sie „auf dem Sockel", dem trapezförmigen „Unterbau der Götterkapelle" sitzt[59]. Im Mittleren Reich kann *ḏbꜣ.t* auch in Inschriften vom Amun-Tempel in Karnak für einen „aus Granit hergestellten Untersatz für den Götterschrein im Tempel (sog. ‚Altar')" stehen[60]. Spätestens in der griechisch-römischen Zeit kann *ḏbꜣ.t* dann ausdrücklich die Bedeutung „shrine, coffin" tragen und genauer im Sinne von „the outermost chest in which the anthropoid coffins could be placed"[61] verwendet werden. Im Koptischen ist *ḏbꜣ.t* in der Form ⲧⲁⲓⲃⲉ u.ä. „Kasten, Schrein" erhalten, wobei näherhin eine „Kontamination" von *ḏbꜣ.t* mit dem Nomen *tb.t* „Kasten" vorliegen wird[62]. Diese Sinngebung „Sarg", „Schrein" bzw. „Kasten" wird auch noch für weitere Überlegungen von Bedeutung sein.

An dieser Stelle möchte ich nun, einen früheren Vorschlag wieder aufgreifend[63], eine Beziehung zwischen der in der 21. Dy-

---

53 K.P. KUHLMANN 1977, 58. unter Bezug auf CT III 114c (A. DE BUCK 1947, III, 114). Vgl. u.a. auch H.-W. FISCHER-ELFERT 1986, 126.
54 Zu diesem Verbum vgl. zuletzt R. HANNIG 2003, 1500 mit Belegstellen.
55 Zu diesem Verbum R. HANNIG 2003, 1501 mit Belegstellen.
56 Vgl. R. HANNIG 2003, 1500 mit Belegstellen.
57 Vgl. R. HANNIG 2003, 1501 mit Belegstellen. Vgl. auch P. WILSON 1997, 1231.
58 Vgl. U. LUFT 1978, 113.
59 Wiedergabe im Anschluss an K.P. KUHLMANN 1977, 38 Anm. 9.
60 A. ERMAN / H. GRAPOW 1931 (1971), 561,13.
61 P. WILSON 1997, 1231.
62 Vgl. dazu W. WESTENDORF 1965/1977, 225.
63 Vgl. GÖRG 1976, 29f.; 1982, 1028.

nastie Ägyptens gepflegten Vorstellung von dem über der ‚Maat‘ thronenden Gott und dem für das Jerusalemer Adyton reklamierten Arrangement eines erhabenen Throns mit der „Lade als Thronsockel“ vermuten und begründet sehen. Überdies sei hier die ebenfalls vor längerer Zeit geäußerte Hypothese zur Erklärung des weitverbreiteten Gottesepithetons *Ṣb'wt*[64] erneut zur Geltung gebracht, da sie geeignet erscheint, den Zusammenhang der Thronvorstellung in der Tempeltheologie Israels mit der etablierten Thronidee der altehrwürdigen Nachbarkultur und damit die Interdependenz der Vorstellungen um das „Königtum Gottes“ auf eine plausiblere Grundlage zu stellen, als dies bis dahin möglich erschien und noch immer erscheint, wenn man bei den traditionellen und divergierenden Deutungsversuchen verbleibt[65]. Der Hoheitstitel „Zebaot“ ist danach u.E. als hebraisierende Umsetzung des ägyptischen Gottestitels *Ḏbꜣ.tj* (‚Djebati‘) zu verstehen, der als Nisbebildung vom Nomen *ḏbꜣ.t*[66] abgeleitet ist und so den „Thronenden“ meint.

Für unsere religionsgeschichtlich vergleichende Interpretation der Ladeposition unterhalb des Gottesthrons analog zur Positionierung der ‚Maat‘ unterhalb des Götterthrons hat bereits die Beobachtung H. BRUNNERs zur „Gerechtigkeit als Fundament des Thrones“[67] den entscheidenden Impuls geben können, da BRUNNER auf die tragende Symbolik des Maat-Zeichens u.a. in ägyptischen Throndarstellungen verweisen konnte, um zugleich die biblische Rede von der fundierenden ‚Gerechtigkeit‘ zu illustrieren. Die ideelle Verbindung des Ladekastens mit der Funktion des Thronuntersatzes ist darüber hinaus einer rezeptiven Leistung israelitischer Heiligtumstheologie zu danken, die sich im übrigen wie in zahlreichen Fällen sonst in der Innenarchitektur, Ausstattung und Dekoration des Tempels von Sakralelementen ägyptischer Provenienz inspirieren ließ[68]. Die m.E. gegenüber der ursprünglichen Bedeutung „Thronender“ sekundäre, innerisraelitische Deutung von „Zebaot“ als „Heerscharen“ steht im übrigen nicht im semantischen Widerspruch zum mythischen Bild des „Thronenden“, wozu im übrigen auch die mythische Assoziation

---

64 M. GÖRG 1985, 15-18. Vgl. auch M. GÖRG 2001, 1174-1175.

65 Zur Diskussion unseres Vorschlags vgl. zuletzt v.a. H. IRSIGLER 1991a, 136f. mit Anm. 20. Weitere Beobachtungen dazu in einer demnächst erscheinenden Abhandlung.

66 Zur lautlichen Gegenüberstellung vgl. neben der wahrscheinlichen Wiedergabe des GN *Ḏḥwtj* mit hebr. *ṭuḥot* „Ibis“ Hi 38,36 u.a. auch die Wiedergabe des ägypt. ON *Ḏꜥn.t* „Tanis“ mit hebr. *Ṣoꜥan* „Tanis“.

67 H. BRUNNER 1958, 426-428 = 1988, 393-395.

68 Vgl. u.a. M. GÖRG 1992c, 467f.; W. ZWICKEL 2001, 802.

der Feindüberwindung bei der Dekoration der Außenseiten des Blockthrons oder des Fußschemels passt. Die späten Texte der Tempel von Edfu und Dendera kennen u.a. als mythologische Prädikation des Osiris: *Ḏbꜣtj* „Thronender", genauer: „Der, zu dem ein *ḏbꜣ.t* gehört" oder auch *ḫntj ḏbꜣ.t* „Der über dem *ḏbꜣ.t* gegenwärtig ist"[69]. Mit der hier wahrscheinlichen Beziehung auf den Sargkasten oder Schrein wird zugleich ein Bezug zum Totenkult offenbar, dessen nachwirkende Rolle nachher noch einmal bedacht werden muss. Auf der Ebene der ‚oberweltlichen' Relevanz des Thronsockels als kosmischer Machtbasis kann sich nunmehr auch die Symbolik der Thronmatte verstehen lassen, die nicht nur als Ruheplatz für die Füße der Gottheit, sondern auch als Abdeckung oder Auflage für den darunter befindlichen Kasten verstanden werden konnte.

Die nach allem mit ägyptischen Thronillustrationen kompatible Perspektive des Ensembles im Debir des Tempels fügt sich problemlos zu der von uns bereits vorgetragenen These, dass die sogenannte *Kapporaet,* welchen Ausdruck wir nach wie vor als Hebraisierung und Univerbierung der ägypt. Fügung *kp n rdwj* „Fußfläche" deuten möchten, von Haus aus als das israelitische Gegenstück zur Thronmatte oberhalb des Thronsockels zu verstehen sei[70], ohne dass auch nur im Ansatz bestritten werden sollte, dass die Rezeptionsgeschichte in der Sühnetheologie Israels ihre genuine Entwicklung genommen hat.

Nach allem legt sich folgendes Bild einer Entwicklung der Jerusalemer Perspektive des Gottesthrons im Tempel nahe. Die Konstellation im Debir könnte offenbar sowohl Elemente des Sphingenthrons als auch des Blockthrons mit seinem Thronsockel aufgenommen und zu einem Ensemble genuiner Art geformt haben. Des Näheren wird der Sphingenthron zusammen mit der Lade in ein Throngebilde transformiert und integriert, das beide Thronformen (Sphingenthron bzw. Kerubenthron und Sockelthron) vereinigt. Dies ist der interpretatorische Aspekt, eine Art ‚Denkbild', entwickelt auf der Basis einer Zusammenschau. Dabei tritt die Lade allem Anschein nach an die Stelle des stilisierten und flankierten Baums, nicht um diesen Aspekt zu verdrängen, sondern um die ohnehin vorhandene und erkennbare Symbolik im Tempel (Vorcella) zu komplementieren und mit einer genuin israelitischen Perspektive zum Königtum Gottes zu versehen. Mit der Lade zu Füßen des Throns wird der Naos des Tempels zum Ort

69 Vgl. die Belege bei P. WILSON 1997, 1231f.
70 Dazu M. GÖRG 1976, 27f.; 1977, 115-118.

der Garantie für die gottgesetzte Ordnung und das allein und letztlich von JHWH ermöglichte und garantierte Bestehen der Schöpfung und der Geschichte.

Die hier vom Programm her skizzierte Konstellation muss freilich nicht erst in der Geschichte des Jerusalemer Tempels entwickelt worden sein, wenn auch erst von dort ihre genuine Wirkungsgeschichte ausgegangen sein wird. Grundsätzlich spricht nichts dagegen, den narrativen, wenn auch natürlich (noch) nicht religionsgeschichtlich dokumentierbaren Informationen der Ladegeschichte zu folgen und den Vorgängertempel in Schilo als ältere Manifestation der ins Bild gesetzten Vorstellung vom Königtum Gottes zusammen mit der Titelführung „Zebaot" anzusehen. Wenn wir unserer Rückführung des Titels Zebaot auch von daher eine Stütze geben sollten, mag etwa auf die Namengebung des Priestertums von Schilo verwiesen werden, da doch die Söhne Hofni und Pinhas zweifelsfrei ägyptische Namen tragen[71]. Wie die hier möglicherweise gegebenen Kontaktstellen aussehen, muss vorerst noch im Dunklen bleiben. Es muss daher auch weiterhin[72] mit der Möglichkeit gerechnet werden, dass die Rezeption des Titels „Zebaot" zusammen mit den ägyptischen Priesternamen aus dem Repertoire der Jerusalemer Priesterschaft stammt, die aus ihrer ägyptophilen Beziehung keinen Hehl machen. Von der Entscheidung über den möglicherweise älteren Hintergrund bleibt freilich unsere Version der ideellen Sichtweise des Thronarrangements im Jerusalemer Debir unberührt.

Wenn der Titel *YHWH Ṣb'wt* so weiterhin als Hoheitsprädikation des Gottes, der über der Lade „thront", gelten darf, ist damit keineswegs einer Inkompatibilität mit dem Titel des ‚Kerubenthroners' das Wort geredet, im Gegenteil: nur so wird man der ohne Zweifel bewusst geprägten Kennzeichnung der Lade zu Beginn der ‚Ladegeschichte' gerecht, wenn man in der signifikanten Formulierung *'rwn bryt YHWH Ṣb'wt yšb h-krbym* (1 Sam 4,4, vgl. 2 Sam 6,2) eine Art theologisches Programm sieht, nicht bloß eine eher aufgenötigte Zusammenführung von an sich voneinander unabhängigen Elementen (Lade, Zebaot und Kerubenthroner), sondern eine ‚Kurzformel' der Ladetheologie überhaupt und zugleich auch eine konzentrierte Proklamation dessen, was die Residenz JHWHs als König in seinem ‚Palast' charakterisiert. Es geht um die Präsentation der Herrschaft JHWHs, dessen Verbind-

---

[71] Zu Hofni vgl. u.a. M. GÖRG 1992b, 179; zu Pinhas vgl. M. GÖRG 1997b, 151f.

[72] Vgl. u.a. M. GÖRG 1982b, 1027ff.; 1995, 467. JANOWSKI 1991, 237 = 1993, 253.

lichkeit über den Tempel hinaus mit der Präsenz der Lade verbürgt ist.

Mit diesen möglichen Einsichten ist jedoch der Prozess einer Integration der Lade in das Allerheiligste längst nicht erschöpft. Zum Einstieg in eine weitere Perspektive darf noch ein weiterer Blick auf die sogenannte Denkschrift Jesajas und auf weitere Illustrationen gestattet sein.

V. Thron und Unterwelt

Neben der Thronvision in Jes 6 bietet das Folgekapitel, das zwar die sog. Denkschrift (Jes *6,1-8,18) weiterführt, nicht aber eben zwingend auf gleicher literarischer Ebene[73], ein visionäres und merkwürdiges Zeichenangebot in 7,14-17[74], das nach unten und nach oben ausholt: „tief in der Scheol oder hoch oben in der Höhe“ (V. 11). Diese Perspektive nach unten und nach oben erlaubt m.E. auch die Frage nach einer kosmischen Orientierung des Naos insgesamt, wie sie ja schon von JANOWSKI für den Tempel in den Blick genommen wurde. Vielleicht kann man den Vorstellungszusammenhang noch weiter präzisieren. Ich möchte dies nunmehr mit der zweiten Formulierung tun, die die Basis *YŠB* in eigenwilliger Weise mit einem merkwürdigen Nomen zusammenführt, nämlich mit *mabbul* in Ps 29,10, in jenem Psalm nämlich, der u.a. von JEREMIAS als eine Art Vorstufe von Ps 93 und früheste Manifestation des Königtums Gottes in der Poesie des Psalters angesprochen wird: Der vielverhandelte Wortlaut des Textes

10 a	*YHWH l-mbwl yšb*	JHWH hat sich zum ‚Urquell‘ niedergelassen
b	*w-yšb JHWH mlk l-ʿwlm*	und JHWH thront (jetzt) als König in Ewigkeit

kann zunächst als Beispielstück für die bereits angesprochene Differenzierung zwischen der „sedativen“ und „mansiven“ Bedeutungsseite der Basis *YŠB* dienen, die hier syntaktisch manifestiert wird[75]. Dabei kommen die beiden in der „Arbeit am Mythos“

---

[73] Zu den literarischen Problemen der ‚Denkschrift‘ vgl. zuletzt u.a. J. BARTHEL 1997, 66ff. K. BERGES 1998, 87ff.

[74] Vgl. dazu H. IRSIGLER 1985, 75-114 = 1989, 155-197.

[75] Dazu M. GÖRG 1982b, 1031. Eine Wiedergabe hingegen, wie sie etwa von F. HARTENSTEIN 1997, 59 Anm. 117, vertreten wird: „JHWH hat ureinst seinen Thron bestiegen und thront seitdem ‚in Richtung auf‘ die unten befindliche Flut ... d.h. ‚angesichts‘ der (Ur)flut, über die er so ständig Kontrolle ausübt“, verkennt die im Text angelegte zweifache Bedeutungsseite von *YŠB*: die

vom göttlichen Königtum produzierten Mythologeme, das Niederlassungsmythologem und das Thronsitzmythologem zur Sprache. Das besondere Problem liegt freilich in der Bestimmung des Ortes der Niederlassung, aus der das Thronen resultiert. Das vielverhandelte Nomen *mabbul* stellt sich noch immer als crux interpretum dar, sowohl, was seine Etymologie und semantische Orientierung betrifft, als auch, was seine literarische und religionsgeschichtliche Relevanz ausmacht. Die bisher greifbaren Versuche lassen sich auf zwei Lösungsversuche konzentrieren, denen sich auch JANOWSKI gewidmet hat[76]. Eine lokale Sichtweise lässt JHWH „über der Flut" thronen, wobei diese den himmlischen Ozean darstellen soll, wie er auch in Gen 1 anvisiert sei[77]. Eine kosmographische Absonderung ist freilich nicht gemeint. Die ‚temporale' Interpretation zielt hingegen auf eine Deutung des Nomens als Bezeichnung für die große Flut der Urgeschichte, traditionell ‚Sintflut' genannt und zugleich auf einem zeitbezogenes Verständnis des Lamed. Entsprechend soll die Niederlassung JHWHs „seit der Sintflut" geschehen sein. Diese Deutung wird mit der These von O. LORETZ über einen zweistufigen Prozess in der Textgeschichte erweitert: zunächst sei eine kanaanäische Thronbesteigungsaussage in „jahwisierte" Fassung gebracht worden (*YHWH l-ks' yšb*), um später in die Jetztgestalt mit Ersatz des Nomens *ks'* durch *mbwl* überführt zu werden: „Denn Jahwe erscheint jetzt nicht mehr als König aufgrund eines Sieges in einem mythischen Kampfgeschehen, sondern als König seit den Tagen der Sintflut"[78]. Eine noch weiter gesteigerte „temporale" Deutung gibt TSUMURA, wenn er die Wiedergabe „since before the Deluge" empfiehlt[79], ein Vorschlag, den JANOWSKI selbst für „bedenkenswert" hält[80], ohne selbst freilich eine eigene Interpretation zu geben.

Die „temporale" Auslegung kann schon deswegen nicht überzeugen, weil ein solcher Gebrauch mit der sonstigen Verwendungsweise der Präposition nicht nachweisbar kompatibel ist. Eine Substitution des Nomens *ks'* durch *mbwl* wäre dazu durch keinerlei literarisches oder formales Indiz gestützt. Überdies ist *hammabbul* in den Fluttraditionen nicht einfach der ursprüngliche

Thronbesteigung stellt das ‚sedative', das Thronen selbst das ‚mansive' Moment dar.

76 B. JANOWSKI 1989, 421 = 1993, 180.

77 So z.B. M. METZGER 1970, 142. Gegen eine entmächtigende Verortung des „Himmelsozeans" vgl. etwa jüngst E. ZENGER, 2003, 574 Anm. 22.

78 O. LORETZ 1987, 415-421.

79 D.T. TSUMURA 1988, 351-355.

80 B. JANOWSKI 1989, 421 = 1993, 180 Anm. 170.

Terminus für die „Sintflut“[81], sondern, wie der Textbestand des ersten Vorkommens in Gen 6,17 erweist, eine Bezeichnung, dem ein wohl „erklärender Zusatz“[82] oder eine Glossierung nach Art einer „Definition“[83] mit der Pluralform *mayyim* beigefügt ist, die schon in Gen 1,2 P die „Urwasser“ meint. Näherhin darf in Sachen Etymologie von *mabbul* auf eine Feststellung O. RÖSSLERs zurückgegriffen werden, der eine semitohamitische Basis **WBL* „hervorquellen“ benannt hat, die etwa für das hebräische Nomen *ybl* „Wasserstrom“ relevant sei[84], ohne jedoch den Bogen zu dem Nomen *mabbul* zu spannen. Es sei daher vorläufig vorgeschlagen, *mabbul* als Bildung von **WBL* mit dem Nominalpräfix *m-* zu verstehen[85], was zur Annahme der Bedeutung „Quelle“ bzw. „Flut“ führt und die semantische Steigerung zu „Großer Flut“ bzw. „Überschwemmung“ auslösen kann. Ob es sich damit auch um ein „Kunstwort“ handelt, das hier sozusagen in den Wortschatz der Bibel eingeführt worden sei (B. JACOB)[86], sei dahingestellt. Es kann immerhin eine gelehrte Wortschöpfung vorliegen, die freilich in der Jerusalemer Tempeltheologie beheimatet sein wird[87].

---

[81] Zur deutschen Fassung des Wortes vgl. bereits die Bemerkungen von F. DELITZSCH 1860, 628.

[82] So C. WESTERMANN 1976, 527. L. RUPPERT 1992, 291.

[83] Vgl. schon H. GUNKEL 1922 = 1964, 142, der allerdings die Fügung „Wasser auf der Erde“ als „Definition“ des nach ihm von P wohl „als Fremdwort empfundenen Wortes“ *mbwl* versteht.

[84] O. RÖSSLER 1971, 282.309.311.

[85] Vgl. dazu auch P. STENMANS 1984, 634, der sich zwar im Anschluss an RÖSSLER zur Basis *WBL* bekennt, aber nicht über die Nominalbildung und deren Primärbedeutung äußert. Fairerweise muss hier u.a. auch auf YAHUDA 1929, 204, hingewiesen werden, der bereits eine semitische Basis *WBL* und in semantischer Hinsicht ein ägyptisches Äquivalent zu *mabbul* im ägypt. Nomen *ḥwḥw* „Überschwemmung“ benannt hat. Bei der noch immer partiellen Kenntnis des ägyptischen Lexembestandes ist überdies keineswegs ausgeschlossen, dass es sich bei *mabbul* um ein ägyptisches Fremdwort handelt, da auch im Ägyptischen zahlreiche Nominalbildungen mit *m*-Präfix bezeugt sind, vgl. dazu u.a. H. GRAPOW 1914, 1-33; J. OSING 1974, 321-323. Als weitere Möglichkeit könnte man auch erwägen, *mabbul* für ein hebraisiertes Lehnwort zu halten, das eine Univerbierung aus den ägyptischen Elementen *mw* „Wasser“ und *wbn/l* „aufquellen“ darstellen würde, was für das priesterschriftliche Vokabular nicht ungewöhnlich wäre. Die Sache soll noch in der Diskussion bleiben.

[86] Vgl. B. JACOB 1934, 194, nach dem freilich der „erklärende Zusatz“ *mym* zeigen soll, dass in dem Wort *mabbul* die „Wasserflut“ nicht angedeutet sei, für welche Annahme jedoch keine Handhabe vorliegt.

[87] An früherer Stelle (GÖRG 1982b, 1031) habe ich wie auch P. STENMANS die Bedeutung „Himmelozean“ vertreten. Dass hier nicht notwendigerweise ein Widerspruch zur Bedeutung „Große Flut“ u.ä. zu sehen ist, kann u.a. die ägyptische Ikonographie belegen (s.u.).

Da es also bei der Originalität des Wortlauts *YHWH yšb l-mbwl* bleiben muss, sollte diese besondere Art, das Mythem der Thronbesteigung in dem Mythologem der Niederlassung auf dem ‚Mabbul' auszudrücken, auf ihre Beziehung zur Vorstellung und Rede vom Königtum Gottes hin untersucht werden. Hier scheint es wiederum erfolgversprechend zu sein, um der Gewichtung der Phraseologie willen den Blick auf die mythologische Sprache des benachbarten Ägypten zu richten.

Eine interessante Variante des Niederlassungsmythologems wird etwa in einer ägyptischen Wendung aus den Texten des Tempels von Edfu greifbar, wonach Horus als eine Gottheit gilt, „who settles himself down as the flood"[88]. Hier geht die Gottheit selbst in die Überschwemmung ein, eine Vorstellung, zu der sich die biblische Version begreiflicherweise nicht versteht. Tragfähiger sind jedoch weitere Hinweise auf Assoziationen mit dem Gottesthron.

Wir dürfen erneut bei dem schon verhandelten Grundwort für den „Thronsockel" *ḏbꜣt* und der Grundgestalt eines trapezförmigen Unterbaus ansetzen. Die nähere Betrachtung der Form im kritischen Vergleich der ägyptischen Kunstgeschichte hat erwiesen, dass die äußere Form lediglich eine Art Kompaktausführung einer Estrade darstellt[89]. Diese wiederum spiegelt die fundamentale Begründung des Götter- und Königsthrons analog zur Symbolik des Urhügels des Schöpfungsgeschehens wider, um so dem erhabenen Sitz eine kosmologische Beziehung zuzusprechen. Für die Estrade findet sich im ägyptischen Vokabular das Lexem *ṯnṯꜣt*[90], das allem Anschein nach ein im Ägypten des Mittleren Reichs aus dem vorderasiatischen Raum entlehntes Wort und wohl eine Nominalbildung von der semitischen Basis *SLL* „aufschichten, auftürmen" u.ä.[91] darstellt, vgl. das im AT belegte Nomen *sllh*[92]. Das Ursprungwort, etwa in der pluralischen Lautgestalt **silsilot*, wird die Bedeutung „Stufen" bzw. „Rampe", eventuell gar „Stufenturm" gehabt haben, um dann nach der Rezeption im ägyptischen Sprachraum als Fachausdruck für den treppenarti-

---

88 P. WILSON 1997, 496.

89 Dazu K.P. KUHLMANN 1977, 93-95.

90 Dazu A. ERMAN / H. GRAPOW 1931, 384f. mit Belegstellen. P. WILSON 1997, 1168f.

91 Zur Basis *SLL* vgl. H.-J. FABRY 1986, 867-872. Vgl. aber auch C. UEHLINGER 1990, 233.

92 J. HOCH 1994, 368f., möchte in zwei Belegen aus dem späten Neuen Reich das hebr. *sllh* „siege-mound" erkennen, ohne zu bemerken, dass die (unterschiedlichen) Schreibungen ihrerseits auf dem schon im Mittleren Reich entlehnten Lexem *ṯnṯꜣt* zu basieren scheinen.

gen Unterbau eines Throns, aber auch einer Kapelle oder eines Tempels mit seinem abgestuften Innenraum und den „Tempelschwellen" zu dienen, in all diesen Fällen jedoch zugleich in Adaptation und Erinnerung an das grundlegende mythische Modell des „Urhügels" als der Erstaufschüttung eines Lebensraums im Urmeer der Schöpfungszeit. Schon hier legt sich der Gedanke nahe, dass auch der Tempelberg in Jerusalem als natürlicher und zugleich mit mythischer Erinnerung versehener Unterbau des Gottesthrons verstanden worden sein könnte, wie der Jerusalemer Tempel und der Gottesthron im Debir im Besonderen als „religiöses Symbolsystem"[93] aufzufassen sein werden.

Der Tempelberg ist neuerdings ins Blickfeld einer „kosmologischen" Interpretation getreten, deren Dimension im Kontext des religionsgeschichtlichen Zusammenhangs zwischen Tempel und Schöpfung zu sehen ist[94]. Dabei spielt auch die Vorstellung von der Quelle am unteren Hang des Berges eine Rolle, wie auch jene in den Zweiten Schöpfungstext hineinkomponierte Passage zur „Paradiesesgeographie", die uns schon mehrfach beschäftigt hat und deren lokale Beziehung an den Gihonquell von Jerusalem geknüpft ist[95]. Dieser Gihonquell dürfte auch nach wie vor mit dem ezechielischen Tempelgewässer der Vision in Ez 47 zusammengehören, wie auch immer die literarische Interdependenz zu bestimmen sein wird[96]. Für unseren Zusammenhang ist es wichtig, auch diesen Bezug im Auge zu behalten, dies um so mehr, da die im Mythos vom Gottesthron angelegte Konstellation mit dem Urquell noch nicht zur Genüge ausgelotet zu sein scheint.

Mit der Konnotation Thronunterbau – Urhügel – Urquell gelangen wir nämlich auch tiefer in den Bereich der unterweltlichen und jenseitigen Vorstellungen, die in der ägyptischen Vorstellungswelt insbesondere mit dem „Todesgott" Osiris verknüpft ist. Es lohnt sich auch hier, einen Blick auf einschlägige Illustrationen

93 Dazu B. JANOWSKI 2002, 26-32, vgl. jetzt auch E. ZENGER 2003b, 163.

94 Vgl. zuletzt B. JANOWSKI 1990, 37-69 =1993, 214-246; 2001, 229-260; 2002, 24-68.

95 Den Ausführungen des in jüngster Zeit unternommenen Rettungsversuch von M. DIETRICH 2001, 281-323, die Namen Pischon und Gihon erneut mit mesopotamischem Sprach- und Sachmaterial zu erklären und so das Paradies wieder ausschließlich mit dem Zweistromland zu verbinden, habe ich angesichts des argumentativen Aufgebots nur mit ungläubigem Staunen zu folgen vermocht. Eine Auseinandersetzung muss ich mir hier ersparen, zumal die von mir vorgetragene Position zur Sache offenbar nicht verstanden worden ist.

96 Vgl. dazu zuletzt W. ZWICKEL 1995, 140-154. B. JANOWSKI 2002, 56 Anm. 128, der m.E. seine Zweifel an der Beziehung des Jerusalemer Gihon zum gleichnamigen Paradiesesfluss (Gen 2,13), vgl. u.a. M. GÖRG 1977b, 30-32; 1991, 842f.; 1992, 1018f., nicht überzeugend begründet.

aus der zur frühen Königszeit Israels zeitgenössischen 21. Dynastie zu werfen, um dann freilich auch den Versuch einer Abgrenzung von der ägyptischen ‚Todeszone' in israelitischer Rezeption zu wagen.

Hier bieten sich drei Beispiele an, die allesamt den treppenartigen Unterbau unterhalb des Gottesthrons erkennen lassen, der sich jeweils auf der Wanderung durch die Unterwelt befindet, wobei sich der Leib der den Blockthron tragenden Riesenschlange zwischen Thronmatte und Estrade hindurchzieht. Die erste Szene (Abb. 3[97]) zeigt den thronenden „Todesgott" mit Assistenz in Begleitung des falkenköpfigen Gottes Horus vor ihm. Die Thronestrade, die zugleich die Vorstellung einer Stufenpyramide assoziieren lässt[98], weist zwei an die Vereinigungshieroglyphe gebundene Gefangene vor, die für die Vorstellung der Feindüberwindung und Überwindung des lebensbedrohenden Chaos stehen.

Abb. 3

Eine zweite Szene (Abb. 4[99]) bietet ebenfalls eine Inthronisation des Osiris mit einer Estrade unterhalb der Thronmatte,

[97] Nachzeichnung der Darstellung auf dem Papyrus des Khonsu-Renep bei N. RAMBOVA 1957, 58, Fig. 44.
[98] Vgl. dazu N. RAMBOVA 1957, 59.
[99] Nachzeichnung der Darstellung auf einem Sarg des Metropolitan Museums New York bei N. RAMBOVA 1957, 59, Fig. 45. Vgl. dazu auch M. GÖRG 1998, 67-69; 2001, 157f.

Abb. 4

die diesmal innen mit der „Schen“-Hieroglyphe über dem Firmament-Zeichen und darunter mit Uräen und Sternen dekoriert ist. Im Vordergrund dieser Ausstattungsymbolik des Unterbaus steht offenbar die Vorstellung der kosmischen Erneuerung wiederum verbunden mit der allen Seiten geltenden Abwehr chaotischer Mächte. Das dritte Beispiel (Abb. 5[100]), zugleich wohl das sprechendste für unseren Zusammenhang, zeigt den von den Gottheiten Thot und Isis verehrten Gott Horus (?) auf seinem Blockthron, der auf einem mit schwarzer Innenfärbung gekennzeichneten Treppenaufbau aufruht. Die Dunkelheit deutet zweifellos auf die Unterwelt[101], die hier überdies ausdrücklich als Ort der Mumie erscheint, bewacht von der Sonnenscheibe, den Horusaugen und geflügelten Uräen (Serafen). Die doppelte hieroglyphische Beischrift *pr nfr* „Gutes Haus“, wohl eine der Bezeichnungen für das „Haus im Totenreich“, verweist auf die Bestimmung des Leichnams zur Auferstehung, die der thronende Gott garantiert.

---

[100] Nachzeichnung der Darstellung auf einem Sarg des Kairiner Museums bei N. RAMBOVA 1957, 60 Fig. 46.

[101] Zur Ambivalenz des Wasserdunkels vgl. u.a. E. HORNUNG 1990, 108f. M. GÖRG 2001, 26.

Abb. 5

Weitere Beispiele der 21. Dynastie illustrieren „the basic Egyptian belief in the mysterious interplay of the forces of Life and Death personified by the two complementary figures of Re and Osiris“[102]. Die kosmographische Dekoration der Region innerhalb der Estrade mit den zur ‚Oberwelt‘ des Himmels analogen Symbolen (Sonnenscheibe etc.) signalisiert überdies, dass die gemeinte Sphäre eine Art „Gegenhimmel“ darstellt[103]. Die so benannte Sphäre ist keineswegs nur als Raum chaotischer und lebensbedrohender Mächte gefasst, sondern in dialektischer Weise auch als Vorraum der Erneuerung und Verlebendigung, die der Schöpfergott vollzieht[104]. Das Wasserdunkel bedeutet so zugleich Unheil und Heil. Der besondere Zusammenhang zwischen dem Gott Osiris und der Nil-Überschwemmung ist erst soeben ins Licht gesetzt worden[105]. Der „Todesgott“ kann die Chaoswasser transformieren. Erst recht verliert der ‚Mabbul‘ durch den „Lebensgott“ JHWH seine Schrecken.

Die spekulative Vertiefung der Thronvorstellung in die Sphäre der Unterwelt mit ihrer ambivalenten Funktion komplementiert das Modell des in die Höhe des Himmels reichenden Gottesthrons mit dessen Fundierung in der Tiefe des „Gegenhimmels“. Die vertikale Orientierung präsentiert so ein Gesamtbild des imaginä-

[102] N. RAMBOVA 1957, 61. M. GÖRG 1998, 85-88.
[103] Zur Bezeichnung des „Gegenhimmels“ vgl. K. SETHE 1928, 260, und jüngst M. GÖRG 2001, 188.
[104] Vgl. dazu u.a. J. ASSMANN 2001, 243. M. GÖRG 2001, 26f.
[105] Vgl. S. WIEBACH-KOEPKE 2003, 285.

ren Gottesthrons, der die Herrschaft über Leben und Tod symbolisiert. Von dieser Sichtweise ist die des Ps 29 nicht grundsätzlich verschieden, da auch hier die göttliche Macht über Leben und Tod in der Herrschaft über die Chaoswasser in Gestalt des ‚Mabbul' zum Ausdruck kommt. Der Psalm tritt überdies in die Lebenswelt Israels ein, da er allem Anschein nach aus dem „Gegenhimmel" eine „Gegenwelt"[106] erstehen lässt, die der Angst vor den Mächten des Chaos den rettenden Schöpfer gegenüberstellt. Mit dieser königszeitlichen Perspektive ist auch die Sichtweise der sog. Denkschrift Jesajas vereinbar.

Die ‚jesajanische' Sicht (Jes 6f.) scheint sogar noch eindrucksvoller auf dem Hintergrund eines solchen umfassenden und integrierenden Modells begreifbar zu sein, das die längst beobachtete Dimension der Höhe mit der der Tiefe verbindet, und zwar hier über die Symbolik der „Tempelschwellen"[107], d.h. m.E. die möglicherweise analog zum ägyptischen Tempelinneren stufengestaltige Fundierung des Tempels und wohl des Debir im Besonderen hinaus, da die Welt der Scheol als tiefste Ebene des göttlichen Zeichenangebots angesprochen wird. Noch klarer wird so die Funktion des Tempels als ‚Gravitationszentrum' vor Augen geführt, freilich so, dass der Gottesthron *mit* der Lade als seinem Unterbau und der diesem innewohnenden Symbolik im eigentlichen Blick des Visionärs verbleibt. Die schöpfungstheologische, kosmische Sicht ist mit qualifizierten Sichtweisen des thronenden Gottes nicht nur über den Keruben und über dem Thronsockel mit seiner ordnungsschaffenden und vegetationsstützenden Symbolik, sondern auch über der Urflut im Grunde der Unterwelt kompatibel[108].

Dass es allerdings gerade die im Jesajabuch und in Ps 29 nicht erwähnte Lade ist, die den Kontakt der göttlichen Erhabenheit mit der Welt des Todes herstellt, kann dann nicht mehr verwundern, wenn man Funktion und Symbolik des *ḏbꜣ.t* in der Gestalt des komprimierten Thronunterbaus im Auge behält, um so die Titulatur des „Zebaot" als Ausdruck seiner umfassenden Wirkmacht nach oben und unten, über Leben und Tod zu würdigen. Ein weiteres Mal wird der Doppelsinn der Lade sichtbar, die ja bekannt-

---

[106] Zur „Gegenwelt" in Ps 29 vgl. E. ZENGER 2003a, 580f.

[107] Vgl. B. JANOWSKI 2002, 36-41 u.a., mit Hinweis auf die Diskussion bei F. HARTENSTEIN 1997, 123ff.

[108] Die vertikale Sicht mit der unten befindlichen Flut betont F. HARTENSTEIN 1997, 59 Anm. 117, zu Recht (vgl. auch E. ZENGER 2003a, 579 = 2003b, 167), es fehlt aber der Versuch, diesen Befund mit der sakralen Konzeption des Thronens auf dem ‚Sockelthron' im Tempel zu verbinden.

lich nicht nur als Ort und Hort der Grundordnung in Israel gilt und dem gemäß u.a. als *ʾrwn h-bryt* und als *ʾrwn h-ʿdwt* bezeichnet werden kann, sondern auch in einem scheinbar völlig disparaten Sinnzusammenhang als ‚Totenlade' des Josef in die Überlieferungsgeschichte Israels eingegangen ist[109]. Während im ägyptischen ‚Djebat' die „Gerechtigkeit als Fundament des Thrones" (BRUNNER), d.h. freilich gerade auch die ‚Rechtfertigung' des Toten im jenseitigen Leben angezeigt ist, kommt der Lade in Israel mit ihrer Beziehung auf das göttliche „Zeugnis" insbesondere die Rolle des „Wegweisers für das Diesseits" zu[110]. Überdies aber wird deutlich, dass die Lade Gottes eine göttliche Administration und Leitungsgewalt verbürgt, die zugleich die Schatten des Todes souverän kontrolliert und überwindet. All dies führt hin zu dem *Mysterium der Raum und Zeit übergreifenden Gottesnähe im Tempel*, das nunmehr abschließend zu bedenken ist.

VI. „Aus Tiefen"

Die zur Bezeichnung der „Bundeslade" attributiv hinzugestellte Fügung *YHWH Ṣbʾwt yšb h-krbym* (1 Sam 4,4; 2 Sam 6,2) kann nach allem m.E. als sprachliches Konzentrat der Vorstellungen um das Königtum Gottes in der Jerusalemer Tempeltheologie verstanden werden, wobei die Lade das eigentliche und unverzichtbare Wahrzeichen der Gegenwart JHWHs ist. Ja, selbst die Gottesprädikation *YHWH ʾlhym* erscheint in einem neuen Licht, wenn man sie als alternativ gedachtes Gegenstück zum ägyptischen „Amonrasonther" auffassen würde: JHWH hat in Israel den göttlichen Königsthron bestiegen und sich so als der wahre und verbindliche Herrscher präsentiert. Damit sind die Dimensionen noch nicht ausgeschöpft.

JHWHs Königtum manifestiert sich nach Aussage der behandelten Psalmenfügungen oberhalb und auch unterhalb der Anhöhe des Tempelbergs unter Einschluss der Tiefen mit den Grenzzonen am Rande der Lebenswelt, die auch in Israel nicht als Todeszone schlechthin begriffen werden, sondern sowohl als Bereiche der Lebensbedrohung und zugleich als erneuernder Urquell zur Neubelebung des Geschaffenen, wobei JHWHs Königtum die Garantie für den Bestand der lebensfördernden Wirkmacht hergibt. Insofern berührt sich die Theologie vom Königtum JHWHs auch

[109] Vgl. dazu zuletzt M. GÖRG 2000, 5-11.
[110] Vgl. dazu die vorläufigen Erwägungen bei M. GÖRG 2000, 10f.

mit der Theologie der Klagepsalmen, da in der Orientierung an dem Gott, der grundsätzlich „aus Tiefen" angerufen werden kann und der rettend befreit (vgl. Ps 130), eben ein göttlich-königlicher Machterweis in den Abgrund hinein ersichtlich wird. Der 80. Psalm, der bekanntlich ebenfalls den Titel des ‚Kerubenthroners' und des ‚Zebaot' zusammenführt[111], kann zugleich der fundamentalen Klage und dem Ruf nach Rettung Ausdruck geben und ist so ein Appell an die göttliche Dominanz über Leben und Tod, jene Instanz also, die sich im Debir des Tempels thronend präsentiert.

Mit der grundsätzlichen Orientierung des Psalmbeters an dem maßgebenden Vorstellungsgut in Jerusalem, dem Bekenntnis zum Throner über die oberirdische und unterirdische Welt, wird dann wohl auch zusammenzuführen sein, was die poetische Psalmensprache über den „Jerusalemer Gottesstrom" (vgl. v.a. Ps 46,5f.) zu sagen hat. Hier möchte B. EGO eine „Art Gegenmotiv zu den Chaoswassern"[112] erkennen: „In der unmittelbaren Gegenwart Gottes, in seiner Stadt und seinem Wohnsitz, sind die Chaoswasser in kosmische Wasser verwandelt. Die Wasser der Gottesstadt symbolisieren die Präsenz Gottes, die ihrerseits die Sicherheit der Stadt vor den Feinden begründet" und „Jerusalem die Gottesstadt, wird zu einem Ort konnotiert, der in direkter Opposition zu den chaotischen Todeswassern steht". So zutreffend diese Beobachtungen auch sein mögen, es gilt nicht aus dem Gesicht zu verlieren, dass die Wasserdunkel in der Tiefe des Berges unterhalb des Gottesthrons im Tempel von Haus aus ambivalenter Natur sind und erst durch den Thronenden in Schach gehalten und transformiert werden. Diese Gewissheit begründet letztlich die Zuwendung des Klagenden und Vertrauenden zum Heiligtum (vgl. auch Ps 36,8-10)[113]. Selbst die auswärtige und vom Tempel scheinbar distanzierte Erfahrung der Verwandlung des Chaos (vgl. Ps 65) steht mit dem, was im Jerusalemer Tempelberg exemplarisch geschehen ist und geschieht, in einem „Korrespondenzverhältnis", indem „das Bild von den Wassern in der Gottesstadt bzw. im Tempel als Symbolisierung verdichteter Ordnung und Idealform aller Chaosbewältigung verstanden werden kann"[114]. So ist auch die Konfrontation mit der bedrohlichen „Tiefe" in geographischer Ferne (vgl. Ps 42,8) nur deswegen auszuhalten, weil sich vom Thronenden in Jerusalem her die gläubige Überzeugung nährt,

[111] Vgl. dazu v.a. die Monographie von Th. HIEKE 1997.
[112] B. EGO 2001, 368.
[113] Dazu B. EGO 2001, 369.
[114] B. EGO 2001, 373.

dass JHWH von der Mitte her das Chaos allüberall beherrscht, selbst wenn der Klagende sich im „Leib der Scheol" wähnt (vgl. Jona 2,3-5)[115]. Das im Jerusalemer Debir verehrte Mysterium der Gegenwart Gottes wird dem Glaubenden auf besondere Weise ansichtig und hilfreich, in welcher Notlage auch immer er sich befindet.

Ich habe mit dem strittigen Psalm 93 begonnen und will mit ihm schließen, da er auch im Sinne unserer Erwägungen weiterhin diskussionswürdig bleibt, wenn er auch gerade die beiden Epitheta JHWHs nicht enthält, die uns hier etwas mehr beschäftigt haben. Von einer Rezeption im strengen Sinn kann man daher nicht reden, wohl aber von einer Verträglichkeit des Königsbildes von Ps 93 mit dem von Ps 80 im Sinne einer übergreifenden Theologie vom Gottesthron. Ps 93 verstehe ich als komprimierte Dichtung, die sowohl den gegebenen Traditionen Rechnung trägt als auch den Perspektiven entspricht, die sich mit der Symbolik des Thronsockels verbinden.

Als „nachhaltige Gewissheit" (*YHWH malak*) steht das Königtum Gottes, symbolisiert durch den urzeitlichen Gottesthron, empirisch fest, manifestiert im Debir des Tempels V. 1f. Die tobenden Fluten V. 4, der Angriff aus der Tiefe, also das Drohpotential des Überschwemmungswassers, können den thronenden Gott nicht tangieren, da seine urzeitliche Thronbesteigung auch die end-gültige Kontrolle über das Chaos bedingt.

Die „Setzungen" oder „Bestimmungen" (hebr. *ʿdwt*, wohl von *YʿD* „zielführend bestimmen", N-St.: „zweckgerichtet begegnen"[116]) in V. 5 entsprechen nicht nur nachexilischer Tora-Theologie, sondern erinnern primär an die Lade als Hort der „Grundordnung" Israels (*ʾrwn h-ʿdwt*)[117], ihre Apostrophierung gehört also zu einem Duktus der Psalmentheologie, die sich aus der maßgebenden und inspirativen Orientierung am Gottesthron im Debir speist. Diese Kontinuität gilt unabhängig von der Literargeschichte des Psalms, so dass auch eine interpretierende Hinzusetzung von V. 5 mit der Grundorientierung des Psalms kompatibel ist.

---

[115] Dazu B. EGO 2001, 375.
[116] Vgl. dazu M. GÖRG 1982a, 697-706.
[117] Dazu bereits M. GÖRG 1977, 13-15.

VII. Theologisches Fazit

1. Das Arrangement von Kerubenthron und darunter befindlicher Lade im Debir des salomonischen Tempels beruht auf einer ideellen Kontamination von Kerubenthron und Sockelthron, wie sie wohl vor allem in der Tempeltheologie Jerusalems verbunden mit der prophetischen und poetischen Reflexion als mythologischer „Arbeit am Mythos“ zum Tragen gekommen ist. In Analogie zur außerisraelitischen Position und Funktion des Thronsockels gewinnt die Lade die Symbolik einer göttlichen Fundierung und Bewahrung des Königsthrons.
2. Die Verschränkung von ‚Kerubenthron‘ und ‚Sockelthron‘ führt zu einer Ausweitung der Vorstellung von einer übergreifenden Dominanz Gottes. Die Theologie vom Königtum Gottes nährt sich von der Idee des über den Keruben unsichtbar thronenden Schöpfungsgottes ebenso wie von der Idee des die Ordnung in Israel bestimmenden Gottes einer genuinen ‚Gerechtigkeit‘.
3. Die Einbeziehung der außerisraelitisch inspirierten ‚kosmologischen‘ Konzeption vom Tempel als Urhügel und des Thronunterbaus als Symbol des unterweltlichen Raums lässt das Königtum Gottes in den Psalmen schließlich zur tragenden Grundlage für die soteriologischen Aspekte werden, die Rettung „aus der Tiefe“ und die eigentliche und end-gültige Bewahrung vor den chaotischen Mächten des Todes zu Gunsten einer Garantie des Überlebens.

Abstract

The long-standing controversial debate about the role of the Solomonic temple in relation to the idea of God's kingdom in the Biblical theology, especially in the psalms, has not come to an end. Here a new attempt will be made by looking for analogies in the Near Eastern religious conceptions of the enthroned God. So the divine throne in the temple of Jerusalem may be understood as a symbolical arrangement of a cherubim-throne associated with the imagination of a throne above the arc as a socle and a base signifying the metaphorical value of justice and order. Further the substruction of a god's throne reaching into the depth and even into the netherworld in Egyptian illustrations of the 21st dynasty can be parallelized to ideas in biblical poetic texts that demonstrate both cosmological and soteriological aspects of the idea of God's kingdom inspired by a mythological insight into the mystery of God's presence on Zion.

Literatur

ASSMANN, J. 1977: Die Verborgenheit des Mythos in Ägypten: Göttinger Miszellen. Beiträge zur ägyptologischen Diskussion 25 (1977) 7-43.

-- 1983: Re und Amun. Die Krise des polytheistischen Weltbilds im Ägypten der 18.-20. Dynastie: OBO 51, Freiburg (Schweiz) / Göttingen 1983.

-- 1990: Ma'at. Gerechtigkeit und Unsterblichkeit im Alten Ägypten, München 1990.

-- 1999: Ägyptische Hymnen und Gebete, 2. Auflage, Freiburg (Schweiz) / Göttingen 1999.

-- 2001: Tod und Jenseits im Alten Ägypten, München 2001.

BARTHEL, J. 1997: Prophetenwort und Geschichte. Die Jesajaüberlieferung in Jes 6-8 und 28-31: FAT 19, Tübingen 1997.

BEGRICH, J. 1928 = 1964: Mabbul. Eine exegetisch-lexikalische Studie: ZS 6 (1928) 135-153. Wiederabgedruckt: ThB 21 (1964) 39-54.

BERGES, U. 1998: Das Buch Jesaja. Komposition und Endgestalt: HBS 16, Freiburg i.Br. u.a. 1998.

BLUMENBERG, H. 1979: Arbeit am Mythos, Frankfurt 1979.

BRUNNER, H. 1958 = 1988: Gerechtigkeit als Fundament des Thrones: VT 8 (1958) 426-428. Wiederabgedruckt in: ders., Das hörende Herz. Kleine Schriften zur Religions- und Geistesgeschichte Ägyptens, hrsg. von W. RÖLLIG: OBO 80, Freiburg (Schweiz) / Göttingen 1988, 393-395.

BUBER, M. 1932 = 1964: Königtum Gottes, in: ders., Werke II: Schriften zur Bibel, München / Heidelberg 1964, 485-723.

-- 1933: Kampf um Israel. Reden und Schriften (1921-1932), Berlin 1933.

DE BUCK, A. 1947: The Egyptian Coffin Texts III. Texts of Spells 164-267, The University of Chicago: Oriental Institute Publications LXIV, Chicago 1947.

DELITZSCH, F. 1860: Commentar über die Genesis, Leipzig 1860.

DIETRICH, M. 2001: Das biblische Paradies und der babylonische Tempelgarten. Überlegungen zur Lage des Gartens Eden, in: JANOWSKI, B. / EGO, B. (Hrsg.), Das biblische Weltbild und seine altorientalischen Kontexte: FAT 32, Tübingen 2001, 281-323.

EGO, B. 2001: Die Wasser der Gottesstadt. Zu einem Motiv der Zionstradition und seinen kosmologischen Implikationen, in: JANOWSKI, B. / EGO, B. (Hrsg.), Das biblische Weltbild und seine altorientalischen Kontexte: FAT 32, Tübingen 2001, 361-389.

ERMAN, A. / GRAPOW, H. 1931: Wörterbuch der Ägyptischen Sprache, Bd. V, Berlin 1931, Nachdruck Leipzig 1971.

FABRY, H.-J. 1986: *salal* etc.: ThWAT V (1986) 867-872.

FISCHER-ELFERT, H.-W. 1986: Die satirische Streitschrift des Papyrus Anastasi I. Übersetzung und Kommentar: Ägyptologische Abhandlungen 44, Wiesbaden 1986.

GEYER, C.-F. 1996: Mythos. Formen, Beispiele, Deutungen, München 1996.

GÖRG, M. 1976: Die Lade als Thronsockel: BN 1 (1976) 29-30.

-- 1977a: Zur „Lade des Zeugnisses“: BN 2 (1977) 13-15.

-- 1977b: „Wo lag das Paradies?“ – Einige Beobachtungen zu einer alten Frage: BN 2 (1977) 23-32.

-- 1982a: Art. *ja'ad* etc.: ThWAT III (1982) 697-706.

-- 1982b: Art. *jašab* etc.: ThWAT III (1982) 1012-1032.

-- 1990: Art. Debir: NBL II/3 (1990) 398.

-- 1991: Art. Gihon: NBL I/5 (1991) 842f.

-- 1992a: Art. Gihon: ABD II (1992) 1018-1019.

-- 1992b: Art. Hofni: NBL II/7 (1992) 179.

-- 1992c: Art. Kerub: NBL II/8 (1992) 467-468.

-- 1994: Art. Lade II: Lade als Gottesthron: NBL II/9 (1994) 576-578.

-- 1996: Der „Satan“ – der „Vollstrecker“ Gottes?: BN 82 (1996) 9-12.

-- 1997a: Art. Paradiesesgeographie: NBL III/11 (1997) 65f.

-- 1997b: Art. Pinhas: NBL III/11 (1997) 151f.

-- 1997c: Art. Pischon: NBL III/11 (1997) 152.

-- 1998: Ein Haus im Totenreich. Jenseitsvorstellungen in Israel und Ägypten, Düsseldorf 1998.

-- 2000: Die Lade als Sarg. Zur Traditionsgeschichte von Bundeslade und Josefssarg: BN 105 (2000) 5-11.

-- 2001: Die Barke der Sonne. Religion im alten Ägypten: Kleine Bibliothek der Religionen 7, Freiburg i.Br. u.a. 2001.

GRAPOW, H. 1914: Über die Wortbildungen mit einem Präfix *m-* im Ägyptischen. Aus den Abhandlungen der Königl. Preuss. Akademie der Wissenschaften. Jahrgang 1914. Phil.-Hist. Klasse. Nr. 5, Berlin 1914.

GUNKEL, H. 1922 = 1964: Genesis, 5. Auflage, Göttingen 1922, Nachdruck: 6. Auflage 1964.

HANNIG, R. 2003: Ägyptisches Wörterbuch I: Altes Reich und Erste Zwischenzeit, Mainz 2003.

HARTENSTEIN, F. 1997: Die Unzugänglichkeit Gottes im Heiligtum. Jesaja 6 und der Wohnort JHWHs in der Jerusalemer Kulttradition: WMANT 75, Neukirchen-Vluyn 1997.

HIEKE, Th. 1997: Psalm 80 – Praxis eines Methodenprogramms. Eine literaturwissenschaftliche Untersuchung mit einem gattungskritischen Beitrag zum Klagelied des Volkes: ATSAT 55, St. Ottilien 1997.

HOCH, J.E. 1994: Semitic Words in Egyptian Texts of the New Kingdom and Third Intermediate Period, Princeton 1994.

HORNUNG, E. 1990: Tal der Könige. Die Ruhestätte der Pharaonen, Zürich München ^{5}1990.

IRSIGLER, H. 1985 = 1989: Zeichen und Bezeichnetes in Jes 7,1-17. Notizen zum Immanueltext: BN 29 (1985) 75-114 = U. STRUPPE

(Hrsg.), Studien zum Messiasbild im Alten Testament: SBAB 6, Stuttgart 1989, 155-197.

-- 1991a: Gott als König in Berufung und Verkündigung Jesajas, in: REITERER, F.V. (Hrsg.), Ein Gott, eine Offenbarung. Beiträge zur biblischen Exegese, Theologie und Spiritualität. Festschrift für Notker FÜGLISTER OSB, zum 60. Geburtstag, Würzburg 1991, 127-154.

-- 1991b: Thronbesteigung in Psalm 93? Der Textverlauf als Prozeß syntaktischer und semantischer Interpretation, in: GROß, W. / IRSIGLER, H. / SEIDL, Th. (Hrsg.), Text, Methode und Grammatik. Wolfgang RICHTER zum 65. Geburtstag, St. Ottilien 1991, 155-190.

JACOB, B. 1934: Das erste Buch der Tora. Genesis, Berlin 1934.

JANOWSKI, B. 1989: Rettungsgewißheit und Epiphanie des Heils. Das Motiv der Hilfe Gottes „am Morgen" im Alten Orient und im Alten Testament. Band I: Alter Orient: WMANT 59, Neukirchen-Vluyn 1989.

-- 1989 = 1993: Das Königtum Gottes in den Psalmen. Bemerkungen zu einem neuen Gesamtentwurf (1989): ZThK 86 (1989) 389-454 = JANOWSKI, B., Gottes Gegenwart in Israel: Beiträge zur Theologie des Alten Testaments, Neukirchen-Vluyn 1993, 148-213.

-- 1990 = 1993: Tempel und Schöpfung. Schöpfungstheologische Aspekte der priesterschriftlichen Heiligtumskonzeption: JBTh 5 (1990), Neukirchen-Vluyn 1990, 37-69 = JANOWSKI, B., Gottes Gegenwart in Israel. Beiträge zur Theologie des Alten Testaments, Neukirchen-Vluyn 1993, 214-246.

-- 1991 = 1993: Keruben und Zion. Thesen zur Entstehung der Zionstradition, in: DANIELS, D.R. / GLESSMER, U. / RÖSEL, M. (Hrsg.), Ernten, was man sät. FS K. KOCH, Neukirchen-Vluyn 1991, 231-264 = JANOWSKI, B., Gottes Gegenwart in Israel: Beiträge zur Theologie des Alten Testaments, Neukirchen-Vluyn 1993, 247-280.

-- 2001: Der Himmel auf Erden. Zur kosmologischen Bedeutung des Tempels in der Umwelt Israels, in: JANOWSKI, B. / EGO, B. (Hrsg.), Das biblische Weltbild und seine altorientalischen Kontexte, Tübingen 2001, 229-260.

-- 2002: Die heilige Wohnung des Höchsten. Kosmologische Implikationen der Jerusalemer Tempeltheologie, in: KEEL, O. / ZENGER, E. (Hrsg.), Gottesstadt und Gottesgarten. Zu Geschichte und Theologie des Jerusalemer Tempels: QD 191, Freiburg i.Br. u.a. 2002, 24-68.

JEREMIAS, J. 1987: Das Königtum Gottes in den Psalmen. Israels Begegnung mit dem kanaanäischen Mythos in den Jahwe-König-Psalmen: FRLANT 141, Göttingen 1987.

KEEL, O. 1972: Die Welt der altorientalischen Bildsymbolik. Am Beispiel der Psalmen, Zürich Neukirchen 1972.

-- 1977: Jahwe-Visionen und Siegelkunst. Eine neue Deutung der Majestätsschilderungen in Jes 6, Ez 1 und 10 und Sach 4: SBS 84/85, Stuttgart 1977.

KOCH, K. 1959: Die Priesterschrift von Exodus 25 bis Leviticus 16. Eine überlieferungsgeschichtliche und literarkritische Untersuchung: FRLANT 53, Göttingen 1959.

KRAUS, H.-J. 1951: Die Königsherrschaft Gottes im Alten Testament. Untersuchungen zu den Liedern von Jahwes Thronbesteigung: BHTh 13, Tübingen 1951.

-- 1979: Theologie der Psalmen: BK XV/3, Neukirchen-Vluyn 1979.

KUHLMANN, K.P. 1977: Der Thron im Alten Ägypten. Untersuchungen zu Semantik, Ikonographie und Symbolik eines Herrschaftszeichens, Abhandlungen des Deutschen Archäologischen Instituts Kairo: Ägyptologische Reihe 10, Glückstadt 1977.

LORETZ, O. 1987: KTU 1.101:1 und 1.2 IV 10 als Parallelen zu Ps 19,10: ZAW 99 (1987) 415-421.

LUFT, U. 1978: Beiträge zur Historisierung der Götterwelt und der Mythenschreibung: Studia Aegyptiaca IV, Budapest 1978.

MARIETTE, A. 1870-1880: Dendérah. Description Genéral du Grand Temple de cette ville, Paris 1870-1880.

METZGER, M. 1970: Himmlische und irdische Wohnstatt Jahwes: UF 2 (1970) 139-158.

-- 1985: Königsthron und Gottesthron. Thronformen und Throndarstellungen in Ägypten und im Vorderen Orient im dritten und zweiten Jahrtausend vor Christus und deren Bedeutung für das Verständnis von Aussagen über den Thron im Alten Testament: AOAT 15,1/2, Kevelaer-Neukirchen Vluyn 1985.

-- 1994: Jahwe, der Kerubenthroner, die von Keruben flankierte Palmette und Sphingenthrone aus dem Libanon, in: KOTTSIEPER, I. / VAN OORSCHOT, J. / RÖMHELD, D. / WAHL, H.M. (Hrsg.), „Wer ist wie du, HERR, unter den Göttern". Studien zur Theologie und Religionsgeschichte Israels für Otto KAISER zum 70. Geburtstag, Göttingen 1994, 75-90.

MOWINCKEL, S. 1921-1924: Psalmenstudien I-VI, Kristiania 1921-1924.

OSING, J. 1976: Die Nominalbildung des Ägyptischen, Mainz 1976.

OTTO, E. / HIRMER, M. 1966: Osiris und Amun. Kult und heilige Stätten, München 1966.

OTTO, E. / ZENGER, E. (Hrsg.) 2002: „Mein Sohn bist du" (Ps 2,7), Studien zu den Königspsalmen: SBS 192, Stuttgart 2002.

POANKOFF, A. 1957: Mythological Papyri, Egyptian Religious Texts and Representations, I. Texts, II. Plates: Bollingen Series XL.3, New York, N.Y. 1957.

RAMBOVA, N. 1957: The Symbolism of the Papyri, in: PIANKOFF, A., Mythological Papyri, I. Texts: Bollingen Series XL.3, New York, N.Y. 1957, 29-65.

RÖSSLER, O. 1971: Das Ägyptische als semitische Sprache, in: ALTHEIM, F. / STIEHL, R., Christentum am Roten Meer I., Berlin New York 1971, 264-326.

RUPPERT, L. 1992: Genesis. Ein kritischer und theologischer Kommentar. 1. Teilband: Gen 1,1-11,26: FzB 70, Würzburg 1992.
SCHMIDT, H. 1923: Kerubenthron und Lade, in: Eucharisterion. FS H. GUNKEL: FRLANT 36, Göttingen 1923.
SCHMITT, R. 1972: Zelt und Lade als Thema alttestamentlicher Wissenschaft. Eine kritische forschungsgeschichtliche Darstellung, Gütersloh 1972.
SETHE, K. 1928: Altägyptische Vorstellungen vom Lauf der Sonne, in: Sitzungsberichte der Preußischen Akademie der Wissenschaften. Phil.-Hist. Klasse 22, Berlin 1928, 259-284.
STENMANS, P. 1984: *mabbul*: ThWAT IV (1984) 633-638.
STERNBERG, H. 1985: Mythische Motive und Mythenbildung in den ägyptischen Tempeln und Papyri der griechisch-römischen Zeit: GOF IV, 14, Wiesbaden 1985.
TSUMURA, D.T. 1988: „The Deluge" (*mabbul*) in Ps 29:10: UF 20 (1988) 351-355.
UEHLINGER, C. 1990: Weltreich und „eine Rede". Eine neue Deutung der sogenannten Turmbauerzählung (Gen 11,1-9): OBO 101, Freiburg (Schweiz) / Göttingen 1990.
WESTENDORF, W. 1965/1977: Koptisches Handwörterbuch, Heidelberg 1965/1977.
WESTERMANN, C. 1967: Genesis. I. Teilband. Genesis 1-11: BK I/1, Neukirchen-Vluyn ^{2}1976.
WIEBACH-KOEPKE, S. 2003: Phänomenologie der Bewegungsabläufe im Jenseitskonzept der Unterweltbücher Amduat und Pfortenbuch und der liturgischen „Sonnenlitanei": ÄAT 55, Wiesbaden 2003.
WILSON, P. 1997: A Ptolemaic Lexikon. A Lexicographical Study of the Texts in the Temple of Edfu: OLA 78, Leuven 1997.
YAHUDA, A.S. 1929: Die Sprache des Pentateuch in ihren Beziehungen zum Aegyptischen, Berlin / Leipzig 1929.
ZENGER, E. 2001: E. ZENGER u.a., Einleitung in das Alte Testament, Stuttgart ^{4}2001.
-- 2002: s. OTTO, E. / ZENGER, E. / ZIMMERMANN, R. 2000: Einführung: Bildersprache verstehen oder: Die offene Sinndynamik der Sprachbilder, in: ZIMMERMANN, R. (Hrsg.), Bildersprache verstehen. Zur Hermeneutik der Metapher und anderer biblischer Sprachformen. Mit einem Geleitwort von H.-G. GADAMER, München 2000.
-- 2003a: Psalm 29 als hymnische Konstituierung einer Gegenwelt, in: KIESOW, K. / MEURER, Th. (Hrsg.), Textarbeit. Studien zu Texten und ihrer Rezeption aus dem Alten Testament und der Umwelt Israels. Festschrift für P. WEIMAR: AOAT 294, Münster 2003, 569-583.
-- 2003b: Theophanien des Königsgottes JHWH. Transformationen von Psalm 29 im Psalter, in: ZENGER, E. (Hrsg.), Ritual und Poesie. Formen und Orte religiöser Dichtung im Alten Orient, im Judentum und im Christentum: HBS 36, Freiburg i.Br. u.a. 2003, 163-187.

ZWICKEL, W. 1995: Die Tempelquelle Ezechiel 47. Eine traditionsgeschichtliche Untersuchung: EvTh 55 (1995) 140-154.
-- 2001: Art. Tempel: NBL III/14.15 (2001) 799-810.

Das Königtum Gottes in den Psalmen auf dem Hintergrund kanaanäischer Mythologie

Bernd Willmes
Fulda

Der folgende Beitrag ist als Ergänzung zum Referat des Kollegen Manfred GÖRG[1] gedacht, das vornehmlich ägpytologische Aspekte berücksichtigt. Zunächst geht es um die synchrone Erhebung der Jahwe-König-Aussagen im Psalter, anschließend folgt ein Blick auf die Vorstellungen über das Königtum Els und Baals in Ugarit sowie auf die Entwicklung der Metapher „Gott als König" vor dem Hintergrund der Geschichte Israels[2].

1. Der Befund: Was sagen die Psalmen über Gott als König?

Von Gott als König ist in den Psalmen 5; 10; 24; 29; 44; 48; 68; 74; 84; 145; 146; 149 sowie in den früher als „Thronbesteigungspsalmen", heute meist als „Jahwe-König-Psalmen" (primär: Ps 47; 93; 95; 96; 97; 98; 99) bezeichneten Texten die Rede. In den Psalmen 47,9; 93,1; 96,10 (= 1 Chr 16,31); 97,1; 99,1; 146,10 wird Gott mit dem Verb מלך (Grundstamm: „König werden bzw. sein / als König herrschen") als König dargestellt und in den Psalmen 5,3; 10,16; 24,7.8.9.10; 29,10; 44,5; 47,3.7.8; 48,3;

[1] Vgl. den Beitrag von M. GÖRG „Gott als König – Die Bedeutung einer komplexen Metapher für das Gottesverständnis in den Psalmen", in diesem Band, als Referat gehalten am 2. 9. 2003 bei der AGAT-Tagung zum Thema „Gestalt und Verwandlung des Mythischen in der Bildsprache von Psalmen und Propheten".

[2] Einen Überblick über die Aussagen zur Königsherrschaft Gottes im gesamten AT in Leserichtung des Kanons der hebräischen Bibel unter Berücksichtigung von Änderungen in der Septuaginta bietet G. VANONI 2002, 7-60, zum Psalter 29-41. Vgl. auch den Überblick bei O. CAMPONOVO 1984, 72-127. Der Abschnitt über „Das Königtum Jahwes in den Psalmen" (ebd. 91-102) ist nach Gattungen gegliedert, berücksichtigt aber nicht literarkritische Fragen. Die Überprüfung der Jahwe-König-Aussagen in der Septuaginta (ebd. 377-400) hat keine einheitliche Tendenz zu Änderungen erkennen lassen, nur die futurische Wiedergabe der Tempora in Ps 10,16 und 29,10 dürfte abweichend vom hebräischen Text auf eine eschatologische Interpretation hindeuten (vgl. ebd. 389ff.).

68,25; 74,12; 84,4; 95,3; 98,6; 99,4; 145,1; 149,2 als מֶלֶךְ „König" bezeichnet. Auch verschiedene von der Wurzel abgeleitete Abstrakta beziehen sich auf das Königtum Jahwes: מַלְכוּת „Königtum / Königswürde; Königreich" in Ps 103,19; 145,11f., מְלוּכָה „Königtum / Herrschaft" in Ps 22,29 (und Obd 21), dazu kommt das von der Wurzel משל („herrschen / Herr sein über") abgeleitete Nomen מֶמְשָׁלָה „Herrschen / Herrschaft; Herrschaftsgebiet / Reich" in Ps 103,22; 114,2; 145,13[3]. Bei der Frage, ob man die Wortfolge מֶלֶךְ גָּדוֹל in Ps 47,3 und 95,3 mit „Großkönig" oder „großer König" (so EÜ) übersetzen soll, handelt es sich wohl um ein weniger bedeutsames Interpretationsproblem, da auch der Titel „Großkönig" nicht ausschließt, dass es noch andere „Großkönige" gibt – allerdings wohl nicht über die anderen Götter!

Sicherlich steht die Metapher „König" auch dann im Hintergrund, wenn von Jahwes „Thron" (כִּסֵּא)[4] die Rede ist wie in den Pss 9,5.8 (Richterstuhl, nicht Königsthron!); 11,4 (im Himmel); 29,10 (als König über der Flut in Ewigkeit); 33,14 (wohl im Himmel); 47,9 (König über alle Völker auf seinem heiligen Thron); 89,15 (wohl im Himmel); 93,2 (nach V. 4 „in der Höhe"); 103,19 (im Himmel). Nach weiteren Psalmen „thront" (ישׁב)[5] Jahwe im Tempel (Ps 68,17), auf dem Zion (Ps 9,12; vgl. Ps 132,5.13f.), über den Keruben (Ps 80,2; 99,1) oder aber im Himmel (Ps 123,1; vgl. Ps 2,4; nach Ps 33,13f. sind die Himmel der Wohnort Jahwes), „in der Höhe" (Ps 113,5), „über den Lobgesängen Israels" (Ps 22,4), und zwar nach Ps 55,20 „seit der Vorzeit" (קֶדֶם)[6] und nach Ps 10,16 (עוֹלָם וָעֶד „ewig und unbegrenzt") sowie Ps 29,10; 102,13; 146,10 (לְעוֹלָם „auf ewig") (vgl. Ps

---

[3] Stellenangaben nach H.D. Preuß 1991, 174 Anm. 99, 100 und 105. Zum Vorkommen der Wurzel מלך mit Bezug auf Jahwe in der hebräischen Bibel vgl. O. Eißfeldt 1928, 360-367, der die Stellen in die zwei Gruppen „absoluthymnische" und „relativ-soziale" Bedeutung der Benennung Jahwes als König einzuordnen versucht. Eine Differenzierung der nur in späten Texten vorkommenden Abstraktbegriffe versucht K. Seybold in: H. Ringgren / K. Seybold / H.-J. Fabry 1984, 941f.: מְלוּכָה bezieht sich „auf die Funktion von *mlk*, und d.h. auf das Königsamt, die Königswürde, die ‚Stellung als König' (...), das Königsein, das königliche Handeln, das Regieren im allgemeinen" (ebd. 940). מַמְלָכָה und das später überwiegende מַלְכוּת lassen sich semantisch nicht unterscheiden und bezeichnen „das funktionale System ‚Königtum' nach den genannten Aspekten als Herrschaft, Residenz und Regierung, Machtapparat, kurz: als Institution" und sind die gängigsten Ausdrücke für die monarchische Staatsform („Königreich") (ebd. 941). מַמְלְכוּת ist wohl eine auf die Masoreten zurückgehende Mischform der beiden Begriffe mit gleichem Sinn.

[4] Vgl. H.-J. Fabry 1984, 266-270, zum Thron Jahwes.

[5] Vgl. M. Görg 1982.

[6] Stellenangaben nach H.D. Preuß 1991, 175.

145,13 כָּל־עֹלָמִים „alle Ewigkeiten“) für „ewig“[7]. Das Verb ישׁב hat allerdings eine semiologische Doppelstruktur: mit der Aktionsart „ingressiv“ drückt es das „Sich-Niederlassen“ bzw. „den Thron Besteigen“ („sedativer“ Aspekt) aus und mit der Aktionsart „durativ“ das „Sitzen / Wohnen“ bzw. „Thronen“ („mansiver“ Aspekt)[8]. Beide Aspekte können auch im Hinblick auf Jahwe vorkommen, wie Ps 9,5 (sedativ). 8 (mansiv) und Ps 29,10a (sedativ). 10b (mansiv) dokumentieren. Hier zeigt sich wohl die Vorstellung, „daß auch JHWH wie der irdische König eine Thronbesteigung vollzieht, freilich um dann eine permanente Residenz auszuüben“ (M. GÖRG 1982, 1031).

Wie beim „Thronen Gottes“ weisen auch die Aussagen zum „Wohnen Gottes“ (שׁכן)[9] auf seine Ortsungebundenheit hin: Jahwe wohnt in Jerusalem (Ps 135,21), auf dem Zion (Joël 4,17.21; vgl. Ps 74,2), in der Höhe (Jes 35,5), aber auch bei den Gedemütigten und Bedrückten (Jes 57,15)[10]. M. GÖRG hält es für wahrscheinlich, dass mit den beiden konkurrierenden Verben (vgl. Ps 68,16f.) „die beiden Aspekte göttlicher Präsenz, die des ‚thronenden‘ *(jšb)* und des ‚dynamisch gegenwärtigen‘ (*škn*) JHWH koordiniert werden sollen, um einen umfassenden Eindruck der göttlichen Manifestation zu vermitteln“[11]. Die seit der Exilszeit verbreitete Vorstellung vom Wohnen Gottes inmitten seines Volkes[12] ist im Psalter in abgewandelter Form auch belegt, z.B. in Ps 46,6 (Gott ist in der Mitte der Gottesstadt)[13]. Doch auch das Wohnen Gottes im Himmel bedeutet keinen Rückzug Jahwes von seinem Volk, denn nach Ps 102,13.20 und Ps 33,13f. schaut Gott vom Himmel herab auf die Menschen, wendet sich ihnen also zu. Auch in Ps 11 wird Gottes himmlisches Thronen mit seinem Herabbli-

---

7 Stellenangaben nach H.D. PREUß 1991, 177f.

8 Vgl. dazu M. GÖRG 1982, 1016.1023f.

9 Vgl. A.R. HULST 1979; M. Görg 1993.

10 Vgl. M. GÖRG 1993, 1344-1347.

11 M. GÖRG 1993, 1344; er verweist dazu auf 1 Kön 8,12f. im sog. Tempelweihespruch Salomos, denkt aber dennoch an eine außerjerusalemischen Beheimatung der *škn*-Tradition (vgl. ebd. 1345).

12 Siehe z.B. Ex 29,43-46; Ez 43,7-9; 1 Kön 6,11-13. Vgl. dazu B. JANOWSKI 1987. Der Vers Ps 78,60 – „Er verwarf seine Wohnung in Schilo, / das Zelt, wo er unter den Menschen wohnte“ (EÜ) – dürfte nach F.-L. HOSSFELD wohl von der Tempelkritik Jer 7,12.14; 26,6.9 und der deuteronomischen Theorie der Kultzentralisation beeinflusst sein (vgl. ders. / E. ZENGER 2000, 438).

13 Vgl. B. JANOWSKI 2002, 46-53. Er schlägt ebd. 60f. vor, „die Vorstellung vom Königtum JHWHs (mit ihren Motiven »Thron JHWHs«, »Höhe« u.a.) als Basisaussage der (vorexilischen) Zionstradition zu verstehen, die in den Grundtexten Jes 6,1-4; Ps 93; Ps 46,2-8; 48 u.a. nach ihrer *vertikalen* (Höhe – Tiefe) und *horizontalen* (Zentrum – Peripherie) Dimension entfaltet wird“.

cken vom Himmel verbunden (V. 4): „Gottes universale Herrschaft realisiert sich einerseits in dem eschatologischen Gericht an den Frevlern (V. 5b.6) bzw. andererseits in seiner Nähe zu den Gerechten (V. 7b)“[14]. M. GÖRG (1993, 1344) betont, dass der Mensch nur dann ungefährdet wohnen kann, wenn Gott ihm Beistand gewährt. Ps 113 bezeugt, dass der in seiner Herrlichkeit über den Himmeln thronende Jahwe (V. 4f.) sich besonders den Geringen und Armen zuwendet (V. 7.9). Beate EGO (1998, 569) bemerkt zu dieser Entwicklung in nachexilischer Zeit: „Gottes himmlisches Heiligtum ist somit nicht nur der Thronort erhabener und unerreichbarer Transzendenz, sondern wird zum Zeichen seines universalen gerechtigkeitsstiftenden Handelns, das in der Errettung und Lebenserhaltung der Armen und Elenden seinen Ausdruck findet“.

Einmalig ist die Bezeichnung Jahwes als אֵל הַכָּבוֹד „Gott der Herrlichkeit“ in Ps 29,3 (vgl. die Schilderung der Herrlichkeit Jahwes (כָּבוֹד) in Jes 6,1-5). Für Ps 29 wird meist eine kanaanäische Vorgeschichte vermutet[15], so dass hier das kanaanäische Verständnis von כָּבוֹד vorliegen kann, wonach sich die Gewichtigkeit eines Gottes in seiner Wirksamkeit in der Natur zeigt. Claus WESTERMANN bemerkt zu dieser einmaligen Bezeichnung: „Nun ist zwar Ps 29 der einzige Text im AT, in dem der *kābōd* Gottes sich so unmittelbar und so ausführlich in einer Naturerscheinung manifestiert, aber dass im Gottesdienst der Majestät Gottes Ehre erwiesen wird und dass dazu aufgefordert wird, entspricht ganz israelitischer Auffassung und begegnet daher häufig

[14] B. EGO 1998, 561 Anm. 26. Vgl. zu Ps 11 auch O. LORETZ 2002b, besonders S. 119-126: „5. Von der babylonisch-kanaanäischen Tempeltheologie zur nachexilischen Korrektur der Jerusalemer Tempeltheologie.

[15] Ausführlich befasst sich mit Ps 29: O. LORETZ 1988, 76-248 (mit Hinweisen zur Forschungsgeschichte 76-95), für den eine kanaanäische Tradition über die Thronbesteigung des Regen- und Gewittergottes Baal die erste Entwicklungsstufe des Psalms bildet (vgl. ebd. 132f.). Einen kanaanäischen Hintergrund setzten voraus: K. SEYBOLD 1998; ders. 2003, 210-212.347-350; J. JEREMIAS 1987, 29-45, 41f.; Spuren kanaanäischer Mythologie sieht H. SPIECKERMANN 1989, 165-179; vgl. E. ZENGER 2003b, 163, der den Psalm als „Festhymnus der vorexilischen Tempelliturgie“ bezeichnet. Zur theologischen Neuausrichtung von Ps 29 in der Septuaginta (Ps 28 LXX) vgl. H. GZELLA 2001, 285, der die Verschiebung der Jahwe-Theophanie auf das Ende der Zeit und das messianische Motiv von der Vernichtung der Götter als Hinweise auf die Eschatologisierung im Septuaginta-Psalter versteht; A. SCHENKER 2001, 186-188, zu Ps 28,1f. LXX „Söhne Gottes“ statt „Söhne der Götter“ (בְּנֵי אֵלִים); ders. 1997; E. ZENGER 2003a, 581-583, findet in der LXX-Fassung eine massiv eschatologische Perspektive mit messianischer Hoffnung.

(z.B. Ps 66,2)[16]. Mit dieser Bezeichnung hängt sicherlich der ebenfalls auf Jahwe bezogene, sehr seltene Titel מֶלֶךְ הַכָּבוֹד „König der Herrlichkeit / Ehre“[17] in Ps 24,7.8.9.10 (2mal) zusammen. Nach C. WESTERMANN deutet diese Bezeichnung darauf hin, dass der Psalm aus dem Kult des Jerusalemer Tempels stammt, der kanaanäische Traditionen bewahrt hat. „Wie in Ps 29 hat auch in Ps 24 *kābōd* mehr den Klang von »Majestät« als von »Ehre«; es wird daher mit Recht meist »König der Herrlichkeit« übersetzt. Die gleiche Bedeutung und den gleichen Klang finden wir in Ps 19,2, wo der *kābōd* wieder im Zusammenhang des Schöpferwirkens steht, und in dem Kehrvers Ps 57,6.12 »erhebe dich über die Himmel, Gott, und über die ganze Erde deinen *kābōd*!«“[18].

In Ps 24,10 wird der „König der Ehre“ mit יהוה צְבָאוֹת „Jahwe Zebaot / Jahwe der Heerscharen“ identifiziert. Diese Gottesbezeichnung kommt außerdem in Ps 46,8.12; 48,9; 69,3; 84,2.4.13 vor sowie in der erweiterten Form יהוה אֱלֹהִים צְבָאוֹת in Ps 59,6; 80,5.20; 84,9; nur אֱלֹהִים צְבָאוֹת „Gott der Heerscharen“ in Ps 80,8.15 und mit der Constructus-Form יהוה אֱלֹהֵי צְבָאוֹת in Ps 89,9 – nach V. 8 im „Kreis der Heiligen“. Hinsichtlich der Deutung dieses Namenszusatzes besteht noch kein Konsens. Nach M. GÖRG sehen „die meist vertretenen Deutungen ... in Z. (= Zebaot) das zweite Element einer CsV (u.a. in Analogie zu den in *Kuntilet ʿAǧrūd* belegten Bildungen ‚YHWH von Schomron‘ oder ‚YHWH von Teman‘) und einen fem. Pl. von hebr. *ṣābāʾ* »Heer«, um so etwa an den Gott der ‚Schlachtreihen Israels und Judas‘ (vgl. 1 Sam 17,45), der Heerbanne von Israel und Juda, der »depotenzierten mythischen Naturmächte Kanaans« (Maag), des himmlischen »Hofstaats« bzw. der Gesamtheit irdischer und himmlischer Wesenheiten zu denken (vgl. HAL)“[19]. Ob dieser Titel schon in Schilo beheimatet war oder erst im Südreich gebildet wurde, ist umstritten[20]. GÖRG hält es für möglich, dass hier ein

---

[16] C. WESTERMANN 1978, 804. Zur gottesdienstlichen Verehrung des *kābōd* vgl. auch Ps 26,8; 63,3; 66,2; 72,19; 79,7; 96,3 = 1 Chr 16,24; 97,6; 104,31; 113,4; 138,5; 145,5.11.12 (ebd. 806). Vgl. auch M. WEINFELD 1984.

[17] Vgl. dazu O. LORETZ 1988, 249-274, der darauf hinweist, dass für diesen Titel keine ägyptischen Parallelen vorliegen (ebd. 266), jedoch in ugaritischen Texten und in Ritualtexten aus Emar der auf dem Thron sitzenden Gottheit כבוד erwiesen wird (ebd. 12f.; 163f.). Nach ihm gehört der ursprünglich selbständige, aus vorexilischer Zeit stammende Teil Ps 24,7-10 zu den Thronbesteigungstexten, lässt jedoch keine Verbindung zu den Ladetraditionen erkennen (ebd. 268f.).

[18] C. WESTERMANN 1978, 804.

[19] M. GÖRG 2001, 1175; vgl. zur Frage der Bedeutung auch O. EIßFELDT 1950.

[20] Vgl. B. JANOWSKI 1991, 252; A.S. VAN DER WOUDE 1979, 503-507, der das Gottesprädikat Zebaot als intensiven Abstraktplural verstehen und mit „Jahwe

ägyptischer Titel in das Sprachinventar der Jerusalemer Tempeltheologie übernommen wurde[21].

Auf alte Traditionen dürfte die Bezeichnung Jahwes als יֹשֵׁב כְּרוּבִים „Kerubenthroner" (wörtlich: „thronend [auf / über den] Kerubim"; vgl. mit Bezug auf die Lade 1 Sam 1,3.11; 4,4; 2 Sam 6,2 = 1 Chr 13,6; 2 Kön 19,15 = Jes 37,16; die Lade wird aber in Ps 99,5; 132,7; Jes 66,1; Klgl 2,1; 1 Chr 28,2 nicht mit dem „Schemel der Füße" identifiziert)[22] in Ps 80,2; 99,1 zurückgehen. Nach Hans-Joachim KRAUS steht die mit dem Namen „Jahwe Zebaot" verbundene Bezeichnung „Kerubenthroner" „in einem unmittelbaren Zusammenhang zu den Bezeichnungen Jahwes als »König«"[23] und ist auf den Ladekult des altisraelitischen Heiligtums in Schilo zurückzuführen[24]. Bernd JANOWSKI sieht den religionsgeschichtlichen Kontext des Titels nicht in der ugaritischen El- oder Baal-Konzeption, sondern in kanaanäisch-phönizischen König(sgott)-Traditionen[25]. Nach ihm ist „anzunehmen, dass dieses Prädikat aus Jerusalemer Kulttradition stammt und von dort im Zuge der Überlieferungsbildung von 1 Sam 4,1b - 7,1* (+ 2 Sam 6*?) auf die Silolade (mit ihrem inzwischen hinzugewachsenen (?) Titel יְהוָה צְבָאוֹת) zurückprojiziert wurde, um über die »Addition« der beiden Gottesnamen in 1 Sam 4,4 und 2 Sam 6,2 die religiöse Kontinuität zwischen Silo und Jerusalem zu unterstreichen und zu sichern"[26]. Aus der altorientalischen Ikonographie wird deutlich, dass geflügelte menschenköpfige Löwensphingen sowohl eine Wächter-/ Schutzfunktion als auch eine

---

der Mächtigkeit" bzw. „Jahwe, der Allmächtige" übersetzen möchte und von einer Verehrung des Gott-Königs Jahwe als Kerubenthroner im Heiligtum von Schilo ausgeht (vgl. ebd. 506); H.-J. ZOBEL 1989, 881-885, führt das Gottesprädikat ebenfalls auf die Ladetradition und das Heiligtum in Schilo zurück; zum Vorkommen in den Psalmen vgl. ebd. 886-887.

21 Vgl. M. GÖRG 2001, 1175; ders. 1997, 163. Vgl. auch den Beitrag von M. GÖRG in diesem Band.

22 Vgl. B. JANOWSKI 1991, 261ff.; vgl. M. GÖRG 1982, 1027-1029; H.-J. FABRY 1984, 266f.

23 H.-J. KRAUS 1989, 19; vgl. ebd. 18-20.

24 So auch M. GÖRG 2001, 1175; vgl. W. DIETRICH 1980, 254.

25 Vgl. B. JANOWSKI 1991, 279f., mit Verweis auf H. NIEHR 1990, 82f.

26 B. JANOWSKI 1991, 256, mit Diskussion entgegenstehender Meinungen in Anm. 33; M. GÖRG 1994, vertritt ebenfalls diese Meinung, schreibt der Lade jedoch noch eine Thronfunktion zu: „Die Begründung der Zionstradition als eines Kennzeichens Jerusalemer Tempeltheologie darf jedenfalls in der Zusammenführung der L. [= Lade] als eines Erbstückes aus vorstaatlicher Zeit mit der wohl erst in Jerusalem gebildeten Idee des Thronens Jahwes gesehen werden, wobei die L. als Thronuntersatz und die Keruben als Thronsitz des unsichtbar gegenwärtigen Zebaot gedacht worden sein können" (ebd. 578). Auf die politischen Intentionen der Könige David und Salomo bei der Installation des Jahwe-Kultes in Jerusalem weist W. DIETRICH 1980, 260f., hin.

Trägerfunktion haben konnten. Die diesen Mischwesen gleichenden Keruben des AT können daher als Träger der Gottheit angesehen werden, als Thronsitz des unsichtbar vorgestellten Ziongottes[27]. Die Lade- und die Kerubentradition waren ursprünglich getrennt und wurden erst sekundär in der mittleren oder späten Königszeit im Rahmen der Jerusalemer Tempeltheologie miteinander verbunden[28]. Von der Lade Jahwes ist im Psalter allerdings nur in Ps 132,8 die Rede, für Ps 24,7-10 wird von manchen die feierliche Einführung der Lade als kultischer Hintergrund angenommen, jedoch gibt der Text keine Hinweise darauf. Die Keruben-Vorstellung ist in Ps 99,1 mit der Jahwe-König-Vorstellung verbunden. Nach B. JANOWSKI soll wohl der irdische Kerubenthron die Herrschaft / Souveränität des himmlischen Königs zum Ausdruck bringen bzw. anschaulich machen[29].

Zu den das Königtum nicht direkt aussprechenden, aber indirekt voraussetzenden Titeln dürfte auch die Bezeichnung עֶלְיוֹן „Höchster" gehören[30]. An 31 Stellen im hebräischen AT wird eine Gottheit damit bezeichnet, davon dürfte 30mal Jahwe gemeint sein – wenn man die in dieser Frage nicht eindeutigen Stellen Gen 14,18.19.20.22 dazu zählt –, nur in Ps 82,6 könnte auch eine kanaanäische Gottheit gemeint sein (EÜ: „Wohl habe ich gesagt: Ihr seid Götter, / ihr alle seid Söhne des Höchsten")[31]. Auf Jahwe bezogen kommt der Titel auch 20mal in den Psalmen vor: Ps 7,18; 9,3; 18,14; 21,8; 46,5; 47,3; 50,14; 57,3; 73,11; 77,11; 78,17.35.56; 83,19; 87,5; 91,1.9; 92,2; 97,9; 107,11. Besonders häufig erscheint er im aramäischen Teil des Danielbuches, nämlich in Dan 3,26.32; 4,14.21.22.29.31; 5,18.21; 7,18.22.25.27[32]. Der Titel dürfte im Danielbuch mit der Bezeichnung „Gott des

---

27 Vgl. B. JANOWSKI 1991, 264-268.

28 Vgl. B. JANOWSKI 1991, 278; auch nach M. GÖRG 1992, 467f., stammt der Titel Kerubenthroner wohl eher aus Jerusalem statt aus Schilo; D.N. FREEDMAN / P. O'CONNOR 1984, 329, halten den Titel „der auf den Keruben thront" für einen aus dem kanaanäischen Kult stammenden El-Titel.

29 Vgl. B. JANOWSKI 1991, 261ff. Zum Wohnen Gottes vgl. auch B. JANOWSKI 2002.

30 Vgl. dazu H.-J. KRAUS 1989, 27f.

31 Vgl. O. LORETZ 2002c, zur Stelle 266-268 und 274-276; LORETZ erklärt das Nebeneinander von mythischen Elementen über Ereignisse im himmlischen Götterrat (V. 1.6-7) und einer Schelte menschlicher Richter (V. 2-4) mit der Übernahme zweier getrennt entstandener Texte, die in nachexilischer Zeit unter Berücksichtigung bereits vorliegender israelitisch-jüdischer Literatur zum Zweck der Vergewisserung des eigenen Glaubens an Jahwe und der monotheistischen Unterweisung zusammengefügt wurden (vgl. ebd. 269-274).

32 Die Stellenangaben sowie die übrigen Stellen bei H. NIEHR 1990, 61 Anm. 2, 3, 4.

Himmels" (Dan 2,18.19.37.44) synonym gebraucht sein. Im Psalter kommt die Bezeichnung אֵל הַשָּׁמָיִם „Gott des Himmels" allerdings nur in Ps 136,26 vor[33]. Nach Ps 47,3 ist der „Höchste" der „große König über der ganzen Erde" (vgl. Ps 83,19; 97,9), auf Erden ist er nach Ps 46,5; 87,5 im Heiligtum auf dem Zion gegenwärtig, jedoch thront er – erhöht über alle Götter (Ps 97,9) – nach Ps 18,14 im „Himmel". Nach Ps 82,6 stehen die אֱלֹהִים „Götter / Gottwesen" und die בְּנֵי עֶלְיוֹן „Söhne des Höchsten" unter seiner Herrschaft. Diese zum Typ der sog. „monarchischen Theologie" gehörende Gottesbezeichnung scheint nach H.-J. KRAUS aus dem Kult in Jerusalem zu stammen[34]. Vielleicht trug der jebusitische Stadtgott von Jerusalem den Namen אֵל עֶלְיוֹן, doch ist dies wegen des Namens Melchisedek in Gen 14 weniger wahrscheinlich, so dass es sich wie bei מֶלֶךְ „König" um ein Epitheton der Gottheit handeln muss, das leicht auf Jahwe übertragen werden konnte. In Ps 82,6 werden die בְּנֵי עֶלְיוֹן „Söhne des Höchsten" mit den אֱלֹהִים „Göttern" gleichgesetzt.

Nicht zu den Aufgaben eines Königs, sondern eines Gottes gehört Jahwes Schöpfertätigkeit[35], die jedoch in besonders auffälliger Weise seine Souveränität über alle Könige bezeugt. Als König seines Volkes übernimmt Jahwe auch die Rolle des Kriegsherrn (Ps 24,8) und wird somit zum Retter und Erlöser Israels[36].

Die für den irdischen König im Alten Orient, Ägypten und Israel / Juda verbreitete Metapher „Hirte" wurde ebenfalls auf Jahwe übertragen (Ps 80,2: „Hirte Israels", der auf den Kerubim thront; Ps 23,1: „mein Hirte"). Zu dieser Metapher gehören Aufgaben eines Hirten: der König muss sich um sein Volk kümmern, für Nahrung sorgen, es führen und schützen[37].

Vermutlich steht auch hinter den Aussagen mit der Wurzel משׁל „herrschen"[38] die Vorstellung vom Königtum. Im Psalter kommt die Wurzel mit Jahwe als „Herrscher" nur in Ps 22,29 („Denn Jahwe [ist zu eigen] das Königtum [הַמְּלוּכָה], und er ist

---

[33] Vgl. H. NIEHR 1990, 62 und ebd. Anm. 8.

[34] Vgl. H.-J. KRAUS 1989, 27f. Beim „monarchischen Monotheismus" herrscht der Gott-Monarch über die Hierarchie niederer Götter und gottähnlicher Wesen, über die er durch Kampf seine überlegene Spitzenstellung erworben hat. Später verlieren diese Götter ihre Bedeutung (vgl. Ps 103,19f.), wie die Entwicklung zum absoluten Monotheismus im AT zeigt, wo sie dann sogar geleugnet werden (Ps 96,5) (vgl. ebd. 34). Nach O. LORETZ 2002c, 273, dient bereits der nachexilische Ps 82 der monotheistischen Unterweisung.

[35] Vgl. dazu K. EBERLEIN 1989, der sich auch mit den entsprechenden Psalmen befasst.

[36] Zu Jahwe als Erlöser vgl. B. WILLMES 1990, 569-573.

[37] Zur Hirtenmetapher vgl. B. WILLMES 1984; R. HUNZIKER-RODEWALD 2001.

[38] Vgl. J. A. SOGGIN 1978b, 931f.; H. GROß 1986, 75f., zu Jahwe als Herrscher.

herrschend [מֹשֵׁל] über die Völker“); 59,14 („Gott ist herrschend [מֹשֵׁל] in Jakob bis zu den Enden der Erde“); 66,7 ([Elohim ist] „herrschend mit seiner Macht / Kraft ewig“ [בִּגְבוּרָתוֹ עוֹלָם]); 89,10 („Du [bist] herrschend [מֹשֵׁל] über die Erhebung / Stolz / Übermut [גֵּאוּת] des Meeres“) und Ps 103,19 („Jahwe im Himmel hat errichtet seinen Thron [כִּסְאוֹ], und sein Königtum / Königreich [מַלְכוּתוֹ] in allem / Überall [ist] herrschend [מָשָׁלָה]“) vor.

Zu den Aussagen über Jahwe, die mit dem Königstitel verbunden sein können, aber nicht müssen, kann man auch die Bezeichnung Jahwes als „Vater“ zählen, da der Vater für seine Familie ähnliche Bedeutung hat wie der König für sein Volk. Jedoch ist die Metapher „Vater“ sicherlich ein eigenes Thema[39].

2. Zur Übertragung mythologischer Vorstellungen aus Kanaan auf die Jahwe-König-Vorstellung

Seit den Funden von Ugarit darf man wohl behaupten, dass die Vorstellung von Jahwe als König im AT von kanaanäischen Vorstellungen über die Götter El und Baal beeinflusst ist, wobei der direkte Weg der Beeinflussung nicht nachweisbar ist, weil die uns aus Ugarit überlieferten Texte nicht unbedingt den erst nach dem Untergang Ugarits sesshaft gewordenen Stämmen Israels bekannt gewesen sein müssen. Da uns jedoch über die Hierarchie im Götterpantheon anderer Völker aus der Umwelt Israels im 1. Jahrtausend v. Chr. bisher keine Informationen vorliegen[40], sind die Texte aus Ugarit[41] zur Zeit die geographisch den biblischen Texten naheliegendsten, die außerdem Informationen zu den mythi-

---

39 Siehe dazu den Beitrag von M. Häusl in diesem Band; vgl. auch B. Willmes 2000; A. Böckler 2000.

40 Vgl. die entsprechenden Abschnitte „Die Götterwelt“ bei H. Niehr 1998.

41 Die Texte aus Ugarit sind in Umschrift publiziert in M. Dietrich / O. Loretz / J. Sanmartín 1995. Eine deutsche Übersetzung von Mythen und Epen liegt vor in: M. Dietrich / O. Loretz 1997, u.a. „Der Baal-Zyklus KTU 1.1-1.6“ (S. 1103-1198 mit einer Einleitung S. 1091-1102). Vgl. auch D. Kinet 1981, 65-82. Nach H. Niehr 1999, sind die Einzeltraditionen des Baalzyklus seit dem 18. Jh. v. Chr. in hurritischen, akkadischen und ugaritischen Texten nachweisbar, so dass mit einem längeren Entstehungszeitraum des ugaritischen Baalzyklus zu rechnen ist. Verschriftlicht wurde der Mythos wohl erst Ende des 13. Jh. v. Chr. nach dem Wiederaufbau des Königspalastes von Ugarit unter Niqmaddu II. (ca. 1350-1315 v. Chr.). Die Mythen könnten im Rahmen der Priesterausbildung als lehrhafte Erzählung oder als „theologische Vorlesung“ vorgetragen worden sein, wurden vielleicht in „Schulbüchern“ oder einem „theologischen Handbuch“ für die Priesterausbildung gesammelt (vgl. ebd. 120-125).

schen Vorstellungen über das Königtum verschiedener Götter in einem Stadtstaat in der zweiten Hälfte des 2. Jahrtausends v. Chr. liefern. In seiner allgemein anerkannten Dissertation über das „Königtum Gottes in Ugarit und Israel" hat Werner H. SCHMIDT aufgezeigt, welche Elemente aus den differierenden Königsvorstellungen der Mythen Ugarits auf Jahwe übertragen zu sein scheinen. SCHMIDTs Ergebnisse[42] lassen sich folgendermaßen zusammenfassen:

Der Gott El (S. 6-8, ugaritisch: *il*) steht als „König, Vater der Erhabenen" (S. 23), an der Spitze des ugaritischen Pantheons. Er wird als Vater der Götter und Schöpfer der Götter – auch Baals (S. 23), obwohl dieser oft als „Sohn Dagans", des Spenders der Fruchtbarkeit, bezeichnet wird – und aller Geschöpfe und somit „Vater der Menschheit" verehrt (S. 59f.). In Gen 14,18ff. heißt El Eljon sogar „Schöpfer Himmels und der Erde", obwohl in den ugaritischen Mythen keine Kosmogonie erzählt wird und die Bezeichnung „Schöpfer des Himmels" fehlt. El gilt als der ewige Weise (S. 7). Da er nicht als Fruchtbarkeitsgott erscheint, dürfte der Namenszusatz *ṯr íl* „Stier El" nicht auf seine Zeugungskraft hindeuten, sondern auf seine Kraft und Herrschaft. Er trägt auch den Titel *qdš* „der Heilige" und *lṭpn íl dpíd* „der Freundliche, El, der mit Gemüt" (S. 7; 28). Sein Alter wird durch einen grauen Bart angezeigt. El setzt offensichtlich auch Götter – z.B. Jam, der auch „Richter Strom" genannt wird[43] – zu Königen ein, die anscheinend stellvertretend für ihn die „Alltagsgeschäfte" erledigen. Die anderen Götter kommen zu El, um von ihm z.B. die Erlaubnis für den Bau eines Tempels zu erbitten und um die Frage der Königsherrschaft zu klären, jedoch tritt El nie als Richter auf, übt auch nicht die Funktion eines Richters aus (S. 36). Demnach ist El der Herrscher in der Götterwelt, der auch in der Götterversammlung der „Söhne Els" den Vorsitz führt. Els Wohnsitz, wahrscheinlich ein Berg, ist nicht lokalisierbar, sondern an das Ende der Welt, somit in mythische Ferne entrückt. „Als der weltenferne Schöpfer entspricht El religionsphänomenologisch weithin dem *Deus otiosus*; vielleicht tritt er darum auch im Kult zurück" (S. 8). El gebührt jedoch die Proskynese der anderen Götter sowie der Götterboten, die ihm huldigen und Ehre darbringen. Vielleicht stellt Ps 19,2-7 (= A) ursprünglich einen Hymnus auf El dar (vgl. V. 2). Die Vorstellung von der Huldigung an den Gottkönig zeigt

[42] Die folgenden Seitenangaben im Text beziehen sich auf W.H. SCHMIDT 1966.
[43] Zur Deutung siehe W.H. SCHMIDT 1966, 37ff., der die Übersetzung „Herrscher Strom" empfiehlt.

sich wohl auch bei der Huldigung durch die Götter in Ps 97,7f. sowie am Titel „König der Herrlichkeit / Ehre“ in Ps 24,7-10 und an den Stellen Ps 22,29f.; 29,2; 95,6; 96,9; 99,5.9 (Sach 14,16f., S. 25f.).

Im kanaanäischen Kult war der Gott Baal (ugaritisch: *bʿl*)[44] bedeutsamer als El. Er trägt viele Züge des in Mesopotamien und Syrien verehrten Gottes Hadad, der als Sturm-, Regen- und Fruchtbarkeitsgott galt. Beiden gemeinsam ist auch die Herrschaft über Wind, Wolken, Donner und Regen, was auch den Beinamen *rkb ʿrpt* „Wolkenfahrer“ erklärt. Baal trägt außerdem den Beinamen *áliјn* „der Starke, Übermächtige“ und den Titel *zbl bʿl* „Fürst Baal“ bzw. in erweiterter Form *zbl bʿl árṣ* „Fürst, Herr der Erde“, vielleicht weil er als Spender der Vegetation das Leben auf der Erde sichert, also für die creatio continua zuständig ist. Im Baalmythos[45] geht es im Wesentlichen um die Auseinandersetzung Baals mit den Göttern Jam (= Meer) und Mot (= Tod) um das göttliche Königtum. Baal wird zwar selten als König bezeichnet, jedoch wird das Verb *mlk* „als König herrschen“ mit seinem Namen verbunden und außerdem ist von seinem Königtum und seinem Thron die Rede[46]. Dieser Kampf um das Königtum ist kein Chaoskampf, der der Erschaffung der Welt vorausgeht, da El der Schöpfer der schon bestehenden Welt ist, jedoch hängt vom Ausgang dieses Kampfes für die Menschen die Entscheidung über Leben und Tod ab, da der Sieg Baals und seine Königsherrschaft die Erhaltung der Welt bedeutet. Mit Hilfe des Handwerker-Gottes *Košer-waChassis* („Geschickt und Gescheit“), der dem Baal den Sieg über sein Feinde verspricht und ihm ein ewiges Königtum verheißt[47], kann Baal den die Königsherrschaft über ihn beanspruchenden Jam besiegen und durch seine Gemahlin Anat

---

[44] W.H. Schmidt 1966, 8: *ba'lu*, wohl ein Druckfehler statt *baʿlu*.

[45] Vgl. die Darstellung bei W.H. Schmidt 1966, 10-21, sowie „Exkurs 3: Der Baalmythos im Kult“ ebd. 70-74. Nach Schmidt darf man wohl den Kult als ursprünglichen Ort des Baalmythos ansehen, ohne dass klar ist, wie oft der Baalmythos kultisch begangen wurde. Da der Mythos nicht eindeutig jahreszeitlich geprägt ist, kann man nicht sicher von einer jährlichen Feier ausgehen.

[46] Vgl. W.H. Schmidt 1966, 29f. Zum Begriff „Thron“ in den ugaritischen Texten vgl. H.-J. Fabry 1984, 251f.

[47] Vgl. dazu W.H. Schmidt 1966, 53f. Die Zusage lautet: „Du sollst erhalten dein ewiges Königtum, deine Herrschaft für Geschlecht um Geschlecht“. Sie hat eine fast wörtliche Parallele in dem als spät angesetzten Ps 145,13: „Dein Königtum ist ein Königtum für alle Zeiten, und deine Herrschaft für Geschlecht um Geschlecht“ (ähnlich in Aramäisch in Dan 3,33; 4,31). In Ps 146,10 wird Jahwes Königtum für zeitlich unbegrenzt erklärt, nach Ps 29,10 thront Jahwe als König in Ewigkeit.

von El die Erlaubnis zum Bau eines Tempels erhalten. El und seine Frau Aschera erkennen Baal als König und Richter an[48]. Der Handwerkergott baut für Baal einen Palast, der entgegen dem ursprünglichen Wunsch Baals auch ein Fenster erhält, das vielleicht analog zu den Himmelsfenstern in Gen 7,11; 8,2 zum Regenspenden dienen soll[49]. Nach Fertigstellung des Tempels für Baal wird sein Herrschaftsantritt gefeiert. Jedoch erkennt der Gott Mot die Königsherrschaft Baals nicht an, sondern droht ihm mit dem Tod (S. 14).

Merkwürdigerweise fügt sich Baal kampflos dieser Drohung und dankt als König ab, wird zum Sklaven Mots, d.h. er stirbt, zeugt jedoch vorher noch mit einer Kuh einen Nachkommen. Nachdem der tote Baal gefunden wurde, klagt auch El über dessen Tod. Baals Schwester und Gattin Anat begräbt Baal auf den Höhen des Zaphon, auf dem auch sein Palast / Tempel steht, in dem Baal wohnte. Der Tod Baals führt dazu, dass der Regen und die Vegetation aufhören, das Leben der Menschen gefährdet wird. Der von El als Ersatzkönig eingesetzte Gott „Astar der Schreckliche", ein Sohn Ascheras, versagt, gibt daher das Königtum wieder ab[50]. Der weitere Fortgang des Mythos ist widersprüchlich. Nachdem nämlich Anat an Mot Rache genommen hat, indem sie ihn zerstückelt und seine Überreste den Vögeln zum Fraß gegeben hat, muss Baal bei seinem Aufstieg aus der Unterwelt gegen Mot kämpfen. Schließlich siegt Baal und übernimmt wieder die Königsherrschaft – er setzt sich auf den Thron[51] – und lebt in seinem Palast auf dem Zaphon[52]. In Ps 48,3 wird der Zion als heiliger Berg mit dem Zaphon gleichgesetzt – Jahwe nimmt also den Platz Baals ein – und außerdem mit dem Motiv der Gottesstadt verknüpft. Jahwe übernimmt von Baal auch das Amt des Richters, das er allerdings nach Ps 82,1 in der „Versammlung Els" ausübt. Diese Deutung ergibt sich, wenn man אל als Gottesname versteht,

---

[48] Vgl. W.H. SCHMIDT 1966, 36-40, mit einem Exkurs „Das Göttergericht. Psalm 82" ebd. 40-43.

[49] Vgl. W.H. SCHMIDT 1966, 13; D. KINET 1981, 74, mit Bezug auf KTU 1.4 VII 25-30.

[50] Vgl. den entsprechenden Text KTU 1.6 I 53-65 mit Übersetzung bei O. LORETZ 1988, 9f. (Schreibweise des Namens dort *'Aṯtar*).

[51] Vgl. den entsprechenden Text KTU 1.10 III 11-14 mit Übersetzung bei O. LORETZ 1988, 10f.

[52] Nach W.H. SCHMIDT 1966, 33, hat O. EIßFELDT, Baal Zaphon, Zeus Kasios und der Durchzug der Israeliten durchs Meer (BRA 1), Halle 1932, den Zaphon mit dem antiken Mons Casius identifizieren können, der sich 30 km nördlich von Ras Schamra 1770 m hoch an der nordsyrischen Mittelmeerküste erhebt und als Sitz des Regengottes galt. Zum Zaphon vgl. N. WYATT 1995, 213-237.

jedoch ist auch die אל als Gattungsbezeichnung deutende Übersetzung „Gottesversammlung“ denkbar, die Jahwe als den höchsten Gott und zugleich als Richter erscheinen lässt[53].

Die Differenzen zwischen dem Königtum Els und dem Baals fasst W.H. SCHMIDT (S. 31) wie folgt zusammen: „El ist König, Baal wird König. Beide sind Könige über andere Götter, aber Els Königtum ist zeitlos-unveränderlich; Baal muss sich sein Königtum erwerben, durch einen Tempelbau sichern, gegen Feinde verteidigen, verliert es aber dennoch, um schließlich neu als König zu erstehen. Els Königtum ist statisch, Baals dynamisch. El thront inmitten der Götter, die gleichsam seinen Hofstaat bilden. Bei Baal ist kaum von einer umgebenden Götterversammlung die Rede, wie ihm auch in den bisher veröffentlichten Texten durch die Götter keine Huldigung zuteil wird; ja, Baal zählt selbst zu dem Götterrat Els (Text 137). Kurz: El stellt nach einer üblichen religionsphänomenologischen Unterscheidung den fernen, Baal den nahen Gott dar“.

Die Gleichzeitigkeit des Königtums Els und Baals versucht Walter DIETRICH durch eine mit sozialgeschichtlichen Erwägungen verknüpfte religionsgeschichtliche Entwicklung zu erklären. Demnach sei der in sich geschlossene Vorstellungskreis um die Göttertrias Baal-Anat-Mot in das altehrwürdige religiöse Sytem um El und Aschirat eingedrungen. „Träger der neuen Tradition sind zweifellos Gruppen, die ihre Existenzgrundlage in der Agrarwirtschaft haben, vermutlich Einwanderer, die in der festgefügten Gesellschaftsordnung des Stadtstaates zunächst eine untergeordnete Rolle einnehmen. Bald jedoch beanspruchen sie für ihren Gott Baal einen Platz im Pantheon; er will in der Stadt einen Tempel haben – wie die anderen, bereits arrivierten Götter auch. Das heißt, die Baalsverehrer streben nach einem gleichberechtigten Platz in der ugaritischen Gesellschaft. Diese Traditionsstufe ist indessen bereits von einer weiteren überlagert, die den Kampf Baals und seiner Anhänger um die Vorherrschaft in Staat und Pantheon schildert. Baal will König werden, also El, also die gesamte bisherige religiöse und gesellschaftliche Ordnung ablösen“[54]. Nachdem Baal von El die Königswürde erhalten hat, darf El „als alter Götterfürst, gewissermaßen ehrenhalber, die Spitze

[53] Vgl. W.H. SCHMIDT 1966, 40f. Vgl. O. LORETZ 2002c, 266-268, der den V. 1.6-7.8 entnimmt, „daß Jahwe in Ps 82 das oberste Richteramt zukommt und er alle Götter zum Tode verurteilt. Dies kommt einer Nichtigkeitserklärung der Götter gleich“ (ebd. 268); vgl. zu Ps 82 auch H.-W. JÜNGLING 1969.

[54] W. DIETRICH 1980, 257.

des Pantheons repräsentieren“[55]. Diese Erklärung kann man allerdings den Texten nicht direkt entnehmen.

Während für El ein Thronbesteigungsfest ausgeschlossen ist, bleibt dies für Baal denkbar, was für die immer noch anhaltende Diskussion um ein Thronbesteigungsfest Jahwes zu beachten ist[56]. Eine jährliche Thronbesteigung ist allerdings auch bei Baal nicht notwendig, wenn er ein ewiges Königtum erhält, wie der Handwerkergott ihm verheißen hat. Die Vorstellungen vom „ewigen“ Königtum Jahwes in Ps 10,16; 29,10; 102,13; 145,13; 146,10 können also auf das „ewige“ Königtum Baals zurückgehen, wenn man nur den futurischen Aspekt beachtet, die fehlende Inthronisation des Königs Jahwe scheint jedoch mehr auf das anfanglose, ungefährdete Königtum Els hinzuweisen. Dass beide Traditionen mit Jahwe verbunden wurden, lässt sich nach W.H. SCHMIDT noch an Ps 29 erkennen. Die Verse 1-2.9b mit der Vorstellung vom Gottkönig inmitten seines himmlischen Thronrates entstammen wohl der El-Tradition, die Gewittertheophanie in den Versen 3-9 sowie V. 10 der Baal-Tradition, wobei V. 9b beide verbindet und der „israelitische Anhang“ V. 11 die Bitten des Volkes an Jahwe um Zuwendung ausdrückt[57]. Vermischung beider Traditionen kann auch in Ps 89 (V. 6-8: Els Hofstaat; V. 10f.: Überwindung des Meeres) sowie in den Schöpfung (El) und Drachenkampf (Baal) verbindenden „Thronbesteigungsliedern“ (Ps 47; 93; 96-99) festgestellt werden[58]. Der als zusammengesetzter Nominalsatz gebildete Ruf יהוה מָלָךְ in Ps 93,1; 96,10; 97,1; 99,1 (vgl. den Verbalsatz מָלַךְ אֱלֹהִים in Ps 47,9, wo wohl ursprünglich יהוה stand) ist daher wohl kaum als Inthronisationsruf „Jahwe ist König geworden“[59], sondern eher als Huldigungs- bzw. Proklamati-

---

[55] W. DIETRICH 1980, 257.

[56] Vgl. dazu O. LORETZ 1988, 1-40, zur Forschungslage um ein Thronbesteigungsfest in Ugarit und Israel und S. 411-504 zu Fragen eines altisraelitischen Thronbesteigungsfestes und seiner nachexilischen Fortschreibung; vgl. auch O. LORETZ 1999.

[57] Vgl. W.H. SCHMIDT 1966, 55-58; O. LORETZ 1988, 76-248, zu Psalm 29.

[58] Vgl. dazu W.H. SCHMIDT 1966, 77-79.

[59] So O. LORETZ 1988, 413-434. LORETZ kommt aufgrund seiner kolometrischen Analyse der Thronbesteigungslieder zu dem Ergebnis, „daß diese Texte das Ergebnis einer längeren Entwicklung darstellen, die erst in nachexilischer Zeit zum Abschluß gekommen ist, und daß die Formel *JHWH mlk* sekundär mit diesen Hymnen verbunden worden ist. Allein aus Ps 47 und 29 sind Nachrichten über ein kultisches Geschehen aus vorexilischer Zeit zu erheben“ (ebd. 433). Er muss aber zugeben: „Recht besehen lässt sich jedoch zwischen dem in nachexilischen Texten belegten Ruf *JHWH mlk*, der sowohl in Ps 47 als auch in Ps 29 fehlt, und dem aus diesen zwei Liedern ermittelten Fest kein direkter Zusammenhang herstellen. Ferner lassen Ps 47 und 29 keine ausführliche Beschreibung des Festes oder der damit verbundenen Kulthandlungen in

onsruf „Jahwe (und kein anderer) herrscht als König" zu verstehen[60]. Aus der Baal-Tradition wurde wohl auch übernommen, dass Jahwe einen Tempel benötigt, in dem er als König herrscht und der nach Ps 95,11; 132,14 seine מְנוּחָה „Ruhestatt" ist[61].

3. Zur Datierungsproblematik der Jahwe-König-Aussagen im AT

Die Datierungsproblematik hängt von Grundannahmen bezüglich der Übertragung der Metapher „König" auf Jahwe ab. Da die Erforschung der Frühgeschichte Israels gezeigt hat, dass entgegen der Darstellung der Bibel davon auszugehen ist, dass nur ein kleiner Teil der Vorfahren Israels im 13. Jh. v. Chr. nach Kanaan gekommen ist – wahrscheinlich die sog. Moseschar, die den Glauben an den Gott Jahwe mitbrachte –, die meisten späteren Israeliten aber bereits in Kanaan lebten, ist davon auszugehen, dass diese Mehrheit auch die Götter Kanaans verehrten. Der Jahweglaube brauchte mehrere Jahrhunderte, wohl bis zur Exilszeit, um sich gegen den überlieferten kanaanäischen Glauben als

---

Einzelheiten zu. Beide Texte legen durch die erschließbare finite Verbform *mlk* die Proklamation *JHWH mlk* nahe und bilden ihren sachgemäßen Hintergrund" (ebd. 434).

60 Vgl. W.H. SCHMIDT 1966, 79, und J. JEREMIAS 1994, 521; B. JANOWSKI 2001, 1592, deutet den „Aufstieg" Jahwes in Ps 47,6.9 als Akt der Thronbesteigung und damit der Inthronisation, die wohl beim Herbst- oder Neujahrsfest gefeiert wurde. Er empfiehlt ein ingressiv-duratives Verständnis der Formel und daher die Übersetzung: „JHWH hat die Königsherrschaft angetreten und herrscht seitdem als König".

61 Vgl. W.H. SCHMIDT 1966, 68-70. Zu den Kämpfen Baals vgl. ebd. 43-53, zum damit oft in Verbindung gebrachten „Chaoskampfmotiv" vgl. T. PODELLA 1993, der zu dem Ergebnis kommt: „Aus der Diskussion exemplarischer Texte zum Thema ‚Chaoskampf' im Alten Testament folgt, dass terminologisch explizit nur dann von einem *Kampf* gesprochen wird, wenn ein (erneutes) Eingreifen JHWHs gegen aktuelle Feinde / Gegner erwartet wird. Das Chaoskampfmythologem ist demnach fest situiert in Kontexten, wo kollektive Notzeiten sprachlich bewältigt werden. Das heißt hier, Not und Feinde werden im religiösen Symbolsystem dämonisiert und personalisiert, so dass man mit ihnen ‚umgehen' und die Notlage einer Lösung zuführen kann.
Es wurde weiter deutlich, dass die Weltschöpfung, *creatio prima*, nicht als Folge oder Resultat eines Chaoskampfes verstanden werden kann. Im Kontext der JHWH-Königs-Prädikation begegnen zwar personalisierte Chaosmächte, doch wird gerade nicht *erzählt*, wie sie den Kosmos gefährden und anschließend überwältigt werden. Sie stehen vielmehr ganz im Dienste der Entfaltung der Königstitulatur. Sie geben nicht an, wie JHWH König wurde, sondern vermitteln die Gewissheit, dass JHWH in seiner Funktion als König auch die chaotischen Mächte und Gewalten niederhält und ihnen überlegen ist" (ebd. 319). Vgl. zu den Kämpfen Jahwes als König K.-P. ADAM 2001, 221-227; ADAM berücksichtigt auch mesopotamische Vorstellungen (S. 16-26).

der allein richtige durchzusetzen. Dazu beigetragen hat sicherlich, dass man wichtige Eigenschaften und Aufgaben der verschiedenen Götter der Kanaanäer auf Jahwe übertrug, dem vermutlich auch mit Aschera eine Frau zur Seite stand[62], die vielleicht noch zur Zeit Jeremias als Himmelskönigin verehrt wurde (Jer 7,16-20; 44,15-19)[63]. Angesichts dieser Hinweise im AT selbst darf man wohl annehmen, dass die Verehrer dieser Gottheiten auch die dazugehörenden Mythen kannten. Für uns ist allerdings unklar, ob diese Mythen mit den in Ugarit gefundenen übereinstimmten oder stark von ihnen abwichen.

Wenn man wie Werner H. SCHMIDT und Oswald LORETZ davon ausgeht, dass die Vorstellung von Jahwe als König aus den durch die Funde aus Ugarit nachweisbaren kanaanäischen Mythen stammt – in denen natürlich nicht Jahwe, sondern El, aber auch Baal, als König bezeichnet werden –, könnte die Metapher schon in der vorstaatlichen Zeit in biblischen Texten verwandt worden sein[64]. Eine Bestätigung dafür ist allerdings angesichts der Tendenz zur Spätdatierung in der atl. Wissenschaft kaum möglich, da wohl kein atl. Text sicher in die vorstaatliche Zeit datiert werden kann[65]. Dies gilt auch für das Deboralied (Ri 5), in dem zwar Jahwe als Kämpfergott dargestellt wird, jedoch die Königsprädikation fehlt[66]. Wenn nur sehr wenige Texte oder sogar kein Text

---

62 Vgl. C. FREVEL 1995, 925-931, der mit einer Zuordnung von Jahwe und Aschera schon vor der Reichsteilung rechnet (ebd. 927).

63 Vgl. M. DIJKSTRA 1995, 72; R. JOST 1995, 213-232, und zur Identität der Himmelskönigin 39-62.

64 Vgl. W.H. SCHMIDT 1966, 85-91, und 1996, 206; O. Loretz 1990, 108f. Die Ablehnung der Herrschaft über Israel durch Gideon in Ri 8,22f. mit der Begründung, dass Jahwe über Israel „herrschen“ wird (משל nicht מלך), muss nicht aus vorstaatlicher Zeit stammen; sie vermeidet außerdem die Wurzel מלך.

65 Schon der noch mit vorstaatlichen Traditionen rechnende W.H. SCHMIDT 1966, 85, kommt zu dem Ergebnis: „Aus dem kurzen Überblick geht hervor, daß die Stellen des Pentateuch, die Jahwe die Königswürde beilegen, erst in die Zeit nach der Landnahme fallen. Den Überlieferungen Israels aus der Zeit vor der Landnahme: Erzväter, Befreiung aus Ägypten, Hineinführung ins Kulturland, Sinaioffenbarung, ist ein göttliches Königtum unbekannt. Weder der »Gott der Väter« noch der Gott Moses – wenn man ausnahmsweise so Exodus- und Sinaitradition zusammenfassen darf – wurde als »König« verehrt“. W. DIETRICH 1980, 253, bemerkt zur Problematik: „Es gibt in der Tat keinen Beleg dafür, daß Jahwe in vorstaatlicher Zeit als König Israels verehrt worden wäre – dafür gibt es Belege nicht einmal aus *vorexilischer* Zeit! Damit ist aber noch keineswegs ausgemacht, daß er nicht schon in vorexilischer, vielleicht sogar vorstaatlicher Zeit als König verehrt worden sein kann – wenn wohl auch kaum als König *Israels*!“

66 Nach U. BECHMANN 1989, 212, entstand das Lied „zwischen dem Untergang des Nordreichs und dem Untergang Judas im Süden ... unter Rückgriff auf die Erzähltradition des Nordens“. An der Datierung in die vorstaatliche Zeit (ca.

in die vorstaatliche Zeit datiert werden können, lässt sich natürlich die These von Norbert LOHFINK, das Schweigen von Jahwes Königtum im Israel der Frühzeit und die Nichtbenutzung des sicherlich bekannten Königtitels für den Gott Israels sei bewusst und gewollt gewesen, kaum halten[67]. Auch ohne schriftliche Belege darf man mit z.B. Jörg JEREMIAS[68] vermuten, dass Jahwe schon vor der Staatsbildung unter König David als König gepriesen wurde, weil die Verehrung einer Gottheit als König über die anderen Götter sowohl in Mesopotamien als auch bei den Kanaanäern – wenn man die Ugarit-Texte als Beleg dafür gelten lässt – üblich war[69].

Aus der frühen Zeit könnte auch der Titel „der Kerubenthroner" stammen, der in Verbindung mit der Lade steht, vielleicht aus Schilo kommt und mit der Lade nach Jerusalem wanderte. Da nach dem Bau des salomonischen Tempels Jahwe als über den Kerubim auf der Lade thronend gedacht wurde, kann der Titel „Kerubenthroner" die Vorstellung von Jahwes Königtum gefördert haben. Miteinander verbunden sind die beiden Titel „Kerubenthroner" und „König" allerdings erst in Ps 99,1.

Außer den mythischen Vorstellungen haben wohl auch die Erfahrungen mit dem Königtum in Israel / Juda die Übertragung der Metapher König auf Jahwe beeinflusst. Im Gegensatz zu den mit Fehlern behafteten Menschen konnte man in Gott jedoch den idealen König sehen, der somit den irdischen Königen als Vorbild vor Augen gestellt werden kann[70]. Zu den Aufgaben des Königs

---

1030/20 v. Chr.) hält H.-D. NEEF 2002 fest, doch rechnet er mit späteren Ergänzungen in den Versen 1.2-5.9-11a.31 (vgl. ebd. VIII und 99-115 mit einem kurzen Forschungsüberblick 99-104).

67 Siehe N. LOHFINK 1987, 162-171, 167. LOHFINK geht bei seiner These u.a. davon aus: „Jahwe war in dieser Periode aller Wahrscheinlichkeit nach schon mit El und vermutlich auch mit Baal identifiziert. Wie wir aus den mythologischen Texten von Ras Schamra klar ersehen, kam El der Titel eines ‚Königs' zu. Baal, der Kämpfer- und Fruchtbarkeitsgott, erwarb sich in seinen Kämpfen mit dem Chaosmeer und Tod immer neu ein ‚ewiges Königtum'" (ebd. 168).

68 Vgl. J. JEREMIAS 1994, 520.

69 Zur Verehrung von Göttern als König in verschiedenen Ländern des Alten Orients vgl. bereits O. EIßFELDT 1928, 84-88, der vor allem vom Vorkommen mit der Wurzel מלך gebildeter Namen ausgeht, die keine mythischen Anspielungen erkennen lassen, sondern sich meist – wie andere Metaphern auch, z.B. Vater und Kind – auf das Beziehungsverhältnis zwischen der Gottheit und ihren Verehrern bezieht. EIßFELDT hält es für ganz unwahrscheinlich, dass hinter jeder Benennung eines Gottes als König ein Mythos oder ein Kultus gefunden werden kann, weil die Mythenbildung sekundär auf die Übertragung der Metapher „König" auf die Gottheit folgen kann, aber nicht muss (vgl. ebd. 88). Vgl. auch die Hinweise bei W. DIETRICH 1980, 255-259.

70 W. DIETRICH 1980, 252, verweist auf die ambivalente politische Relevanz der Rede von Jahwe als König: „Seine Herrschaft könnte als stützendes Pendant

gehörte damals wohl schon die Gesetzgebung (vgl. Ps 89,31f.: meine Weisung, meine Gesetze), und Rechtsprechung – die Salomoerzählungen zeigen den König als weisen Richter (1 Kön 3,16-28). Wenn man für die Übertragung der Vorstellung vom Königtum Jahwes eigene Erfahrungen Israels / Judas mit der Monarchie, wie sie sicherlich den sog. Königspsalmen (Ps 2 „Der Herr und sein Gesalbter“ [ideologisch]; 45 „Ein Lied zur Hochzeit des Königs“ [ideologisch]; 72 „Der Friedenskönig und sein Reich“ [eschatologisch]; 110 „Einsetzung des priesterlichen Königs auf dem Zion“ (eschatologisch]) zugrunde liegen, als notwendig voraussetzt[71], fällt die frühe Epoche der Geschichte Israels für diese Thematik ganz aus. Die Rede von einem Königtum Jahwes würde dann erst in der Königszeit aufkommen können, eventuell als Korrektiv zum irdischen Königtum, wenn man mit Blick auf die prophetische Sozialkritik die Forderungen an den König liest (vgl. Ps 45,8). Auch die auf Jerusalem bezogenen Züge des Königtums Jahwes – Thronen im Tempel auf dem Zion – setzen die Entstehung des Staates und den Tempel Salomos voraus[72]. Doch auch in dieser Phase ist mit einem Einfluss kanaanäischer Mythen auf die Ausbildung der Vorstellung vom Königtum Jahwes zu rechnen, wobei nicht sicher ist, inwiefern die Mythen über El, Baal und das Götterpantheon aus Ugarit direkt oder ähnliche, aber nicht mehr erhaltene, vielleicht auch nur mündlich überlieferte Mythen anderer kanaanäischer Stadtstaaten die Vorlagen lieferten. Zu den älteren Texten gehören vielleicht Ps 24,7-10; 29,10, die noch den Einfluss des Königtums Els und Baals erkennen lässen, und Ps 68,25. Für die Herausbildung der Zionstradition könnten in Jerusalem verbreitete jebusitische Vorstellungen prägend gewesen sein, zumindest die Vorstellung vom Götterberg im Norden und einem vielleicht in Jerusalem verehrten „höchsten Gott“. Doch ohne weitere Grabungserfolge dürften sich solche Hypothesen nicht beweisen lassen.

Nach der Zerstörung Jerusalems 587/6 v. Chr., die zum Untergang des Königtums der Davididen führte – als Reaktion und Reflex darauf sieht Frank-Lothar HOSSFELD (2002, 178f.) Ps 89 an –, und der Rückkehr der Deportierten aus dem Exil entwickelte sich

---

zur menschlichen, sie könnte aber auch als deren kritisches Gegenüber gedacht sein. Sie könnte dem Volk als Symbol für Unfreiheit wie für Befreiung gelten. In königsloser Zeit schließlich kann sie der Vorbereitung des Volksbewußtseins auf die (wieder-)einzuführende Monarchie dienen, sie kann aber auch das Bewußtsein für deren Fragwürdigkeit schärfen“.

71 So z.B. H.D. PREUß 1991, 175f.

72 Vgl. E. ZENGER 1986, 178.

die Jerusalemer Tempelgemeinde als „substaatliche Theokratie“[73]. Jahwe kommt nun eine neue Rolle zu: „Da es keinen irdischen König mehr gibt, macht sich auch nirgends Entsprechungsdenken bemerkbar. Jahwe herrscht unmittelbar über seine Gemeinde. Er übt die Herrschaft aus durch seine Tora. Sichtbar wird sie im Kult. In seiner Tora hat Jerusalem etwas, woran den Heidenvölkern aufscheinen kann, wie anders die Gesellschaft des wahren Gottes ist als das, was sich unter dem Patronat ihrer gar nicht existierenden Götzen abspielt“[74]. Nach Erich ZENGER (1994, 151) sind die beiden letzten Psalmenbücher (90-106 und 107-148 mit 149-150) vom „theokratischen“ Konzept bestimmt. Im 4. Psalmenbuch (90-106) wird die universale Königsherrschaft Jahwes entworfen als ein Reich universaler Gerechtigkeit. Die hinter diesem Buch stehende, alle Völker einschließende Vision skizziert ZENGER (1994, 177) folgendermaßen: „Das von Urzeit her gegründete Königtum JHWHs über die Schöpfung hat sich den Zion erwählt, um hier einerseits inmitten seines Volkes Israel als der gnädige und barmherzige Sinaigott צדקות (»Heilstaten«) zu wirken und um andererseits vom Zion aus die Völker, fasziniert von der an Israel ablesbaren Güte des Sinaigottes, in seinem Bund des Friedens »hineinzulocken« und sie aus der Israel und den Völkern gemeinsamen »Gotteswahrheit« friedlich neben- und miteinander leben zu lassen: »Ja, JHWH, nur er ist Gott. Er hat uns gemacht, ihm gehören wir: sein Volk und Herde seiner Weide!« (Ps 100,3)“.

Nachdem sich in Israel in der Exilszeit der Monotheismus durchgesetzt hat, kann Jahwe natürlich nicht mehr König über die anderen Götter sein. Daher tritt nun sein Verhältnis zu den Menschen in den Vordergrund. Im Gegensatz zu den Texten aus Ugarit, in denen sich der Königstitel primär auf das Verhältnis der Götter untereinander bezieht, wird Jahwe – vor allem bei Deuterojesaja und beim nomistischen Bearbeiter (DtrN) des Deuteronomistischen Geschichtswerks (DtrG)[75] – zum „König Israels“ (Jes 33,22b; 44,6; Zef 3,15), er vollbringt Heilstaten (Ps 44,5; 74,12). Selbst der einzelne kann sich in nachexilischer Zeit, wenn Juda wiederum auf einen eigenen König verzichten muss, vertrauensvoll an seinen König Jahwe wenden und sprechen „mein König und mein Gott“ (Ps 5,3; 84,4; 145,1 sowie wohl stellvertretend für die Gemeinde in Ps 44,5; 68,25; 74,12). Die „persönliche

[73] Vgl. N. LOHFINK 1987, 190-195.
[74] Vgl. N. LOHFINK 1987, 192, mit Hinweis auf Dtn 4,5-8.
[75] Vgl. W. DIETRICH 1980, 263-265.

Frömmigkeit“ sieht somit Jahwe als König an, der auch für Recht und Gerechtigkeit sorgen wird (z.B. Ps 10,18) und die Aufgaben des obersten Richters wahrnimmt[76]. Den innerisraelitischen Aspekt hebt auch Klaus KOENEN hervor, der die Pss 90-110 als eine Komposition aus zwei weithin parallelen Durchgängen versteht: Pss 90-101 und 102-110. Nach KOENEN (1995, 129) soll diese Komposition „den Leidenden, deren verzweifelte Klagen in den Anfangspsalmen beider Kompositionsbögen zu Wort kommen, eine frohe Botschaft“ verkünden. Bei den Leidenden handelt es sich um die Gerechten, die Frommen, die Knechte Jahwes, die den Feinden, den Frevlern ausgeliefert sind. Den Leidenden wird zugesichert, „daß Jahwe, der sich in Urzeit und Geschichte als fürsorglich handelnder Königsgott erwiesen hat, nun als König kommen und die Feinde der Gerechten entsprechend den Aufgaben eines Königs vernichten wird, um so eine endgültige und weltweite Heilszeit heraufzuführen“[77]. Zugleich muss Jahwes Königtum ausgeweitet werden, denn als einziger Gott muss Jahwe für alle Völker zuständig sein (Ps 47,9), deren Götter Jahwes Herrschaft anerkennen müssen und somit bedeutungslos sind (vgl. Ps 95,3; 96,4f.; 97,7.9). Da die universale Herrschaft Jahwes[78] in der Geschichte aber noch nicht deutlich erkennbar ist, erwartet Israel Jahwes Herrschaftsantritt auf dem Zion für die nahe oder ferne Zukunft (vgl. Mi 2,13; 4,7; Obd 21; Zef 3,14f.; Jes 24,23 [Jesaja-Apokalypse]; 52,7) und das Gericht (Ps 98,9; 149,7-9). Gefeiert wird das ewige Königtum Jahwes in den Abschlusspsalmen 145-150, in denen allerdings Jahwe nicht immer als König (nur Ps 145,1.11.13; 146,10) bezeichnet wird.

Die Entwicklung der Königsvorstellung im AT von den ugaritischen Vorstellungen über die Universalisierung bis zur Individualisierung fasst W.H. SCHMIDT (1966, 96) etwas zugespitzt so zusammen: „Jahwe wurde vom König über die Erde zum König über die Welt und alle Zeit, vom König über die Götter zum König über Israel und den einzelnen“.

---

[76] Vgl. B. JANOWSKI 1994; ders. 1999.

[77] K. KOENEN 1995, 130.

[78] Zur Weltherrschaft Jahwes vgl. auch H. GROß 1953, 22-45, zu Jahwe als „Allherr und König“, und 35-44 zu den Psalmen.

Die Vorstellung vom Königsein Jahwes beinhaltet auf dem Hintergrund ugaritischer Mythologie[79] primär die Vorstellung, dass Jahwe der „höchste Gott" und König über alle anderen Götter (Ps 95,3; 96,4; 97,7-9) ist. Diese Vorstellung liegt wohl ursprünglich, vermutlich noch in vorexilischer Zeit, auch den Aussagen vom Thronrat Jahwes[80] zugrunde. Nach Matthias ALBANI galt „in der vorexilischen Jerusalemer Theologie ... der auf dem Zion thronende Götterkönig und ‚Kriegsheld' JHWH Zebaoth (vgl. Ps 24,8.10) als souveräner Befehlshaber der himmlischen Heerscharen, dem die übrigen Götter (בני אלים / אלהים) ihre Reverenz erweisen (Ps 29,1f.9; 97,7). Wie El residiert er inmitten eines himmlischen Hofstaates (1 Kön 22,19; Ps 82; 89,7-9), und wird als unvergleichlicher Gott unter den Göttern gepriesen (Ex 15,11; Ps 89,7)"[81]. Später nehmen die „Götter" nur noch eine untergeordnete Position im Thronrat Jahwes ein, werden infolge des Monotheismus zu himmlischen Wesen degradiert, die namentlich nicht genannt werden und nur noch dienende Funktion haben. Konkret wird die Dienstbarkeit des Thronrates nach Herbert NIEHR „in seiner Beraterfunktion für JHWH (Jes 6,8; 1 Kön 22,20; anders jedoch Jes 40,13f.), im Überbringen des göttlichen Ratschlusses an die Menschen (Jes 6,8; 1 Kön 22,20-22; Jer 23,18.22; Ijob 15,8), in seiner Schutzfunktion für die Völker (Dtn 32,8) und die Personae miserae (Ps 82,3-4) sowie der Menschen überhaupt (Ps 34,7f.; 91,10-13; Tob 3,16f.; 12), und in der Erhörung der Gebete der Menschen (Ijob 5,1; 33,23)"[82]. In Ps 29,1.2 werden die „Göttersöhne" aufgefordert, Jahwe zu huldigen[83]. Vom wohl mit Jahwes Thronrat identischen „Rat der Heiligen" ist in Ps 89,8 die Rede, jedoch werden diesem Rat keine Aufgaben zugeschrieben. Jahwe kann zugleich als „Herr der Heerscharen" (Ps 24,10; 80,20) bezeichnet werden. Schließlich wird die Exis-

[79] Zu Vorstellungen von Götterversammlungen aus der ugaritischen, phönizischen und aramäischen Religion vgl. H.-D. NEEF 1994, 18-27, der vorher auch den bibelkundlichen Befund dokumentiert (S. 13-17).

[80] Vgl. dazu H. NIEHR 1990, 71-94: „Der himmlische Thronrat und sein Oberhaupt".

[81] M. ALBANI 2000, 256. ALBANI sieht in den himmlischen Heerscharen auf kanaanäischem und ägyptischem Hintergrund „astrale Gottessöhne wie königliche Ahnen und Heroen, die im himmlischen Heer JHWHs dienen (vgl. Ri 5,20; 2 Kön 6,17; Jes 13,3-5; Ps 103,20)" (ebd. 256).

[82] H. NIEHR 1990, 87f.; die Stellenangaben aus den Anmerkungen habe ich in Klammern dem Zitat hinzugefügt.

[83] Vgl. dazu H. SPIECKERMANN 1989, 165-179, „Die Huldigung des himmlischen Hofstaates: Ps 29".

tenz von Göttern abgelehnt (Ps 96,5; 103,19ff.), in Ps 82 wird ihre Verurteilung zum Tod (V. 7) durch Jahwe in der himmlischen Götterversammlung (V. 1) mit ihrem Versagen bei der Rechtsprechung begründet (V. 2-4).

Dass jedoch auch der Monotheismus mythische Elemente nicht ganz verdrängen konnte, zeigen einige Übersetzungsvarianten der Septuaginta in Ps 77,25 LXX; 81,1 LXX und 91,6 LXX. Die dort erkennbare Remythologisierung sieht Joachim SCHAPER (2001, 182) als „direkte Konsequenz eines immer transzendenter werdenden Gottesbildes, wie es das hellenistische Judentum kennzeichnete", an. Zu den neuen Tendenzen dieser „Renaissance der Mythologie" bemerkt SCHAPER (2001, 182) aufgrund der drei Psalmenstellen: „In den Raum, den der sich zurückziehende Gott eröffnete, zogen Engel und Dämonen ein; den Graben, der sich auftat, überbrückten Mittlerwesen. Die Dämonologie bot dabei die dunkle Folie, von der sich um so leuchtender das Werk des Messias und der Engel abhob". Das Königtum Gottes ist davon nicht direkt betroffen, da nun seine Engel gegen die Dämonen kämpfen können. Die alten mythischen Vorstellungen leben so in neuer Form wieder auf, indem die Engel die Rolle der Götter unterhalb des Götterkönigs einnehmen. Adrian SCHENKER bemerkt zur Götter-, Engel- und Dämonen-Lehre des Septuaginta-Psalters: „Nach Ps 28,1-2 LXX feiern die Götter im himmlischen Heiligtum eine Liturgie zu Ehren JHWHs, des höchsten Gottes. Für LXX sind es die Gottessöhne, welche *Engel* sind, die diesen Kult feiern. Die anderen Götter sind als Dämonen, Ps 95,5, vom Zutritt zu dieser Liturgie in JHWHs Gegenwart ausgeschlossen. Die transzendente göttliche Welt zerfällt nach dem LXX-Psalter in zwei Klassen: Am Rande stehen die Dämonen-Götter, fern von JHWH, da ihnen kein Zutritt zu seiner Gegenwart gewährt wird. In dieser Gegenwart lebt aber der innere Kreis der Engel-Götter, die ihn in der Liturgie preisen und vor ihm in seiner Gegenwart niederfallen. Nach Ps 81 schließlich werden fehlbare Götter überhaupt durch JHWHs Gerichtsspruch aus der göttlichen Sphäre ausgestoßen, weil ihnen das wesentliche Merkmal der Gottheit, die Unsterblichkeit, aberkannt und weggenommen wird. Sie werden damit noch geringer als die Dämonen-Götter"[84]. SCHENKER nimmt an, dass den Übersetzern der Septuaginta im 2. Jh. v. Chr. ein vom späteren masoretischen Psalmtext abweichender Text vorlag. Der Masoretische Text wurde wohl aus theologischen Gründen bearbeitet.

[84] A. SCHENKER 2001, 193.

5. Beziehungen des irdischen Königs zu Jahwe als König

Jahwe wurde zunächst von Israel / Juda als sein (himmlischer) König verehrt, dem natürlich auch der irdische König unterstand. Besonders deutlich drückt dies das wohl erst aus der Zeit des Exils stammende sog. „Königsgesetz“ in Dtn 17,14-20 aus, nach dem sich der König an Jahwes Weisungen halten sollte (Dtn 17,19)[85]. Dass jedoch dem König in Israel / Juda zumindest in der vorexilischen altisraelitischen Königsideologie eine hervorgehobene Position zugeschrieben wurde, lassen nach Oswald LORETZ (2002d, 397-400) noch die Aussagen über die Zeugung des Königs durch die Gottheit in Ps 2,7 und Ps 110,3 – diese Deutung des textlich schwierigen Verses ist allerdings umstritten – erkennen sowie Ps 45,7, wenn man אֱלֹהִים auf den König bezieht und vielleicht mit „Göttlicher“ übersetzt. Aufgrund seiner Untersuchung von Ps 18 und weiterer Texte kann Klaus-Peter ADAM (2001, 204-221) auf Aspekte des königlichen Rollenkanons hinweisen, die dem königlichen Jahwe und dem irdischen König gemeinsam sind. Nachdem sich der Monotheismus durchgesetzt hatte, musste Jahwe als König gleichsam automatisch zum König über alle Könige, Herrscher der Welt und über alle Völker (Ps 47,3f.9) und Bewohner der Erde (Ps 24,1) werden, die sich letztlich seiner Herrschaft unterwerfen müssen. Ob Jahwe weiterhin selbst herrscht oder ein von ihm eingesetzter Messias, ist letztlich weniger entscheidend. Zur Aufgabe des Weltherrschers Jahwe gehört auch das Gericht über Israel / Juda und die Völker (Ps 9,9.20).

6. Transformation und Hermeneutik mythischer Motive der Gott-König-Rede

Wie schon mehrmals angesprochen, hat die Herausbildung des Monotheismus in Juda zu Änderungen der Gott-König-Rede in den Psalmen geführt. Während die Motive, die polytheistische Vorstellungen voraussetzen (z.B. Streitigkeiten der Götter z.B. bei der Erschaffung der Welt und speziell der Menschen; Eifersuchts- und Liebesgeschichten der Götter; Feste der Götter), wegfallen mussten – besonders, wenn sie im Hinblick auf Jahwe moralisch

---

85 Vgl. G. BRAULIK 1992, 127-130.

anstößig erschienen –, konnten Aussagen über Jahwe als Schöpfer und Herrscher des Weltalls (Ps 103,19) bzw. der ganzen Erde (Ps 47,3f.8) beibehalten werden. Jedoch lassen sich die Aspekte, die zum himmlischen Königtum Jahwes gehören, nicht alle mit der Metapher „König", soweit sie von den Aufgaben eines irdischen Königs bestimmt ist, in Einklang bringen, da der König Gott jedem irdischen König, der nur Werkzeug seines Geschichtshandelns ist (vgl. Kyros nach Jes 44,24-45,8), weit überlegen ist. Der Rückgriff auf mythische Vorstellungen in nachexilischer Zeit dient in den eschatologisch ausgerichteten Psalmen wohl dazu, die Vorstellung vom göttlichen Gericht auf die ganze Welt auszuweiten[86].

Nach Odo CAMPONOVO (1984, 102) weisen die Aussagen über Jahwes Königtum in den Psalmen auf die große Assimilationsfähigkeit der Metapher hin. Jahwe hat nicht nur die einem irdischen König zugeschriebenen Aufgaben übernommen, sondern ihm wurden als König auch Titel und Aufgaben zugeschrieben, „die einem Gottkönig auch in der vorderasiatischen Mythologie, z.B. in Ugarit zugeschrieben wurden (König der Götter, Schöpfer des Landes, Richter, Grosskönig, Gewittergott, der im Himmel Thronende, der auf den Wolken Fahrende usw.). Aber auch Themen israelitischer Traditionen (Schöpfer und Retter Israels, Führer im Heiligen Krieg, Exodus und Landnahme) werden als Werk des Königs Jahwe angesehen". Der Rückgriff auf mythologische Vorstellungen in der Spätzeit Israels diente wohl vor allem dazu, die Einzigartigkeit Jahwes zu betonen, der als König über alle Völker die Macht hat, seinem erwählten Volk in allen durch menschliche Könige herbeigeführten Notsituationen – direkt oder durch Mittlerwesen wie z.B. Engel – zu helfen und letztlich für Recht und Gerechtigkeit zu sorgen.

Abstract

In the psalms, the metaphor of God as king is rather frequently used; it is further implied whenever God's „throne" and „being enthroned" are mentioned. Likewise, some special titles of YHWH refer to the idea of his kingdom in an indirect fashion. Certain psalms (e.g. Ps 82:1,6; 89:7; 97:9) make it evident that mythical ideas associated with different gods in the neighbourhood of Israel have been transferred to YHWH – thus, the idea of

[86] Vgl. O. LORETZ 2002c, 274.

a pantheon of gods presided by a king, as we know from Egypt, Mesopotamia, Syria and Canaan. In particular, there are striking parallels between the image of YHWH as king and the El and Baal traditions in the myths from Ugarit (cf. Ps 29; 89:5-19). The faith in YHWH then developed into an exclusive monotheism, degrading all other gods or denying their existence (cf. Ps 96:5; 97:7; 103:19-21; 115:4-8; 135:15-18). As a consequence, YHWH could no longer be praised as the king of deities in post-exilic times. Still, individuals (cf. Ps 5:3; 145:1) and Israel (cf. Ps 44:5) continued to call him a king, whose universal sway over all the peoples (cf. Ps 22:29; 47:9; 96:10) would disclose itself on judgement day (cf. Ps 9:9,20; 96:13; 98:9; 149:7-9), if not before.

Literatur

ADAM, K.-P. 2001: Der königliche Held. Die Entsprechung von kämpfendem Gott und kämpfendem König in Psalm 18: WMANT 91, Neukirchen-Vluyn 2001.

ALBANI, M. 2000: Der eine Gott und die himmlischen Heerscharen. Zur Begründung des Monotheismus bei Deuterojesaja im Horizont der Astralisierung des Gottesverständnisses im Alten Orient: Arbeiten zur Bibel und ihrer Geschichte 1, Leipzig 2000.

BECHMANN, U. 1989: Das Deboralied zwischen Geschichte und Fiktion. Eine exegetische Untersuchung zu Richter 5: Dissertationen – Theologische Reihe 33, St. Ottilien 1989.

BÖCKLER, A. 2000: Gott als Vater im Alten Testament. Traditionsgeschichtliche Untersuchungen zur Entstehung und Entwicklung eines Gottesbildes, Gütersloh 2000.

BRAULIK, G. 1992: Deuteronomium II, 16,18 - 34,12: NEB Lfg. 28, Würzburg 1992.

CAMPONOVO, O. 1984: Königtum, Königsherrschaft und Reich Gottes in den frühjüdischen Schriften: OBO 58, Freiburg (Schweiz) / Göttingen 1984.

DIETRICH, W. 1980: Gott als König. Zur Frage nach der theologischen und politischen Legitimität religiöser Begriffsbildung: ZAW 77 (1980) 251-268.

DIETRICH, M. / LORETZ, O. (Hrsg.) 1995: Ugarit – Ein ostmediterranes Kulturzentrum im Alten Orient. Ergebnisse und Perspektiven der Forschung. Bd I: Ugarit und seine altorientalische Umwelt: Abhandlungen zur Literatur Alt-Syrien-Palästinas 7, Münster 1995.

-- / -- 1996: Word-List of the Cuneiform Alphabetic Texts from Ugarit, Ras Ibn Hani and Other Places (KTU: second, enlarged edition): Abhandlungen zur Literatur Alt-Syrien-Palästinas und Mesopotamiens 12, Münster 1996.

-- / -- 1997: Mythen und Epen IV: TUAT III/6, Gütersloh 1997.

DIETRICH, M. / LORETZ, O. / SANMARTÍN, J. 1995: The Cuneiform Alphabetic Texts from Ugarit, Ras Ibn Hani and Other Places (KTU: second, enlarged edition): Abhandlungen zur Literatur Alt-Syrien-Palästinas und Mesopotamiens 8, Münster 1995.
DIJKSTRA, M. 1995: El, YHWH and their Asherah – On Continuity and Discontinuity in Canaanite and Ancient Israelite Religion, in: DIETRICH, M. / LORETZ, O. (Hrsg.), Ugarit – Ein ostmediterranes Kulturzentrum im Alten Orient. Ergebnisse und Perspektiven der Forschung. Bd I: Ugarit und seine altorientalische Umwelt: Abhandlungen zur Literatur Alt-Syrien-Palästinas 7, Münster 1995, 43-73.
EBERLEIN, K. 1989: Gott der Schöpfer – Israels Gott. Eine exegetisch-hermeneutische Studie zur theologischen Funktion alttestamentlicher Schöpfungsaussagen, 2., erw. Aufl.: BEAT 5, Frankfurt am Main u.a. 1989.
EGO, B. 1998: »Der Herr blickt herab von der Höhe seines Heiligtums«. Zur Vorstellung von Gottes himmlischem Thronen in exilisch-nachexilischer Zeit: ZAW 110 (1998) 556-569.
EIßFELDT, O. 1928: Jahwe als König, in: ders., Kleine Schriften zum Alten Testament, hrsg. von K.-M. BEYSE und H.-J. ZOBEL, Berlin o.J., 353-374 [= Kleine Schriften I, 172-193; zuerst in: ZAW 46 (1928) 81-105].
-- 1950: Jahwe Zebaoth, in: ders., Kleine Schriften zum Alten Testament, hrsg. von K.-M. BEYSE und H.-J. ZOBEL, Berlin o.J., 375-395 [= Kleine Schriften III, 103-123; zuerst in: Miscellanea Academica Berolinensia, Berlin 1950, II, 2, S. 128-150].
FABRY, H.-J. 1984: Art. כִּסֵּא *kisse'*: ThWAT IV (1984) 247-272.
FREEDMAN, D.N. / O'CONNOR, P. 1984: Art. כְּרוּב *kerûḇ*: ThWAT IV (1984) 322-334.
FREVEL, C. 1995: Aschera und der Ausschließlichkeitsanspruch YHWHs. Beiträge zu literarischen, religionsgeschichtlichen und ikonographischen Aspekten der Ascheradiskussion: BBB 94/1+2, Weinheim 1995.
GÖRG, M. 1982: Art. יָשַׁב *jāšaḇ*: ThWAT III (1982) 1012-1032.
-- 1992: Art. Kerub: NBL II/8 (1992) 467f.
-- 1993: Art. שָׁכַן *šāḵan*: ThWAT VII (1993) 1337-1348.
-- 1994: Art. Lade (II): NBL II/9 (1994) 576-578.
-- 1997: Die Beziehungen zwischen dem alten Israel und Ägypten: EdF 290, Darmstadt 1997.
-- 2001: Art. Zebaot: NBL III/14.15 (2001) 1174f.
GROß, H. 1953: Weltherrschaft als religiöse Idee im Alten Testament: BBB 6, Bonn 1953.
-- 1986: Art. מָשַׁל *māšal* II: ThWAT V (1986) 73-77.
GZELLA, H. 2001: Das Kalb und das Einhorn. Endzeittheophanie und Messianismus in der Septuaginta-Fassung von Ps 29(28), in: ZENGER, E. (Hrsg.), Der Septuaginta-Psalter. Sprachliche und theologische Aspekte: HBS 32, Freiburg i.Br. u.a. 2001, 257-290.

HOSSFELD, F.-L. 2002: Ps 89 und das vierte Psalmenbuch (Ps 90-106), in: OTTO, E. / ZENGER, E. (Hrsg.): „Mein Sohn bist du“ (Ps 2,7). Studien zu den Königspsalmen: SBS 192, Stuttgart 2002, 173-183.

HOSSFELD, F.-L. / ZENGER, E. 1993: Die Psalmen I. Psalm 1-50: NEB Lfg. 29, Würzburg 1993.

HOSSFELD, F.-L. / ZENGER, E. 2000: Psalmen 51-100: HThKAT, Freiburg i.Br. u.a. 2000.

HULST, A.R. 1979: Art. שׁכן škn wohnen: THAT II, 2., durchgesehene Aufl., München Zürich 1979, 904-909.

HUNZIKER-RODEWALD, R. 2001: Hirt und Herde – Ein Beitrag zum alttestamentlichen Gottesverständnis: BWANT 155, Stuttgart / Berlin / Köln 2001.

JANOWSKI, B. 1987: »Ich will in eurer Mitte wohnen«. Struktur und Genese der exilischen *Schekina*-Theologie, in: ders., Gottes Gegenwart in Israel. Beiträge zur Theologie des Alten Testaments, Neukirchen-Vluyn 1993, 119-147 [zuerst in: Jahrbuch für Biblische Theologie 2 (1987) 165-193].

-- 1989: Das Königtum Gottes in den Psalmen. Bemerkungen zu einem neuen Gesamtentwurf, in: ders., Gottes Gegenwart in Israel. Beiträge zur Theologie des Alten Testaments, Neukirchen-Vluyn 1993, 148-213 [zuerst in: ZThK 86 (1989) 389-454].

-- 1991: Keruben und Zion. Thesen zur Entstehung der Zionstradition, in: ders., Gottes Gegenwart in Israel. Beiträge zur Theologie des Alten Testaments, Neukirchen-Vluyn 1993, 247-280 [zuerst in: DANIELS, D.R. / GLEßMER, U. /RÖSEL, M. (Hrsg.), Ernten, was man sät. FS K. KOCH, Neukirchen-Vluyn 1991, 231- 264].

-- 1994: JHWH der Richter – ein rettender Gott. Psalm 7 und das Motiv des Gottesgerichts, in: ders., Die rettende Gerechtigkeit. Beiträge zur Theologie des Alten Testaments 2, Neukirchen-Vluyn 1999, 92-124 [zuerst in: Jahrbuch für Biblische Theologie 9, Neukirchen-Vluyn 1994, 53-85].

-- 1999: Der barmherzige Richter. Zur Einheit von Gerechtigkeit und Barmherzigkeit im Gottesbild des Alten Orients und des Alten Testaments, in: ders., Der Gott des Lebens: Beiträge zur Theologie des Alten Testaments 3, Neukirchen-Vluyn 2003, 75-133 [zuerst in SCORALICK, R. (Hrsg.), Das Drama der Barmherzigkeit Gottes. Studien zur biblischen Gottesrede und ihrer Wirkungsgeschichte in Judentum und Christentum: SBS 183, Stuttgart 1999, 33-91].

-- 2001: Art. Königtum Gottes im Alten Testament: RGG IV, 4., völlig neu bearb. Aufl., Tübingen 2001, Sp. 1591-1593.

-- 2002: Die heilige Wohnung des Höchsten. Kosmologische Implikationen der Jerusalemer Tempeltheologie, in: ders., Der Gott des Lebens: Beiträge zur Theologie des Alten Testaments 3, Neukirchen-Vluyn 2003, 27-71 [zuerst in: KEEL, O. / ZENGER, E. (Hrsg.), Gottesstadt und Gottesgarten. Zur Geschichte und

Theologie des Jerusalemer Tempels: QD 191 Freiburg i.Br. u.a. 2002, 24-68].

JEREMIAS, J. 1987: Das Königtum Gottes in den Psalmen. Israels Begegnung mit dem kanaanäischen Mythos in den Jahwe-König-Psalmen, Göttingen 1987.

-- 1994: Art. Königtum Gottes: NBL II/9 (1994) 520-522.

JOST, R. 1995: Frauen, Männer und die Himmelskönigin. Exegetische Studien, Gütersloh 1995.

JÜNGLING, H.-W. 1969: Der Tod der Götter. Eine Untersuchung zu Psalm 82: SBS 38, Stuttgart 1969.

KINET, D. 1981: Ugarit – Geschichte und Kultur einer Stadt in der Umwelt des Alten Testamentes: SBS 104, Stuttgart 1981.

KOENEN, K. 1995: Jahwe wird kommen, zu herrschen über die Erde. Ps 90-110 als Komposition: BBB 101, Weinheim 1995.

KRAUS, H.-J. 1989: Theologie der Psalmen: BK XV/3, Neukirchen-Vluyn ^{2}1989.

-- 2003: Psalmen: BK XV/1+2, Neukirchen-Vluyn ^{7}2003.

LOHFINK, N. 1987: Der Begriff des Gottesreichs vom Alten Testament her gesehen, in: ders., Studien zur biblischen Theologie: SBAB 16, Stuttgart 1993, 152-205 [zuerst in: SCHREINER, J. (Hrsg.), Unterwegs zur Kirche. Alttestamentliche Konzeptionen: QD 110, Freiburg i.Br. 1987, 33-86].

LORETZ, O. 1988: Ugarit-Texte und Thronbesteigungspsalmen – Die Metamorphose des Regenspenders Baal-Jahwe (Ps 24,7-10; 29; 47; 93; 95-100 sowie Ps 77,17-20; 114). Erweiterte Neuauflage von „Psalm 29. Kanaanäische El- und Baaltraditionen in jüdischer Sicht" (UBL 2. 1984): UBL 7, Münster 1988.

-- 1990: Ugarit und die Bibel. Kanaanäische Götter und Religion im Alten Testament, Darmstadt 1990.

-- 1999: Die Rückkehr des Wettergottes und der königlichen Ahnen beim Neujahrsfest in Ugarit und Jerusalem. „Thronbesteigung" im Blick altorientalischer Argumentationsforschung, in: KROPP, M. / WAGNER, A. (Hrsg.), ‚Schnittpunkt' Ugarit: Nordostafrikanisch / westasiatische Studien 2, Frankfurt a.M. u.a. 1999, 163-244.

-- 2002a: Psalmstudien – Kolometrie, Strophik und Theologie ausgewählter Psalmen: BZAW 309, Berlin New York 2002.

-- 2002b: Psalm 11. Gottes Thron in Tempel und Himmel. Von der altorientalischen zur Biblischen Tempeltheologie, in: ders., Psalmstudien – Kolometrie, Strophik und Theologie ausgewählter Psalmen: BZAW 309, Berlin New York 2002, 103-130.

-- 2002c: Psalm 82. Gott als Richter über Götter und Engelsfürsten. Der Rechtsfall der Götterversammlung vor Jahwe, in: ders., Psalmstudien – Kolometrie, Strophik und Theologie ausgewählter Psalmen: BZAW 309, Berlin New York 2002, 251-283.

-- 2002d: Politische Theologie des Königtums in Ugarit, Kleinasien, Assur und Israel: das juridische Theorem *„The King's Two Bodies"*, in: ders., Psalmstudien – Kolometrie, Strophik und

Theologie ausgewählter Psalmen: BZAW 309, Berlin New York 2002, 381-402.
NEEF, H.-D. 1994: Gottes himmlischer Thronrat. Hintergrund und Bedeutung von *sôd JHWH* im Alten Testament: AzTh 79, Stuttgart 1994.
-- 1998: Religionen in Israels Umwelt. Einführung in die nordwestsemitischen Religionen Syrien-Palästinas: NEB. Ergänzungsband 5 zum AT, Würzburg 1998.
-- 1999: Zu den Beziehungen zwischen Ritualen und Mythen in Ugarit: JNWSL 25/1 (1999) 109-136.
-- 2002: Deboraerzählung und Deboralied. Studien zu Jdc 4,1- 5,31: BThSt 49, Neukirchen-Vluyn 2002
NIEHR, H. 1990: Der höchste Gott. Alttestamentlicher JHWH-Glaube im Kontext syrisch-kanaanäischer Religion des 1. Jahrtausends v. Chr.: BZAW 190, Berlin New York 1990.
OTTO, E. 1988: Mythos und Geschichte im Alten Testament – Zur Diskussion einer neuen Arbeit von Jörg Jeremias: BN 42 (1988) 93-102.
PETERSEN, C. 1982: Mythos im Alten Testament. Bestimmung des Mythosbegriffs und Untersuchung der mythischen Elemente in den Psalmen: BZAW 157, Berlin New York 1982.
PODELLA, T. 1993: Der „Chaoskampfmythos“ im Alten Testament. Eine Problemanzeige, in: DIETRICH, M. / LORETZ, O. (Hrsg.), Mesopotamica – Ugaritica – Biblica. FS K. BERGERHOF zum 70. Geburtstag: AOAT 232, Kevelaer / Neukirchen-Vluyn 1993, 283-329.
PREUß, H.D. 1991: Theologie des Alten Testaments. Bd 1: JHWHs erwählendes und verpflichtendes Handeln, Stuttgart u.a. 1991, 173-183 (§ 4.3 JHWH als König).
RINGGREN, H. / SEYBOLD, K. / FABRY, H.-J., Art. מֶלֶךְ *mælæḵ* מָלַךְ *mālaḵ*: ThWAT IV (1984) 926-957.
SCHAPER, J. 2001: Die Renaissance der Mythologie im hellenistischen Judentum und der Septuaginta-Psalter, in: ZENGER, E. (Hrsg.), Der Septuaginta-Psalter. Sprachliche und theologische Aspekte: HBS 32, Freiburg i.Br. u.a. 2001, 171-183.
SCHENKER, A. 1997: Gewollt dunkle Wiedergaben in LXX? Zu den scheinbar unverständlichen Übersetzungen im Psalter der LXX am Beispiel von Ps 28(29),6, in: REVENTLOW, H. Graf (Hrsg.), Theologische Probleme der Septuaginta und der hellenistischen Hermeneutik: Veröffentlichungen der wissenschaftlichen Gesellschaft für Theologie 11, Gütersloh 1997, 63-71.
-- 2001: Götter und Engel im Septuaginta-Psalter. Text- und religionsgeschichtliche Ergebnisse aus drei textkritischen Untersuchungen, in: ZENGER, E. (Hrsg.), Der Septuaginta Psalter. Sprachliche und theologische Aspekte: HBS 32, Freiburg i.Br. u.a. 2001, 185-195.
SCHMIDT, W.H. 1966: Königtum Gottes in Ugarit und Israel, 2., neu bearbeitete Aufl.: BZAW 80, Berlin 1966.

-- 1996: Alttestamentlicher Glaube, 8., vollständig überarb. und erw. Aufl., Neukirchen-Vluyn 1996, 204-212 (§ 11 a. Das »Königtum« Gottes).
-- 1996: Die Psalmen: HAT I/15, Tübingen 1996.
-- 1998: Psalm 29: Redaktion und Rezeption, in: ders., Studien zur Psalmenauslegung, Stuttgart u.a. 1998, 85-111 [entstanden 1978].
-- 2003: Poetik der Psalmen: Poetologische Studien zum Alten Testament 1, Stuttgart 2003.
SOGGIN, J.A. 1978a: Art. מֶלֶךְ *mælæk* König: THAT I, 3., durchges. Aufl., München / Zürich 1978, 908-920.
-- 1978b: Art. משׁל *mšl* herrschen: THAT I, 3., durchges. Aufl., München / Zürich 1978, 930-933.
SPIECKERMANN, H. 1989: Heilsgegenwart. Eine Theologie der Psalmen: FRLANT 148, Göttingen 1989.
STOLZ, F. 1982: Funktionen und Bedeutungsbereiche des ugaritischen Ba'alsmythos, in: ASSMANN, J. / BURKERT, W. / STOLZ, F., Funktionen und Leistungen des Mythos. Drei altorientalische Beispiele: OBO 48, Freiburg (Schweiz) / Göttingen 1982, 83-118.
VAN DER WOUDE, A.S. 1979: Art. צָבָא *ṣābā'* Heer: THAT II, 2., durchges. Aufl., München / Zürich 1979, 498-507.
VANONI, G. 2002: Das Reich Gottes. Altes Testament, in: ders. / HEININGER, B., Das Reich Gottes. Perspektiven des Alten und Neuen Testaments: NEB-Themen 4, Würzburg 2002, 7-60.
WEINFELD, M. 1984: Art. כָּבוֹד *kāḇôḏ*: ThWAT IV (1984) 23-40.
WESTERMANN, C. 1978: Art. כבד *kbd* schwer sein: THAT I, 3., durchges. Aufl., München / Zürich 1978, 794-812.
-- 1999: Die Gliederung der Mythen, in: LANGE, A. / LICHTENBERGER, H. / RÖMHELD, D. (Hrsg.), Mythos im Alten Testament und seiner Umwelt. FS für H.-P. MÜLLER zum 65. Geburtstag: BZAW 278, Berlin New York 1999, 212-232.
WILLMES, B. 1984: Die sogenannte Hirtenallegorie Ez 34 – Studien zum Bild des Hirten im Alten Testament: BET 19, Frankfurt a.M. 1984.
-- 1990: Art. Erlösung. (I) *AT*: NBL I/4 (1990) 565-573.
-- 2000: „Denn ich bin Israels Vater" (Jer 31,9) – Zum Gottesbild Israels, in: WILLMES, B. / ZMIJEWSKI, J. / DIEZ, K., Gott als Vater in Bibel und Liturgie: Fuldaer Hochschulschriften 34, Frankfurt am Main 2000, 13-57.
WYATT, N. 1995: The Significance of *SPN* in West Semitic Thought. A contribution to the history of a mythological motif, in: DIETRICH, M. / LORETZ, O. (Hrsg.), Ugarit. Ein ostmediterranes Kulturzentrum im Alten Orient. Ergebnisse und Perspektiven der Forschung, Bd 1: Ugarit und seine altorientalische Umwelt: Abhandlungen zur Literatur Alt-Syrien-Palästinas 7, Münster 1995, 213-237.
ZENGER, E. 1986: Art. Herrschaft Gottes / Reich Gottes. II. Altes Testament: TRE 15 (1986) 176-189.

-- 1994: Das Weltenkönigtum des Gottes Israels (Ps 90-106), in: LOHFINK, N. / ZENGER, E., Der Gott Israels und die Völker. Untersuchungen zum Jesajabuch und zu den Psalmen: SBS 154, Stuttgart 1994, 151-178.

-- 2003a: Psalm 29 als hymnische Konstituierung einer Gegenwelt, in: KIESOW, K. / MEURER, T. (Hrsg.), Textarbeit – Studien zu Texten und ihrer Rezeption aus dem Alten Testament und der Umwelt Israels. FS P. WEIMAR zum 60. Geburtstag: AOAT 294, Münster 2003, 569-583.

-- 2003b: Theophanien des Königsgottes JHWH. Transformationen von Psalm 29 im Psalter, in: ders. (Hrsg), Ritual und Poesie. Formen und Orte religiöser Dichtung im Alten Orient, im Judentum und im Christentum: HBS 36, Freiburg i.Br. u.a. 2003, 163-190.

ZOBEL, H.-J. 1989: Art. צְבָאוֹת *ṣ^{e}ḇā'ōṯ*: ThWAT VI (1989) 876-892.

Die Herrlichkeitserscheinung des Königsgottes in der Prophetie

Othmar Keel
Freiburg (Schweiz)

Als ich die hier vorliegende Arbeit begann, wunderte ich mich, wie ich mich zu einer Äußerung zu diesem Thema überreden lassen konnte. Als Bewunderer der französischen Revolution und überzeugter Demokrat hatte ich für die Monarchie, die institutionalisierte Herrschaft eines Alphatiers, nie viel übrig. Was ich hier «Alphatier» nenne, umschreibt K. SEYBOLD im *mælæk*-Artikel, des ThWAT IV (1984, 933-956) mit dem Satz: „Die mit *mlk* gesetzte semantische Relation der Superiorität: der Allererste, Mächtigste, Höchste. Sie tritt in Erscheinung im Bekenntnis zur Einzigartigkeit JHWHs." Für Gesellschaften, die über Clans nie hinausgekommen sind, ist eine übergeordnete Größe, die die Clans in Schach hält, vielleicht angemessen. De facto haben diese armen Alphatiere, die mit den Vertretern und Vertreterinnen unserer konstitutionellen Monarchien kaum etwas zu tun haben, dauernd beweisen müssen, dass sie kräftiger, aggressiver und potenter sind als ihre Kollegen, und das haben sie meist mit Kriegen bewerkstelligt, die die zerstrittenen Rudel hinter ihnen vereinigten. Demokratische Gesellschaften sind selten dem Wahnsinn verfallen, einen Krieg anzuzetteln. Für eine Gesellschaft erwachsener, individuell denkender Menschen ist die Vorstellung unerträglich, alle Fäden in der Hand einer Person zusammenlaufen zu lassen.

Ich habe an der biblischen Kultur bewundert, dass sie im Gegensatz zu den altorientalischen Großkulturen wiederholt königskritische Töne produziert hat, und war über jeden Psalm froh, in dem – wie etwa in Psalm 23 – Gott nicht als König bezeichnet wird. Bisher habe ich um das Königtum JHWHs nach Möglichkeit einen Bogen gemacht.

Meine nun erzwungene Beschäftigung mit dem Thema begann ich mit einem lustlosen Blick auf den Beitrag von J.A. SOGGIN (1971, 908-920) zum Stichwort *mælæk*. Da steht unter Abschnitt 4a: „Religionsgeschichtlich und theologisch wichtig ist die Bezeichnung Jahwes als König." Dann wird eine Auswahl aus der

„beinahe unübersehbaren Literatur" geboten und dann folgt der für mich überraschende und tröstliche Satz: „Diese Bezeichnung ist verhältnismäßig selten".[1]

Wie kam SOGGIN zum Urteil, die Bezeichnung JHWHs als König sei religionsgeschichtlich und theologisch wichtig? War er da vom Befund im Psalter und psalmenähnlichen Texten beeindruckt? War er mehr von der „beinahe unübersehbaren Literatur" und den Hypothesen vom Thronbesteigungsfest JHWHs (vgl. P. VOLZ 1912; S. MOWINCKEL ²1961) bzw. vom königlichen Zionsfest (vgl. H.-J. KRAUS 1961) als vom biblischen Befund geleitet?

SEYBOLD jedenfalls überraschen zu Recht die „eher beiläufigen Erwähnungen in der prophetischen Überlieferung"[2]. Als Ausnahmen von rein beiläufigen und formelhaften Erwähnungen lässt er Jes 6,5; Jer 8,19 und etwa Mal 1,14 und Sach 4,9 gelten. Von diesen vier Stellen beziehen sich außer Sach 4,9 alle auf das präsentische Königtum. Überraschenderweise nennt er Deuterojesaja nicht, der eine relativ große Dichte entsprechender Aussagen aufweist (Jes 41,21; 43,15; 44,6; 52,7).[3]

---

1 13mal ist Jahwe Subjekt von *mlk*, davon 7mal in den *mælæk*-Jahwe Psalmen und verwandten Stücken. Von diesen 13 Stellen entfallen nur vier auf das *Corpus propheticum*: Jes 24,23; 52,7; Ez 20,33; Mi 4,7; alle vier Stellen beziehen sich auf die Zukunft; drei der vier bringen das Königtum JHWHs mit dem Zion bzw. Jerusalem in Verbindung. Was diese 13 Vorkommen anbelangt, sind sich SOGGIN und K. SEYBOLD (1984, 933-956), der den entsprechenden, viel längeren Artikel im ThWAT Bd. IV verfasst hat, einig.
Mit dem Titel *mælæk* wird JHWH nach SOGGIN 30mal, nach SEYBOLD 41mal versehen. Von den 30 Stellen SOGGINs entfallen nur sechs auf das *Corpus propheticum*: Jes 6,5; 41,21; 43,15; 44,6; Jer 8,19; Zef 3,15; nach SEYBOLD sind es 11 Stellen mehr, alle im *Corpus propheticum*. Außer Jes 6,5 und Jer 8,19 bzw. Jer 10,7.10 und Mal 1,14 beziehen sich alle Stellen auf die Zukunft.
Jes 6 ist die bekannte Vision des thronenden JHWH mit den Serafim (um 740 v. Chr.).
Die Stelle Jer 8,19 „Horch die Tochter meines Volkes schreit aus dem Lande weit und breit (vgl. Jes 33,17); ist denn JHWH nicht in Zion; ist denn ihr König nicht dort?" dürfte zu den frühen authentischen Jeremiatexten gehören und setzt die Vision von JHWH-König, der auf dem Zion thront (Jes 6), voraus.
Jer 10,7.10 präsentisch: *mælæk ha-gojim*; *mælæk 'olam* im Hinblick auf die anderen Götter; die V. 6-8 fehlen in der G, dürften also nachexilisch sein.
Mal 1,14 verflucht, wer beim Opfer JHWH betrügt, „denn ein großer König bin ich"; ebenfalls nachexilisch.
Für das präsentische Königtum bleiben also fünf Stellen im *Corpus propheticum*.
Um das Eschatologische steht es, von Deuterojesaja abgesehen, nicht viel besser.

2 K. SEYBOLD 1984, 947.

3 Ein ähnliches Bild ergibt sich, wenn man die Themen Königtum, Königsherrschaft und Reich Gottes in den frühjüdischen Schriften untersucht. Sie spielen eine äußerst bescheidene Rolle (vgl. O. CAMPONOVO 1984).

Trotz der nach SOGGIN angeblichen religionsgeschichtlichen und theologischen Wichtigkeit der Königsmetapher scheint auch er tatsächlich von der Dürftigkeit der Belege beeindruckt, wenn er die Beleg-Basis vergrößert, indem er statuiert: „Das Königtum Jahwes wird auch durch die Erwähnung seines Thrones (*kisse'*) hervorgehoben".[4] Tatsächlich dreht sich etwa in der so genannten Thronfolgegeschichte alles darum, wer auf dem Throne Davids sitzen wird. Das Thronen bei der Audienz ist die auffälligste Position und das sicherste Attribut des Königtums.

Von den elf Stellen, die er nennt, entfallen wiederum gut die Hälfte, sechs, auf die Psalmen und fünf auf das *Corpus propheticum* (Jes 6,1; 66,1; Jer 3,17; 17,12; Ez 1,26). K. SEYBOLD (1984, 947) nennt die gleichen Stellen.

Die Stellen, die von einem präsentischen Königtum sprechen, werden so zahlenmäßig nur gering vermehrt; zu Jes 6 und Jer 8,19 gesellen sich Jer 17,12; Jes 66,1 und, immerhin, der wichtige Visionstext Ez 1.

Vielleicht könnte man die Basis noch etwas erweitern, indem man zusätzlich den Begriff des *Thronens* hinzunimmt, wenigstens jene Stellen, wo sich bei *jošeb* ein königliches Thronen nahe legt, etwa in der Kombination *jošeb k^erubim*. Aber von den sieben Belegstellen entfällt höchstens die Jesajaerzählung Jes 37,16 auf das *Corpus propheticum*. In Ez 9-11 spielt ein Kerub bzw. spielen Kerubim im Pl. eine Rolle. In 10,15 und 20 werden sie mit den Wesen von Ez 1 identifiziert, einem Text, in dem durch das Stichwort «Thron» JHWH als König zu sehen insinuiert wird.

Bei der Suche nach den Anfängen der JHWH-König Metaphorik sagt SEYBOLD: „Haft- und Ausgangspunkt [scl. der JHWH-*mlk*-Aussage] scheint – nach Ps 24; Jes 6 – kultsymbolisch Lade und Kerubenthron im Jerusalemer Tempel gewesen zu sein" (1984, 949). Die Lade kommt über die Interpretation von Ps 24 als Reflex einer Ladeprozession ins Spiel. Meiner Meinung nach hat die Lade mit dem Königtum JHWHs nichts zu tun. Der Kerubenthron ja, aber von ihm ist in Jes 6 nicht die Rede.

M.E. ist es immer noch vernünftig das Kerubenpaar im Ersten Tempel mit dem Prädikat Kerubenthroner zu verbinden und die Tempelkeruben des Ersten Tempels als leeren Thron zu verstehen.

Bevor wir uns den Keruben zuwenden, soll doch noch ganz kurz betont werden, dass es von Bedeutung ist, dass man den Titel «König», wo er nicht explizit verwendet wird, meidet, auch dort, wo man JHWH königliche Attribute zuspricht. Dass ein ganzes

---

4 J. A. SOGGIN 1971, 916.

Prophetenbuch wie Ezechiel (von einer sekundären Stelle abgesehen) den Titel konsequent ignoriert, hängt wohl damit zusammen, dass man von den konkreten Königen zutiefst enttäuscht war (vgl. etwa Ez 19). Der Verfassungsentwurf des Ezechielbuchs sieht keinen irdischen König mehr vor, sondern nur einen «Fürsten» und will diesen vom Tempel weit entfernt wohnen lassen. Zwar spielt JHWH natürlich auch bei Ezechiel den für Welt und Geschichte Verantwortlichen. Aber man muss dabei nicht an einen König denken, die Königsmetapher nicht notwendig verwenden, wenn man sich diese Verantwortlichkeit vorstellt. «Schöpfer», «Vater», «Richter» etwa sind geeignetere Metaphern, weil sie Verdienste und Funktionen klarer bezeichnen als das Stichwort «König», das wie SEYBOLDs Umschreibung im ThWAT zeigt, eher eine mit Prätention und Pomp verbundene *Stellung* anzeigt. Das gleiche gilt für «Herr». Im Folgenden sollen kurz die Attribute diskutiert werden, die die Metapher «König» kultisch und visionär vergegenwärtigen.

Die Kerubim-Skulpturen im Allerheiligsten

Der Debir wurde nach 1 Kön 6,19 eingerichtet, um die Lade des Bundes JHWHs aufstellen zu können. Aber das ist deuteronomistisch gedacht; architektonisch und visuell wurde der Debir vom Kerubenpaar bestimmt. Die Masse der Kerubim stellten die kleine Lade völlig in den Schatten. Das Wort *k^{e}rub* Pl. *k^{e}rubim* ist dem akkad. *karibu* / *kuribu* eng verwandt, das eine skulptierte mythische Türhüterfigur bezeichnen kann (HALAT II 473; vgl. T.N.D. METTINGER ^{2}1999, 189-192). Diese haben gelegentlich genau gleich ausgesehen (**Abb. 1**), wie man sich heute aufgrund der biblischen Angaben und der zeitgenössischen Ikonographie die Kerubim vorstellt. Über die Kerubim wird in 1 Kön 6,23-28 (= 2 Chr 3,10-13) relativ ausführlich berichtet.[5] Man erfährt, dass sie aus «Ölholz» (Oliven, Pinien?) gefertigt, mit Gold überzogen und 10 Ellen (ca. 5 m) hoch waren. Ausführlich wird die Stellung der Flügel beschrieben. Sie standen offensichtlich parallel, blickten zum Hauptraum hin und die «inneren» Flügel berührten einander. Im Übrigen wird vorausgesetzt, dass das Aussehen und die Funktion von Kerubim bekannt sind. Der Ausdruck *jhwh jošeb ha-k^{e}rubim* «JHWH, der auf den Keruben sitzt/thront» (1 Sam 4,4; 2 Sam 6,2; 2 Kön 19,15 = Jes 37,16; Ps 80,2; 99,1; 1 Chr 13,6) legt

[5] Vgl. O. KEEL 1977, 15-45.

nahe, die parallel stehenden Kerubim als Thronträger bzw. Thron zu interpretieren.

Flavius Josephus sagt: „Niemand kann sagen oder sich vorstellen, wie sie (die Kerubim) aussahen" (Ant. 8,73). Vielleicht versucht er damit dem Vorwurf den Boden zu entziehen, Salomo habe das Bilderverbot übertreten. Die Texte verraten uns über ihr Aussehen mehrfach, dass sie Flügel hatten. Das Menschen- und Löwengesicht in Ez 41,18f. lassen vermuten, dass es sich um Mischwesen handelte. Während 2000 Jahren hat man sie sich in der Regel als Menschen mit Flügeln vorgestellt. Bekannte Forscher wie Th.A. BUSINK haben an dieser Vorstellung auch im 20.Jh. noch festgehalten.[6] Seit der Wiederentdeckung der altorientalischen Welt hat man sie aber in zunehmendem Masse mit geflügelten Sphingen (Löwenleib und Menschenkopf) oder ähnlichen Mischwesen identifiziert.[7] Vor allem hat ein kleiner Aufsatz des berühmten, eher konservativen Archäologen und Bibelwissenschaftlers W.F. ALBRIGHT geholfen, dieser Auffassung zum Durchbruch zu verhelfen.[8] Er hat auf den Ahirom-Sarkophag aus Byblos hingewiesen (**Abb. 2**). Die geflügelten Mischwesen, die da als Thron den König tragen, würden plausibel das Epitheton «der auf den Kerubim thront» visualisieren. Man kann sich tatsächlich schwer vorstellen, wie der anthropomorphe JHWH auf anthropomorphen Wesen thronen soll. Der Ahirom-Sarkophag ist schwer zu datieren. Das berühmte Megiddo-Elfenbein mit dem Stadtfürsten (**Abb. 3**) zeigt, dass diese Art von Thron schon am Ende des 13. oder zu Beginn des 12. Jh. v. Chr. in Palästina bekannt war. Im gleichen Hortfund wie diese Ritzzeichnung wurde eine Miniaturskulptur mit dem gleichen Motiv gefunden (**Abb. 4**). Leider ist die Figur, die auf dem Thron saß, teilweise weg gebrochen.[9] Nebst der Funktion von Thronträgern nahmen die biblischen Kerubim Wächterfunktionen war. Auch in diesen zeigt uns die Ikonographie die geflügelten Sphingen (**Abb. 5-9**).

H.A. LAYARD (1850, 43) hat die monumentalen Wächterfiguren (Abb. 1), die ab 1843 in Chorsabad und Nimrud ausgegraben wurden, hymnisch beschrieben: „Welche erhabenere Bilder hätten der Natur entlehnt werden können von Leuten, welche ohne Hilfe

---

6 Vgl. Th. A. BUSINK 1970, 198 Abb. 60; vgl. auch M. METZGER 1985, 343, der sich die Kerubim zwar mischgestaltig aber auf den Hinterbeinen stehend vorstellt, so dass sie wie Menschen wirken.

7 Vgl. z. B. A. JEREMIAS ^{3}1916, 99f. Abb. 38f.

8 Vgl. W. F. ALBRIGHT 1938, 1-3.

9 Zu weiteren, weniger eindeutigen Belegen vgl. O. KEEL / Chr. UEHLINGER ^{5}2001, 190f.

der geoffenbarten Religion, ihre Begriffe von Weisheit, Macht und Allgegenwart eines höchsten Wesens zu verkörpern suchten? Für Verstand und Kenntnis konnten sie kein besseres Musterbild finden als den Kopf des Menschen, für Kraft den Körper des Löwen, für die Allgegenwart die Schwingen des Vogels." Diese Deutung scheint plausibel. Sie klingt u.a. bei O. EISSFELDT nach, wenn er den Kerubenthroner «Herr über die stärksten körperlichen und geistigen Mächte» nennt.[10] Stutzig müsste schon die bekannte Tatsache machen, dass nach altorientalischer Vorstellung und noch nach Aristoteles die geistigen Kräfte im Herzen und nicht im Kopf lokalisiert waren. „In sehr vielen Fällen hat das Mischgestaltige ... den Charakter des grauenerregend Schrecklichen."[11] Wenn wir die Zusammenhänge beachten, in denen die «Kerubim» in neuassyrischen Zusammenhängen auftauchen, bestätigt sich diese Feststellung. Der Kerub erscheint als ein aggressives, gefährliches Wesen, das die Vegetation als Lebensgrundlage bedroht (**Abb. 10**) und von Göttern und Helden bekämpft (**Abb. 11**) und vom «Herrn der Tiere» gebändigt wird (**Abb. 12-13**). Im gleichen Elfenbein-Hortfund aus Megiddo, in dem die zwei Kerubenthron-Darstellungen von Abb. 3-4 gefunden worden sind, ist auch eine Kerub-Darstellung aufgetaucht, die von der Forschung allerdings nie als solche bezeichnet worden ist (**Abb. 14**). O. EISSFELDT hat vielmehr vorgeschlagen, darin ein Bild des gefährlichen Wüstendämons Asasel von Lev 16,8.10.26 zu sehen.[12] Auf eine freche, wilde Erscheinung dieser Gestalt deutet das Element *'azaz* «stark, frech sein». Das Megiddo-Elfenbein von Abb. 13 gehört in Stil und Thematik in die Nähe mittelassyrischer Rollsiegel des 13. und 12. Jh. v. Chr., die öfters Szenen zeigen, in denen Keruben und ähnliche Mischwesen Haustiere angreifen (**Abb. 15**), die gelegentlich von einem Schutzgenius dieser Tiere verteidigt werden (**Abb. 16**).[13] Keruben sind also weniger als geistvolle Verkörperungen höchster Eigenschaften, sondern eher als eine Art gefährlicher Kampfhunde zu verstehen, die im Dienste anderer gefürchtet und gehasst sind, im eigenen Dienst aber eine «Waffe» darstellen, die Respekt verschafft, so wie Löwen gefürchtet und gehasst sind, aber am Eingang von Tempeln und Palästen postiert, diesen Respekt verschaffen.[14] Besiegte, unterworfene und domestizierte Feinde tierischer und menschlicher Art sind mit Vorliebe am Tor

---

[10] O. EISSFELDT 1950, 87; vgl. auch O. KEEL [5]1996, 150.
[11] R. MERZ 1978, 270.
[12] Vgl. O. EISSFELDT 1950, 85-93.
[13] Vgl. zum Ganzen O. KEEL 2003, 211-236.
[14] Vgl. H. WEIPPERT 1988, 15-18.

platziert oder, wie im Falle des Kerubenthrons, gar als Thronträger eingesetzt worden.[15]

Götter und Göttinnen als Kerubenthroner und -thronerinnen sind im phönizischen und zyprischen Bereich erst ab dem 7. Jh. v. Chr. häufiger zu finden. Da werden sie durch einen leeren Thron oder einen Thron mit einem nicht-figurativen Symbol oder mit einer anthropomorphen Figur darauf dargestellt.[16] Ein schöner Beleg ist eine 73 cm hohe Skulptur des 7. Jh. v. Chr. aus dem südlichen Küstengebiet des Libanon (**Abb. 17**). Aus der Häufigkeit im 7./6. Jh. v. Chr. kann aber nicht geschlossen werden, dass Kerubenthrone als Götterthrone vorher ganz und gar unbekannt waren. Funde aus dem phönizischen Mutterland aus älterer Zeit sind generell eher selten, weil die wichtigsten Städte Tyrus und Sidon bis heute bewohnt und für archäologische Grabungen unzugänglich sind. Schon O. EISSFELDT hat vermutet, dass das Amulett mit dem Kerubenthron von Abb. 4 einen Götterthron darstellt.[17]

Es ist auffällig, dass in der großen Vision von Jes 6 die Kerubim nicht erwähnt werden. Man kann sie sich unter den «Säumen» verborgen denken. Vor allem aber handelt es sich in Jes 6 nicht um eine Reiseführer-Beschreibung des Tempels von Jerusalem, sondern um eine Vision.

Aufgrund der Angaben in 1 Kön 6,23-28 (= 2 Chr 3,10-13) und des ikonographischen Belegmaterials, vor allem einer zyprischen Terrakotta (**Abb. 18**), kann man sich den Kerubenthron etwa so wie auf der Rekonstruktionszeichnung von **Abb. 19** vorstellen.

Die bleibenden Fragen sind, ob zuerst nur die Lade im Allerheiligsten stand und der Kerubenthron erst später dazugekommen ist und ob er leer war oder ein Gottesbild darauf saß. Diese Fragen sind nicht eindeutig und schlüssig zu beantworten, da eindeutige Informationen fehlen. Man kann nur mit mehr oder weniger guten Gründen für die eine oder andere Variante plädieren.

Leere Stühle sind für das 10./9.Jh. v. Chr. für Nordsyrien als Sonnenthrone belegt (**Abb. 20-21**). Sie werden von Mischwesen getragen, die *in puncto* Gestalt und Funktion den *ḥajjot* sehr ähnlich sind, die Ezechiel in seiner großen Vision sieht (Ez 1,5-7), und über denen JHWH als eine Art Sonnengott erscheinen wird. Ez 10 identifiziert diese Wesen etwas gewaltsam mit den Kerubim (bes. V. 15b.20). Vielleicht hat im vordavidischen Jerusalemer

---

[15] Vgl. dazu S.M. MAUL 2003, 47-71.

[16] Vgl. E. GUBEL 1987, 37-84; O. KEEL ^{5}1996, 142f. Abb. 221f.; 149f. Abb. 231f.; O. KEEL 1977, 32.

[17] Vgl. O. EISSFELDT 1950, 1-4; jetzt in: O. EISSFELDT 1966, 85-93, bes. 87.

Sonnenheiligtum ein leerer Stuhl oder Thron als Sitz des Sonnengottes gestanden. Wir können darüber nur spekulieren. Auf mittelassyrischen Siegeln des 13.Jh. v. Chr. scheint gelegentlich ein leerer Thronstuhl den Sonnengott kultisch zu repräsentieren. Die geflügelte Scheibe, die darüber schwebt, scheint das anzudeuten (**Abb. 22**).[18] Vielleicht hat man im Rahmen dieser Tradition zusätzlich zur Lade für JHWH einen leeren Kerubenthron ins Debir gestellt. Die von F. ZEEB vorgeschlagene Ableitung des leeren Throns aus Assur ist gegenstandslos.[19] Die nordsyrischen Belege haben keine Vorbilder in Assur und der Gott Assur wurde nicht bildlos verehrt.[20]

In 1 Kön 8,7, einer Glosse, wird eine Funktion der Kerubim genannt, die sich mit der Gestalt als geflügelten Sphingen kaum verbinden lässt: „Ja (*ki*) die Kerubim breiteten (*porᵉśim*) die Flügel über den Ort der Lade und bedeckten schützend (*wa-jasokku*) die Lade und ihre Stangen von oben“ (1 Kön 8,7). Diese Aussage ist eindeutig von der priesterschriftlichen Charakterisierung der Kerubim in Ex 25,20 abhängig.[21]

Nicht nur im Zusammenhang des Tempels, sondern auch sonst erscheinen Kerubim als Schützer und Wächter, etwa des Gartens Eden (Gen 3,24; vgl. Ez 28,14.16) und des sakralen Baumes (1 Kön 6,29.32.35; vgl. 2 Chr 3,7; Ez 41,17-25). Geflügelte Sphingen als Wächter, z.B. am sakralen Baum, schützen diesen, wenn sie einen Schutzgestus machen mit erhobener Pfote (Abb. 5 und 8-9), nicht mit den Flügeln. Gestalten, die den sakralen Baum oder sonst einen heiligen Gegenstand mit den Flügeln schützen, sind anthropomorph (**Abb. 23**). Gelegentlich ist das Hinterteil theriomorph, aber auch dann stehen sie auf den Hinterbeinen aufgerichtet wie Menschen (**Abb. 24**).[22]

So stellt sich wohl auch die Priesterschrift die nicht mehr parallel zueinander sondern antithetisch aufgestellten Keruben anthropomorph vor.

Die Auffassung der Keruben als Thronträger (Abb. 2-4), die aus dem Bereich des ägyptischen Königtums stammt,[23] zeigt die enge Verbindung der Kerubim mit der Vorstellung vom Königtum. Wenn man dem salomonischen Tempel den Kerubenthron zugesteht, macht es wenig Sinn, die Königsprädikation für JHWH erst

---

[18] Vgl. D.M. MATTHEWS 1990, Abb. 454-463.465-467.
[19] Vgl. F. ZEEB 2002, 906.
[20] Vgl. A. BERLEJUNG 1998, 539 s.v. *Aššur*.
[21] Vgl. E. WÜRTHWEIN 1977, 87.
[22] Vgl. auch L. DELAPORTE 1910, Pl. XX, 467.
[23] Vgl. O. KEEL 1977, 31 Abb. 13-14.

im 8. Jh. entstanden sein zu lassen, auch wenn der älteste Textbeleg erst vom Ende des 8. Jh. stammen sollte (Jes 6,5). Der Langraum-Tempel, der die Distanz betont, und der monumentale Kerubenthron prädizierten JHWH ebenso machtvoll und eindringlich als königlichen Herrscher wie das ein JHWH-König Hymnus leisten konnte. „Die Vorstellung von Jahwe dem König dürfte mit dem Jerusalemer Tempelbau entstanden sein: Sie ist nicht genuin jahwistisch, sondern kanaanäisch-jebusitisch vermittelt“.[24]

Die große Vision von Jesaja 6

Damit sind wir bei den paar Versen von Jes 6, über die jedes Jahr Bücher geschrieben werden. Jes 6,5 wird, wie gesagt, von vielen Exegeten und Exegetinnen als älteste Stelle gewertet, an der von einem Königtum JHWHs die Rede ist.

Das Königtum ist hier eng mit dem Tempelpalast verbunden und erstreckt sich über die ganze Erde, nicht nur auf den Einflussbereich Jerusalems. Im Gesang der Serafim ist JHWH als Schöpfer fest etabliert. Der erste Teil betont die abgehobene Heiligkeit JHWHs, die Vertikale, um mit F. HARTENSTEIN zu reden.[25] Auf einem hohen und zusätzlich durch ein Podest (?) emporgehobenen Thron sitzt der König JHWH von schützenden Uräen (Serafim) umgeben, die ihre ungewöhnlich große Zahl von Flügeln aber nicht wie erwartet dazu benützen ihren Herrn zu schützen, sondern sich damit selber gegen die unerträgliche Heiligkeit JHWHs abschirmen, die sie mit ihrem schlangenhaft zischenden *qadosch, qadosch, qadosch* bekennen.[26] Der zweite Teil ihres Gesangs markiert im Gegensatz zur ersten Hälfte die Horizontale: „Die Fülle der ganzen Erde (das, was die Erde füllt,) ist seine Herrlichkeit.“[27] Diesmal erstreckt sich die Horizontale nicht wie der Saum des göttlichen Gewandes nur über das Tempelgebäude, sondern über das ganze Land bzw. die ganze Erde.[28] Die Doxologie am Schluss von Ps 72: „Von seiner Herrlichkeit werde die ganze Erde erfüllt!“ (V. 19) klingt sehr ähnlich, besagt aber etwas ganz anderes: Seine Herrlichkeit soll gleichsam vom Himmel her die ganze Erde überstrahlen. Hingegen ist nach Jes 6,3b seine Herrlichkeit auf Erden,

---

[24] E. ZENGER 1986, 178; zustimmend zitiert bei B. JANOWSKI 1989, 424 Anm. 132.
[25] Vgl. F. HARTENSTEIN 1997, 41-109.
[26] Zu den Serafim in Jes 6 vgl. O. KEEL 2001, 246-261.
[27] Vgl. Dtn 33,16 «Fülle»; Ps 24,1.8ff. *mælæk ha-kabod.*
[28] Vgl. K. SCHMID 2002, 228-236.

weil alles, was die Erde füllt, von der Herrlichkeit JHWHs zeugt. In einer dem Gesang der Serafim ungefähr zeitgenössischen Inschrift aus Chirbet Bet Lej, 8 km östlich von Lachisch, findet sich das Bekenntnis: „JHWH ist der Gott des ganzen Landes / der ganzen Erde (*ᵓᵆlohej kol-haᵓaræṣ*). Die Berge Judas (gehören) dem Gott von Jerusalem (*harej jehudah lo lelohe jeruschalem*).“[29] «Jerusalem», «Berge Judas» und «Land» bzw. «Erde» bilden in der Inschrift von Chirbet Bet Lej horizontale, konzentrische Kreise, in deren Mitte JHWH thront. In Jes 6 ist JHWH nicht der Gott von Jerusalem und *ᵓaræṣ* dürfte der Botschaft des ganzen Buches entsprechend nicht auf das Land Juda beschränkt sein, sondern die ganze Erde im Auge haben. Durch das Zusammentreffen der Vertikalen des erhöhten Thrones des «Heiligen Israels» mit der Horizontalen der ganzen Erde entsteht ein Zentrum, das JHWH einnimmt und von dem aus er die Erde und das Geschehen auf ihr beherrscht, also als König über die ganze Erde erscheint.

Hinter der Aussage von der Fülle der Erde, die JHWHs Kabod ist, steht fast notwendig die Vorstellung von JHWH als Eigentümer, weil Schöpfer der ganzen Erde. In einer Reihe von Psalmen werden die Tatsache der Erschaffung und das Eigentumsrecht eng aufeinander bezogen.[30] Beide Tatsachen begründen seinen Ruf und machen seine Herrlichkeit sichtbar.

Die große Vision Ezechiels von JHWH als Himmelsgott

Das Ezechielbuch kennt eine Reihe datierter Wortereignisse und Visionen, die meisten aus dem 16.-18. Jahr Nebukadnezzars[31] und d. h. aus den Jahren 588-586 v. Chr. Zwei große Visionen und ein Wortereignis (Ez 1,2; 8,1; 20,1) sind deutlich früher angesetzt, nämlich ins 11.-13. Jahr Nebukadnezzars, d. h. in die Jahre 594-592 v. Chr. Sie beschäftigen sich mit der Präsenz JHWHs bei den Exilierten und den theologischen Voraussetzungen für diese Präsenz, also mit einer Thematik, die von der der undatierten Zeichenhandlungen und Bildreden, die sich mit den Zuständen in Juda und dem drohenden Untergang beschäftigen, deutlich verschieden ist.

---

[29] J. RENZ / W. RÖLLIG 1995, 245f.; zum Ausdruck «Gott der ganzen Erde» als Interpretation von *JHWH ṣᵉbaᵓot* vgl. Jes 54,5.

[30] Vgl. Ps 24,1f.; 74,16f.; 89,12f.; 95,4-7; 100,3; 115,15f.; vgl. M. METZGER 1983, 37-51.

[31] Vgl. Ez 24,1; 26,1; 29,1; 30,20; 31,1; 32,1.17; 33,21.

Die große Schau des im Himmel thronenden JHWH in Ez 1,5-28 eröffnet jetzt die Berufung des Propheten.[32] Die komplizierte Datierung in Ez 1,1-2 ist wohl am ehesten so zu deuten, dass sie die Vision ins 30. Lebensjahr Ezechiels, ins 5. Jahr der Deportation Jojachins datiert, also ins Jahr 593 v. Chr. Bei dieser Vision ist ziemlich deutlich, dass ein Grundbestand sekundär ausgebaut und angereichert worden ist, wenn auch umstritten bleibt, welche Teile genau und in welchem Umfang dazuzurechnen sind. So gut wie sicher gehört die Beschreibung der Räder in 1,15-21 zu diesen Ergänzungen. Sie haben in der jüdischen Überlieferung zur Benennung der Vision als der vom «(göttlichen Thron-)Wagen» (*mærkabah*) geführt.[33] Dieser wurde zum Ausgangspunkt gelehrter mystischer Spekulationen.[34] In Ez 10 ist die Vision von 1,1-3,15 wieder aufgenommen. Die vier namenlosen Lebewesen (*ḥajjot*) aus Ez 1 werden da den traditionellen Kerubim gleichgesetzt. Wahrscheinlich haben es Spätere als störend empfunden, dass JHWH in jeder Schilderung seiner königlichen Majestät von anderen Wesen begleitet wird (Kerubim, Serafim, *Ḥajjot*).

Der Grundbestand der Vision von 1,4-28 weist sich durch zahlreiche Indikatoren wie «rechts» und «links» und «unten» und «oben» als Bildbeschreibung aus. Sie beschreibt vier menschengestaltige Wesen mit vier Flügeln und Stierfüßen, über deren Köpfen eine Platte (*raqia'*) sichtbar ist, über der ein Lapislazuligebilde aufragt, das wie ein Thron aussieht, auf dem ein Wesen sitzt, das einem Menschen gleicht. Die Komposition, die diese Vision voraussetzt, ist von zahlreichen neuassyrischen und achämenidischen Siegeln her bekannt (**Abb. 25-26**).[35] Sie zeigt im Wesentlichen zwei Himmelsträger, die die geflügelte Scheibe, d. h. den Himmel mit dem Sonnengott, hochheben.[36] Es handelt sich ursprünglich also um eine Sonnengott-Komposition. Die Gestalt im Zentrum von Abb. 25 ist überdeutlich als Sonnengott charakterisiert, so durch die Flügel und den Schwanz, die sie von der geflügelten Sonnenscheibe übernommen hat, und durch die beiden Köpfe, die sie flankieren und die «Recht» und «Gerechtigkeit» darstellen. Typisch für eine Sonnengottheit ist auch das Pferd, auf dem sie steht (**Abb. 27**). Auch die beiden stierfüßigen Genien, die die Flügel bzw. die Himmelsfeste stützen, gehören seit alters zu Sonnen-

---

32 Zu dieser Vision vgl. W. ZIMMERLI 1969, 1-85; O. KEEL 1977, 125-273.
33 Vgl. 1 Chr 28,18; Sir 49,8; mChagiga 2,1.
34 Vgl. G. SCHOLEM 1972, 1386-1389.
35 Vgl. weiter O. KEEL 1977, 207-216; Chr. UEHLINGER / S. MÜLLER TRUFAUT 2001, 153f.
36 Vgl. R. MAYER-OPIFICIUS 1984, 190-236.

gottheiten. Die vier Köpfe (Geier bzw. Adler, Löwe, Stier und Mensch), die in Ez 1 erwähnt werden, finden sich als Köpfe von Himmelsträgern schon auf den Tempelreliefs von Ain Dara aus der Zeit um 1300-1000 v. Chr. (**Abb. 28**,1-3). Es ist denkbar, dass schon im 10. Jh. v. Chr. ähnliche Vorstellungen in Jerusalem heimisch geworden sind (vgl. auch Abb. 20-21) und dem gelehrten Ezechiel noch bekannt waren. Vielleicht verkörpern die verschiedengesichtigen Himmelsträger die vier Himmelsrichtungen bzw. die vier Winde; der große Vogel den Osten, der die Sonne empor trägt, der Löwe den Süden bzw. den glühenden Südwind, der Stier den fruchtbaren Nordwind und das Menschengesicht den Westen (vgl. Ez 1,10). Dass jetzt jedes Wesen alle diese vier Gesichter hat, ist wohl auf die visionäre Steigerung zurückzuführen, die auch in der Vision von Jes 6 die ikonographisch belegten vier Flügel auf sechs erhöhte.

Wie die Vision in Jes 6 geläufige Motive nicht einfach 1 : 1 übernimmt, so auch Ez 1 nicht. Die Hauptgestalt, die in Ez 1 geschaut wird, ist nicht Teil des Himmels, wie die Sonnengottheit der Abb. 25-26. *Über* der Himmelsfeste ist in Ez 1 etwas wie ein Thron zu sehen, und auf dem Thron sitzt einer wie ein Mensch. Es ist also eine Gestalt, die sich nicht in die sichtbare Welt integriert, sondern über dieser manifestiert und der so, wenn auch vorerst nur räumlich, Transzendenz eignet.

Im übrigen weist der Grundbestand der großen Gottesschau von Ez 1 im Vergleich zur Vision von Jes 6 zwei gewichtige Unterschiede auf. Zum einen ist die Ikonographie von Ez 1 eindeutig vorderasiatisch und nicht ägyptisch (Serafim) inspiriert, wie die von Jes 6. Zum anderen thront Gott nicht wie in Jes 6 – wenn auch überdimensioniert – im Tempel von Jerusalem, sondern über der Himmelsfeste. Bereits in dieser Vision ist Gott viel eindeutiger vom Jerusalemer Tempel dissoziiert als in Jes 6, obgleich der Auszug aus dem Tempel erst in der großen Vision von Ez 8,1-11,25 eindeutig geschildert wird.

Christoph UEHLINGER und Susanne MÜLLER TRUFAUT haben den Versuch vorgelegt, Ez 1 literarkritisch zu analysieren, die einzelnen Fortschreibungen literarkritisch genau abzugrenzen und zu datieren und mit entsprechenden zeitgenössischen ikonographischen Phänomenen zu korrelieren[37]. Eine interessante und der Sache durchaus angemessene Fragestellung. Ein Problem dabei ist die Frage, ob das vorhandene literarische und ikonographische Material ausreicht, diese anspruchsvollen Fragen zu beantworten.

---

[37] Vgl. Chr. UEHLINGER / S. MÜLLER TRUFAUT 2001, 140-171.

Auf den S. 151f. haben sie ihre Resultate benutzungsfreundlich aufgelistet. Einige ihrer Einsichten übernehme ich dankbar, so z.B. dass Ez 10 – entgegen älteren Auffassungen, z.B. W. ZIMMERLIS und meiner – nicht nur von Ez 1 abhängig sein dürfte, sondern in einzelnen Punkten seinerseits wieder auf Ez 1 zurückgewirkt hat, so wenn die Augen, die in Ez 10,12 wie beim Bes Pantheos (**Abb. 29-30**) über den Leib der Mischwesen verteilt sind, in Ez 1,18 befremdlicherweise auf den Rädern erscheinen.[38]

Andere Resultate hingegen kann ich nicht nachvollziehen, so z.B. die Behauptung „the single cherub or paired cherubim, i. e. human-faced winged lions ... are not known in Mesopotamian iconography before the late Persian period“[39]. So wie ich den Satz verstehe, ist er einfach falsch, denn „human faced winged lions“ gab es in Mesopotamien vom 9.-6. Jh. v. Chr. reichlich und nicht erst in spätpersischer Zeit (vgl. z.B. die Abb. 1, 10-13, 15-16). Was es nur sehr selten und hauptsächlich in achämenidischer Zeit gab, sind geflügelte Löwen *ohne* Menschengesicht.[40] Vielleicht liegt eine Verwechslung vor.

Nach 1,13G war zwischen den vier Wesen ein Gebilde aus brennenden Feuerkohlen und Fackeln zu sehen, das zwischen ihnen hin- und herging und aus dem Blitze zuckten. Nach M hatten die vier Wesen ein Aussehen wie von Kohlen und Fackeln, das sich dann aber als Glanz (*nogah*) verselbständigt, aus dem Blitze zucken.

Galgal, ofan, ofannim, die verschiedenen Bezeichnungen von radähnlichen Phänomenen oder schlicht Rädern, die in Ez 1,13.15-21 und 10,9-17 beschrieben werden, werden von UEHLINGER und MÜLLER TRUFAUT als *features 7-8* und *10* aufgelistet und als Fortschreibungen dem 4. Jh. zugewiesen. Sie haben eine Anzahl von Rollsiegelbildern gesammelt, die sie mit diesem Zug der Vision korrelieren. Das ist interessant. Von den acht abgebildeten Illustrationen stammen vier aus neuassyrischen Zeit, aus dem 8. und 7. Jh. v. Chr., und vier aus achämenidischer Zeit, d. h. aus dem 6.-4. Jh. Das Motiv ist jedenfalls nicht geeignet, etwas zur genaueren Datierung der Fortschreibung beizutragen. Sind sie geeignet das Verständnis der «Räder» zu fördern? Die neuassyrischen Belege kombinieren ein Gebilde, das man als «Rad», als «Strahlenkranz» oder als «Rosette» bezeichnen kann, in der Regel mit einem Stier

---

[38] Vgl. dazu Chr. UEHLINGER / S. MÜLLER TRUFAUT 2001, 147-150.
[39] Chr. UEHLINGER / S. MÜLLER TRUFAUT 2001, 153.
[40] Vgl. O. KEEL / U. STAUB 2000, 9-15.

(**Abb. 31-33**)[41], gelegentlich mit zwei Stieren (**Abb. 34**).[42] Mindestens einmal erscheinen statt eines Stiers ein Capride und ein Beter (**Abb. 35**).[43] Auf **Abb. 36** bekämpft ein Bogenschütze den Stier. Das wirft die Frage auf, ob Stier, Bogenschütze und «Rad» für astrale Phänomene und Konstellationen stehen. Ein Bogenschütze und ein geflügelter Stier sind zusammen mit einer geflügelten Sonnenscheibe und allerhand Symbolen, die astral gedeutet werden können, schon auf einem assyrischen Rollsiegel aus dem 9. Jh. v. Chr. zu finden (**Abb. 37**).[44] Die Szenen können astral, sie können aber auch anders gedeutet werden. Bogenschütze und (Wild-)Stier können auch den siegreichen Kampf gegen Chaosmächte darstellen.[45] In einem wahrscheinlich astralen Kontext erscheint das «Rad» auf einem neuassyrischen Siegel, das in Samos gefunden worden ist, wo es in einer Kolumne aus Neumond, Raute und Fisch als unterstes Symbol erscheint (**Abb. 38**). Eine weitere singuläre Konstellation mit zwei Verehrern, die einen Strahlenkranz («Rad») mit einem Krieger im Zentrum flankieren (**Abb. 39**), ist von UEHLINGER und MÜLLER TRUFAUT mit einem astrologischen Text in Beziehung gesetzt worden, der mit den Worten beginnt: „Wenn Sin von einem Strahlenkranz (Halo) umgeben ist und Ninurta (Saturn) darin steht ...“.[46] Wenn die Beziehung zwischen Bild und Text akzeptiert wird, meint der Strahlenkranz den Mond. Auf einem Freiburger Siegel erscheint eine geflügelte Scheibe, wahrscheinlich die Sonne, mit mindestens einem Stück Strahlenkranz über einem Stier, der von zwei Verehrern flankiert ist (**Abb. 40**).

Auf den achämenidischen Beispielen ist das «Rad» immer unter der geflügelten Scheibe platziert und mit dem ursprünglich typisch neubabylonischen Helden kombiniert, der einen Löwen bändigt (**Abb. 41-44**). Die Kombination der geflügelten Scheibe mit dem «Rad» ist interessant, denn wir haben hier mindestens zwei Elemente, die an Ez 1 erinnern: Die geflügelte Scheibe, die den Himmel repräsentiert, und eine gewisse Nähe zur ezechielschen «Feste» *(raqiaʿ)* hat *und* das «Rad». Allerdings ist es ein isoliertes

---

41 Vgl. auch B. BUCHANAN 1966, Nos. 588-589.
42 Vgl. E. PORADA 1948, No. 646.
43 Zu einer «Rosette», die von zwei Keruben flankiert und geschützt wird, s. Ch.K. WILKINSON 1975, 19f. Abb. 1b.
44 Für eine ähnliche Konstellation mit ungeflügeltem Stier vgl. auch D. COLLON 2001, Pl. II 20.
45 Vgl. unsere Abb. 10 und die bei D. COLLON 2001, Pl. I-V zu findenden Bogenschützen.
46 Vgl. Chr. UEHLINGER / S. MÜLLER TRUFAUT 2001, 156; der Text bei H. HUNGER 1992, No. 154.

Rad, das im Gegensatz zu den ezechielschen Rädern nicht die Vorstellung eines Wagens evoziert. Die Bedeutung, die in achämenidischer Zeit Götterwagen spielten[47], sollte bei der Interpretation der vier Räder vielleicht doch nicht ganz vergessen werden. Was die zeitliche Einordnung anbelangt, dürfte mindestens der Beleg aus Pasargadai der Blütezeit dieser Siedlung entsprechend eher ins 6./5. Jh., also in die frühachämenidische Zeit, zu datieren sein als in die spätachämenidische. UEHLINGER und MÜLLER TRUFAUT assoziieren mit den astral gedeuteten «Rädern» der neuassyrischen und achämenidischen Rollsiegel über den ziemlich abstrakten Begriff des „principle of circularity regulating astral movements both spatially (in the sky) and temporally (along the ideal annual cycle)" die Gestirnskonstellationen auf den Kleidern babylonischer Gottheiten.[48] Zu einer genaueren Datierung literarkritisch isolierter Verse aufgrund der darin verwendeten Motive taugen allerdings auch sie nicht, denn sie sind über einen langen Zeitraum zu finden. Das bekannteste Beispiel, die Darstellung des Gottes Marduk auf einem Lapislazuli-Zylinder (**Abb. 45**), stammt aus dem 9. Jh. v. Chr., aus der Zeit Marduk-zakir-schumis I. (854-819 v. Chr.). Die astralen Konnotationen der babylonischen Götterdarstellungen sind lange vor der Perserzeit voll etabliert. Auf dem Gewand Marduks ist ein Kreis zu sehen, in dem drei Stiere einen inneren Kreis umgeben. Ein Motiv, das dem mit Stieren kombinierten «Rad» auf den neuassyrischen Siegeln sehr eng verwandt ist. Zwei weitere Belege, die UEHLINGER und MÜLLER TRUFAUT anführen, stammen aus dem 8. Jh. v. Chr.[49], einer aus dem 7. Jh.[50] und nur ein einziger aus frühachämenidischer Zeit aus Persepolis (**Abb. 46**).

Die drei Tierköpfe und das Menschengesicht der Himmelsträger werden von UEHLINGER und MÜLLER TRUFAUT als *feature 13* und *14* dem 3. Jh. v. Chr. zugewiesen. Als ikonographische Parallele verweisen sie auf Siegelabdrücke aus dem 4./3. Jh. v. Chr. aus Ur (**Abb. 47**). Das Problem mit diesen Bildern ist, dass sie isolierte menschliche Köpfe zeigen, die mit einem Tierkopf als Haube und einem zweiten Tierkopf am Hinterkopf versehen sind. Problematisch ist dabei erstens, dass diese Köpfe nicht die von Himmelsträgern sind, und zweitens, dass die Tierarten nur teilweise (Mensch, Greifvogel, Löwe) mit denen von Ez 1 identisch sind,

---

47 Vgl. O. KEEL 1977, 187f.
48 Vgl. Chr. UEHLINGER / S. MÜLLER TRUFAUT 2001, 158.
49 Vgl. Chr. UEHLINGER / S. MÜLLER TRUFAUT 2001, 170 Fig. 13-14.
50 Vgl. Chr. UEHLINGER / S. MÜLLER TRUFAUT 2001, 171 Fig. 16.

teilweise nicht (Ente, Steinbock, Widder). Demgegenüber haben wir in der hethitischen Tradition, die sich in der spätluwisch-nordsyrisch-südostanatolischen fortsetzt, Himmelsträger mit genau *den* Tierköpfen, die in Ez 1 genannt werden (Abb. 28). Sie werden da gelegentlich mit zwei Köpfen, allerdings nie mit vier dargestellt. Das Problem ist, dass sie für Ezechiel etwas früh sind. Dass etwas Früheres später wieder auftaucht, ist allerdings nichts Ungewöhnliches. Die Vermehrung der Köpfe in der Vision (jedes Wesen besitzt jeden der vier Köpfe) entspricht – wie gesagt – der Vermehrung der Flügel bei den Serafim und ist literarisch leichter zu bewerkstelligen als ikonographisch und dort nicht zu erwarten.

Der Aufsatz von UEHLINGER und MÜLLER TRUFAUT endet mit der Vermutung, die Vision könnte durch ihre Konstellation, wenn wir sie recht verstehen würden, schon an und für sich Gericht andeuten.

In Ez 1,27 wird ein Strahlenkranz beschrieben, der den Thronenden ähnlich wie das berühmte Bild vom bogenschießenden Sonnengott aus Assur umgibt.[51] In V. 28 wird dieser Strahlenkranz dem Regenbogen verglichen:
k^e^mar'eh ha-qæschæt ^a^schær jihjæh bæ'anan b^e^jom ha-gæschæm ken mar'eh ha-nogah sabib
ZIMMERLI lehnt hastig ab: „Dass dabei etwas von dem in Gen 9,12-17P erkennbaren Gedanken der gnadenvollen Zeichenbedeutung des Regenbogens anklingen sollte ... ist nicht wahrscheinlich."[52] F. SEDLMEIER sieht darin einen deutlichen Hinweis auf das drohende Gericht:

„Die ganze Erscheinung wird schließlich verglichen mit dem ‚Bogen, der im Wolkendunkel erscheint am Regentag' (V. 28). Wie die ‚Himmelsfeste' (V. 22) an den priesterlichen Schöpfungsbericht Gen 1,6-8 erinnert, so der ‚Bogen' an den Bund Gottes mit allem Fleisch nach der Sintfluterzählung (Gen 9,1-17). Während der Bogen in Gen 9 für das Ende des göttlichen Gerichtes nach der Flut steht, ist dies für Ez 1 gerade nicht anzunehmen. Die vielen Anspielungen auf das göttliche Gericht weisen in eine andere Richtung. Gemeinsam mit der Aussage in Gen 9,1-17 dürfte Ez 1,28 jedoch ihr universaler Horizont sein. So verweist auch der ‚Bogen' noch einmal darauf, dass Ezechiel seinen Gott als Schöpfer und Herrn der Welt schaut."[53]

---

[51] Vgl. O. KEEL [5]1996, Abb. 295.
[52] W. ZIMMERLI 1969, 57; H.F. FUHS 1984 und K.-F. POHLMANN 1996 kommentieren den V. nicht.
[53] F. SEDLMEIER 2002, 88.

Die Verbindung von *qæschæt* und *ʿanan* ist doch sehr typisch und signifikant (Gen 9,13f.). In Sirach 43,11f, wo der Regenbogen als Teil der Schöpfung ohne Rückbezug auf Gen 9 genannt wird, steht er nicht «in den Wolken», sondern am Himmelsbogen (*chug*).[54] Auch das «am Tage des *gæschæm*» verweist auf die Sintflut. *geschem* ist nicht der normale Regen, sondern der Regenguss, mit dem in Gen 7,12 und 8,2 (vor-P) der Regen der Sintflut beschrieben wird. In Ez 13,11.13 beschreibt *geschem* die Wolkenbrüche, die die übertünchte Mauer zum Einsturz bringen. Ich sehe nicht, wie die Erinnerung an den Bogen in den Wolken in Ez 1,28 eine andere Bedeutung haben soll als in Gen 9. Die Bedeutung der ganzen Vision ist wohl zu zeigen, wie JHWH den Deportierten nach der Katastrophe ein bisschen zum Heiligtum geworden ist (Ez 11,16). Die Erinnerung an das Heilszeichen nach der Flut ist in diesem Kontext wohl am Platz.

Dtjes's eschatologisches Königtum

Dtjes löst die Figur des davidischen Herrschers gleichsam auf und überträgt ihre Funktionen auf verschiedene Gestalten, auf Kyrus, auf Israel, auf JHWH. „Von den klassischen ‚messianischen' Weissagungen (Jes 7,13-16; 9,1-6; 11,1-5), die die Erwartungen einer nationalen Herrschergestalt artikulieren, begegnet nach Jes 40 keine mehr. Bereits anhand der Belegverteilung für *mælæk* ‚König', wird deutlich, dass ‚König' im Sg. von Jes 40 an nur noch in Bezug auf JHWH begegnet (41,21; 43,15; 44,6), irdische Könige erscheinen nur mehr diminuiert, vielleicht sogar pejorativ als Kollektiv (41,2; 45,1; 49,7.23; 52,15 ...) – in deutlicher Absetzung gegen den einen ‚König' JHWH ... Die Prophetie ‚Jesajas', die auf die Perserzeit und die nachfolgenden Epochen geht, enthält keine Erwartung eines zukünftigen irdischen Heilskönigs aus dem eigenen und für das eigene Volk (mehr)."[55] Der einzige, der als König auf dem Zion herrschen soll, ist JHWH.[56] Die Nationalreligiösen werden bei der von Ps 78 und 89 thematisierten Erwartung verharren, JHWH müsse wieder einen davidischen König schicken, einen Gesalbten im traditionellen Sinn, den künftigen Messias. Die Nationalreligiösen werden den von Dtjes konsequent

[54] Vgl. Ijob 22,14; aber auch Sir 50,7 «in den Wolken»; Metapher für den Hohenpriester.
[55] K. SCHMID 2002, 185.
[56] Vgl. 52,7; zur Trennung von göttlicher und politischer Macht vgl. weiter R. ALBERTZ 1992, 443-446.

ausgezogenen, von der politischen Macht Jerusalems unabhängigen Universalismus nicht mitmachen.

Die Kerubim in der Stiftshütte

Dieser letzte Abschnitt hat streng genommen mit dem Königtum Gottes im *Corpus propheticum* so wenig zu tun wie der erste. Der Kerubenthron im Tempel dürfte aber der erste Ausdruck des Königtums JHWHs gewesen sein, wie es dann in Jes 6 erscheint. Es wurde schon erwähnt, dass das Ezechielbuch den Königstitel für JHWH nicht verwendet, obwohl in Ez 1 und 10 in seinen Attributen, vor allem im Thron, auf dem der himmlische JHWH sitzt, königliche Züge zu finden sind.

Auch die Priesterschrift scheint in ihrem Entwurf für das Heiligtum vom Sinai, etwa in Gestalt der Kerubim, Anspielungen auf ein göttliches Königtum aufzunehmen, den Titel aber wie Ezechiel tunlichst zu vermeiden und etwa durch die Neuanordnung der Kerubim die übernommenen Vorstellungen gleichzeitig zu modifizieren.

Das Mobiliar der «Wohnstatt»

Das Jeremiabuch weist in einem schwer zu verortenden Text für einen eventuellen neuen Tempel eines der wichtigsten Ausstattungsstücke des alten explizit zurück. Die Ablehnung der Bundeslade in Jer 3,16 ist radikal: „Man wird nicht mehr sagen: ‚Die Lade des Bundes JHWHs‘, sie wird nicht mehr in den Sinn kommen, man wird sie nicht vermissen und keine neue herstellen.“ Sie kommt beinahe einer Einladung zur *damnatio memoriae* gleich. Wahrscheinlich wehrt sich der Text einerseits gegen die Tendenz, allzu selbstverständlich mit der (durch die Lade garantierten) Gegenwart JHWHs im Tempel zu rechnen, weil das die Jesaja-Legenden suggerierten, und andererseits will sie Platz für die Vorstellung machen, JHWH werde seine Gebote in Zukunft auf das Herz der Israeliten und nicht auf Steintafeln schreiben, wie sie in der Lade aufbewahrt wurden (vgl. Jer 31,33).

Kultpolitisch bezieht sich die Ablehnung wohl auf Versuche, beim Bau des Zweiten Tempels diesen wieder mit einer Bundeslade zu bestücken. Diesem Ansinnen wird entgegengesetzt, dass Jerusalem als Ganzes «Thron JHWHs» sein soll. „Dorthin werden sich alle Völker versammeln (zum Namen JHWHs in Jerusalem;

fehlt in G) und sie werden nicht mehr dem Trieb ihres bösen Herzens folgen."[57] Diese Vorstellung wird in Jes 66,1 noch dahingehend ausgeweitet, dass nicht Jerusalem, sondern der Himmel sein Thron und die Erde der Schemel seiner Füße sein werden, und so nicht nur die Lade, sondern der ganze Tempel überflüssig sein wird. Aber diese Vorstellung hat sich nicht durchgesetzt.

Im Gegensatz zu Ez 41,22 und Jer 3,16 sieht P in Ex 25 die Herstellung bzw. Wiederherstellung des traditionellen Tempelmobiliars vor. Ob Ex 25,10-40 P^g oder P^s zugehört, ist umstritten. Das erste Ausstattungsstück, das beschrieben wird, ist die Lade (Ex 25,10-16; 37,1-5). In Zusammenhang mit dem Ersten Tempel wurden primär die beiden Keruben genannt. Von der Lade wurde nur – und das stark priesterschriftlich gefärbt – gesagt, dass sie in den Tempel verbracht und dort unter die Keruben gestellt wurde (1 Kön 6,23-28; 8,1-8). P will die Lade wiederhergestellt haben, modifiziert sie allerdings ganz wesentlich. Dieser Entwurf scheint allerdings nie zur Ausführung gelangt zu sein, denn in den Aufzählungen des Mobiliars des Zweiten Tempels taucht sie nirgends auf.

Die Modifikationen, die P an der Lade vornimmt, sind weitestgehend theologisch begründet. Die *erste* ist wahrscheinlich, dass sie mit Tragstangen versehen wird, die erlauben, dass sie von zwei Mann geschultert wird. Die älteste Ladeüberlieferung lässt sie von einem Mann getragen werden (1 Kön 2,26). Die neue Tragart mit ihren Symmetrien (zwei Stangen, zwei Mann) erhöht die Sicherheit der Fortbewegung, die der Würde des Gegenstands zukommt. Sie betont gleichzeitig die Transportfähigkeit, die angesichts des langen Wegs vom Sinai zum Zion von großer Bedeutung ist.

Eine *zweite* Modifikation stellt die massive Vergoldung dar. Sie lässt das bescheidene, archaische Kultobjekt buchstäblich in neuem Glanz erstrahlen und macht sie selber, von ihrem Inhalt abgesehen, zu einem Kultgegenstand.

Eine *dritte* Modifikation betrifft den Inhalt der Lade. Nach dtn / dtr Vorstellung befanden sich in der Lade die zwei Steintafeln mit den Zehn Geboten (1 Kön 8,9.21). P ersetzt diese durch das rätselhafte «Zeugnis» (*ʿedut*), das nach P in die Lade gegeben wird (Ex 25,16.21), und nach dem die Lade bei P «Lade des Zeugnisses» (Ex 25,22; 26,33f.) und das Heiligtum «Zelt des Zeugnisses» (*ʾohæl ha-ʿedut*) oder «Wohnstätte des Zeugnisses» (*miškan ha-ʿedut*) heißt.[58] Exegeten haben immer wieder zu zeigen versucht,

[57] Jer 3,17; vgl. 14,21; 17,12; Vgl. J.A. SOGGIN 1981, 215-221.
[58] Vgl. HALAT III, 747.

dass *ʿedut* nichts anderes meint und meinen kann als die zwei Tafeln mit den Zehn Geboten.[59] Aber erstens scheint *ʿedut* eine weitere und abstraktere Bedeutung zu haben als «zwei Tafeln». Es ist doch schwer vorstellbar, vom «Zelt» oder der «Wohnstätte der zwei Tafeln» zu reden. Zweitens gehört es zum theologischen Profil von P, dass sie am Sinai im Gegensatz zu D keine ethischen Forderungen laut werden lassen will. Innerhalb der zahlreichen Stellen bei P, in denen *ʿedut* vorkommt, gibt es zwar drei, die von den «Tafeln des Zeugnisses» reden (Ex 31,18; 32,15; 34,29). Drei ordnen an, die *ʿedut* in die Lade zu legen (Ex 25,16.21 und 40,20). B. JANOWSKI (2000, 294) schließt daraus, dass es sich um etwas «Geschriebenes» handeln muss. Er ist wie viele andere versucht, dieses Geschriebene mit den Zehn Geboten zu identifizieren, die nach der Vorstellung des Dtn auf den beiden Tafeln standen.[60] Aber das Sinai-Konzept von P steht einer solchen Identifikation im Weg. Das «Zeugnis» im Sinne von P muss wohl eher als Zeugnis für die Heilszuwendungen JHWHs verstanden werden. Nach Ex 16,34 wurde vor dem «Zeugnis» ein Krug mit Manna niedergelegt. Nach Num 17,25 soll auch der blühende Mandelzweig als Zeugnis für die Erwählung Aarons dort seinen Platz gefunden haben (vgl. Hebr 9,4). Wir werden nie mit Sicherheit wissen, was nach P auf den «Tafeln des Zeugnisses» geschrieben stand. Wenn sie selber eine klare Vorstellung davon hatte, dürfte sie am ehesten an Zeugnisse für die heilvollen Selbstoffenbarungen JHWHs gedacht haben, vor allem die beim Auszug aus Ägypten (Ex 29,42-46). Heilvolle Selbstoffenbarungen, die sie im Zelt bzw. in der Wohnung des Zeugnisses auch in Zukunft erwartete (Ex 25,22a; 30,6.36).

Eine *vierte* Modifikation oder genauer eine Neuerung ist die *kapporæt*. Da die Maßangaben mit denen der Lade übereinstimmen (vgl. Ex 25,10 mit 17) und gelegentlich gesagt wird, dass sich die *kapporæt* auf oder über der «Lade des Zeugnisses» befinde, ist immer wieder behauptet worden, sie sei nichts anderes als der Deckel der Lade gewesen. B. JANOWSKI (2000, 274f.) hat schlüssig demonstriert, dass diese Auffassung nicht haltbar ist. Die *kapporæt* ist eindeutig ein Gegenstand für sich, unabhängig von der Lade. „Die Lade ist ‚nur' technisch mit der *kapporæt* verbunden, um die Transportabilität dieses unberührbaren Gerätes (Lev 16,21a.ba) zu ermöglichen, d.h. sie fungiert als kostbar ausgestat-

---

[59] Vgl. H. HOLZINGER 1900, 123; C. VAN LEEUWEN 1976, 217f.

[60] Vgl. Dtn 4,13; 9,9-11 mit ihrem Rückverweis auf 5,22; 10,1-4; vgl. auch 1 Kön 8,9G.

teter (Ex 25,11; 37,2: *zahab ṭahor*) und mit großer Sorgfalt zu behandelnder (Num 4,5f.) tragbarer (Ex 25,13-15), kastenförmiger Sockel oder Untersatz der *kapporæt*."[61]

Bevor Wesen und Funktion der *kapporæt* bestimmt werden können, muss eine *fünfte* und letzte Modifikation beachtet werden: die der Keruben. Mit dem Begriff wird, wie so oft bei P, ein Element des Ersten Tempels aufgegriffen. Während die Keruben im Ersten Tempel nur mit der Lade und mit dieser sehr locker verbunden waren, bilden sie in P eine Einheit mit der *kapporæt*. Sie sollen aus den beiden Schmalseiten der rechteckigen *kapporæt* herausgearbeitet werden. Ihre Flügel sollen sie schützend über die *kapporæt* breiten und ihre Gesichter sich gegenseitig und gleichzeitig der *kapporæt* zuwenden (Ex 25,18-20; 37,7-9; Num 7,89). Die Keruben sind hier offensichtlich nicht mehr als Träger der Gottheit gedacht (vgl. Abb. 2-4, 17). P benutzt das Epitheton «Der auf den Keruben thront» nicht. Deswegen ist es nicht „völlig zwecklos, dieses Gerät über der Lade rekonstruieren zu wollen."[62] Auch Imaginationen orientieren sich an vorgegebenen Mustern, wenn sie diese auch nicht 1 : 1 reproduzieren. Altsyrische Rollsiegel zeigen gelegentlich Mischwesen (Keruben), die auf den Hinterbeinen aufgerichtet mit ihren Flügeln Schutzfunktionen übernehmen (vgl. Abb. 24). Gelegentlich sind diese schützenden Wesen schon auf altsyrischen Siegeln menschengestaltig (vgl. Abb. 23). Im 1. Jt. v. Chr. ist das dann die Regel (**Abb. 48-49**).

Die einander zugewandten Kerubim von P, die die *kapporæt* schützen, sind im 1. Jt. v. Chr. am wahrscheinlichsten in Analogie zu ägyptisierenden geflügelten Wesen zu verstehen. Große Popularität haben die in Analogie zu ägyptischen Isis- und Nephtysfiguren entworfenen Rekonstruktionen erlangt, die im 19. Jh. üblich wurden[63] und von denen die häufig reproduzierte Rekonstruktion von H. GRESSMANN die bekannteste ist (**Abb. 50**). Sie wird aber *erstens* dem Umstand nicht gerecht, dass die Figuren nach Ex 25,20 die Flügel nach oben (*l ͤmaʿlah*) ausbreiten sollen. *Zweitens* hat der wie Licht und Feuer aus einer Wolke hervorbrechende Kabod JHWHs (Lev 9,23f; 1 Kön 8,10f) wenig mit Osiris, dem Herrn der Unterwelt, zu tun.

Als H. GRESSMANN 1920 seine Rekonstruktion der Lade von P entwarf, waren die Elfenbeine von Samaria, die in den frühen 30er Jahren gefunden wurden, noch nicht bekannt. Das Samaria Elfen-

---

61 B. JANOWSKI 2000, 340.
62 J. MAIER 1964, 88.
63 Vgl. z.B. P. ZELLER 1885, 122 Fig. 107; H. LESÊTRE 1895, 917f. Fig. 243f.

bein von **Abb. 51** scheint seine Rekonstruktion zu bestätigen. Aber *erstens* ist wenigstens ein Flügel nach oben gerichtet und *zweitens* steht zwar der Dsched-Pfeiler des Osiris im Zentrum, aber durch die darauf gesetzte Sonnenscheibe ist er solarisiert und das gilt auch für die beiden flankierenden Wesen. Die Lotosblüten, die sie halten, sind eng mit dem Sonnengott verbunden. Noch deutlicher sprechen die Sonnenscheiben auf ihren Köpfen dafür. Nahe liegender als Isis und Nephthys, die den toten Osiris beschützen, sind ägypt. Naosdekorationen als Vorbilder der Kerubim von P. Seit Seti I. (1290-1279a) und bis ins 1. Jt. hinein finden wir ägyptische Naosdekorationen, die den Sonnengott zwischen zwei schützenden Wesen zeigen. Mit diesen Vorbildern kommt der für Jerusalem so wichtige solare Aspekt der Gottheit einmal mehr zum Tragen. Schon früh von den Alttestamentlern entdeckt worden ist der Naos des Hohenpriesters Herihor am Chonstempel in Karnak (um 1070 v. Chr; **Abb. 52**). Er zeigt den Sonnengott oben in der Lotosblüte geschützt von zwei stehenden Gestalten mit Maatfedern und Sonnenscheiben auf dem Kopf und unten den falkenköpfigen Sonnengott hockend von zwei identischen knienden Figuren flankiert. Das für die Sonnengottheiten vor allem in Vorderasien so wichtige Moment der rechten Ordnung, der Gerechtigkeit kommt hier durch die Maatfiguren zum Ausdruck. Der Naos ist mit Tragstangen versehen und ruht auf einem Sockel. Seine Funktion hat in der Vorstellung von P die Lade, nur dass bei P diese mit Tragstangen versehen ist. Dass für die Kerubim von P hier eine ganz andere Gestalt postuliert wird, als die Träger JHWHs sie im Ersten Tempel hatten (vgl. Abb. 2-4, 17), braucht nicht zu verwundern. In Ez 10 werden die vier Wesen von Ez 1 auch konsequent als „Kerubim" bezeichnet, obwohl diese ebenfalls ganz anders aussehen als die traditionellen Kerubim. Was betont werden soll, ist die Kontinuität der Erscheinung JHWHs und seines Umfelds. Ihre Funktion in P ist insofern die gleiche wie die der Träger-Kerubim im Ersten Tempel, als im Gegensatz zu den ägypt. Analogien der Platz für das Gottesbild leer bleibt. Allerdings markieren sie nur noch den Platz eines sich einfindenden, erscheinenden JHWH und nicht den eines beständig thronenden.

Neu sind bei P nicht nur Gestalt und Funktion der Kerubim, neu ist vor allem die *kapporæt*. Eine ihrer Funktionen wird in Ex 25,22 genannt. JHWH kündigt Mose an: „Ich werde dir dort begegnen und mit dir von über *(meʿal)* der *kapporæt* aus von (dem Ort) zwischen den beiden Keruben über der Lade des Zeugnisses reden." Das *meʿal* erinnert an die *meʿal* und *mi-maʿal* in der großen Himmelsvision von Ez 1, wo der Ort der Gegenwart JHWHs auch genau beschrieben, aber von den Gegenständen dieser Beschreibung doch wieder dissoziiert wird. Modus der Präsenz JHWHs in Israel ist nach P eine «Begegnung» (Nif. von *jʿd*). G hat offensichtlich *jdʿ* gelesen: „Ich will mich dir bekannt machen." Aber der hebräische Text hat hier die ursprünglichere Lesart bewahrt, denn die *kapporæt* mit ihren Keruben ist ja der innerste Kern des *ʾohæl moʿed*, des «Zelts der Begegnung», des «Sich-Treffens». «Begegnungen» haben etwas Punktuelles, zeitlich Beschränktes. Ein Moment der Dauer wohnt dem Konzept von P insofern ein, als der Kabod, die «Herrlichkeit» JHWHs unter den Israeliten verweilen soll (Ex 29,43-46; 40,34f.; Lev 9,23f.). Wie sich das Verweilen des Kabod zu den speziell intensiven Momenten der Begegnung verhält, wird nicht näher bestimmt.

Eine weitere Funktion der *kapporæt* (griech. ἱλαστήριον) geht aus ihrem Namen hervor. Der Begriff ist mit Hilfe der Wurzel *kpr* gebildet, die «vergeben, entsühnen» bedeutet. „Wie dt. Sühne mit Versöhnen zusammenhängt, so meint die biblische Vorstellung von Sühne die friedliche Aussöhnung zweier streitender Parteien. ... Für P ist die Unvermeidlichkeit der Sünde zur Grunderfahrung geworden, aber ebenso die Versöhnlichkeit (Gnade) Gottes. Nach P ist bei jeder Sühne eine Gabe notwendig."[64] Die kostbarste Gabe, die Gott zur Versöhnung gegeben hat, ist das Blut bzw. das Leben. Je näher diese Gabe an Gott herangebracht wird, umso wirksamer ist die Sühne. P sieht in Lev 4,7 vor, dass etwas vom Opferblut an die Hörner des Rauchopferaltars im Heiligtum gestrichen wird (vgl. Lev 4,30.34). Noch näher am Ort der Gegenwart JHWHs ist das Blut, das an den Vorhang vor der Lade des Zeugnisses gespritzt wird (Lev 4,17f). Einmal im Jahr, am großen Versöhnungstag, versöhnt der Hohepriester ganz Israel mit JHWH, indem er Opferblut an die *kapporæt* selbst sprengt. Um diese zweite Funktion der *kapporæt* zu verdeutlichen ist es sinnvoller, das Wort mit «Sühnemal, Versöhnungsmal» oder ähnlich statt mit «Deckplatte» (EÜ) zu übersetzen.

Zusammenfassung

Der Beitrag hat mit den Kerubim als dämonischen Wesen begonnen, auf denen JHWH thront und dadurch seine Überlegenheit, seine Herrschaft, seinen Alphastatus, kurz sein Königtum zur Anschauung bringt. Jesaja sieht das Königtum JHWHs als Heiligkeit

[64] A. SCHENKER 2001, 719f.

von solcher Gewalt, dass jene, nämlich die Serafim, die JHWHs Unantastbarkeit und Heiligkeit garantieren sollen, sich mit ihren Flügeln vor ihm schirmen müssen. Von seinem überlegenen Status zeugen nicht irgendwelche unterworfenen gefährlichen Wesen, sondern die unendliche Fülle des Landes und der Erde, deren Schöpfer er ist. Ist Jesajas JHWH noch in Jerusalem zentriert, so thront der JHWH Ezechiels über der Himmelsfeste, wo er immer noch räumlich gedacht, aber doch hoch über allem thronend auch den Deportierten ein bisschen zum Heiligtum wird. Gegenüber Jesaja ist die Universalität seiner Herrschaft entschieden deutlicher geworden. Das Heiligtum von P greift die Vorstellung von den Keruben wieder auf, lässt sie aber anthropomorph gedacht nicht mehr JHWH tragen, der sie unterworfen hätte. Sie markieren schützend den Ort, wo JHWH Israel begegnet und ihnen seine vergebende Zuwendung zuteil werden lässt. P hat mit dem traditionellen Begriff «Kerubim» eine ganz neue Vorstellung verbunden. Es bleibt alles anders.

Abstract

The contribution opens with a discussion of the ambivalent attitude of the Hebrew Bible toward the epithet "King" for YHWH. The presentation of the kingship of YHWH focuses particularly on its cultic and visionary depictions. The most important cultic representation of this theme in the temple of Jerusalem is the throne of the cherubim. The article offers an interpretation of the nature of the cherubim which differs from that which has been proposed from the period of the rediscovery of this ancient Near-Eastern composite-being by A. H. LAYARD to the present day. The great vision of Isaiah 6 is only touched on in passing. A second area of interest is the engagement with a recent attempt to support iconographically the literary composition of the throne vision of Ezekiel 1. The third part discusses the new interpretation of the representation of the cherubim by the Priestly Source.

Abbildungen

Abb. 1

Abb. 2

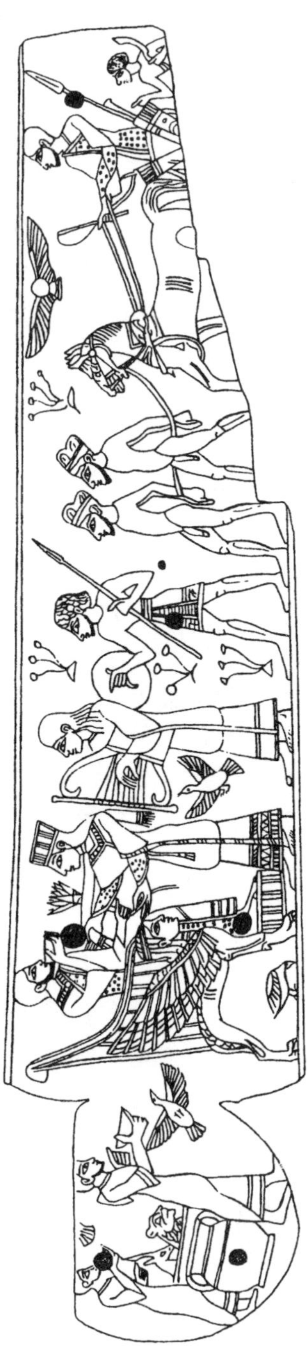

Abb. 3

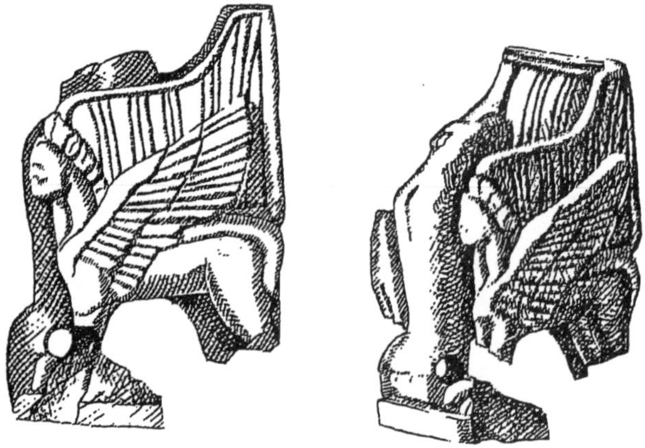

Abb. 4

Abb. 5

Abb. 6

Abb. 7

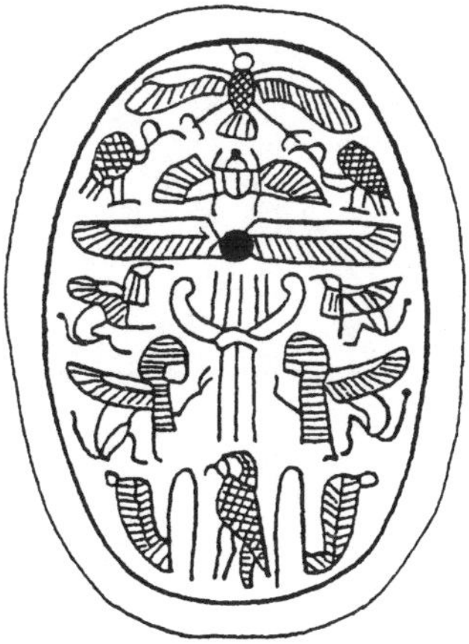

Abb. 8

Abb. 9

Abb. 10

Abb. 11

Abb. 12

Abb. 13

Abb. 14

Abb. 15

Abb. 16

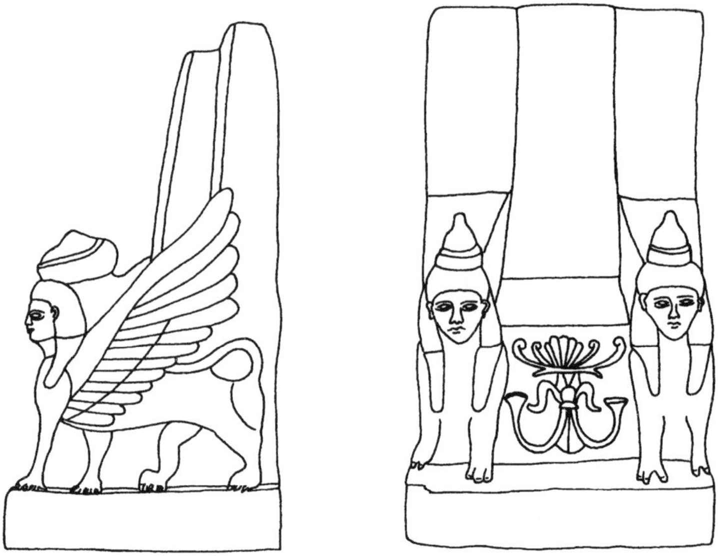

Abb. 17

Abb. 18

Abb. 19

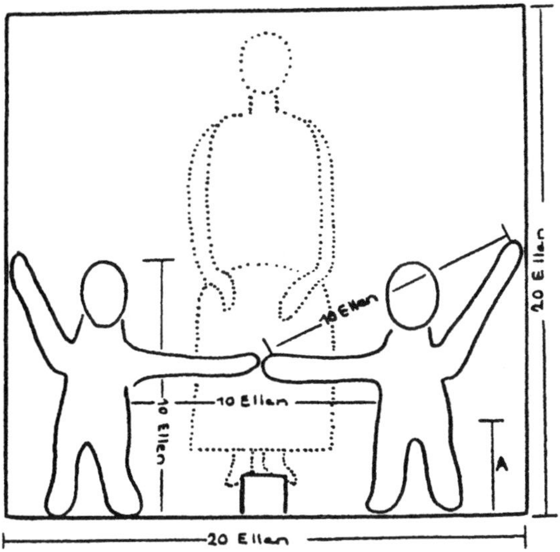

Abb. 20

Abb. 21

Abb. 23

Abb. 24

Abb. 25

Abb. 26

Abb. 27

Abb. 28

Abb. 29

Abb. 30

Abb. 31

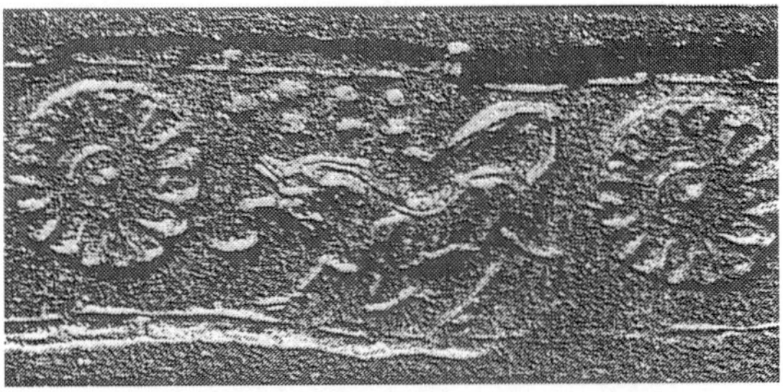

Abb. 32

Abb. 33

Abb. 34

Abb. 35

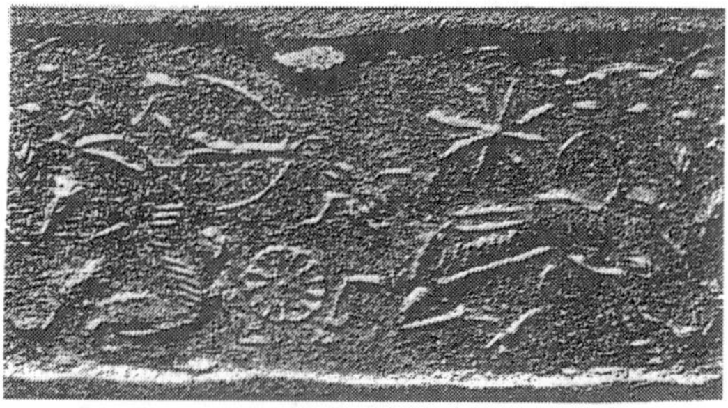

Abb. 36

Abb. 37

Abb. 38

Abb. 39

Abb. 40

Abb. 41

Abb. 42

Abb. 43

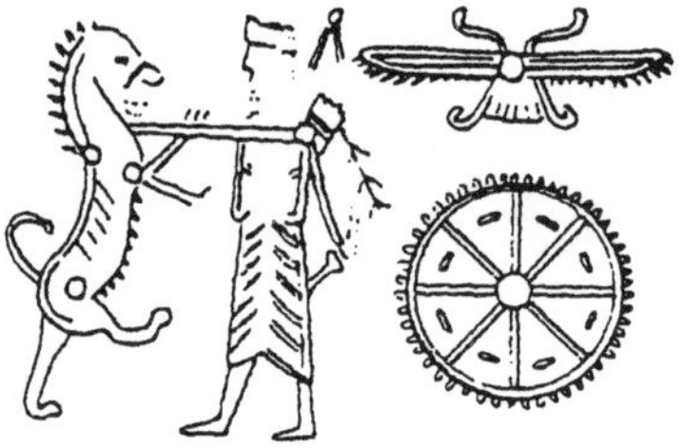

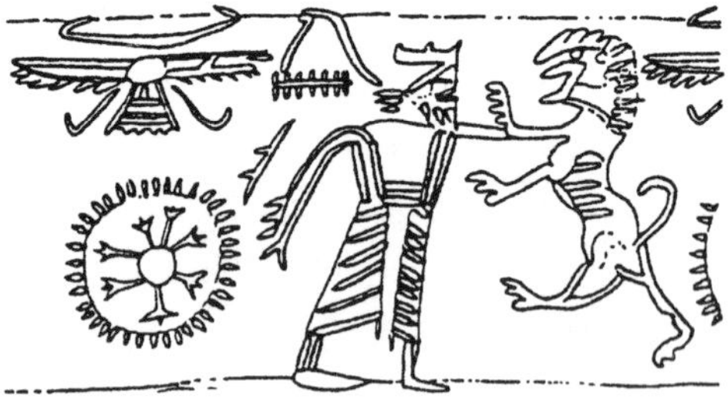

Abb. 44

Abb. 45

Abb. 46

Abb. 47

Abb. 48

Abb. 49

Abb. 50

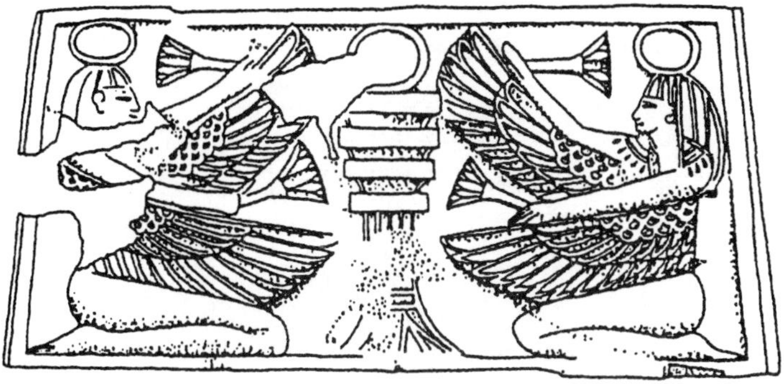

Abb. 51

Abb. 52

Abbildungsnachweise

Abb. 1: LAYARD, A.H. 1850: Niniveh und seine Überreste, Leipzig 1850, Fig. 3; Text 43f.

Abb. 2: MUYLDERMANS, R. 1989: Two Banquet Scenes in the Levant: A comparison between the Ahiram sarcophagus from Byblos and a North Syrian pyxis found at Nimrud, in: Archaeologia Iranica et Orientalis. Miscellanean in Honorem L. VANDENBERGHE, Gent 1989, I, 407 Figure A.

Abb. 3: LOUD, G. 1939: The Megiddo Ivories: OIP 52, Chicago 1839, Pl. 4,2b.

Abb. 4: LOUD, G. 1939: The Megiddo Ivories: OIP 52, Chicago 1839, Pl. 4,3a.e.

Abb. 5: KEEL-LEU, H. / TEISSIER, B. 2004: Die vorderasiatischen Rollsiegel der Sammlungen «Bibel+Orient» der Universität Freiburg Schweiz: OBO 200, Freiburg (Schweiz) / Göttingen, Nr. 186.

Abb. 6: CROWFOOT, J.W. / CROWFOOT, G.M. 1938: Early Ivories from Samaria (Samaria-Sebaste. Reports of the Work of the Joint Expedition in 1931-1933 and of the British Expedition in 1935, no. III), London 1938, Pl. V,1.

Abb. 7: CROWFOOT, J.W. / CROWFOOT, G.M. 1938: Early Ivories from Samaria (Samaria-Sebaste. Reports of the Work of the Joint Expedition in 1931-1933 and of the British Expedition in 1935, no. III), London 1938, Pl. V,3.

Abb. 8: Privatsammlung Freiburg (Schweiz) SK 1998.22.

Abb. 9: BARNETT, R.D. 1957: A Catalogue of the Nimrud Ivories with other Examples of Ancient Near Eastern Ivories in the British Museum, London 1957, Pl. 35f.; Zeichnung in: KEEL, O. ^{5}1996: Die Welt der altorientalischen Bildsymbolik und das Alte Testament. Am Beispiel der Psalmen, Göttingen ^{5}1996, Abb. 189.

Abb. 10: KEEL-LEU, H. / TEISSIER, B. 2004: Die vorderasiatischen Rollsiegel der Sammlungen «Bibel+Orient» der Universität Freiburg Schweiz: OBO 200, Freiburg (Schweiz) / Göttingen 2004, Nr. 167.

Abb. 11: KEEL-LEU, H. / TEISSIER, B. 2004: Die vorderasiatischen Rollsiegel der Sammlungen «Bibel+Orient» der Universität Freiburg Schweiz: OBO 200, Freiburg (Schweiz) / Göttingen, Nr. 157.

Abb. 12: KEEL-LEU, H. / TEISSIER, B. 2004: Die vorderasiatischen Rollsiegel der Sammlungen «Bibel+Orient» der Universität Freiburg Schweiz: OBO 200, Freiburg (Schweiz) / Göttingen, Nr. 154.

Abb. 13: KEEL-LEU, H. / TEISSIER, B. 2004: Die vorderasiatischen Rollsiegel der Sammlungen «Bibel+Orient» der Universität Freiburg Schweiz: OBO 200, Freiburg (Schweiz) / Göttingen, Nr. 222.

Abb. 14: LOUD, G. 1939: The Megiddo Ivories: OIP 52, Chicago 1939, Pl. 5,b.

Abb. 15: MATTHEWS, D.M. 1990: Principles of Composition in Near Eastern Glyptic of the Later Second Millennium B.C.: OBO.SA 8, Freiburg (Schweiz) / Göttingen 1990, Abb. 392.

Abb. 16: MATTHEWS, D.M. 1990: Principles of Composition in Near Eastern Glyptic of the Later Second Millennium B.C.: OBO.SA 8, Freiburg (Schweiz) / Göttingen 1990, Abb. 370.

Abb. 17: METZGER, M. 1994: Jahwe, der Kerubenthroner, die von Keruben flankierte Palmette und Sphingenthrone aus dem Libanon, in: KOTTSIEPER, I. u.a. (Hrsg.), „Wer ist wie du, HERR, unter den Göttern?“ Studien zur Theologie und Religionsgeschichte Israels: FS O. KAISER, Göttingen 1994.

Abb. 18: GJERSTAD, E. 1935: The Swedish Cyprus Expedition 1927-1931 II, Stockholm 1935, 731 und Taf. 233 Abb.10f.; Zeichnung in: KEEL, O. ^{5}1996: Die Welt der altorientalischen Bildsymbolik und das Alte Testament. Am Beispiel der Psalmen, Göttingen ^{5}1996, 231f.

Abb. 19: KEEL, O. 1977: Jahwe-Visionen und Siegelkunst. Eine neue Deutung der Majestätsschilderungen in Jes 6, Ez 1 und 10 und Sach 4: SBS 84/85, Stuttgart 1977, 26 Abb. 10.

Abb. 20: MOORTGAT, A. 1955: Tell Halaf III. Die Bildwerke, Berlin 1955, Taf. 98; Zeichnungen: KEEL, O. 1993: Fern von Jerusalem. Frühe Kulttraditionen und ihre Träger und Trägerinnen, in: HAHN, F. / HOSSFELD, F.-L. / JORISSEN, H. / NEUWIRTH, A. (Hrsg.), Zion Ort der Begegnung. Festschrift für Laurentius KLEIN zur Vollendung des 65. Lebensjahres: BBB 90, Bodenheim 1993, 493 Abb. 28.

Abb. 21: MOORTGAT, A. 1955: Tell Halaf III. Die Bildwerke, Berlin 1955, Taf. 104; Zeichnungen: KEEL, O. 1993: Fern von Jerusalem. Frühe Kulttraditionen und ihre Träger und Trägerinnen, in: HAHN, F. / HOSSFELD, F.-L. / JORISSEN, H. / NEUWIRTH, A. (Hrsg.), Zion Ort der Begegnung. Festschrift für Laurentius KLEIN zur Vollendung des 65. Lebensjahres: BBB 90, Bodenheim 1993, 493 Abb. 29.

Abb. 22: MATTHEWS, D.M. 1990: Principles of Composition in Near Eastern Glyptic of the Later Second Millennium B.C.: OBO.SA 8, Freiburg (Schweiz) / Göttingen 1990, Abb. 479.

Abb. 23: PETRIE, F. 1933: Ancient Gaza III. Tell el Ajjul: BSAE 55, London 1933, Taf. 5,136.

Abb. 24: PORADA, E. 1948: Corpus of Ancient Near Eastern Seals in North American Collections. I. The Collection of the Pierpont Morgan Library: BollS 14, Washington DC 1948, Nr. 979.

Abb. 25: KEEL-LEU, H. / TEISSIER, B. 2004: Die vorderasiatischen Rollsiegel der Sammlungen «Bibel+Orient» der Universität Freiburg Schweiz: OBO 200, Freiburg (Schweiz) / Göttingen, Nr. 236.

Abb. 26: WISEMAN, D.J. / FORMAN, W. / FORMAN, B. 1958: Götter und Menschen im Rollsiegel Westasiens, Prag 1958, Abb. 102;

Zeichnung in: KEEL, O. 1977: Jahwe-Visionen und Siegelkunst. Eine neue Deutung der Majestätsschilderungen in Jes 6, Ez 1 und 10 und Sach 4: SBS 84/85, Stuttgart 1977, Abb. 166.

Abb. 27: KEEL, O. / UEHLINGER, Chr. ²1996: Altorientalische Miniaturkunst, Freiburg (Schweiz) / Göttingen ²1996, 156 Abb. 182.

Abb. 28,1-3: ABU ASSAF, A. 1990: Der Tempel von ʿAin Dara, Mainz a. Rh. 1990, 28.39 Taf. 43-46; vgl. auch WEIPPERT, M. 2003: Berggötter, Löwen-, Stier- und Vogelmenschen. Rekonstruktion des Sockels G1 aus dem Tempel von *ʿAin Dārā* in Syrien, in: DEN HERTOG, C.G. / HÜBNER, U. / MÜNGER, St. (Hrsg.), Saxa loquentur. Studien zur Archäologie Palästinas / Israels. Festschrift für Volkmar FRITZ zum 65. Geburtstag: AOAT 302, Münster 2003, 227-256.

Abb. 29: KEEL, O. 1977: Jahwe-Visionen und Siegelkunst. Eine neue Deutung der Majestätsschilderungen in Jes 6, Ez 1 und 10 und Sach 4: SBS 84/85, Stuttgart 1977, 270 Abb. 193.

Abb. 30: KEEL, O. 1977: Jahwe-Visionen und Siegelkunst. Eine neue Deutung der Majestätsschilderungen in Jes 6, Ez 1 und 10 und Sach 4: SBS 84/85, Stuttgart 1977, 270 Abb.194.

Abb. 31: UEHLINGER, Chr. / MÜLLER TRUFAUT, S. 2001: Ezekiel 1, Babylonian cosmological scholarship and iconography: Attempts at further refinement: ThZ 57/2 (2001) 168 Fig. 6 (= EISEN, G.A. 1940: Ancient Oriental Cylinder and Other Seals with a Description of the Collection of Mrs. William H. MOORE: OIP 47, Chicago 1940, No. 76.)

Abb. 32: PORADA, E. 1948: Corpus of Ancient Near Eastern Seals in North American Collections. I. The Collection of the Pierpont Morgan Library: BollS 14, Washington DC 1948, Nr. 635.

Abb. 33: BUCHANAN, B. 1966: Catalogue of the Ancient Near Eastern Seals in the Ashmolean Museum I. Cylinder Seals, Oxford 1966, No. 587.

Abb. 34: UEHLINGER, Chr. / MÜLLER TRUFAUT, S. 2001: Ezekiel 1, Babylonian cosmological scholarship and iconography: Attempts at further refinement: ThZ 57/2 (2001) 168 Fig. 7.

Abb. 35: PARKER, B. 1955: Excavations at Nimrud, 1949-1953. Seals and Seal Impressions: IRAQ 17 (1955) Pl. XIII,2.

Abb. 36: PORADA, E. 1948: Corpus of Ancient Near Eastern Seals in North American Collections. I. The Collection of the Pierpont Morgan Library: BollS 14, Washington DC 1948, Nr. 618.

Abb. 37: COLLON, D. 2001: Catalogue of the Western Asiatic Seals in the British Museum. Cylinder Seals V. Neo-Assyrian and Neo-Babylonian Periods, London 2001, Pl. II,17 und 20.

Abb. 38: UEHLINGER, Chr. / MÜLLER TRUFAUT, S. 2001: Ezekiel 1, Babylonian cosmological scholarship and iconography: Attempts at further refinement: ThZ 57/2 (2001) 168 Fig. 5.

Abb. 39: UEHLINGER, Chr. / MÜLLER TRUFAUT, S. 2001: Ezekiel 1, Babylonian cosmological scholarship and iconography: Attempts at further refinement: ThZ 57/2 (2001) 168 Fig. 8.

Abb. 40: KEEL-LEU, H. / TEISSIER, B. 2004: Die vorderasiatischen Rollsiegel der Sammlungen «Bibel+Orient» der Universität Freiburg Schweiz: OBO 200, Freiburg (Schweiz) / Göttingen, Nr. 206. Fast identisches Stück: PARKER, B. 1955: Excavations at Nimrud, 1949-1953. Seals and Seal Impressions: IRAQ 17 (1955) Pl. XIV,2.

Abb. 41: UEHLINGER, Chr. / MÜLLER TRUFAUT, S. 2001: Ezekiel 1, Babylonian cosmological scholarship and iconography: Attempts at further refinement: ThZ 57/2 (2001) 169 Fig. 9.

Abb. 42: UEHLINGER, Chr. / MÜLLER TRUFAUT, S. 2001: Ezekiel 1, Babylonian cosmological scholarship and iconography: Attempts at further refinement: ThZ 57/2 (2001) 169 Fig. 10.

Abb. 43: UEHLINGER, Chr. / MÜLLER TRUFAUT, S. 2001: Ezekiel 1, Babylonian cosmological scholarship and iconography: Attempts at further refinement: ThZ 57/2, Basel, 169 Fig. 11.

Abb. 44: UEHLINGER, Chr. / MÜLLER TRUFAUT, S. 2001: Ezekiel 1, Babylonian cosmological scholarship and iconography: Attempts at further refinement: ThZ 57/2, Basel, 169 Fig. 12.

Abb. 45: UEHLINGER, Chr. / MÜLLER TRUFAUT, S. 2001: Ezekiel 1, Babylonian cosmological scholarship and iconography: Attempts at further refinement: ThZ 57/2 (2001) 171 Fig. 17.

Abb. 46: UEHLINGER, Chr. / MÜLLER TRUFAUT, S. 2001: Ezekiel 1, Babylonian cosmological scholarship and iconography: Attempts at further refinement: ThZ 57/2, Basel, 171 Fig.15.

Abb. 47: UEHLINGER, Chr. / MÜLLER TRUFAUT, S. 2001: Ezekiel 1, Babylonian cosmological scholarship and iconography: Attempts at further refinement: ThZ 57/2, Basel, 167 Fig.4a-e.

Abb. 48: THUREAU-DANGIN, F. u.a. 1931: Arslan Tash II: BAH 16, Paris 1931, Taf. 19,1; auch in: KEEL, O. ^{5}1996: Die Welt der altorientalischen Bildsymbolik und das Alte Testament. Am Beispiel der Psalmen, Göttingen ^{5}1996, Abb. 261.

Abb. 49: PAGE GASSER, M. 2001: Götter bewohnten Ägypten: OBO hors série, Freiburg (Schweiz) / Göttingen 2001, Nr. 35.

Abb. 50: GRESSMANN, H. ^{2}1927: Altorientalische Bilder zum Alten Tes-tament, Berlin / Leipzig ^{2}1927, Abb. 513.

Abb. 51: CROWFOOT, J.W. / CROWFOOT, G.M. 1938: Early Ivories from Samaria, (Samaria-Sebaste. Reports of the Work of the Joint Expedition in 1931-1933 and of the British Expedition in 1935, no. III), London 1938, Pl. III,1. Auch in: KEEL, O. / UEHLINGER, Chr. ^{5}2001: Göttinnen, Götter und Gottessymbole. Neue Erkenntnisse zur Religionsgeschichte Kanaans und Israels aufgrund bislang unerschlossener ikonographischer Quellen: QD 134, Freiburg i.Br. u.a. ^{5}2001, 285 Abb. 243.

Abb. 52: LAPSIUS, C.R. 1972: Denkmäler aus Ägypten und Äthiopien. Abteilung III. Denkmäler des Neuen Reiches. Vol. VII-VIII, Nachdruck Genf 1972, Bl. 244.

Literatur

ALBERTZ, R. 1992: Religionsgeschichte Israels in alttestamentlicher Zeit: GAT 8/2, Göttingen 1992.

ALBRIGHT, W.F. 1938: What were the Cherubim?: BA 1/1 (1938).

BERLEJUNG, A. 1998: Die Theologie der Bilder. Herstellung und Einweihung von Kultbildern in Mesopotamien und die alttestamentliche Bilderpolemik: OBO 162, Freiburg (Schweiz) / Göttingen 1998.

BUCHANAN, B. 1966: Catalogue of Ancient Near Eastern Seals in the Ashmolean Museum. I. Cylinder Seals, Oxford 1966.

BUSINK, Th.A. 1970: Der Tempel von Jerusalem von Salomo bis Herodes. 1. Der Tempel Salomos, Leiden 1970.

CAMPONOVO, O. 1984: Königtum, Königsherrschaft und Reich Gottes in den Frühjüdischen Schriften: OBO 58, Freiburg (Schweiz) / Göttingen 1984.

COLLON, D. 2001: Catalogue of the Western Asiatic Seals in the British Museum. Cylinder Seals V. Neo-Assyrian and Neo-Babylonian Periods, London 2001.

DELAPORTE, L. 1910: Catalogue des Cylindres Orientaux de la Bibliothèque Nationale I-II, Paris 1910.

EISSFELDT, O. 1950: Zur Deutung von Motiven auf den 1937 gefundenen phönizischen Elfenbeinarbeiten von Megiddo: FF 26 (1950) 1-4 (= ders., Kleine Schriften III, Tübingen 1966, 85-93).

FUHS, H.F. 1984: EZECHIEL 1-24: NEB 7, Würzburg 1984.

GUBEL, E. 1987: Phoenician Furniture. A Typology Based on Iron Age Representations with Reference to the Iconographical Context: Studia Phoenicia 7, Leuven 1987.

HARTENSTEIN, F. 1997: Die Unzulänglichkeit Gottes im Heiligtum: Jesaja 6 und der Wohnort JHWHs in der Jerusalemer Kulttradition: WMANT 75, Neukirchen-Vluyn 1997.

HOLZINGER, H. 1900: Exodus: KHC II , Tübingen 1900.

HUNGER, H. 1992: Astrological Reports to Assyrian Kings: SAA 8, Helsinki 1992.

JANOWSKI, B. 1989: Das Königtum Gottes in den Psalmen. Bemerkungen zu einem neuen Gesamtentwurf: ZThK 86 (1989) 389-454.

-- 2000: Sühne als Heilsgeschehen. Traditions- und religionsgeschichtliche Studien zur priesterschriftlichen Sühnetheologie: WMANT 55, Neukirchen ²2000.

JEREMIAS, A. 1916: Das AT im Lichte des Alten Orients, Leipzig ³1916.

KEEL, O. 1977: Jahwe-Visionen und Siegelkunst. Eine neue Deutung der Majestätsschilderungen in Jes 6, Ez 1 und 10 und Sach 4: SBS 84/85, Stuttgart 1977.

-- ⁵1996: Die Welt der altorientalischen Bildsymbolik und das Alte Testament. Am Beispiel der Psalmen, Göttingen ⁵1996. Ersterscheinung: Zürich / Neukirchen 1972.

-- 2001: „Das Land der Kanaanäer mit der Seele suchend“: ThZ 57/2 (2001) 246-261.

-- 2003: Schwache alttestamentliche Ansätze zur Konstruktion einer stark dualistisch getönten Welt, in: LANGE, A. / LICHTENBERGER H. u.a. (Hrsg.), Die Dämonen. Die Dämonologie der israelitisch-jüdischen und frühchristlichen Literatur im Kontext ihrer Umwelt. Demons. The Demonology of Israelite-Jewish and early Christian Literature in Context of their Environment, Tübingen 2003.

KEEL, O. / STAUB, U. 2000: Hellenismus und Judentum. Vier Studien zu Daniel 7 und zur Religionsnot unter Antiochus IV.: OBO 178, Freiburg (Schweiz) / Göttingen 2000.

KEEL, O. / UEHLINGER, Chr. ^{5}2001: Göttinnen, Götter und Gottessymbole. Neue Erkenntnisse zur Religionsgeschichte Kanaans und Israels aufgrund bislang unerschlossener ikonographischer Quellen: QD 134, Freiburg i.Br. u.a. ^{5}2001.

KRAUS H.-J. 1961: Psalmen. I. Teilband: BK XV/1, Neukirchen 1961.

LAYARD, H.A. 1850: Niniveh und seine Überreste, Leipzig 1850.

LESÊTRE, H. 1895: Arche d'Alliance, in: VIGOUROUX, F., Dictionnaire de la Bible I, Paris 1895, 911-923.

MAIER, J. 1964: Vom Kultus zur Gnosis, Salzburg 1964.

MAYER-OPIFICIUS, R. 1984: Die geflügelte Sonne. Himmels- und Regendarstellungen im Alten Vorderasien: UF 16 (1984) 189-236.

MATTHEWS, D.M. 1990: Principles of Composition in Near Eastern Glyptic of the Later Second Millenium B.C.: OBO.SA 8, Freiburg (Schweiz) / Göttingen 1990.

MAUL, S.M. 2003: Der Sieg über die Mächte des Bösen. Götterkampf, Triumphrituale und Torarchitektur in Assyrien, in: ZENGER, E. (Hrsg.), Ritual und Poesie. Formen und Orte religiöser Dichtung im Alten Orient, im Judentum und im Christentum: Herders Biblische Studien 36, Freiburg i.Br. u.a. 2003, 47-71.

MERZ, R. 1978: Die numinose Mischgestalt: RVV 36, Berlin / New York 1978.

METTINGER, T.N.D. ^{2}1999: Art. Cherubim: DDD (^{2}1999) 189-192.

METZGER, M. 1983: Eigentumsdeklaration und Schöpfungsaussage, in: GEYER, H.-G. u.a. (Hrsg.), „Wenn nicht jetzt, wann dann?". Aufsätze für Hans-Joachim KRAUS zum 65. Geburtstag, Neukirchen-Vluyn 1983, 37-51.

-- 1985: Königsthron und Gottesthron. Thronformen und Throndarstellungen in Ägypten und im Vorderen Orient im dritten und zweiten Jahrtausend vor Christus und deren Bedeutung für das Verständnis von Aussagen über den Thron im Alten Testament: AOAT 15/1, Neukirchen-Vluyn 1985.

MOWINCKEL, S. ^{2}1961: Psalmenstudien II. Das Thronbesteigungsfest Jahwäs und der Ursprung der Eschatologie, Amsterdam ^{2}1961.

POHLMANN, K.-F. 1996: Der Prophet Hesekiel / Ezechiel. Kapitel 1-19: ATD 22,1, Göttingen 1996.

PORADA, E. 1948: Corpus of Ancient Near Eastern Seals in North American Collections. I. The Collection of the Pierpont Morgan Library, BollS 14, Washington DC 1948.

RENZ, J. / RÖLLIG, W. 1995: Handbuch der Althebräischen Epigraphik, Bd. I, Darmstadt 1995.
SCHENKER, A. 2001: Art. Sühne: NBL III, Düsseldorf / Zürich 2001, 720-727.
SCHMID, H.H. 1971: Art. *'æræf*: THAT I (1971) 228-236.
SCHMID, K. 2002: Herrschererwartungen und -aussagen im Jesajabuch. Überlegungen zu ihrer synchronen Logik und ihren diachronen Transformationen, in: POSTMA, F. / SPRONK, K. / TALSTRA E. (Hrsg.), The New Things. Eschatology in Old Testament Prophecy, FS H. LEENE: ACEBT.S 3, Maastricht 2002, 17-209.
SCHOLEM, G. 1972: Merkabah Mysticism of Ma'aseh Merkavah: Encyclopedia Judaica 11, Jerusalem 1972, 1386-1389.
SEDLMEIER, F. 2002: Das Buch Ezechiel Kapitel 1-24: Neuer Stuttgarter Kommentar. Altes Testament 21/1, Stuttgart 2002.
SEYBOLD, K. 1984: Art. *mælæk*: ThWAT IV (1984) 933-956.
SOGGIN, J.A. 1971: Art. *mælæk*: THAT I (1971) 908-920.
-- 1981: The Ark of the Covenant, Jeremiah 3,16, in: BOGAERT, P.-M. (Hrsg.), Le Livre de Jérémie. Le prophete et son milieu. Les oracles et leur transmission: BEThL 54, Leuven 1981, 215-221.
UEHLINGER, Chr. / MÜLLER TRUFAUT, S. 2001: Ezekiel 1, Babylonian cosmological scholarship and iconography: Attempts at further refinement: ThZ 57/2 (2001) 140-171.
VAN LEEUWEN, C. 1976: Art. *'ed*: THAT II (1976) 209-221.
VOLZ, P. 1912: Das Neujahrsfest Yahwes, Tübingen 1912.
WEIPPERT, H. 1988: Palästina. In vorhellenistischer Zeit: Handbuch der Archäologie. Vorderasien II/1, München 1988.
WEIPPERT, M. 2003: Berggötter, Löwen-, Stier- und Vogelmenschen. Rekonstruktion des Sockels G1 aus dem Tempel von *'Ain Dārā* in Syrien, in: DEN HERTOG C.G. / HÜBNER U. / MÜNGER St. (Hrsg.), Saxa loquentur. Studien zur Archäologie Palästinas / Israels. Festschrift für Volkmar FRITZ zum 65. Geburtstag: AOAT 302, Münster 2003, 227-256.
WILKINSON, Ch.K. 1975: Ivories from Ziwiye, Bern 1975.
WÜRTHWEIN, E. 1977: Das Erste Buch der Könige. Kapitel 1-16: ATD 11/1, Göttingen 1977.
ZEEB, F. 2002: Jahwe und der Sonnengott, in: LORETZ O. / METZLER K.A. / SCHAUDIG H. (Hrsg.), Ex Mesopotamia et Syria Lux. Festschrift für Manfried DIETRICH zu seinem 65. Geburtstag: AOAT 281, Münster 2002, 899-917.
ZELLER, P. 1885: Biblisches Handwörterbuch, Calw 1885.
ZENGER, E. 1986: Herrschaft Gottes / Reich Gottes II. Altes Testament: TRE 15 (1986) 176-189.
ZIMMERLI, W. 1969: Ezechiel: Biblischer Kommentar. Altes Testament XIII/1, Neukirchen-Vluyn 1969.

Keine Flucht vor Gott
Zur Verwendung mythischer Motive in der Rede vom richterlichen Gott in Amos 9,1-4 und Psalm 139

Hubert Irsigler
Freiburg

Die fünfte Amosvision in Am 9,1-4 und Ps 139, zumal die Verse 7-12, sind, wie immer wieder bemerkt, durch die ähnliche Ausprägung des Motivs von der vergeblichen Flucht vor einem richterlich erscheinenden Gott verbunden. Strittig sind Grad und Art der festgestellten Verwandtschaft. Handelt es sich um eine traditionsgebundene Motivanalogie? Oder muss nicht eher eine literarische Abhängigkeit in der einen oder anderen Richtung angenommen werden? Inwieweit verraten die nach Textsorte und Ziel doch sehr unterschiedlichen Texte eine gemeinsame (vorgegebene) Gotteskonzeption? Inwiefern und wie benutzen sie für ihren je spezifischen textlichen Ausdruck und für ihre je eigenständige Zielsetzung auch mythische Motive und Vorstellungen bzw. Modelle und deren bereits vorgegebene Transformationen?

Bevor ich mich den beiden Texten Am 9,1-4 und Ps 139 (V.7-12) und hier in erster Linie dem Amos-Text zuwende, legen sich zum Einstieg einige Bemerkungen zum Richtertum Gottes nahe.

1. Zur Metapher vom göttlichen Richtertum

Die Metapher vom ‚Gericht Gottes' bzw. vom ‚göttlichen Richtertum', eine ebenso komplexe wie vage theologische Redeweise, bezeichnet bekanntlich sehr unterschiedliche Sachverhalte: von der Recht verschaffenden Gerechtigkeit für den einzelnen Bedrängten und von einem verfahrensgebundenen Gottesgericht bis hin zum unheilvollen Einschreiten des Gottes Israels gegen sein Volk wie gegen andere Völker und bis zur Vorstellung von einem universalen Endgericht.

Vorstellungen von einem richterlichen Handeln Gottes sind in Israel zuerst in sog. Eigennamen „rechtlichen Inhalts" greifbar, jedoch auch bereits in der älteren Weisheit, insofern dort der interaktionelle Tun-Ergehen-Zusammenhang, der als sicher, aber deshalb noch nicht als ‚automatisch' wirksam gilt, mit der Vorstellung vom Eingreifen Gottes verknüpft und dadurch transformiert wird.[1] Nach dieser Konzeption zeigt sich im guten oder schlechten Ergehen ein richterliches Handeln der Gottheit, wobei vorausgesetzt ist, dass dieses göttliche Handeln positiv oder negativ auf menschliches Sein und Tun reagiert.[2] Klaus SEYBOLD und Bernd JANOWSKI dürften einen weitestgehend akzeptierten Konsens treffen, wenn sie davon ausgehen, dass die Konzeption von JHWH als „Richter" bzw. vom „Gericht Gottes" in Israel wesentlich erst in der Königszeit ausgebildet wurde. Das schließt ältere Ansätze von Rede und Vorstellung eines richterlichen und rechtskonformen Handelns JHWHs gewiss nicht aus.[3] Die richterliche Funktion JHWHs bzw. die Herrschaftsfunktion seines „Richtens" steht im engen Zusammenhang mit der Vorstellung vom König-Sein der Gottheit und mit der Übernahme von Gerichtsfunktionen durch das Königtum in Israel. Wesentliche Anstöße bezieht die Konzeption vom Richter JHWH nach Klaus SEYBOLD[4] aus den Theophanietraditionen, die die Präsenz des königlichen Richters manifestieren, sowie aus der Kombination mit der Schöpfungstradition, die dem Schöpfer als Eigentümer das Recht zuerkennt, über seine Geschöpfe souverän zu bestimmen.

Als Richter, der JHWH wohl nicht erst, aber vor allem und nachhaltig mit der Entfaltung seiner Königsfunktionen geworden ist, zeigt bzw. übernimmt und transformiert JHWH nun aber auch vieldiskutierte solare Züge bzw. Wirkweisen von Sonnengottheiten, wie sie aus allen vorderaltorientalischen Kulturen und weit darüber hinaus in unterschiedlicher Ausprägung bekannt sind. Auch der gleich zu besprechende Amostext dürfte unter anderem nicht ohne hintergründige solare Züge zu verstehen sein.

---

1 Zur „konnektiven Gerechtigkeit", vgl. J. ASSMANN 1995, 58ff. u.ö.; J. ASSMANN / B. JANOWSKI / M. WELKER 1998, 9-35, bes. 9f. mit Anm. 2.

2 D. MICHEL 1991, 801-803, ebd. 801.

3 K. SEYBOLD 1984, 460f.; B. JANOWSKI 1999, 118f.

4 K. SEYBOLD 1984, 461.

2. Die fünfte Amosvision Am 9,1-4 und das unentrinnbare Ende Israels

Der fünfte Visions- und Auditionsbericht im Amosbuch ist in neuesten Untersuchungen heftig umstritten. Die Frage der literarischen Einheitlichkeit und die Datierung des Textes werden höchst unterschiedlich beurteilt. Die Skala reicht von der Annahme eines integren, auf Amos zurückgehenden Textes[5] über eine unterschiedliche Eingrenzung eines Primärtextes auf Am 9,1*-3[6] oder 9,1+4d[7] oder 9,1a-f[8] bis hin zur vorsichtigen oder nachdrücklichen Zuordnung von Am 9,1-4 insgesamt zu einer vorexilischen[9] oder exilischen bzw. frühnachexilischen Redaktion[10].

Methodisch gehe ich in einem Dreierschritt vor: von Aspekten der Konstitution und Individualität des Textes (Textgrundlage, Einheitlichkeit, Struktur, Bedeutung) zu solchen der Texttypik (Geprägtheit von Sprache und Text) und des religionsgeschichtlich-kulturellen Hintergrunds; abschließend sollen Merkmale der Rezeption und Interpretation insbesondere vorgegebener mythischer Motive, Traditionen bzw. Modelle resümiert werden.

2.1 Zur Textindividualität Am 9,1-4

Den hebräischen Text biete ich in einer weitestgehend an BH[t] anschließenden morphologischen Transkription[11] zusammen mit einer Übersetzung.

---

5 So die sorgfältige Untersuchung von D. MATHIAS 1999; auch J.R. LINVILLE 1999, 38-40; F.I. ANDERSEN / D.N. FREEDMAN 1989, 838: „The unit is carefully constructed ..."; T.E. MCCOMISKEY 1992, 479; D. STUART 1987, 390, will sogar 9,1-10 als literarische Einheit verstehen; J. JEREMIAS, bes. 1996, 244-256, mit Vorbehalten für V. 3-4c in ders. 1995, 126 Anm. 13.

6 F. HARTENSTEIN 2001, 154 Anm. 120.

7 I. WILLI-PLEIN 1971, 52-54, bzw. 9,1a-e.g.h+4d bei P. WEIMAR 1981, 67.77; G. FLEISCHER, Amos 2001, 260-262: 9,1a-e+4d.

8 H. REIMER 1992, 200-210.

9 S. PAAS, 2002, 259-261.272f. mit Anm. 68 für Am 9,1-6!; A. BEHRENS 2002, 103f.: nach 722 v. Chr.

10 E.-J. WASCHKE 1994; S. BERGLER 2000, 470f.; M. KÖHLMOOS 2001, bes. 169-171.176f.; ohne nähere Datierung G. BARTCZEK 1980, 71-90; U. BECKER 2001, 141-165, datiert sämtliche Amos-Visionen in die exilisch-frühnachexilische Zeit.

11 W. RICHTER, Biblia Hebraica transcripta: ATS 33.10, St. Ottilien 1993, 126-128. Neben der Satzzählung in Kleinbuchstaben sind zusätzlich Angaben zur kolometrischen Gliederung sowie am linken Rand Markierungen zu übergrei-

1a		*ra'ītī 'at 'ădō*n-a[y]=y niṣṣab ʿal ha=mizbiḥ*
b		*wa=yō(')mir*
c	**IA**	*ha[k]k ha=kaptōr*
d	**IB**	*w˙=yirʿăšū ha=săppīm*
e	**IIA**	*w˙=bṣaʿ-a=m b˙=rō(')š kull-a=m*
f	**IIB**	*w˙='aḥrīt-a=m b˙=[h]a=ḥarb 'ihrug*
g	**IIIA**	*lō(') yanūs la=him nās*
h	**IIIB**	*w˙=lō(') yimmaliṭ la=him palīṭ*
2a	**IA**	*'im yiḥtŭrū b˙=š˙'ōl*
b	**IB**	*miš=šam[m] yad=ī tiqqaḥ-i=m*
c	**IIA**	*w˙='im yiʿlū ha=šamaym*
d	**IIB**	*miš=šam[m] 'ōrīd-i=m*
3a	**IA**	*w˙='im yi[ḥ]ḥabi'ū b˙=rō(')š ha=KRML*
b	**IB**	*miš=šam[m] '˙ḥappiś*
c		*w˙=lăqaḥtī=m*
d	**IIA**	*w˙='im yissatirū <min=nagd ʿēn-a[y]=y> b˙=qarqaʿ ha=yam[m]*
e	**IIB**	*miš=šam[m] '˙ṣawwā̆ 'at ha=naḥaš*
f		*w˙=năšak-a=m*
4a	**IA**	*w˙='im yilikū b˙=[h]a=šăby l˙=pănē 'ō*yibē=him*
b	**IB**	*miš=šam[m] '˙ṣawwā̆ 'at ha=ḥarb*
c		*w˙=hăragat-a=m*
d	**IIA**	*w˙=śamtī ʿēn=ī ʿăl-ē=him*
	IIB	*l˙=raʿ[ʿ]ā w˙=lō(') l˙=ṭōbā*

fenden Satzformen (vgl. H. IRSIGLER, in: ders. (Hrsg.), Syntax und Text: ATS 40, St. Ottilien 1993, 81-96 [81-121]) eingetragen.

1a		Ich sah ADONAI auf dem Altar stehen;
b		und er sprach:
c	**IA**	(Zer)schlage das Säulenkapitell,
d	**IB**	so dass die (Stein-)Schwellen (dröhnend) erbeben;
e	**IIA**	und schneide (den Lebensfaden) ab, denen (‚ihnen‘) an ihrer aller Spitze (/den Ersten von ihnen allen),
f	**IIB**	aber (auch noch) die Übrigen (/ Letzten / den Rest) von ihnen werde ich mit dem Schwert töten!
g	**IIIA**	Kein Fliehender von ihnen kann entfliehen,
h	**IIIB**	und kein Entronnener von ihnen kann sich retten.
2a	**IA**	Wenn sie in die Unterwelt einbrechen:
b	**IB**	von dort wird meine Hand sie greifen;
c	**IIA**	und wenn sie zum Himmel aufsteigen:
d	**IIB**	von dort werde ich sie herunterholen.
3a	**IA**	Und wenn sie sich auf dem Gipfel des Karmel verbergen:
b	**IB**	von dort werde ich (sie) aufspüren
c		und sie greifen;
d	**IIA**	und wenn sie sich <vor meinen Augen> auf dem Meeresgrund verstecken:
e	**IIB**	von dort werde ich der Schlange befehlen,
f		und sie wird sie beißen.
4a	**IA**	Und wenn sie in die Gefangenschaft ziehen einher vor ihren Feinden:
b	**IB**	von dort werde ich dem Schwert befehlen,
c		und es wird sie töten.
d	**IIA**	So werde ich mein Auge auf sie richten
	IIB	auf Schlimmes hin und nicht auf Gutes.

Der Vers Am 9,1 enthält sprachliche Probleme, die sich schon in den ältesten Versionen widerspiegeln, ohne dass diese einen anderen HT (hebräischen Buchstabentext) voraussetzten.[12] Der prophetische Sprecher schaut den „Gebieter" ADONAI „auf dem Altar", wie am Wahrscheinlichsten gemäß Am 7,7 (*niṣṣab ʿal* „stehend auf" einer Mauer aus Zinn) zu interpretieren ist.

Zumindest die Sätze 1c-d sind im Kontext semantisch hinreichend klar: „Schlage das Säulenkapitell, so dass die (Stein-) Schwellen (dröhnend) erbeben!" Der Schlag gegen das Säulenkapitell soll allem Anschein nach von oben her mit solch übermenschlicher Kraft ausgeführt werden, dass selbst die schweren Steinschwellen im Eingangsbereich eines / des Heiligtums zu beben beginnen. Folgt man der Verwendung des Verbs *hikkā* in Am 3,15 mit dem ‚Ich' JHWHs als Subjekt und in Am 6,11, wo auf Befehl JHWHs ein unbenanntes Subjekt – ein Feind – den Schlag ausführt, so kann es sich nur um ein vernichtendes ‚Zerschlagen' auch in Am 9,1 handeln. Dass die Szenerie Kapitelle von Säulen vorstellt, die die Torschwellen flankieren, hat bereits Hans Walter WOLFF (1985 [1969], 390) erkannt. Diese Konzentration des mächtigen Schlags, der seine Wirkung von oben nach unten im Beben der Fundamente weitergibt, auf den Zugang zum Tempel hat insbesondere Jörg JEREMIAS (1996c, 250-254; 1995, 125) überzeugend auf das Ende allen Gotteskontakts und das Ende aller Asylsuche im Heiligtum gedeutet. Die Szenerie wurde in der Auslegung mit Recht immer wieder mit Jes 6,4 verglichen: In der Jesaja-Vision ist es der gewaltige Ruf der Serafim, der das Erbeben / Wanken der „Türangelzapfen" oder auch der „Fundamente" der Schwellen hervorruft. Die auffällige Analogie von Am 9,1 und Jes 6,4, die am ehesten auf eine traditionsbildende Wirkung der fünften Amosvision verweist[13], ist im Übrigen einer ge-

---

[12] Bezeichnend für die Schwierigkeit, den Vers zu verstehen, ist etwa die Einschätzung Jörg JEREMIAS' 1996c, 254 Anm. 41, der sehr selbstverständlich von einem Textfehler ausgeht und eine „ungesicherte Konjektur" für erforderlich hält. Statt mehr oder weniger tiefer Texteingriffe versuche ich den MT ohne Textänderung zu verstehen, zumal mir keine der zahlreich vorgeschlagenen Konjekturen (vgl. nur BHS z.St.) textkritisch plausibel scheint. Das traditionelle Verständnis des MT Am 9,1, aber auch dessen Unsicherheit formulierte klassisch Julius WELLHAUSEN 1963 [1898], 94: „Der allgemeine Sinn ist klar: der Tempel Jahves (in Bethel) begräbt die zusammengeströmte Menge, die sich dort geborgen fühlt (Hier. [= Jer] 7,4), unter seinen Trümmern. Aber man weiss nicht, an wen der Befehl ergeht, und man versteht auch nicht recht den befohlenen Modus der Zertrümmerung."

[13] So J. JEREMIAS 1096c, 251. Nach F. HARTENSTEIN 1997, 110 Anm. 293, legt sich keine literarische Bezugnahme zwischen Am 9,1 und Jes 6 nahe. Wenig

läufigen Annahme, in Am 9,1c fordere ADONAI *den Propheten* zu einer symbolischen Schlag-Handlung auf[14], nicht gerade günstig. Außerdem sollte in diesem Fall doch wohl eine Deutung folgen.[15] Aber in den Sätzen Am 9,1e-f folgt keine Deutung, sondern eine Applikation, Weiterführung und Ausweitung des vernichtenden Schlags gegen den Tempeleingang auf eine nicht näher bestimmte Menschengruppe hin. Es kann sich kontextuell im Rückblick auf die vierte Amosvision in 8,1-2.3 (und ferner auf Am 8,4-14) nur um „mein Volk Israel" handeln, das nun 9,1 nur noch pronominal in der 3. Person Plural genannt wird.

Die Sätze 9,1e-f sind lexikalisch und stilistisch durch Chiasmus aufeinander bezogen, auch wenn die Sprechrichtung von der Aufforderung an die 2. Person zur Ankündigung in 1. Person wechselt. Das Verb *BṢʿ* 1e mit menschlichem Objekt bedeutet „den Lebensfaden abschneiden, dem Leben ein Ende machen"[16]. Kontextuell ist es dem *HRG* „erschlagen, töten" 1f synonym. Gemäß chiastischer Syntagmenposition und in der Bedeutung erscheinen auch *rō(ʾ)š kull-a=m* „die Spitze / das Haupt ihrer aller" 1e und *ʾaḥrīt-a=m* „ihre Übrigen / Letzten" 1f aufeinander bezogen. Dann setzt sich die vertikale Achse von ‚oben' („Säulenkapitell") und ‚unten' („Schwellen") in 1c-d textlich im Kontrast von „Spitze" und den „Letzten" in 1e-f fort, wobei man diesen Kontrast lexikalisch primär auch als ‚vorn' und ‚hinten' verstehen kann. Es zeigt sich, dass wir die Sätze 1e-f im Verhältnis zu den beiden Anfangssätzen der Gottesrede 1c-d am besten als analoge, parallelisierende Weiterführung des Schlags gegen den Tempelzugang interpretieren können. Doch worauf bezieht sich *rō(ʾ)š* in diesem Zusammenhang? Bezeichnet es das Bet-El-Heiligtum als „Haupt" Israels, durch dessen Zerstörung die Israeliten von ihrem Heiligkeitszentrum und von jeder Asylmöglichkeit abgeschnitten werden, so Hartmut GESE (1991, 104)? Oder verweist *rō(ʾ)š* hier auf JHWH selbst, so dass er nach Satz 1e dem Propheten befiehlt, die Verbindung Israels zu seinem Gott abzuschneiden, womit eine

---

überzeugend behaupten G. BARTCZEK 1980, 72-75; S. BERGLER 2000, 469; U. BECKER 2001, 147, und entsprechend M. KÖHLMOOS 2001, 174, eine Abhängigkeit des Amos-Textes von Jes 6. Die sprachlichen Spezifika und die Konsistenz des visionären Bildes (s.u.) von Am 9,1 gegenüber Jes 6, auch etwa der charakteristische Anschluss von Am 9,1 an Am 7,7, scheinen mir dabei durchaus verkannt.

14 So zuletzt wieder z.B. D. MATHIAS 1999, 169f.; A. BEHRENS 2002, 99.

15 So auch z.B. J. JEREMIAS 1995, 124, nach W. RUDOLPH.

16 G-Stamm Jer 51,13; Ijob 27,8; D-Stamm Jes 38,12; Ijob 6,9; jedoch „übervorteilen", wohl denominativ, Ez 22,12.

„geistliche Befindlichkeit" ausgedrückt sein soll, so Dietmar MATHIAS (1999, 173)? Aber das Töten noch der Hinteren / Letzten mit dem Schwert 1f lässt doch zuvor in 1e eher den Ausdruck eines sehr realen Lebensendes erwarten. Die Präpositionalgruppe *b'=rō(')š kull-a=m* interpretiere ich adpronominal, d.h. nicht als eigenes Satzglied, sondern als Erläuterung zum enklitischen Personalpronomen der 3. Person Plural am Imperativ von *BṢ'* 1e.[17] Daher meine Übersetzung von Am 9,1e-f: *„Und schneide (den Lebensfaden) ab denen an ihrer aller Spitze [d.h. den Führenden im Volk], aber (selbst noch) die Übrigen (Letzten) von ihnen werde ich mit dem Schwert töten."* Die Ausdrucksweise erinnert an die sprichwörtliche Rede von „Kopf" und „Schwanz" des Volkes in Jes 9,13 und Dtn 28,13. Der Sache nach vertrat diese Auffassung des Zusammenhangs der Sätze 1e-f schon Arnold B. EHRLICH.[18] In diesem Sinn übersetzt die englische TANAKH-Ausgabe der „Jewish Publication Society" (Philadelphia u.a. 1985, z.St.): *„... and make an end of the first of them all. And I will slay the last of them with the sword."*[19] Textkritische bzw. sprachliche Probleme sehe ich im weiteren Textverlauf nicht. Das *miš=šam* „von dort" in 3e und 4b führt jenes von 2b.d.3b stereotyp fort, sollte daher nicht geändert werden (gegen z.B. BHS z.St.).

Wie fügt sich Am 9,1-4 in seinen *literarischen Kontext* ein? Ohne Probleme ist die äußere Abgrenzung nach oben gegenüber der vierten Vision Am 8,1-2(.3) und ihrer redaktionellen Auslegung und Begründung in den nachfolgenden Schelt- und Unheilsworten in Am 8,4-14. Die Schlussdoxologie Am 9,5-6 im Stil des partizipial beschreibenden Hymnus kann als weiterführende Nachinterpretation von 9,1-4 nicht zur primären Einheit gehören.[20] Daran ändert die Tatsache nichts, dass die Doxologie die in 9,1-4 implizierte kosmische Symbolik des Tempels mit dem Blick auf die weltüberlegene himmlische Wohnung Gottes aufnimmt.[21] Am 9,1-4 ist *keine völlig in sich geschlossene Einheit*, sondern setzt Kenntnis von literarischen Kontexten einerseits und situativen Gegebenheiten andererseits voraus. Der Text schließt notwendig

---

17 Vgl. B.K. WALTKE / M. O'CONNOR, An Introduction to Biblical Hebrew Syntax, Winona Lake 1990, 233, § 12.4 # 3-5.

18 A.B. EHRLICH 1968 [1912], 253: die Führer des Volkes und das Volk, das diesen „Häuptern" hinterhergeht, sich von ihm leiten lässt.

19 Entsprechend: The Jewish Study Bible (ed. A. BERLIN and M.Z. BRETTLER), Oxford New York 2004 z. St.

20 Gegen zuletzt S. PAAS 2002, 272f.

21 Dazu Näheres bei F. HARTENSTEIN 2001, 152-166.

zumindest an die Reihe der vier vorausgehenden Visionen an. Sie klären, dass es in 9,1-4 kaum allein um schuldiggewordene führende Schichten in Israel geht, sondern dass das Ende „objektiv" alle treffen wird. Dass die Misere des Volkes allerdings wesentlich mit der Schuld einflussreicher Gruppen in Israel zusammenhängt (gemäß Am 3-6), spielt in Am 9,1-4, wo nur noch von einem bösen Ergehen, nicht von Schuld die Rede ist, keine erkennbare Rolle mehr, darf aber kontextuell vorausgesetzt werden. Am 9,1-4 lässt kontextuell (vgl. Am 4,4f.; 5,5f.) und situativ an *das Nordreich-Heiligtum von Bet-El* denken, was weithin anerkannt ist. Damit stoßen wir auf ein Gottes- und Heiligtumskonzept, dessen Verständnis für die Interpretation des Textes Am 9,1-4 und seiner religionsgeschichtlichen Voraussetzungen von beträchtlicher Bedeutung ist. Ich komme darauf zurück (s.u. 2.2.1).

Was die innere Einheitlichkeit von Am 9,1-4 angeht, so sehe ich kein durchschlagendes Kriterium für eine literarische Scheidung in 9,1e-f, trotz des Wechsels von der Aufforderung zur Ich-Ankündigung. In jedem Fall handelt die in den Imperativen 1c und 1e aufgeforderte Person in Wirkeinheit mit ADONAI selbst. Wenn Satz 1e nach dem dargelegten Verständnis die Tötung von ‚Spitzen-Leuten' befiehlt, wird sich das kaum auf den deklarativen Sprechaktcharakter der Unheilsprophetie eines Amos beziehen.[22] Bleibt man bei den Imperativen des MT in 1c und 1e und bedenkt die aus Gen 28 bekannte vorausgesetzte Bet-El-Tradition, so spricht mehr dafür, die göttlichen Befehle an ein Wesen aus dem göttlichen Bereich ADONAIs, einen himmlischen Boten gerichtet zu sehen[23] als an den prophetischen Sprecher. Dann dürfte sich der Sprechrichtungswechsel und die Aktionseinheit der Akteure in 1e-f noch leichter erklären. Eine Besonderheit der fünften gegenüber den vier vorausgehenden Amos-Visionen liegt dann gerade darin, dass „Amos" von der Gottheit her weder redend noch handelnd in das visionäre Geschehen einbezogen ist. Er „schaut" – das Hören ist impliziert – nichts weiter.

---

[22] Vgl. in diesem Sinn etwa G. FLEISCHER 2001, 261; auch D. MATHIAS 1999, 173: Amos soll die Verbindung Israels zu JHWH abschneiden, „was dann wirklich dem Abschneiden des Lebensfadens gleichkommt."

[23] So auch H. GESE 1991, 103f.: Nicht der Herr des Hauses selbst vollzieht die Zerstörung, sondern überträgt sie hoheitsvoll seinem „Engel". Zu dieser Auffassung tendiert auch F. HARTENSTEIN 1997, 111f.; vgl. ders. 2001, 154 mit Anm. 120; vgl. auch J. JEREMIAS 1996c, 249 Anm. 16: „Bleibt man beim MT, könnte nur der Auftrag an einen himmlischen Boten gemeint sein."

Als Zusatz ist das Syntagma „vor meinen Augen“ in Satz 9,3d gut begründet (motiviert durch 4d!). Eine gezielte Erweiterung, die textstruktural und intentional relevant ist, scheint mir in *Am 9,4a-c (nicht 4d!)* vorzuliegen. Die Spannung zum Vorausgehenden liegt nicht einfach darin, dass 4a-c eine neue, nämlich kriegerisch-geschichtliche Perspektive einführt (Tod selbst noch auf dem Deportationszug!) gegenüber den in V. 2-3 geschilderten kosmisch-irdischen Perspektiven einer unmöglichen Flucht. 1.) Es fällt jedoch ein Kontrast zwischen den formal inkludierenden Schwert-Aussagen in Satz 9,1f und 9,4b-c auf. Während 9,1f genau wie Am 4,10b JHWH / ADONAI selbst „mit dem Schwert töten“ lässt, ist es in 9,4b-c ein personifiziertes Schwert, das auf Befehl der Gottheit selbst tätig wird und tötet (vgl. Lev 26,25; Sir 39,30; Dtn 32,42; Jes 34,5; Ez 21,6-22). 2.) Außerdem kann in 4a-c nicht mehr von einem Flucht*versuch* die Rede sein, sondern nur von erzwungener Exilierung. 3.) Redaktionskritisch kommt die Beobachtung hinzu, dass Satz 4a mit der Formel *HLK b˙=[h]a=šäby* „in die Gefangenschaft gehen“ eine geläufige Redeweise aufgreift, wie sie vorab im Kontext des babylonischen Exils begegnet (Dtn 28,41, Jes 46,2; Jer 20,6; 22,22; 30,16; Ez 12,11; 30,17f.; Nah 3,10; Klgl 1,18). Jedoch sind auch die Differenzen zu beachten: Nur noch in Klgl 1,5 ist das Ortssyntagma „vor ihren Feinden her“ analog belegt, während der Zusammenhang von Deportation und dennoch Tötung durch das Schwert in Am 9,4a-c nicht nur innerhalb des Amosbuches, sondern in sämtlichen auf Exilierung bezogenen biblischen Texten einmalig ist (vgl. dagegen Am 5,5.27; 6,7; 7,11.17; jeweils mit dem Verb *GLY* „ins Exil / in die Verbannung ziehen, deportiert werden“).[24] Nun ist allerdings nicht zu übersehen, dass die Stilfigur der Priamel aus fünf mit konditionalem *ʾim* „wenn“ eingeleiteten Sätzen in Am 9,2-4 gerade auf das Satzgefüge 4a-c als die Schlusspointe zielt: Nicht einmal die Deportation kann vor dem tödlichen Schwert retten! Jörg JEREMIAS (1996c, 255) ist deshalb der Ansicht, dass in den Fällen der für das Amosbuch charakteristischen (primären) ‚Fünferstruktur‘ (analog zu 9,2-4 wohl primär auch in 2,14-16, kompositionell in der Reihe der fünf Visionsberichte Am 7-9* wie in jener der primären Völkerworte Am 1,3-2,16) ein vor dieser Struktur liegendes literarisches Stadium nicht zu rekonstruieren sei. Andererseits hat Stefan PAAS (2002, bes. 273) wahrscheinlich

[24] Vgl. auch F.I. ANDERSEN / D.N. FREEDMAN 1989, 840f.

gemacht, dass eben diese Fünferstrukturen im Amosbuch Produkt einer, wenngleich frühen, noch vorexilischen Redaktion sind.

Die Verse Am 9,2-3 verraten einen Anschluss an traditionelle kosmologisch-hymnisch geprägte Rede (s.u. 2.2.2 und 2.2.3), ohne dass daraus ein *literarkritisches* Argument gegen ihre primäre Zugehörigkeit zu Am 9,1-4 zu gewinnen wäre. Ich gehe davon aus, dass wir den literarischen Kern der letzten Amosvision in Am 9,1-3* vor uns haben[25], wozu wohl auch der Schlusssatz 9,4d noch gehört.

Die Struktur des Visionsberichts Am 9,1-4 (einschließlich 9,4a-c) fasse ich in einer Übersicht zusammen:

[25] So auch F. HARTENSTEIN 2001, 154 Anm. 120. Mit ihm und D. MATHIAS 1999, 150-174; J. JEREMIAS 1995, 126 Anm. 13 (gegen E.-J. WASCHKE!), scheint mir eine undifferenzierte Spätdatierung von Am 9,1-4 insgesamt mehr kompositionelle, traditionsgeschichtliche, sprachliche und textfunktionale Schwierigkeiten zu bereiten als zu lösen, so wenigstens für Am 9,1-3 gegen E.-J. WASCHKE 1994, 444f. (434-445); A. BEHRENS 2002, 103; dazu S. BERGLER 2000, 466-471, und U. BECKER 2001, 141-165, mit noch weitergehenden Annahmen zur Spätdatierung der Amos-Visionen. Zu einfach macht es sich M. KÖHLMOOS 2001, 171, wenn sie behauptet: „Der Nachweis, dass Vv. 2-4 eine weitere Fortschreibung von 9,1 darstellen, muss nicht mehr geführt werden.“ Gewichtige strukturale, semantische und motiv- und traditionsgeschichtliche Argumente für die originäre literarische Zusammengehörigkeit von V. 2-4 mit V. 1 bleiben unberücksichtigt. Auch wenn gegen J. OULLETTES 1972, 23-27, vorrangig motiv- und traditionsgeschichtlich begründete These, dass sich JHWH nach Am 9,1 Zugang zum Tempel verschaffe, Vorbehalte angebracht sind, hat er doch darin Recht, dass V. 1 ebenso wie V. 2-4 eine göttliche Strafhandlung vorstellt und dass letztere Verse konsequent die Strafhandlung von V. 1 entfalten. Die formale Besonderheit der Primel in V. 2-4, die als Stilfigur auch in Am 3,3-6.8 und 2,14-16 begegnet, erlaubt noch nicht, von einem literarkritisch relevanten „formale(n) Bruch“ bzw. von einem „evidente(n) Bruch) zwischen V. 1 und V. 2 zu sprechen, so I. WILLI-PLEIN 1971, 52.53, zumindest wenn die hyperbolische kosmische Ausweitung irrealer Fluchtziele eine plausible Funktion im Anschluss an V. 1 erfüllt und vom Heiligtumskonzept von V. 1 her möglicherweise auch angeregt ist (F. HARTENSTEIN). Bezeichnend für den literarischen Sachverhalt ist die Einschätzung von Am 9,2-4c durch I. WILLI-PLEIN (53): „Freilich soll nicht übersehen werden, daß die Einfügung theologisch vollkommen sachgemäß die Botschaft des Amos entfaltet und nicht nur gut in den vorliegenden Spruch paßt, sondern auch fest im Amosgut verankert ist...“

Visionsbericht (1. Pers.: ‚Prophet'): ADONAI auf dem Altar 1a mit impliziertem Auditionsbericht 1b der Rede ADONAIs „1c-4d":

1. ***Befehl (an 2. Pers.) und Unheilsankündigung ADONAIs (1. Pers.) 1c-f:***
   Vernichtungsbefehl an ungenannten Adressaten (aus göttlichem Bereich):

   Der vernichtende Schlag gegen den Tempelzugang:

   „(Zer-)schlage" 1c — gegen — Säulenkapitell 1c [oben]
   + Wirkung: Beben 1d — Tempel — Schwellen 1d [unten]

   Die Stoßrichtung des Schlags, ausgeweitet auf Menschen (Volk):

   Befehl „Schneide ab!" 1e + göttliche Unheilsankündigung: „Schwert" 1f — gegen Volk — „Haupt" 1e [vorn/oben]; Übrige/Letzte 1f [hinten/unten]

2. ***Entfaltung der Unheilswirkung 1g-h + 2-4c***

   Thema 1g-h: Keine Flucht und keine Rettung
   Ausführung 2-4c:

   Kosmisch-irdisch-mythisch: nutzlose Flucht und Rettungsversuche

   in allen Weltbereichen 2a-3f:
   ‚kosmographisch' — Unterwelt 2a-b [unten]; Himmel 2c-d [oben]
   ‚geographisch' — Karmelgipfel [oben]; [Land] 3a-c; Meeresgrund 3d-f [unten]

   Geschichtlich-kriegerisch: selbst durch Deportation keine Lebensrettung vor dem „Schwert" 4a-c

Resümee 4d: der unheilbringende Blick („Auge") ADONAIs: Schlimmes, nicht Gutes

Der implizierte Auditionsbericht der Rede ADONAIs in 9,1c-4d setzt ein mit den auslösenden Befehlen ADONAIs und seiner Unheilsankündigung in 9,1c-f. Die Unheilswirkung wird in 9,1g-4c entfaltet. Dieser Teil ist seinerseits in Thema 1g-h und Ausführung V. 2-4c gegliedert. Die nutzlosen Versuche von Flucht und Rettung ergehen sich in kosmisch-irdischen und mythisch konnotierten Welträumen in 2a-3f und schließlich im geschichtlichen Raum in der Szenerie von kriegerischer Niederlage und Exilierung. Satz 4d mit dem Motiv vom Unheilsblick ADONAIs resümiert dessen Rede in 9,1c-4d. Was nun innerhalb der Verse 1-3*, also im angenommenen Primärtext der letzten Amos-Vision geradezu in die Augen springt, ist *die durchgehende vertikale Achse mit den Polen „oben" und „unten"*. Dieses Strukturmotiv verknüpft die Rede vom Schlag gegen den Tempelzugang mit dem befohlenen und angekündigten Ende von Menschen / des Israel-Volkes.

Es setzt sich fort in der Schilderung der aussichtslosen Flucht in den kosmisch-mythischen Bereichen von Totenwelt und Himmel und den irdischen Räumen Karmelgipfel und Meeresgrund. Hat diese Vorstellung einer vertikalen kosmologischen Achse bzw. das Strukturmotiv „oben" – „unten" primär oder gar ausschließlich mit dem Heiligtumskonzept von Bet-El zu tun, das Friedhelm HARTENSTEIN (2001) in seiner Untersuchung zur Genese und Kosmologie der Vorstellung des himmlischen Heiligtums JHWHs plausibel gemacht hat? Oder müssen wir nicht notwendig weitere Traditionselemente und insbesondere mythisch konnotierte Motive im religionsgeschichtlichen Horizont von Am 9,1-4 in Rechnung stellen, um die Intention, die mögliche innovative Bedeutung und das spezifische Gottesbild des Textes zu verstehen?

2.2 Texttypik, mythische Tradition und ihre Interpretation in Am 9,1-4

2.2.1 Die Frage nach Textvorgaben und nach dem Verhältnis zur Bet-El-Tradition

Sprachliche, motivliche, gattungskritische und kompositorische Beziehungen der fünften Vision im Amosbuch zu den vorausgehenden vier Visionen (7,1-3*.4-6*.7-8*; 8,1-2*<.3>) sind oft untersucht worden.[26] Ich verstehe Am 9,1-4[27] als Folgerung aus der Einsicht in das nach 8,2 „zu meinem Volk Israel" gekommene „Ende", die das „Wie" dieses Endes klärt, nämlich als total und unentrinnbar. Dass die Stilform der Priamel den Text Am 9,1-4 (genauer 9,2-4) mit Am 3,3-6.8 und zumal mit Am 2,14-16 verbindet, ist oft gesehen worden. Sprachliche und motivliche Entsprechung stellen ohnehin eine enge Korrelation her zwischen der letzten Amosvision und der die Völkersprüche abschließenden Israel-Strophe.[28] Die auffallenden intertextuellen Bezüge zwischen Am 9,1-4 und Ps 139,7-10(7-12), die Motivik der vergeblichen Flucht vor dem unentrinnbaren Gott in allen denkbaren Weltbereichen in beiden Texten, lassen keinen Einfluss in Am 9 von Ps 139 her erkennen. Auch das Umgekehrte gilt nicht ohne weiteres, wenngleich es eher Indizien dafür gibt, dass Am 9 auf Ps 139 eingewirkt hat.[29]

Auf einen mythisch konnotierten Hintergrund von Am 9,1-4 stoßen wir innerbiblisch mit der traditionsgeschichtlichen Beziehung des in der Amosvision vorausgesetzten Heiligtums zur Tempelkonzeption von Bet-El. Friedhelm HARTENSTEIN (2001, 152-167) hat dieses Heiligtumskonzept hinsichtlich seiner kosmischen Symbolik anhand von Gen 28,12f.17, Am 9,1-4 und Am 9,5-6 untersucht. Ich folge Friedhelm HARTENSTEIN (2001, 156-159) in der Annahme, dass sich in der vertikalen Polarität „unten" – „oben" in Am 9,1-3 eine kosmische Symbolik zeigt, wie sie sich in der Bet-El-Erzählung von Gen 28 präsentiert, u.z. in der alten Heiligtumsgründungssage, die sich überlieferungskritisch aus V. 12 und V. 17 erschließen lässt. Der „Aufstieg / die Treppe" (*sullam*), auf die Erde gestellt und mit der Spitze (*rō(ʾ)š*) den Himmel berührend, auf der die Gottesboten (*malʾàkē ʾilōhīm*) auf- und niedersteigen, markiert dort die vertikale Achse zwischen Erde und Himmel. Die „Himmelstreppe" zum „Himmelstor" hat bekannte religionsgeschichtliche Parallelen.[30] Die Treppe kann (in

---

[26] Vgl. bes. die Studien J. JEREMIAS' in FAT 13 (1996), 157-171; 183-197; 244-256; ders. 1995, 94-128; dazu aus neuerer Zeit E.-J. WASCHKE 1994, 434-445; S. BERGLER 2000, 445-471; U. BECKER 2001, 141-165; A. BEHRENS 2002, 76-104; bes. auch D. MATHIAS 1999, 150-165 (150-174).

[27] Mit H.W. WOLFF 1985, 387f.; W.H. SCHMIDT 1994, 628; u.a.

[28] Z.B. E.-J. WASCHKE 1994, 441f.; J. JEREMIAS 1996b, 197: „Konzeptionell ist Am 2,13-16 von Am 9,1-4 herzuleiten; nur in 9,1-4 ist der Bezug zwischen Beben und panischer Flucht der Menschen voll durchgeführt."

[29] Vgl. bes. J. JEREMIAS 1996c, 255 mit Anm. 43 und 44.

[30] Im Mythos von Nergal und Ereschkigal die Treppe von der Unterwelt zum Tor Anus, Enlils und Eas; die Himmelstreppe für den toten Pharao in den Py-

babylonischen Texten) von Götterboten oder auch vom Sonnengott bestiegen werden.[31] Dasselbe Wortpaar *ʿLY* „hinaufsteigen“ und *YRD* „hinabsteigen“ in Gen 28,12 wie in Am 9,2c-d könnte ein Indiz dafür sein, dass Am 9 nicht nur ein altorientalisch (mesopotamisch, ägyptisch) und biblisch weithin bekanntes Mythologem vom ‚Aufstieg zum Himmel‘ bzw. von einer ‚Himmelfahrt‘ aufnimmt, wie es von Armin SCHMITT (1973) untersucht und resümiert wurde. Vielmehr scheint Am 9 gerade auf dem Hintergrund der Bet-El-Tradition eine polemische Umdeutung vorzunehmen: Wenn sie zum Himmel aufsteigen wollen (*ʿLY*), wie das in Gen 28 nur die Gottesboten tun, so wird ADONAI sie von dort herabholen (*YRD*-H).[32]

Der Gott von Bet-El ist mit seinen Gottesboten als Exemplar eines himmlischen Hofstaats sicher königlich vorgestellt, auch wenn in Gen 28 kein Gottesthron genannt wird und wir nichts Näheres darüber erfahren, wie wir uns den himmlischen Bereich vorzustellen haben. Die Offenbarung des Kultortes als „Tor des Himmels“ in Gen 28,17 setzt jedenfalls einen himmlischen Wohnsitz der Gottheit voraus, auch wenn man 28,13a (*w˙=hinni(h) YHWH niṣṣab ʿal-a(y)=w)* kaum unmittelbar zur alten Heiligtumssage ziehen[33] und primär als Stehen JHWHs auf dem oberen Ende, der Himmelsspitze der Treppe interpretieren darf.[34] Im Vergleich mit der Bet-El-Erzählung und -Tradition erinnert in Am 9,1 nur noch der Befehl (wahrscheinlich) an ein übermenschliches Wesen aus dem göttlichen Bereich an das (ursprünglich) mythische Motiv eines himmlischen Hofstaats. ADONAI erscheint indes nicht als König, schon gar nicht thronend, sondern als „Gebieter“, als Befehlshaber (*ṢWY*-D 9,3e.4b wie in Am 6,11!) unheilsdrohend „aufgerichtet über/auf“ dem Altar (vgl. *niṣṣab ʿal* 7,7), nicht in einer himmlischen Wohnstätte. Die Funktion dieses „Gebieters“ ADONAI als Ankläger und Richter verdeutlicht Ps 82,1 (*niṣṣab*)[35] in Verbindung mit Am 7,7. In der Rolle eines kriegerischen Kämpfers vollendet er selbst das tödliche Werk „mit dem

ramidentexten, vgl. z.B. H. SEEBASS, Genesis II/2, Neukirchen-Vluyn 1999, 315.

31 So in einem altbabylonischen Gebetstext an Samaš, vgl. bei F. HARTENSTEIN 2001, 157f., nach W. HOROWITZ.

32 Vgl. auch F. HARTENSTEIN 2001, 159.

33 Gegen F. HARTENSTEIN 2001, 156 mit Anm. 131 (nach E. BLUM).

34 *niṣṣab ʿal*, wie Am 9,1a, jedoch in Gen 28,13 primär eher im Sinne von Gen 18,2, vgl. z.B. G. FLEISCHER, BN 76 (1995) 92.

35 Zu Ps 82,1 vgl. E. ZENGER in HOSSFELD, F.-L. / ZENGER, E., Psalmen 51-100: HThK, Freiburg u.a. 2000, 486.

Schwert" (9,1f). Dieses aber ist nicht innertextlich, wohl aber im literarischen Kontext und insoweit auch textsituativ vorausgesetzt nicht als planlose Willkür, sondern als richterlich strafende Reaktion auf die „Verschuldungen" Israels (Am 3,2), die ihrerseits wesentlich im Rechtsbereich liegen.

2.2.2 Rezeption von Sonnengottvorstellungen in Am 9,1-4?

In der Prophetie Israels kommt den Motiven der nutzlosen Flucht und der Unmöglichkeit sich vor dem Zugriff der Gottheit zu verbergen nach Am 9,1g-3.4 die begründete Unheilsankündigung von *Jer 16,16-18* besonders nahe; sie lässt sich plausibel von Jeremia herleiten[36]: 16 „Siehe, ich schicke nach vielen Fischern, Spruch JHWHs, dass sie sie herausfischen. Und danach will ich nach vielen Jägern schicken, dass sie sie erjagen auf jedem Berg und auf jedem Hügel und aus den Felsenklüften. 17 Denn meine Augen sind auf all ihre Wege (gerichtet). Nicht bleiben sie versteckt (*nistarū*) vor meinem Angesicht und nicht ist ihre Schuld verborgen (*niṣpan*) vor meinen Augen...". Das ‚Sich Verstecken / Verbergen' der dem unentrinnbaren Zugriff ADONAIs Ausgesetzten wird in Am 9,3a.d durch die Wortparallele *ḤB'* und *STR*, jeweils im N-Stamm, ausgedrückt. In Jer 16,17b-c ist es das entsprechende Wortpaar *STR* und *ṢPN* im N-Stamm. Dem Motiv der alles prüfenden Augen JHWHs, denen keine Schuld verborgen bleibt in Jer 16,17, entspricht in Am 9,4d der strafende Blick des richterlichen Gottes, der schlimmes Ergehen bringt, nicht das Glück seines leuchtenden Angesichts (vgl. z.B. Ps 80,4b.8b.20b; Num 6,25a).[37]

Eine sehr ähnliche Motivik und Tendenz vertritt der aus rhetorischen Fragen bestehende, wohl redaktionell eingeschaltete Spruch vom nahen und fernen Gott in *Jer 23,23-24*: 23 „Bin ich denn (nur?) ein Gott aus der Nähe – Spruch JHWHs – und nicht vielmehr (auch?) ein Gott aus der Ferne? 24 Ob sich (wohl) einer in Versteckplätzen (*mistarīm*) verstecken kann (*yissatir*), ohne dass ich ihn sähe? – Spruch JHWHs. Sind es nicht Himmel und Erde, die ich erfülle? – Spruch JHWHs." Beide Jeremia-Texte (16,16-18 und 23,23-24) sind mit Am 9,1g-4 durch das Motiv des richterlichen Eingreifens der Gottheit sowie das Motiv der vergeblichen

---

[36] G. WANKE, Jeremia, Teilband 1, Zürich 1995, 160f.

[37] Die Glosse in Am 9,3d unterstreicht, dass kein Sich-Verstecken „vor meinen Augen" möglich ist.

Flucht und des nutzlosen Versuchs sich zu verbergen verbunden. Eben diese Motive sind – wie nach anderen besonders Karl-Heinz BERNHARDT (1965, 25-28) in einem Beitrag zu Ps 139 gezeigt hat – typisch für Allgegenwartsvorstellungen, besser gesagt Vorstellungen von einer Allwirksamkeit der Gottheit, die sich religionsgeschichtlich vorab im richterlichen Wirken von Sonnengöttern manifestieren.

In den Psalmen illustriert *Ps 19,7* eindrücklich diese Funktion des Zeugen und Richters, vor dem weltweit nichts verborgen bleibt: „Vom Rand der Himmel her ist sein (d.h. des Sonnenballs / der Sonne) Ausgang, und sein Umlauf gegen deren Ende hin, und nichts bleibt verborgen (*nistar*) vor seiner (Sonnen-)Glut.“ Diese letztere Prädikation wird auf JHWHs umfassende, ins Verborgene dringende Wahrnehmung gedeutet, wenn sein in Ps 19 betender „Knecht“ (V. 12) in V. 13 bittet: „(Versehentliche) Verfehlungen (*šăgīʾōt*), wer nimmt sie wahr? Von verborgenen (Sünden) (*nistarōt*) sprich mich frei!“ Hermann SPIECKERMANN (1989, 66f.) hat wahrscheinlich gemacht, dass wir in Ps 19,5c-7 („Dem Sonnenball hat er ein Zelt an ihnen [den Himmeln] gesetzt...“) eine „fragmentarisch übernommene Überlieferung ... mesopotamischer Provenienz“ (66) vor uns haben. Es handelt sich um ein hymnisches Stück, das jedenfalls frappierend an Hymnen und Gebete an Šamaš erinnert, allerdings auch an ägyptische Hymnen an den Sonnengott, z.B.: „Keine Grenze gibt es für den Umlauf seiner beiden Augen, kein Ort ist seinem Ka verborgen.“[38] Ps 19 freilich bietet eine israelitische Interpretation: Aus dem Sonnengott wird der kosmische Sonnenball in der Verfügungsmacht JHWHs. Nur noch die *Vergleiche* mit „Bräutigam“ und „Held“, die Hinweise auf Sonnenwohnung und Sonnentor (hier „Zelt“ und Hervortreten aus der „Kammer“ Ps 19,5c.6a) und der Sonnenlauf insgesamt erinnern an den mythischen Kontext. Die Funktion des alles Verborgene aufdeckenden Richters ist in V. 7 allerdings unverkennbar; Sie leitet über zum Tora-Hymnus von Ps 19,7-11.[39]

Für den *biblischen* Horizont von Am 9,2(-3) sind neben dem furiosen Himmelsaufstieg des Elija (2 Kön 2,11) insbesondere noch folgende Prophetentexte interessant, abgesehen von dem noch eigens darzustellenden Ps 139 (V. 7-12). Es handelt sich zum ei-

---

[38] So in einem Hymnus aus einem Totenpapyrus der 21. Dyn. nach J. ASSMANN 1975 (ÄHG), Nr. 45, Z. 5f.

[39] Zur Interpretation der solaren Bildsprache in Ps 19 vgl. eingehend W.P. BROWN 2002, 81-103.237-245.

nen um Jer 51,53 im Kontext der (exilischen) Untergangsansage gegen Babel. Wie in Am 9,2 ist von einer hypothetischen Flucht in den für Menschen, in diesem Fall für Babel, aus eigener Kraft unzugänglichen und insofern jenseitigen „mythischen" Raum des Himmels die Rede, die ganz vergeblich ist. „Wenn Babel auch bis zum Himmel emporsteigen wollte ... so werden doch von mir her Verwüster zu ihm kommen – Spruch JHWHs". Dieser Himmelsaufstieg Babels, der hier der Suche nach Schutz und Sicherheit dient, hat sein Pendant und wohl auch sein Modell in dem protzigen Gebaren der Weltmacht, wie es das mit mythischen Stoffen angereicherte Spottklage-Gedicht vom Sturz der Weltmacht in Jes 14,4-21 in den Versen 13-14 im Abschnitt V. 12-15 vom Himmelssturz „Helels" vorstellt:[40] Der Weltenherrscher, der zum Himmel aufsteigen will, um seinen Thron über den Sternen Els / Gottes aufzustellen, wird in die Scheol / die Unterwelt hinabgestürzt werden (*ʿLY*-G 13b.14a – *YRD*-Hpass 15a entsprechend Am 9,2c-d; „Himmel" 13b – „Scheol" 15a entsprechend Am 9,2a.c!). Im Bild dieses strafenden Richtergottes von Jer 51 und Jes 14 erinnert nichts unmittelbar an Sonnengottmotive, abgesehen von dem für sich allein nicht eindeutig ableitbaren Motiv von der vergeblichen Flucht vor dem richterlichen Gott in Jer 51,53.

Anders könnte dies im Fall von *Hos 7,12* sein, einem Text, der wie Am 9,2d davon spricht, dass Gott selbst (treulose) Israeliten (wie) vom Himmel herunterholen will: „Gleich wohin sie gehen [d.h. nach Ägypten oder Assur, vgl. V. 11], breite ich über sie mein Netz (*rišt=ī*) aus, wie Vögel des Himmels hole ich sie herunter (*k˙=ʿōp ha=šamaym ʾōrīd-i=m*) ..." Was Hos 7,12 (und ähnlich Ez 12,13 / 17,20; 32,3) von den Israeliten sagt, die JHWH Vögeln gleich mit dem Netz fängt und vom Himmel herunterholt, drückt Am 9,2c-d in reduzierter Bildsprache ohne Vögel-Vergleich und Hinweis auf das Fangnetz aus: „Und wenn sie zum Himmel aufsteigen: von dort werde ich sie herunterholen" (*miš=šam[m] ʾōrīd-i=m* Am 9,2d). Angelika BERLEJUNG (Tod und Leben 2001, 491) hat für Hos 7,12 darauf hingewiesen, dass hier JHWH ganz ähnlich wie der Sonnengott Mesopotamiens agiert, etwa wenn Šamaš Eidbrecher und Frevler mit Netzen und

---

[40] Zu Jes 14 insgesamt und näherhin zu V. 12-15 vgl. R.M. SHIPP 2002, bes. 9-18.81ff.; K. SPRONK 1998, 717-726, zu Jes 14,12 („Helel" kein Gottesname, sondern Epitheton, 725). Wesentlich für Jes 14,12-15 scheint demnach der enge Bezug zu altorientalischer Königsideologie, die Verbindung des Königsbildes mit der Sonne / der Sonnengottheit und die Vorstellung von einem quasigöttlichen Status des Königs.

Vogelfallen fängt, tötet und in die Unterwelt bringt (ebd. 480-485!). Nun ist es unter den mesopotamischen Göttern nicht Šamaš allein, der mit seinem Netz die Bösen fängt, da von ihm gesagt werden kann, dass seine Strahlen die Erde wie ein Netz (*šuškallu*) umfangen (vgl. bei A. BERLEJUNG, ebd. 482). Aber es ist vorrangig und ganz charakteristisch Šamaš in Gebetsbeschwörungen, in Hymnen und in Vertragsflüchen (dominierend gegenüber dem sumerischen Sonnengott Utu) als Richtergott von Himmel und Erde, von Oberwelt und Unterwelt, als „Leuchte der Igigi und Anunnaki" bzw. „der großen Götter", dessen Fangnetz ‚die Gesamtheit der Länder zu Boden wirft'.[41] Der enge Sprach- und Sachbezug von Am 9,2c-d zu Hos 7,12, wo wir mit guten Gründen eine Analogie zu mesopotamischen Šamaš-Prädikationen erkennen können, bleibt beachtlich.

Als außerbiblischer Vergleichstext für Am 9,2 wird häufig eine berühmte Passage aus dem El-Amarna-Brief Nr. 264 genannt, die Himmelsaufstieg und Abstieg zur Erde (Unterwelt) in einer Ergebenheitsadresse an den (sonst in den Briefen hoftheologisch üblicherweise als „Sonne" titulierten) Pharao verbindet (s.u. 3.3 zu Ps 139,7-12!). Allerdings scheint mir ein neuassyrischer Annalentext für einen motivlichen Vergleich mit Am 9,1g-3 besonders gut geeignet. Es handelt sich um den Auszug aus einer *Prismeninschrift Asarhaddons aus Ninive*, die R. BORGER (1956, 57f.) als „Episode 18" nach der Reihenfolge von Prisma A herausgegeben hat. Ich biete den Text in der Übersetzung von BORGER: *Episode 18: A, IV 78-V 25:*

IV [78] Durch die Kraft des Assur, des Sin, des Šamaš, des Nabû, des Marduk, der Ištar von Ninive [79] und der Ištar von Arbela besiegte ich alle überheblichen Feinde.

...

V [10] Wer sich, um sich zu retten, aufs hohe Meer geflüchtet hatte, [11] entging meinem Netze nicht, ich liess ihn nicht entrinnen (oder: er konnte sein Leben nicht retten) (*ina giš-par-ri-ia ul ip-par-šid-ma ul ú-še-ṣi nap-šat-su*). [12] Den Schnellfüssigen, der sich nach Stiegen weitentfernter Berge begeben hatte, [13] holte ich wie einen Vogel vom Berge herunter und band seine Hände. [14] Ihr Blut ließ ich wie einen Sturzbach durch die Felstäler hinabfliessen. [15]

---

[41] A. SCHOLLMEYER 1912, Nr. 6, Z. 3; Nr. 2, Rev. Z. 13 und 22; vgl. insgesamt z.B. den großen Šamaš-Hymnus, ebd. Nr. 16, S. 80ff.; A. FALKENSTEIN / W. VON SODEN 1953 (SAHG) 240-247; W.G. LAMBERT 1960 (BWL) 121-138; zu den neuassyrischen Verträgen und Loyalitätseiden vgl. bes. S. PARPOLA / K. WATANABE 1988 z.B. Nr. 6 § 101; R. BORGER, TUAT I/2 (1983) 176 §101.

Die Sutäer, in der Ferne wohnende Zeltbewohner, [16] „entwurzelte" ich wie ein grimmig sich erhebender Sturm. [17] Keiner, der das Meer zu seiner Festung oder das Gebirge zu seiner Stütze gemacht hatte, [18] entging meinem Netze (*ina sa*-par-ri-ia a-a-um-ma ul ú**-ṣi*); [19] gewiss, er kam nicht davon. [20] Dem Meeresbewohner wies ich das Gebirge, dem Gebirgler das Meer zum Wohnsitz an. [21] Dank dem Geheiss meines Herrn Assur (kann ich ausrufen): „Wer kann sich mit mir an Königsmacht messen? [22] Und wer unter meinen königlichen Vorfahren [23] hatte eine so gewaltige Herrschaft wie ich?" [24] Aus dem hohen Meer (hörte man) meine Feinde sagen: [25] „Wohin kann der Fuchs vor dem Sonnengott gehen?" (*um-ma šêlibu la-pa-an ^{d}Šamaš e-ki-a-am il-lak*).

Der neuassyrische Text zeigt in Einzelmotiven und Gesamttendenz bemerkenswerte Analogien zu Am 9,1g-3. In Am 9,1-4 ist es die Gottheit, die in 1. Person spricht und als richterlich strafend in der Rolle des unentrinnbaren Verfolgers auftritt. Im Asarhaddon-Text spricht der König in derselben Funktion. Beide Texte verbindet das Motiv ‚keine Rettung / nutzlose Flucht' (Am 9,1g-h – Episode 18: A, V 10-11). Fluchtziele sind im Amos-Text (9,2-3) Unterwelt / Himmel / Bergesgipfel (Karmel) / Meeresgrund, in Episode 18 mehrfach das (hohe) Meer (*tâmtum*) und die (weitentfernten) Berge (*šadû*) (V 10.12.13.17[20.24]). Keine Entsprechung im Amos-Text, wohl aber in Hos 7,12, hat die Rede von der „Falle" (*gišparru*)[42] in Episode 18: V 11 und vom „Fangnetz" (*sapāru*) des Königs ebenda Z. 18. Dasselbe gilt für den Vergleich des in die Berge geflohenen Feindes mit einem gefangen heruntergeholten Vogel (Episode 18: V 13 – Hos 7,12). Dass der Rede Asarhaddons und seinem berichteten Strafhandeln das Bild des unentrinnbar verfolgenden und richterlich strafenden Sonnengottes zugrunde liegt, geht aus dem Sprichwort hervor, das abschließend in Z. 25 zitiert wird: „Wohin kann der Fuchs vor dem Sonnengott gehen?" Das Sprichwort wird als erschreckt resignierte Aussage der Feinde vom hohen Meer her, wohl der feindlichen Seekönige auf einer Inselstadt im Meer oder auf Fluchtschiffen, eingeführt.[43] Für das Verständnis des Textes scheint mir wichtig zu beachten, dass der mesopotamische Sonnengott Šamaš, wie Ruth MAYER-OPIFICIUS hervorhebt (1984, 200), seit frühester Zeit neben dem Aspekt des Eid- und Rechtsbewahrers auch kriegerische Züge

---

[42] So nach AHW 293; CAD G 106f., nach BORGER „Netz".
[43] Vgl. A. SCHOTT 1926, 90 Anm. 2; weniger überzeugend B. MEISNER 1935-36, 362.

trägt (so auf den Götterkampfsiegeln aus reichsakkadischer Zeit) und dass wohl er es ist, nicht der Gott Assur, der als Gott des Kampfes dem assyrischen König Pfeil und Bogen überreicht.[44] Auch der seit neuassyrischer Zeit in Assyrien begegnende anthropomorph dargestellte Gott, der aus dem Ring / der Scheibe einer Flügelsonne herausragt, dürfte nunmehr in der Forschung sicher als der Sonnengott Šamaš identifiziert sein.[45] Was der Asarhaddon-Text an Sonnengottvorstellungen auf den König überträgt, lässt sich als mythisches Substrat verstehen, das dem Text Am 9,1g-3 zugrunde liegt.

Wenn Am 9,2 die Reihe der hypothetischen extremen Fluchtziele der Israeliten gerade mit der Unterwelt (*š'ʾōl*) und der Aussichtslosigkeit, in sie gewaltsam einzubrechen (*ḤTR*) – vgl. Ijob 24,16; Ez 8,8; ferner Jona 1,13 – beginnt, so ist von vornherein klar, dass als Beispiel für die nutzlose Flucht ein der erfahrbaren Wirklichkeit entzogener, jenseitiger und insofern mythischer Raum genannt werden soll. Das Extrem macht die Ausweglosigkeit für Menschen, zugleich aber die durch keinen noch so unzugänglichen mythischen Raum wie die Unterwelt, den Himmel, aber auch den in V. 3 genannten Meeresgrund begrenzte Zugriffsmacht des Gottes des Amos deutlich. Mit dem Absteigen und Einbrechen in die Totenwelt und dem Aufsteigen zum Himmel sind in Am 9,2 menschliche Möglichkeiten übersteigende Optionen ins Auge gefasst, die allein göttlichen Wesen im Mythos vorbehalten sind, so in den berühmten mesopotamischen Unterweltsmythen, dem Mythos von Inannas bzw. Ischtars Abstieg und Eindringen in die Unterwelt[46] sowie dem Mythos von Nergal und Ereschkigal, in dem ein Götterbote aus dem Unterweltsreich der Ereschkigal zum Himmel Anus aufsteigt bzw. von dort absteigt zur Unterwelt.[47] Entsprechend ist es der zerstörerische Pest-Gott Erra, der im gleichnamigen Epos listig sich Marduk anbietet, kurzzeitig die Weltherrschaft zu übernehmen, mit den Worten:

---

44 So in der Reliefdarstellung vom „Broken Obelisk" aus Ninive, vgl. MAYER-OPIFICIUS 1984, 199 und 232 Abb. 22. Vgl. auch O. KEEL 1996, Abb. 297, S. 196f., der allerdings für den Gott Assur plädiert.

45 Vgl. R. MAYER-OPIFICIUS 1984, 200 und Abb. 25, S. 233; bes. T. PODELLA 1996, 28 (26-31), auch M. ALBANI 2000, 193.

46 Vgl. TUAT III/3 (1993) 458-459, in der Übersetzung von Willem H.Ph. RÖMER, bzw. TUAT III/4 (1994) 760-766, in der Übersetzung von G.W. MÜLLER.

47 Vgl. G.G.W. MÜLLER, TUAT III/4 (1994) 766-780, in der El-Amarna-Version Z. 4-7, in der Sultantepe-Version I, 16ff. 52f.; III, 38; IV, 26-29; V, 13f. 42f.; VI, 18f.

„Zum Himmel werde ich hinaufsteigen und den Igigi Anordnungen geben. Ich werde zum Apsu hinuntersteigen, die Anunnaki anweisen."[48]

Der Gott aber, dessen Hand die Fliehenden nach Am 9,2b bzw. richtend und strafend in der Unterwelt packt bzw. vom Himmel herunterholt, dürfte in dieser anthropomorph-personalen und damit notwendigen Bild-Rede und zugleich mythisch gefärbten Sprache und Vorstellung die richterliche Herrschaft über Himmel und Unterwelt mit dem Sonnengott teilen. Denn etwa der sumerische Sonnengott Utu bzw. vor allem der babylonische Šamaš wird nicht nur überaus häufig als der Richter (und König) von Himmel und Erde (*dajjān šamê u erṣetim*) tituliert, vielmehr ist er auch Richter und sogar Licht und Nahrung spendender Gott in der Unterwelt und insgesamt Richter, Herr und Hüter des Oberen und des Unteren, der Richter der Igigu und der Anunnaku[49]. Die den Sonnengott beschreibenden Epitheta stammen aus der Hymnenliteratur und finden sich in allen bekannten mesopotamischen Literaturgattungen, z.B. in der Invocatio eines sumerischen „Gottesbriefs" (literarischer Königsbrief an den Sonnengott) mit klagend-anklagendem Inhalt[50], im Kodex Hammurapi[51] und in Gebetsbeschwörungen an Šamaš.[52] In den Texten der Beschwörungsserie *bīt rimki* („Badehaus") wird eine Reihe von zu sprechenden Beschwörungen in der Form von Incipit-Worten angegeben, die Šamaš charakterisieren: Šamaš, hehrer Richter von Himmel und Erde; Šamaš, König von Himmel und Erde, Herr über Wahrheit und Gerechtigkeit; Šamaš, (wenn du) aus der Unterwelt; u.a.[53] Entsprechendes gilt für den großen Šamaš-Hymnus.[54] Wie konstant die Funktion des Sonnengottes als universaler Richter, aber auch Lebensspender sich über Jahrhunderte in Mesopotamien durchhält, bezeugt einer von zwei Ritualtexten aus seleukidischer

---

48 G.G.W. MÜLLER, Ischum und Erra: TUAT III/4 (1994), Tf. I, 183f., S. 790 (781-801).

49 Mittel- und spätbabylonisch: die Götter des Himmels und der Erde sowie der Unterwelt. Vgl. zusammenfassend K. TALLQUIST 1938, 456f. (453-460).

50 R. BORGER 1991, 68 mit Übersetzung Z. 1, S. 79: „Zu Utu / [Šamaš], meinem König, [dem Herrn?], dem erhabenen Richter des Himmels und der Erde..."

51 Epilog XLVII, 84-88; L, 14-40 mit ausdrücklichem Bezug zum Land der Lebenden und zur Unterwelt der Totengeister Z. 34-40.

52 Vgl. bei A. SCHOLLMEYER 1912, 29ff. passim; A. FALKENSTEIN / W. von SODEN 1953 (SAHG), Nr. 53 bis 59.

53 Z.B. W. FARBER, TUAT II/2 [1987] 245-255; R. BORGER, Das dritte „Haus" der Serie Bīt Rimki: JCS 21 (1969) 13ff. (1-17); J.M. SEUX 1976, 223-226.

54 Vgl. W.G. LAMBERT 1960 (BWL), 121-138, bes. Z. 1-4.17-22.25-31.33-38 u.a.

Zeit, die A. FALKENSTEIN (1959, 36-44) bearbeitet hat (W 18 828, Z. 1-14, S. 36f.).

Der enge Bezug der Sonnengottheit zur Unterwelt in Mesopotamien[55] ist ähnlich in Kleinasien zu beobachten, wo die hethitische Sonnengottheit der Erde als chtonische Gottheit, als Unterweltssonne neben dem Sonnengott des Himmels (*Ištanu*) und anderen Erscheinungsformen der Sonnengottheit steht.[56] Gleiches gilt für Ugarit, wo die Sonnengöttin Šapšu, die Leuchte der Götter, die große Vermittlerin in der Götterwelt, zugleich die Rolle der Psychopompos übernehmen und als Beherrscherin der vergöttlichten Toten angesprochen werden kann.[57] Eben dieser Bezug zur Unterwelt ist, wie verschiedentlich in der Forschung betont, vorab in der Vorstellung vom Sonnenlauf, dem solaren Kreislauf begründet. Er ist besonders gut im pharaonischen Ägypten dokumentiert[58] und wird gemäß der Kompositionsanalyse des großen akkadischen Šamaš-Hymnus von G.R. CASTELLINO (1976, 71-74) in diesem Hymnus literarisch nachgeahmt: Die Sonnengottheit durchquert am Tag den Himmel und tritt am Abend in die Unterwelt ein, die sie nächtlich durchfährt, um morgens am östlichen Horizont wieder aufzugehen.[59] Auf dem Hintergrund der bisher skizzierten Sonnengottvorstellungen in polytheistischen Religionssystemen und ihrer funktionalen Analogien in Am 9,2-3 scheint mir die These möglich: *JHWH hat gerade im Kontext seiner für Amos charakteristischen Rolle als verfolgender und strafender Richter insbesondere auch mit Hilfe bzw. in Analogie zu bekannten Sonnengottfunktionen seine Wirkmacht und seine Zugriffskompetenz explizit auf die Scheol, die Unterwelt mit ihrer Konnotation der (mythischen) Todesmacht ausgedehnt.* Dann hat in Am 9 die Notwendigkeit, einen Richter und Rächer mit räumlich unbegrenzter Wirksamkeit zu präsentieren, zumindest situativ

---

55 Vgl. J.F. HEALY 1980, 239-242; B. JANOWSKI 1989, 44 Anm. 129!

56 E. VON SCHULER 1965 (WM I), 196-201; vgl. W. FAUTH 1979, 260f. (227-263); D. YOSHIDA 1996; B. JANOWSKI 1989, 98-105.

57 B. JANOWSKI 1989, 105-112; S.A. WIGGINS 1996, 327-350; J.-M. HUSSER 1997, 227-244; S. GULDE 2001, 393-429, bes. 415f.; resümierend A. BERLEJUNG 2001, 472.

58 Vgl. bes. E. HORNUNG 1998; M. GÖRG 2001, 15ff.; J. ASSMANN 1984, 1087-1094.

59 Vgl. J. BOTTÉRO 1980, 31; bes. B. JANOWSKI 1989, 41-47 (44f.).W. HEIMPEL 1986, 146-150, findet einen Ausgleich zwischen gegensätzlichen babylonischen Vorstellungen vom lichtlosen Dasein der Toten und dem Licht und Gericht, das der Sonnengott auch für die Toten bringt, in dem Konzept eines unsichtbaren Teils des Himmels unter der Erde als dem ‚Inneren des Himmels' (151).

und textlich jedenfalls noch vorexilisch, wahrscheinlich doch noch im 8. Jh., zur Durchbrechung einer sonstigen „main-stream"-Vorstellung vom Wirken JHWHs geführt: dass nämlich die Totenwelt außerhalb der Interessen- und Wirkungssphäre JHWHs liege; freilich legen die betreffenden Aussagen in typischer Gebetssprache den Akzent bittend und warnend auf die Unfähigkeit der Toten, Gott zu loben (Ps 88,6.11-13; 6,6; 30,10; 115,17; Jes 38,18; Sir 17,27; Bar 2,17).[60] Unbestritten ist, dass JHWHs Herrschaft über die Totenwelt schon in der Konsequenz der beginnenden Durchsetzung seiner Alleinverehrung wesentlich mit Elija im 9. Jh. liegt, da diese auch den Todesgott Mot seiner Macht berauben musste. Vorexilische Texte wie Hos 13,14 und wohl auch 1 Sam 2,6 bezeugen JHWHs Macht über die Totenwelt.[61] Aus anderem Blickwinkel, mit einer Argumentation für Ps 88,11ff. als echte, nicht rhetorische Fragen, aber auch mit Hinweis auf israelitische Grabinschriften der Königszeit (u.a. Hirbet el-Qom) und auf den durch Elija markierten Einschnitt in der Religionsgeschichte Israels hat jüngst F. CRÜSEMANN (2003, bes. 356-360) die Auffassung gestützt, dass JHWH schon im 8. Jh. als Herr auch über die Scheol geglaubt wurde, ja dass man sogar auch Tote seiner Schutz- und Rettungsmacht anvertrauen konnte. Wenn Am 9,1-4 demgegenüber Sonnengottvorstellungen funktionalisiert, um JHWHs Macht über die Totenwelt zu veranschaulichen und zu sichern, so ermöglicht dies zugleich im Kontext prophetischer Unheilsansage die Vorstellung einer kosmisch-universalen, völlig uneingeschränkten Wirkmacht JHWHs.

2.2.3 Zusammenhang von solaren und Meereskampfmotiven in Am 9,1g-3

Hinsichtlich der Polarität von Bergesgipfel des Karmel und Meeresgrund in Am 9,3, die für ADONAI ähnlich wie in Ps 68,23 kein Hindernis sind, um seine Feinde zu ergreifen, ist zunächst auf solare Reminiszenzen hinzuweisen. Charakteristisch für den me-

---

60 Vgl. G. VON RAD, Theologie des Alten Testaments, Bd. 1, München 1966, 401: „Zwar endete der Machtbereich Jahwes keineswegs an der Grenze der Todeswelt (Am. 9,2; Ps. 139,8); aber die Toten standen außerhalb des Kultus und seines Lebenskreises. Darin besteht recht eigentlich ihr Totsein."

61 Vgl. auch die Überlieferungen in 1 Kön 17,17-24; 2 Kön 4,8-37 sowie 2 Kön 5,7; 20,1-11 und in wohl durchwegs nachexilischen Texten: Spr 15,11; Ijob 26,6; Ps 139,8.

sopotamischen Sonnengott ist es, dass er am Morgen aus dem *mythischen Gebirge* (des östlichen Horizonts) aufsteigt. Der abendliche Eingangsort der Sonne, auch Eingang zur Unterwelt, kann neben den westlichen Horizontbergen auch das Meer sein.[62] Dies scheint auch für Ugarit zuzutreffen.[63] In altägyptischen Darstellungen des Sonnenlaufs ist mit dem höher gelegenen Osten der Bergesgipfel und die aufsteigende Sonne, mit dem niedriger gelegenen Westen die untergehende Sonne und der Bereich von Meer und Unterwelt assoziiert.[64] Allerdings kann in den thebanischen Hymnen an den Sonnengott dieser „über seinen Bergen" (J. ASSMANN 1975, Nr. 47, Z. 27) aufgehen wie auch „aus dem Urozean" aufsteigen (ebd. Nr. 42A, Z. 21; u.a.) und „im Urozean" untergehen (ebd. Nr. 37, Z. 19). Nicht weniger als Unterwelt und Himmel verraten somit auch die so topographisch klar erscheinenden Bezeichnungen „Gipfel des Karmel" und „Meeresgrund" in Am 9,3a.d eine solare mythische Konnotation.[65]

Wenn wir die vier in Am 9,2-3 genannten Weltbereiche insgesamt überblicken, lässt sich *der (mythisch-empirische) Sonnenlauf* nachzeichnen: Nach nächtlicher Durchquerung der Unterwelt steigt die Sonne im Osten zum Himmel auf, um dann – aus (nord-) palästinischer Sicht – über den westlich gelegenen Karmelgipfel hinweg zum Meer im Westen abzusteigen, dem Ort des Sonnenuntergangs. Man kann innerbiblisch im Blick auf wenige ähnliche Belege mit H.W. WOLFF (1985, 392) von der Ausprägung einer ‚weisheitlich tradierten viergliedrigen Allformel' sprechen. Sie kommt ähnlich noch in Ps 139,8-9 (Himmel – Unterwelt – Morgenröte / Osten – Meer / Westen) und Ijob 11,8-9 (Himmel – Unterwelt – Erde – Meer) vor, ferner in Ps 95,4-5 (Erdentiefen – Bergeshöhen – Meer – trockenes Land); Sir 1,3 (Himmel – Erde – Meer). Diese spezifische prophetische „Allformel" in Am 9,2-3 setzt jedenfalls keine Kenntnis der genannten weisheitlich konnotierten Belege voraus. Allerdings begegnet der doppelte Kontrast von ‚unten' und ‚oben', wie er in Am 9,2-3 (chiastisch) vorliegt, ganz ähnlich gerade im großen babylonischen Šamaš-Hymnus in der Beschreibung des täglichen Wegs des Sonnengottes (Meer – Berge // Erde – Himmel, Z. 29, dicht gefolgt von der Polarität des „Unteren" / der „Unterwelt" und des „Oberen" / der „Oberwelt"

---

62 So andeutungsweise sumerisch überliefert nach D.O. EDZARD 1965, 126.
63 Nach KTU 1.2 III, 19-20, vgl. S. GULDE 2001, 401.
64 So O. KEEL 1996, 19, nach W. WESTENDORFF.
65 Vgl. auch J. JEREMIAS 1995, 126.

Z. 31f., W.G. LAMBERT 1960 [BWL], 126f.). Die Strahlen des Sonnengottes reichen hinab bis in den tiefsten Wasserabgrund (*apsu*), so dass die Ungeheuer des Meeres (*tâmtu*) sein Licht erblicken (Z. 37f.). Zugleich ist er es, der über fernste unbekannte Regionen bei Tag dahinzieht und bei Nacht sich wendet (Z. 43f., ebd. S. 128f.). Die Nähe solcher „Allformeln" zu hymnischen Beschreibungen des universalen Laufs der Sonne bzw. der Sonnengottheit ist kaum zu übersehen.

Hinzu kommt ein weiterer Aspekt. Der Karmel ist Gottesberg. Mit seiner schon vorisraelitischen Kultstätte ist er kaum ohne die in der Elija-Überlieferung verhaftete Tradition vom Baal des Karmel zu denken (1 Kön 18). Bereits Otto EISSFELDT (1954, 24) hat den Lokalgott, den Baal des Karmel als Manifestation des Baal-Schamem, des höchsten Gottes in der syrisch-kanaanäischen Religion der ersten Hälfte des 1. Jahrtausends v. Chr., nachzuweisen gesucht.[66]

Eine mythische Konnotation anderer Art liegt in Am 9,3d-f noch näher, da mit der Rede vom Meer und der Meeresschlange zweifellos die mythische Meereskampfmotivik hintergründig erinnert wird. Allerdings, eine Götterkampfvorstellung, eine Auseinandersetzung mit kanaanäischen Göttern liegt *auf der Textebene* von Am 9,2-3 für den souveränen Richtergott nicht (mehr) im Blickfeld. In einer solchen Vorstellung kann denn auch nicht das Motiv für die Ausdehnung von JHWHs Herrschaft auf kosmische Bereiche liegen.[67] Der Text legt den Akzent ganz auf die polaren Extreme „Gipfel" des Karmel und „Boden / (tiefster) Grund" des Meeres als nutzlosen Fluchtzielen, die vor JHWHs Gericht nicht retten können.

In Am 9,2-3 erscheint transformierte mythische Meereskampfmotivik in das Bild des unentrinnbaren Richtergottes integriert. Und dieses hat seinerseits sein engstes Analogon im universalen und alles durchdringenden richterlichen Wirken des Sonnengottes in Mythos und Religion der Lebens- und Mitwelt Altisraels. Die Verwandlung mythischer Tradition ist besonders gut in Am 9,3d-f zu greifen. „Das Meer" (*ha=yam[m]*) lässt zwar in Verbindung mit der nur als mythisches Relikt verstehbaren „Schlange" (*ha=naḥaš*, mit Artikel!) noch seine Qualität als ur-

---

[66] Später, in hellenistischer Zeit, wurde der Gott des Karmel dem sonnenhaften Zeus von Heliopolis als einem Wetter- und Fruchtbarkeitsgott angeglichen, O. EISSFELDT 1954, 45f., nach K. GALLING.

[67] Gegen K.-H. BERNHARDT 1965, 21f.

zeitlich-mythische Gegenmacht erkennen, die der Kämpfer- und Wettergott bzw. israelitisch JHWH selbst zu besiegen bzw. immer schon besiegt hat. In Am 9,3 jedoch fungiert das Meer nur noch als ähnlich „absurder Zufluchtsort“ wie Unterwelt und Himmel in V. 2.[68] Bezeichnenderweise verwendet V. 3 nicht die mythopoetischen Spezialtermini für die in der Meeresschlange verkörperte Meeresmacht, wie dies exemplarisch noch Jes 27,1 in der Ankündigung des eschatologischen Sieges JHWHs über den ‚Chaosdrachen‘ tut.[69] Die mythische Meeresschlange, hier polemisch umfunktioniert zum Gerichtswerkzeug ADONAIs, heißt einfach *ha=naḥaš* wie die zur palästinischen Lebenswelt gehörende gefährliche Schlange von Am 5,19. Der Gott des Amos und seiner Tradenten nimmt die Meeresschlange genauso souverän in Dienst wie das personifizierte Schwert von V. 4b-c, das Richtschwert und kriegerisches Kampfschwert symbolisiert und mythologisch an Götterwaffen erinnert.[70]

Der Zusammenhang von hintergründiger *solarer Motivik* in Am 9,2-3 als Rahmen, in den hinein die umfunktionierte *Meereskampfmotivik* integriert ist, verdankt sich nun nicht nur der Freiheit des / der Verfasser von Am 9,1-4 in der Textbildung, die unterschiedliche Traditionsstoffe instrumentalisiert. Dieser Zusammenhang hat vielmehr seine *Analogien*. Man darf wohl auch sagen: er hat Vorbilder. In dem späten sehr komplexen Psalm Hab 3, der ältere hymnische Stücke integriert, folgt auf die sonnenhafte Theophanie JHWHs in Hab 3,3-7 die hymnische Schilderung der Epiphanie Gottes in den Farben des Gewittersturms in Hab 3,8-13a mit Meereskampfmotivik V. 10.[71] Paul E. DION hat das Zusammenwirken von Sturm- oder Wettergottvorstellungen mit solchen des Sonnengottes im JHWH-Bild von Ps 104 als „double legacy“ von Ägypten und Kanaan untersucht und darüber hinaus auf Paarbildungen von Sonnen- und Sturmgott im alten Vorderen Orient hingewiesen[72]. Othmar KEEL hat den alten Tempelweihspruch 1 Kön 8,12f. bzw. LXX 3 Regum 8,53 auf eine Kohabitation JHWHs als Kampf- und Wettergott mit dem Sonnengott in Jerusalem bezogen. Nach ihm entsprach eine solche

---

[68] H.W. WOLFF 1985, 392; vgl. W.H. SCHMIDT 1994, 628.

[69] „Leviatan“, „flüchtige Schlange“, „gewundene Schlange“, „Drachen“ / *ha=tannīn*, vgl. Ps 74,13f.; Jes 51,9f.; Ijob 26,12f.; im ugaritischen Baal-Zyklus KTU 1.3 III, 40-42; 1.5 I, 1-3!

[70] Vgl. H. IRSIGLER 2002b, 287f., zu Zef 2,12.

[71] K. SEYBOLD, Nahum, Habakuk, Zefanja, Zürich 1991, 77-80.

[72] P.E. DION 1991, 43-71, vgl. auch M.S. SMITH 1990, 33.

Kohabitation einem am Ende der Spätbronzezeit und in der frühen Eisenzeit gängigen Muster: „In der ägyptisch dominierten Sphäre ist es Baal-Seth, der vom Sonnengott geliebt wird (*mrj Rʿ*), weil er die Chaosschlange bekämpft und so die störungsfreie Fahrt des Sonnengottes gewährleistet ..., und auch in der vorderasiatischen Welt erscheint der Wettergott öfter in Verbindung mit einem Sonnensymbol ..." (2002, 18).

Im Blick auf das Zusammenwirken von solaren und ursprünglichen Meereskampfmotiven in Am 9,2-3 scheint mir das hymnische *Lied an die Sonnengöttin* als Herrscherin über die divinisierten königlichen Ahnen im Totenreich in *KTU 1.6 VI 45-53* besonders interessant. Es steht am Ende des ganzen Baal-Zyklus KTU 1.1-1.6 nach der Inthronisation Baals als Sieger über Mōt „Tod" und der Einladung zu einem Festmahl (1.6 VI 30-45). Das Lied schlägt die Brücke zum siegreichen Kampf Baals gegen Yamm „Meer" mit Hilfe der Waffen des göttlichen Handwerkers Koṯar-und-Ḫasis in KTU 1.2 IV.

Den Text biete ich in einer Übersetzung, die sich philologisch und interpretativ an J.C.L. GIBSON (Canaanite Myths and Legends 1978, 81); S.A. WIGGINS (1996, 37f.), N. WYATT (1998, 144f.) und M. DIETRICH / O. LORETZ (TUAT III/6 [1997] 1197) anschließt (vgl. auch M. ALBANI 2000, 202f.), gegen J.-M. HUSSER (1997, 227-244, bes. 235f.238f.), der den Text als einen direkt an Baal gerichteten Hymnus deutet.[73]

45 *... špš*
46 *rpim. ṯḥtk*
47 *špš. ṯḥtk. ilnym*
48 *ʿdk. ilm. hn. mtm*
49 *ʿdk. kṯrm ḫbrk*
50 *wḫss. dʿtk*
51 *b. ym. arš. wtnn*
52 *kṯr. wḫss. yd*
53 *ytr. kṯr. wḫss*

---

[73] M.J. MULDER 1972, 79-96, ebd. 86f., sieht den Text KTU 1.6 VI, 42-53, in einer Feier der Wintersonnenwende situativ verankert. M. DIETRICH und O. LORETZ (TUAT III/6 [1997] 1097 Anm. 31) schließen sich dieser Auffassung an, die gute Gründe für sich hat.

45 ... Šapš, 46 die ‚Heiler‘ (Rapi’uma)[74] beherrschest du,
47 Šapš, du beherrschest die Göttlichen (der Unterwelt).
48 Deine Gesellschaft sind Götter; siehe, Männer (/ Helden)[75] sind
49 deine Gesellschaft! Koṯar ist dein Freund,
50 und Ḫasis ist dein Vertrauter.
51 Im Meer sind Ariš und Tunnan![76]
52 Koṯar-und-Ḫasis vertreibe (sie),
53 wegjage (sie) Koṯar-und-Ḫasis.

Bei ihrem allnächtlichen Gang durch die Unterwelt hat die Sonnengöttin als nächtliche Herrscherin im Totenreich chaotische Meeresmächte (Ariš und Tunnan) zu überwinden. Sie tut dies mit Hilfe von Koṯar-und-Ḫasis. Unterwelt und Meer erscheinen hier als korrelative Größen. Der Zusammenhang von Sonnengottheit im Sonnenlauf und Kampf mit chaotischer Meeresmacht hat in ägyptischer Mythologie in der Tag- und Nachtfahrt des Sonnengottes in seiner Barke durch Himmel und Unterwelt seinen modellhaften Hintergrund. Hier ist es der Sonnengott selbst oder der Gott Seth und die Barkengötter, die den siegreichen Kampf gegen die riesige Apophis-Schlange, die Verkörperung des Sonnenfeindes, ausführen.[77]

Wenn schließlich ADONAI in Am 9,4d ankündigt, sein Auge zum „Bösen / Schlimmen“ und nicht zum „Guten“ auf sie (d.h. die Israeliten) zu richten, so bringt dieser Satz die ganze Gottesrede in Am 9,1-3/4 auf den Punkt. Es ist die Präsenz JHWHs, hier als des allsehenden *Richters* (vgl. Ps 5,6; 11,4; 17,2 u.a.) mit letztlich solaren, aber in der Formulierung von Am 9,4d nicht unmittelbar aktualisierten Reminiszenzen, die Israel den Tod bringt. Die vorausgesetzte Erwartung an JHWH als den heilvoll auf Israel bli-

---

74 Zu den ugaritischen sog. Rephaim-Texten KTU 1.20-22 und zu weiteren ugaritischen Belegen der *rpum* als Ahnengeister in der Funktion von „Heilern“ im königlichen Ahnen- und Heroenkult vgl. zusammenfassend R. Liwak, ThWAT VII (1993) 629-632 (625-636); M. Dietrich und O. Loretz, TUAT III/6 (1997) 1306-1316; HALAT 1188f.

75 Möglicherweise *mtm* auch „Tote“, dagegen spricht aber die klare Parallele von *mtm* // ġzrm „Helden / Krieger / starke Männer“ in KTU 1.22, Z. 6-7.

76 Vgl. zu den beiden Meeresmonstern KTU 1.3 III 40-43, M. Dietrich und O. Loretz, TUAT III/6 (1997) 1142f. Ugaritisch *tunnanu* (durch syllabische Schreibung gesichert) ist mit biblisch *tannīn* Jes 27,1; 51,9 u.a. zu verbinden; *arš* scheint substantiviertes Partizip *ʾārišu* „Begehrender“ zu sein.

77 N. Wyatt 1998, 145; J.C. De Moor 1987, 99 Anm. 479; ders. 1971, 243f.; vgl. E. Hornung 1998, 109ff.; M. Görg 2001, 36-39.138-141.

ckenden *Rettergott* (schon Ex 3,7.9, vgl. Num 6,24-26) wird in eine tödliche Drohung verkehrt.

2.3 Resümee: Funktionalisierung und Transformation des Mythischen in Am 9,1-4

Das Bild des Gottes Israels, der Rechtsbruch, Entsolidarisierung und politisch-religiösen Hochmut in seinem Volk richterlich ahndet, ist der fünften Amos-Vision in 9,1-4 vorgegeben.[78] Dass JHWH in der Geschichte Israels wie auch der Nachbarvölker personhaft handelt, dass er durch Prophetenmund Unheil ankündigt und Feindvölker als Gerichtsinstrument gegen Israel einsetzen kann, gehört zur religiösen Sprach- und Vorstellungswelt der Amos-Texte und insofern Israels. Es ist personhafte, analoge und metaphorische Rede von Gott, religiöse, aber nicht notwendig auch mythisch verankerte Rede. In diesen Vorstellungsrahmen vom richterlich wirkenden Gott werden nun in Am 9,1-4 sprachliche Muster und Motive und ihnen inhärierende Vorstellungen aufgenommen, die aus mythischen Rede- und Vorstellungskontexten stammen.

a. Schon die in den Versen 1-3 ausgeprägte vertikale kosmologische Achse könnte vom Heiligtumskonzept von Bet-El her angeregt sein. Im Rückblick auf die Bet-El-Tradition, wie sie in Gen 28 bewahrt ist, stellt sich Am 9,1-4 in doppelter Weise als polemische Umdeutung und Zuspitzung dar. Einerseits wird ADONAI die Fliehenden, die zum Himmel „hinaufsteigen" wollen, wie das in Gen 28 nur die Gottesboten tun, von dort „herabholen" (*'LY* und *YRD* Gen 28,12 wie Am 9,2c-d). Andererseits erscheint ADONAI in Am 9 nicht mythisch in königlichem Ambiente, ausgestattet mit einem himmlischen Hofstaat wie in Gen 28; sein Heiligtum ist nicht Ort, der heilvolle Gottesnähe und Leben vermittelt, vielmehr geht vom Heiligtum nun todbringende Gewalt aus, da ADONAI in der Rolle des Befehlshabers und kriegerischen Kämpfers gegen Israel auftritt.

[78] Was ihre neuerdings wieder stärker umstrittene Datierung angeht, so gehe ich vorab mit J. JEREMIAS und F. HARTENSTEIN davon aus, dass wir einen literarischen Kern in Am 9,1-3 (und 4d) auf Amos und seine ersten Tradenten zurückführen können (noch vor 722 v. Chr.). Die Ergänzung von 9,4a-c dürfte erst nach dem Untergang des Nordreichs, aber nicht notwendig erst in der babylonischen Epoche erfolgt sein. Siehe oben Nr.2.1 mit Anm. 25 zur Frage der Einheitlichkeit und Datierung von Am 9,1-4.

b. Das Absteigen und Einbrechen in die Totenwelt sowie das Aufsteigen zum Himmel ist in mythischen Erzählungen und Sagen Göttern, Heroen oder außergewöhnlichen Menschen vorbehalten (für den Himmelsaufstieg sei exemplarisch an Adapa und Etana in mesopotamischen Mythen bzw. an die Elija-Sage von 2 Kön 2 erinnert, für das Eindringen in die Unterwelt an den Mythos von Inanna / Ištar). Wenn es in Am 9,2 von den vor JHWHs Gericht Fliehenden gesagt wird, so verstärkt diese mythische Untermalung konnotativ das Aussichtslose, ja Absurde solcher imaginierter Fluchtversuche. Zugleich erscheint der Gott von Am 9,1-4 als derjenige, der keine mühsame Verfolgungsjagd aufnehmen muss, sondern all diese kosmisch-mythischen Bereiche souverän durch seinen Zugriff beherrscht.

c. Auf Vorstellungen vom unentrinnbar aufspürenden und richterlich strafenden Sonnengott führt das Motiv von der nutzlosen Flucht und dem vergeblichen Sich-Verbergen vor dem Richter, ein Motiv, das auch – wie gezeigt – auf den assyrischen Großkönig (Asarhaddon) übertragen werden konnte. In Am 9,1-4 ist diese solare Motivkonstellation auf ADONAI übertragen, ohne dass man auf ihre Herkunft von einer israelitischen / judäischen bzw. altorientalischen *Königs*konzeption schließen könnte.[79] Auf Sonnengottmotivik führt aber auch die universale Weite des richterlichen Eingreifens der Gottheit in der Totalität (Vierzahl!) der kosmisch-geographischen Bereiche, die in Am 9,2-3 sämtlich mythisch konnotiert sind. Gerade in diesem Zusammenhang ist auch zu beachten, wie betont an erster Stelle die Unterwelt in das strafende Rechtswirken ADONAIs einbezogen ist. Man darf wohl folgern, dass der Text bei seinen Adressaten die Unterwelt vorab als ein Fluchtziel voraussetzt, das nicht genuin zum Wirkbereich JHWHs gehört. Allerdings ist ohnehin der visionäre Standort JHWHs „auf dem Altar" die Mitte, von der her alle Fluchtziele ins

[79] Etwas anderes ist die häufig und mit Recht gemachte Feststellung, dass vornehmlich dem judäischen, aber auch dem israelitischen Königtum eine aktive *vermittelnde* Rolle bei der Solarisierung der Gottesvorstellung bzw. des JHWH-Glaubens zukam. Vgl. M. ARNETH 1999 zur Solarisierung des neuassyrischen Königtums und ders. 2000 zur Solarisierung JHWHs und der Königskonzeption nach Ps 72. Vgl. bes. auch B. JANOWSKI 1999 [1995], 212-216; ders. 2002 (zu Ps 72); E. VAN WOLDE 2003, bes. 265-276, die „diese Sonne" in 2 Sam 12,11(-12) als Hinweis auf ein repräsentatives königliches Emblem, etwa in Verbindung mit dem Königsthron Davids, interpretiert. O. KEEL / Chr. UEHLINGER 2001, 282-301.302-321 (vgl. 493), haben eine in Verbindung mit dem Königtum stehende Sonnen- und Himmelssymbolik in der Ikonographie Israels und Judas im 9. und 8. Jh. nachgewiesen.

Auge gefasst werden. Die Verbindung zwischen den Weltbereichen und insgesamt zwischen Ober- und Unterwelt herzustellen, ist vorrangig Aufgabe und Leistung des Sonnengotts in seinem täglichen Lauf. Angelika BERLEJUNG nimmt mit guten Gründen an, dass JHWH in Juda ab dem 8. Jh. im Gefolge seiner Solarisierung auch die Unterwelt als seinen Kompetenzbereich beansprucht hat. Entsprechendes lässt sich m.E. auch für das Nordreich Israel des 8. Jhs. folgern, freilich nur im Sinne des / der Verfasser(s) der Unheilsprophetie von Am 9,1-3(4). Dazu ist besonders noch das Gerichtswort *Hos 13,14* als Ausdruck der Gottesmacht über Tod und Totenreich zu stellen. Für den Amos-Text jedenfalls lässt sich festhalten, dass im Kontext der Vorstellung von einem unabwendbaren Gottesgericht die universale, weit über die Völkerwelt (Am 1-2*) hinausgehende Wirkkompetenz des Gottes Israels behauptet wird und dass zu deren textlicher Ausgestaltung der Richtergott von Am 9,1-4 Wirkweisen des Sonnengotts in sein Handeln integriert. Sie werden als implizites mythisches Textsubstrat für die universale Ausweitung der Zugriffskompetenz ADONAIs instrumentalisiert. Die empirisch-mythischen Wege der Sonnengottheit in Unterwelt, Himmel, Bergeshöhen und Meer bilden das Modell für die Fluchtziele der Fliehenden und insofern auch das Modell für die Wirkbereiche des Gottes Israels. Allerdings fehlt jeder direkte Hinweis auf einen solaren Symbolismus. Darf man daraus schließen, dass kosmologisch-universale Züge der Sonnengottheit einschließlich ihres chtonischen Aspekts im Amos-Text um des prophetischen Gottesverständnisses willen besonders behutsam adaptiert werden sollten und dass noch keine traditionell akzeptierte solare Bild- oder Symbolsprache für den Gott Israels vorliegt?

d. Während die solaren Züge im richterlichen Handeln ADONAIs nur als implizites mythisches Substrat in Am 9,2-3 bezeichnet werden können, spricht V. 3d-f explizit von der Meeresschlange, die hier als längst traditionell bekanntes, die Meeresmacht verkörperndes Monster vorausgesetzt ist. Damit ist zumindest indirekt mythische Tradition vom Meereskampf des kriegerischen Wettergottes angesprochen. Aber der Mythos ist insofern entmythisiert, als die feindliche Meeresmacht in der Meeresschlange vom Gegner zum tödlichen Instrument JHWHs geworden ist, ohne seine mythische Konnotation als quasi-personhaftes Wesen zu verlieren. Außerdem hat sich das Meer selbst von der mythisch-chaotischen Macht zum entdivinisierten Weltbereich in der Rede vom „Meeresboden“ gewandelt, ohne seine unheimliche Qualität aufzugeben. Eine Bildsprache vom mythischen Meereskampf in der Übertragung auf JHWH setzt der Text offensichtlich als traditionell gut bekannt voraus und kann daher in polemischer Umdeutung frei damit umgehen. Dem textdominanten Bild vom Richtergott, dessen Zugriffskompetenz alle Weltbereiche, auch die mythischen, dem Menschen unzugänglichen Räume umfasst, in Analogie zu Sonnengottvorstellungen, ist die umgedeutete Meereskampfmotivik ein- und untergeordnet. Dabei kann der Text bereits auf einen modellhaften Vorstellungszusammenhang von Sonnengott und feindlicher Meeresmacht bzw. Sonnengott und kämpferischem Gott des Baal- / Hadad-Typs zurückgreifen. Alle mythischen Traditionselemente in Am 9,1-4 werden indes dem dominanten *Textziel* zugeordnet und daraufhin funktionalisiert: Jede Flucht und jedes Versteck und sei es auch im fernsten, unzugänglichen mythischen Raum versagt vor dem Gott, der als Richter einen universalen Wirkkreis beansprucht.

Mit Am 9,1-4 schließt wahrscheinlich ein primäres Amosbuch: Ein unerbittlicher Richter reagiert mit den Mitteln einer mythisch aufgeladenen Sprache und Vorstellung auf die unerbittliche Gewalt und das Unrecht in seinem Volk!

3. Ein Ausblick auf Ps 139,7-12: der immer schon zuvor präsente Gott

Textgrundlage ist eine morphologische Transkription des MT[80] und eine Übersetzung von Ps 139,7-12.[81]

---

[80] BH^t nach W. RICHTER, ATS 33.11 (1996) 550.

[81] Zum gesamten Text des Psalms und zur Übersetzung vgl. H. IRSIGLER 2002a, 227-232 (223-264), insbesondere zur Narrativform des MT Ps 139,11a, die im Kontext nicht indikativisch verstanden werden kann, ebd. 230.234!

7a	**A**	*ʾan-a-h ʾilik mi[n]=rūḥ-i=ka*
b	**B**	*w˙=ʾan-a-h mip=panē=ka ʾibraḥ*
8a	**A**	*ʾim ʾis[l]aq šamaym*
b		*šam[m] ʾattā*
c	**B**	*w˙=ʾaṣ⊕īʿ-a(h) š˙ʾōl*
d		*hinn-ak=ka*
9a	**A**	*ʾiśśā(ʾ) kanȧpē šaḥr*
b	**B**	*ʾiškůn-a(h) b˙=ʾaḥrīt yam[m]*
10a	**A**	*gam šam[m] yad=ka tanḥ-i=nī*
b	**B**	*w˙=tō(ʾ)ḥiz-i=nī yȧmīn-i=ka*
11a	**A**	*wa=ʾō[ʾ]mir*
b		*ʾak ḥušk yȧšūp-i=nī*
c	**B**	*w˙=laylā ʾōr baʿd-i=nī*
12a	**A**	*gam ḥušk lō(ʾ) yaḥšīk mim-m[ik]=ka*
b	**B**	*w˙=laylā k˙=[h]a=yōm yaʾīr*
c		*<k˙=[h]a=ḥȧši(y)kā k˙=[h]a=ʾōrā>*

7a	**A**	Wohin könnte ich gehen, fort von deinem Geist,
b	**B**	und wohin könnte ich vor deinem Angesicht fliehen?
8a	**A**	Wenn ich zum Himmel aufstiege:
b		dort bist du,
c	**B**	und (wenn) ich mir die Unterwelt zum Lager machen wollte:
d		siehe, da bist du!
9a	**A**	Erhöbe ich die Flügel der Morgenröte,
b	**B**	wollte ich mich niederlassen am (hintersten) Ende des Meeres,
10a	**A**	auch dort würde deine Hand mich leiten
b	**B**	und deine Rechte mich fassen!
11a	**A**	Und hätte ich (gar) gesagt:
b		„Nur Finsternis soll mich anfallen,
c	**B**	und Nacht sei das Licht um mich her!" –
12a	**A**	selbst Finsternis macht nichts finster vor dir
b	**B**	und Nacht leuchtet auf wie der Tag,
c		<Verfinsterung ist gleichwie Erhellung.>

3.1 Zum Verhältnis von Ps 139,7-12 zu Am 9,1-4

Die sprachlichen und strukturalen Entsprechungen zwischen Am 9,1g-3 und Ps 139,7-10 sind trotz einiger signifikanter Unterschiede so eng, dass sich die Frage nach einem intertextuellen Spender-Empfänger-Verhältnis nahelegt. In Am 9,1g-h kündigt die Gottesrede an: „Kein Fliehender von ihnen kann entfliehen (*NūS*) ...“ Geradezu als habe sich der Psalmist eben diese Aussage ganz persönlich zu eigen gemacht, klingt es, wenn er sich in den rhetorischen reflektierenden Selbstberatungsfragen von Ps 139,7a-b die Unmöglichkeit einer Flucht vor Gott eingesteht: „Wohin könnte ich gehen, fort von deinem Geist, und wohin könnte ich vor deinem Angesicht fliehen (*BRḤ*)?“ Wie in Am 9,2-3 das vorangestellte Motivthema von der aussichtslosen Flucht in einer viergliedrigen Schilderung von absurden Fluchtzielen in Bedingungsgefügen entfaltet wird, so explizieren in gleicher Weise die Sätze Ps 139,8-10 in Bedingungsgefügen das Thema von V. 7a-b; wiederum unterstreicht eine viergliedrige Allformel die Totalität der Weltbereiche. Man kann im Strukturvergleich noch einen Schritt weitergehen. Am 9,4a-c spitzt die Reihe der vier vorausgenannten Fluchtziele in einem fünften, völlig andersartigen Fallbeispiel zu: „Und wenn sie in die Gefangenschaft ziehen einher vor ihren Feinden ...“ Ähnlich steigert Ps 139,11-12 nach den vier Fluchtbereichen von V. 8-9/10 (vertikal: Himmel – Unterwelt // horizontal: Morgenröte [Osten] – hinterstes Meer [ferner Westen]) mit einem fünften ganz andersartigen irrealen Fallbeispiel in der Reflexion des Psalmisten die Einsicht in die Unmöglichkeit, JHWHs Gegenwart zu entrinnen: „Und hätte ich (gar) gesagt: ‚Nur Finsternis soll mich anfallen und Nacht sei das Licht um mich her!‘ – selbst Finsternis macht nichts finster vor dir und Nacht leuchtet auf wie der Tag ...“ Ich kann mich der Einschätzung Alfons DEISSLERs (1981, 132) sachlich uneingeschränkt anschließen: „Ps 139 läßt sich augenscheinlich von dieser Amos-Schilderung inspirieren, wenn er vom überräumlichen Allwalten Jahwes zu seinem allgegenwärtigen Sein weiterschreitet in den preisenden Worten von V 8-12.“

3.2 Ps 139,7-12 im Aufbau des Psalms

Ein Überblick über den Aufbau von Ps 139 soll den strukturalen Ort des Abschnitts V. 7-12 im Psalm verdeutlichen (vgl. dazu H. IRSIGLER 2002a, 232-237).

A. V. 1-18: Drei Redegänge über das Verhältnis ‚Gott - Ich'
(Erfahrung und Reflexion):

1.) **V. 1-6: Der Gott, der mich ganz erkannt hat:**

RAHMEN: 1c-d: *Thema:* „JHWH, du hast mich erforscht und erkannt" (*ḤQR / YDʿ*)

2-3.4: *Durchführung:* Gottes umfassende Erkenntnis:
„... alle meine Wege ..." (3b)

5: *Steigerung und implizite Begründung:* umschließende Nähe Gottes

6: Fazit: überwältigtes Staunen des Beters

2.) **V. 7-12: Der Gott, dem ich nicht entrinnen kann:**

7: *Thema:* rhetorische Frage „Wohin könnte ich ... fliehen?"

8-10: *Durchführung:* kein Entrinnen vor göttlicher Präsenz und
Leitung (*NḤY* 10a) in allen Weltbereichen:
‚Himmel – Unterwelt – Morgenrot/Osten – Meer/Westen'

11-12: *Steigerung:* Finsternis wie Licht vor Gott

3.) **V. 13-16: Der Gott, der mich wunderbar gebildet hat:**
Begründung von V. 1-6 und V. 7-12

13: *Thema:* „Du hast mich erschaffen"

14-15: *Durchführung:* preisendes Bekenntnis des Schöpfers, der mich wunderbar „im Verborgenen" gestaltet hat.

16: *Steigerung:* Präformierung der gesamten Lebenszeit des Menschen durch Gott vom Mutterleib an

V. 17-18: Fazit zu V. 7-16 und 1-16 insgesamt: das staunende Unvermögen, Gottes Gedanken zu begreifen:
Voraussetzung für V. 19-24:

B. V. 19-24: Folgerung als Wünsche und Bitten:
Vergewisserung der JHWH-Treue des Beters

1.) V. 19-22: ***Wunschbitte gegen Frevler als Feinden JHWHs*** *– abgrenzende Bekenntnisversicherung*

RAHMEN: *2). V. 23-24:* ***Bitte um göttliche Prüfung*** *(ḤQR / YDʿ 23a+b)* ***und Lebensleitung*** *(NḤY) auf rechtem, beständigem Weg (24c)*
im Gegensatz zum kränkenden Weg (der Frevler) (24b)

Der Abschnitt V. 7-12 bildet im Aufbau des Psalms den mittleren von drei Redegängen über das Verhältnis Gottes zum Ich des Beters in V. 1-18. An den ersten Abschnitt V. 1-6 vom innersten Erkanntsein des Psalmisten durch Gott schließt V. 7-12 vorab über V. 5 an: Hält die Gottheit den Beter völlig umschlossen, ist ein Entrinnen aus dieser intimen Nähe nicht möglich. Jedoch versteht sich der ganze Abschnitt V. 7-12 mit seinen hypothetischen Fluchtversuchen vor der Präsenz JHWHs *als eine Folgerung* aus der in V. 1-6 geschilderten Erfahrung, von JHWH bis in die verborgensten Gedanken hinein und auf allen Lebenswegen erforscht und erkannt zu sein. Die eigentliche Begründung für dieses intimste Vertrautsein Gottes mit dem Beter und für dessen Unvermögen, aus der erfahrenen Präsenz Gottes zu entrinnen, liefert der dritte Abschnitt V. 13-16. In ihm schildert der Psalmist seine Erkenntnis, von Gott wunderbar im Mutterleib erschaffen zu sein. Das Geheimnisvolle dieses Werdevorgangs wird noch gesteigert, wenn dieser im mythischen Vorstellungsbild in die Erdentiefen verlegt wird und die Gottheit dann „nur" noch in die Rolle des billigenden Beobachters eintritt. Das staunende Bekenntnis zum ‚Deus semper major' in V. 17-18 zieht ein Fazit aus V. 1-16 insgesamt und bereitet den Boden für die Verse 19-24, in denen sich der Psalmist seiner JHWH-Treue versichert, einerseits negativ durch scharfe Abgrenzung von den Feinden JHWHs, andererseits positiv, indem er sich völlig der göttlichen Prüfung und Lebensleitung anheim gibt.

Schon die skizzierte Verortung des Abschnitts V. 7-12 im Aufbau von Ps 139 zeigt: Die Verse haben im Psalm nur noch relatives Gewicht. Sie dienen dem Zweck, die unausweichliche Nähe Gottes erfahrbar zu veranschaulichen, den Beter zum staunenden und ergebenen Bekenntnis des unbegreiflich großen Gottes zu führen und ihn zu befähigen, sich ganz der Prüfung und Leitung dieses Gottes anzuvertrauen. Ganz anders in Am 9,1-4: Hier rückt der unentrinnbar verfolgende, aufspürende und strafende Richter-Gott ins Zentrum. Der Text hämmert das Motiv ‚kein Entrinnen vor dem Richter' unerbittlich ein.

3.3 Zur mythischen Tradition und ihrer Interpretation in Ps 139,7-12

Die reizvolle Geschichte der religionsgeschichtlichen Textvergleiche mit Ps 139 kann im Rahmen meines Beitrags nur angesprochen, nicht ausgeführt werden. Was den Abschnitt V. 7-12 angeht, so haben bereits Otto WEBER und Erich EBELING in den Textanmerkungen zu den von J.A. KNUDTZON edierten El-Amarna-Tafeln (1964 [1915], 2. Teil, S. 1323) auf die auffallende Ähnlichkeit einer poetisch geformten Passage aus einem Brief des Kanaanäers Tagi an den Pharao als dem personifizierten Sonnengott mit Ps 139,7-10 hingewiesen. Der seither häufig in der Exegese des Psalms und auch zu Am 9,2 zitierte Text EA Nr. 264, Z. 15-19, lautet (im Anschluss an J.A. KNUDTZON 1964 [1915], 1. Teil, S. 826/7): „Wenn wir hinaufsteigen zum Himmel, wenn wir hinabsteigen zur Erde [/ in die Unterwelt], so ist unser Haupt in deinen Händen." Das Gefühl völliger Abhängigkeit und Gebundenheit an den sonnenhaften Pharao spricht aus dieser Ergebenheitsadresse des Briefschreibers, wie dies ähnlich für den Psalmisten gegenüber JHWH zutrifft.

Eine ungewöhnliche Rolle spielte im religionsgeschichtlichen Vergleich mit Ps 139 ein vedischer Hymnus an den Gott Varuṇa im Atharva-Veda IV, 16 (‚Wissen von den Zaubersprüchen') seit der Mitte des 19. Jhs.[82] Nach Hans HAAS 1922 hat vor allem Hildebrecht HOMMEL in Beiträgen 1925 (193-206) und 1929 (110-124) die Konvergenzen zwischen dem vedischen Hymnus und Ps 139 herauszustellen versucht.[83] Freilich hat man auch mehrfach auf die fundamentalen Unterschiede aufmerksam gemacht: ein pantheistisches Modell im Varuṇa-Hymnus, eine von den Erfahrungs- und Denkmöglichkeiten des Psalmisten her formulierte Omnipräsenz Gottes im Psalm.[84] Religionsgeschichtlich bleibt u.a. der Bezug des vedischen Gottes Varuṇa zur universalen Ordnung als Wächter von Wahrheit und Gerechtigkeit sowie sein enger

---

[82] Wie H. HAAS 1922, 99, mitteilt, hat zuerst wohl Rud. ROTH, Abhandlung über den Atharva Veda, Tübingen 1856, auf dieses Lied mit Nachdruck hingewiesen, das innerhalb der vedischen Literatur in außergewöhnlicher Weise die göttliche Allwissenheit beschreibt.

[83] Die griechischen Zeugnisse für das Unentrinnbarkeitsmotiv bzw. für eine (ursprünglich solare) Allgegenwartsvorstellung von den Göttern hat in Ergänzung und Kritik an H. HOMMEL J. GEFFCKEN 1929, 346-349, zusammengestellt, angefangen mit den Nomoi des Platon (905a).

[84] Vgl. E.J. YOUNG 1965, 109; auch J. VANDEVALLE 1969, 102.

Zusammenhang mit dem ihm untergeordneten Sonnengott, der ihm (und Mithra) als „Auge“ zur Beobachtung der Menschen dient, von Interesse.[85] Jene Exegeten von E. WÜRTHWEIN (1957, 165-182, bes. 181f.) bis K. SEYBOLD (1996, 515), die Ps 139 unmittelbar als Exemplar des Gebets eines Angeklagten deuten und den Psalm in einem Ordalverfahren verankert sehen, konnten in der überlieferten analogen Situierung des Varuṇa-Hymnus in einem Beschwörungs- oder Ordalritual eine Bestätigung ihrer Deutung erkennen. Allerdings dürfte der Hymnus erst sekundär diesem magischen Zweck zugeordnet worden sein.[86]

Eine konsequente Interpretation von Ps 139,7-12 auf solarem Hintergrund hat in Weiterführung von Gustaf A. DANELL (1951, 32) vorab Jan HOLMAN vorgeschlagen (1970, 50-64; 1971, 309f.; vgl. ders. 1992). Darüber hinaus sieht er die Kohärenz des ganzen Psalms in seinen Hauptteilen V. 1-18 und V. 19-24 in einer solaren Konzeption Gottes als der wahren Sonne der Gerechtigkeit begründet (1971, 309f.!). In einzelnen sprachlichen Details mag und muss man m.E. HOLMAN widersprechen, so wenn er *ʾōr* in Satz 11c als eine direkte Bezeichnung JHWHs versteht: „And during the night Light (i.e. God) is about (or: behind) me.“ (1970, 58). Der springende Punkt in diesem fiktionalen Zauberwort des Psalmisten V. 11 und der Ergebnisfeststellung V. 12 scheint mir gerade darin zu liegen, dass die empirischen Realitäten Finsternis und Licht vor Gott ihre Funktionalität verlieren, dass Gott sie transzendiert, jedoch gleichzeitig als derjenige vorausgesetzt ist, für dessen durchdringende göttliche Lichthaftigkeit auch die tiefste Finsternis wie der helle Tag offen daliegt (vgl. ähnlich auch S. WAGNER 1978, 365). Aufs Ganze gesehen freilich halte ich die Annahme einer primär funktionalen solaren Konzeption Gottes als integrierender Faktor in Ps 139 nach Jan HOLMAN für plausibel begründet. Die Verse 8-9 beschreiben empirisch-mythische Wege der Sonnengottheit in ihrem täglichen Lauf: Himmel – Unterwelt – Morgenröte / Tagesanbruch (*šaḥr*), d.h. Osten / Sonnenaufgang – hinterstes Ende des Meeres (*yam[m]*), d.h. Westen / Sonnenuntergang.

Die Metapher „Flügel der Morgenröte“ (*kanápē šaḥr)* in Satz 9a, ist – trotz Ijob 38,12-13 – nur hier in der Bibel belegt, aber in

[85] T. OBERLIES I 1998, 224f.; S.A., DANGE 1992, 7; vgl. auch J. VANDEVALLE 1969, 100, zu den Qualitäten Varuṇas als eines allwissenden Himmelsgottes und auch Sonnengottes.

[86] So bereits R. ROTH 1856, 30; H. HAAS 1922, 99; P.S.S. SHASHI (Hrsg.) 1997 (Atharvaveda), 27, gegen M. BLOOMFIELD.

Septuaginta, Peschitta und Vulgata ihrer mythischen Qualität beraubt („meine Flügel"). *šaḥr*, die „Morgendämmerung", lässt anders als *yam[m]* „Meer", aber auch „Himmel" und „Totenwelt" als poetische Personifikation noch einen hintergründigen göttlich-personhaften Charakter erkennen.[87] Die „Flügel der Morgenröte" von Ps 139,9 erscheinen als Spezialfall der „Flügel / Schwingen" des *šamš ṣàdaqā*, der aufgehenden „Sonne der Gerechtigkeit" von Mal 3,20. Das prächtige poetische Bild von V. 9, wonach der Psalmist die Schwingen der Morgenröte / -dämmerung erheben / tragen wollte, steigert gerade durch seine mythische Konnotation den Eindruck des ganz Außergewöhnlichen, menschlich Unerreichbaren.

Doch der Gott von Ps 139 ist gleichwohl ein erheblich anderer als ein mythisch-naturhaft konnotierter Sonnengott. Die Wege der Sonne als fiktionale Fluchtziele des Psalmisten dienen nur noch als Veranschaulichungsmaterial der immer schon dem Beter zuvor kommenden Präsenz JHWHs in allen extremen Weltbereichen. Auch der Gott von Ps 139 ist ein richterlicher Gott wie in Am 9,1-4, jedoch kein richterlich verfolgender und Verstecke von Menschen aufdeckender Gott mit universaler Zugriffskompetenz. Er ist in gewissem Sinn noch mehr: ein Gott, der immer schon da ist, wo Menschen nur hin-denken können, ein Gott, der paradoxerweise, wie der MT von Ps 139,10 sagt, den Menschen, der auf dem Sonnenweg von Ost nach West flieht, noch in dessen virtueller Flucht vor ihm führt (*NḤY*) und hält oder fasst (*ʾḤZ*). Und dies angesichts des Gottes, dessen wirksame Präsenz in seinem „Geist" und seinem „Angesicht" sich nun nicht mehr kultisch, sondern universal manifestiert (7a-b). Freilich sind alle Gottesprädikationen und -vorstellungen im Psalm[88] nicht lehrhaft neutral, sondern aus der Perspektive des Beter-Ichs und seiner Erfahrungsreflexion artikuliert.

Trotz der Übernahme ursprünglich solarer Funktionen wie eines alles durchdringenden Wissens, einer universalen Wirksamkeit und vor allem richterlicher Züge des Wahrers und Wächters von

---

[87] Vgl. Ijob 3,9; 41,10. *šaḥr* und *šalim* „Morgendämmerung / Morgenstern" und „Abenddämmerung / Abendstern" bilden ein bedeutsames Zwillingspaar von Göttern in den ugaritischen Mythen KTU 1.23, Z. 52.53 und 1.100, Z. 51f. Berühmt ist die griechische Eos, Schwester des Sonnengottes Helios und der Mondgöttin Selene, mit ihren gewaltigen Flügeln.

[88] Vgl. dazu z.B. K.-H. BERNHARDT 1965, 28-30 (20-31); S. WAGNER 1978, 357-376; O. KEEL 1991, 49-56; auch E. ZENGER 2000, 69-71 (66-71); H. IRSIGLER 2002a, bes. 244-248 (239-260).

Recht und Gerechtigkeit, trotz auch einer nach V. 11-12 vorauszusetzenden alles erhellenden Lichthaftigkeit, die das Empirisch-Naturhafte übersteigt, trotz alledem artikuliert Ps 139 die Differenz des universalen Gottes (JHWH, El, Eloah) zur Vorstellung von einem Sonnengott sehr sorgfältig. So ist auch nicht von einem „Sehen" oder den „Augen" Gottes in V. 1-6 die Rede, obwohl das alles durchdringende *Wissen* der Gottheit ansonsten wesentlich auf ihrem solar konnotierten *All-Sehen* beruht.[89] Vom „Sehen" Gottes spricht der Psalm nur im Kontext der vom Psalmisten staunend bekundeten Zuwendung Gottes zu ihm im Prozess seiner, des kleinen Menschen, wunderbaren Erschaffung und Entstehung (V. 15-16a). Wir stoßen hier in Ps 139 auf die enge Verknüpfung von allwissendem richterlichen Gott und Menschenschöpfergott, die bekannte Analogien in Religionen des vorderen Alten Orients hat: Der richterliche Sonnen- und Weltgott fungiert zugleich als Schöpfergott und Lebenserhalter, exemplarisch in Sonnenhymnen des Neuen Reichs in Ägypten,[90] aber auch noch in der Verehrung Ahura Mazdas als Himmels-, Licht- und Schöpfergott in der Religion Zarathustras und im späteren Zoroastrismus der Achämenidenzeit.[91]

Am 9,1-4 und Ps 139 sind je auf ihre Weise transparent auf Modelle von göttlichem Tun und Wirken hin, die in polytheistischen religiösen Systemen und mythischen Vorstellungswelten beheimatet sind. Jedoch sind diese Modelle nur als transformierte, gebrochene mythische Vorstellungskontexte erkennbar. Ihre Bedeutsamkeit für das Bild eines universal wirkenden Gottes mit dominanter richterlicher Kompetenz wie für eine alle Nähe und Ferne umfassende Weltpräsenz der einen und einzigen Gottheit und ihrer souveränen Macht, aber auch für die Steigerung der imaginativen Wirkung prophetischer und psalmistischer poetischer Rede ist gleichwohl nicht zu unterschätzen. So ist Mythisches auch in mehrfacher Brechung ein bleibender Gewinn für die religiöse Sprach- und Vorstellungswelt biblisch orientierten Glaubens.

---

89 R. PETTAZZONI 1960, 18.19f. u.a.

90 Vgl. z.B. J. SPIEGEL 1939, 201-206, ebd., 202 aus einem Hymnus der 19. Dynastie: „... Re bist Du, der am Himmel aufgeht, und Atum, der die Menschen schuf ..."

91 Vgl. M. HUTTER 1996, 238f.; M. STAUSBERG 2002, 157-186, bes. 166f. 177-179; vgl. auch B. LANG, Zarathustra: NBL II, Lfg. 14/15 (2001) 1170-1174.

Abstract

Am 9:1-4 goes back to Amos and his first tradents – with the possible exception of the sentences 4a-c. The text reflects, with a certain polemical re-interpreting tendency, the Bet-El-tradition and its concept of the sanctuary (cf. especially Gen 28:12-17). The motif of the futile escape from the judge-god has close biblical parallels in Jer 16:16-18 and 23:23-24 and also in the circuit of the sun in Ps 19:7. With the help, and in analogy to well-known functions of the sun-god, the judge-god of Am 9:1-4 profiles cosmic-universal features of his effecting power, including his might over the underworld. A comparison with a New Assyrian annal text from a prisma inscription of Asarhaddon (according to R. BORGER: Prisma A, IV 78 – V 25) shows a transference of conceptions of the sun-god unto the king that is paralleled in the reception and functionalization of mythical solar features in the image of the universal judge-god of Am 9:1g-3. Equally the close connection between conceptions of the sun-god with mythical motifs of the fighting with the sea monster, which is instrumentalized in Am 9:2-3, reflects mythological paradigms (cf. the defeat of the chaotic power by the sun-god in his barque in Egyptian mythology as well as the song to the sun-goddess in Ugarit KTU 1.6 VI 45-53). – The contribution concludes with an outlook on Ps 139:7-12 and its interpretation on a religious-historical background in comparison with Am 9:1-4. The original mythological paradigms in Am 9:1-4 and Ps 139 are realized only in fragmentary form. Nevertheless, they contribute considerably to the image of an universally effecting god with judicial competence and all-embracing worldly presence.

Literatur

ALBANI, M. 2000: Der eine Gott und die himmlischen Heerscharen. Zur Begründung des Monotheismus bei Deuterojesaja im Horizont der Astralisierung des Gottesverständnisses im Alten Orient: ABG 1, Leipzig 2000.

ALBERTZ, R. / HIESEL, G. / KLENGEL, H. / KOCH, H. / NIEMEYER, H.G. / WIESENHÖFER, J. / ZIBELIUS-CHEN, K. 2003: Frühe Hochkulturen. Ägypter – Sumerer – Assyrer – Babylonier – Hethiter – Minoer – Phöniker – Perser, Stuttgart ²2003 [Lizenzausgabe. Originalausgabe: Brockhaus – Die Weltgeschichte, Leipzig Mannheim 1997].

ANDERSEN, F.I. / FREEDMAN, D.N. 1989: A New Translation with Introduction and Commentary: AnCB, New York u.a. 1989.
ARNETH, M. 1999: „Möge Šamaš dich in das Hirtenamt über die vier Weltgegenden einsetzen". Der „Krönungshymnus Assurbanipals" (SAA III, 11) und die Solarisierung des neuassyrischen Königtums: ZAR 5 (1999) 28-53.
-- 2000: „Sonne der Gerechtigkeit". Studien zur Solarisierung der Jahwe-Religion im Lichte von Psalm 72: BZAR 1, Wiesbaden 2000.
ASSMANN, J. 1975: Ägyptische Hymnen und Gebete: Die Bibliothek der alten Welt. Reihe ‚Der Alte Orient' 7, Zürich / München 1975 [ÄHG].
-- 1984: Art. Sonnengott: LÄ V (1984), Sp. 1087-1094.
-- 1995: Ma'at. Gerechtigkeit und Unsterblichkeit im Alten Ägypten, München 1990. [2]1995.
ASSMANN, J. / JANOWSKI, B. / WELKER, M. 1998: Richten und Retten. Zur Aktualität der altorientalischen und biblischen Gerechtigkeitskonzeption, in: dies. (Hrsg.), Gerechtigkeit. Richten und Retten in der abendländischen Tradition und ihren altorientalischen Ursprüngen, München 1998, 9-35.
AUFFRET, P. 1997: O Dieu, connais mon coeur. Étude structurelle du Psaume CXXXIX: VT 47 (1997) 1-22.
BARTCZEK, G. 1980: Prophetie und Vermittlung. Zur literarischen Analyse und theologischen Interpretation der Visionsberichte des Amos, Frankfurt a.M. 1980.
BECKER, U. 2001: Der Prophet als Fürbitter. Zum literhistorischen Ort der Amos-Visionen: VT 51 (2001) 141-165.
BEHRENS, A. 2002: Prophetische Visionsschilderungen im Alten Testament. Sprachliche Eigenarten, Funktion und Geschichte einer Gattung: AOAT 292, Münster 2002.
BERGLER, S. 2000: „Auf der Mauer auf dem Altar". Noch einmal die Visionen des Amos: VT 50 (2000) 445-471.
BERLEJUNG, A. 2001: Tod und Leben nach den Vorstellungen der Israeliten. Ein ausgewählter Aspekt zu einer Metapher im Spannungsfeld von Leben und Tod, in: JANOWSKI, B. / EGO, B. (Hrsg.), Das biblische Weltbild und seine altorientalischen Kontexte: FAT 32, Tübingen 2001, 465-502.
BERNHARDT, K.H. 1965: Zur Gottesvorstellung von Psalm 139, in: BENCKERT, H. (Hrsg.), Kirche, Theologie, Frömmigkeit. FS G. HOLTZ, Berlin 1965, 20-31.
BJØRNDALEN, A.J. 1986: Untersuchung zur allegorischen Rede der Propheten Amos und Jesaja. BZAW 165, Berlin u.a. 1986.
BLUM, E. 1990: Studien zur Komposition des Pentateuch: BZAW 189, Berlin New York 1990.
BORGER, R. 1956: Die Inschriften Asarhaddons, Königs von Assyrien: AfO Beih. 9, Graz 1956.
-- 1991: Ein Brief Sîn-iddinams von Larsa an den Sonnengott sowie Bemerkungen über „Joins" und das „Joinen": Nachrichten der

Akademie der Wissenschaften Göttingen, Philologisch-Historische Klasse, Jg. 1991, Nr. 2, Göttingen 1991.
BOTTÉRO, J. 1980: La Mythologie de la Mort en Mésopotamie Ancienne, in: ALSTER, B. (Hrsg.), Death in Mesopotamia: CRRAI 26 (Mesopotamia 8), Copenhagen 1980, 25-52.
BROWN, W.P. 2002: Seeing the Psalms. A Theology of Metaphor, Louisville London 2002, 81-103.237-245 (zu Ps 19).
CASTELLINO, G.R. 1976: The *Šamaš-Hymn*: A Note on its Structure, in: EICHLER, B.L. (Hrsg.), Kramer Anniversary Volume. Cuneiform Studies in Honor of S.N. KRAMER: AOAT 25, Kevelaer / Neukirchen-Vluyn 1976, 71-74.
COLE, R.D. 1995: The Visions of Amos 7-9: The Theological Educator 52 (1995) 57-68.
CRÜSEMANN, F. 2003: Rhetorische Fragen!? Eine Aufkündigung des Konsenses über Psalm 88:11-13 und seine Bedeutung für das alttestamentliche Reden von Gott und Tod: Biblical Interpretation 11, 3/4 (2003) 345-360.
DANELL, G.A. 1951: Psalm 139, Uppsala 1951.
DANGE, S.A. 1992: Divine Hymns and Ancient Thought, Vol. I: Ṛgveda Hymns and Ancient Thought, New Delhi 1992.
DEISSLER, A. 1981: Zwölf Propheten. Hosea, Joël, Amos: NEB, Würzburg 1981.
-- 1986: Die Psalmen, Neuausg. in. e. Bd., 5. Aufl., Düsseldorf 1986.
DELITZSCH, F. 1984 [1894]: Die Psalmen, Nachdruck d. 5., überarb. Aufl. von 1894, Leipzig, Gießen Basel 1984.
DE MOOR, J.C. 1971: The Seasonal Pattern in the Ugaritic Myth of Ba'lu according to the Version of Ilimilku: AOAT 16, Neukirchen-Vluyn 1971.
-- 1987: An Anthology of Religions Texts from Ugarit, Leiden u.a. 1987.
DION, P.E. 1991: YHWH as Storm-God and Sun-God. The Double Legacy of Egypt and Canaan as Reflected in Psalm 104: ZAW 103 (1991) 43-71.
DUHM, B. 1922: Die Psalmen, 2. vermehrte u. verbesserte Aufl.: KHC 14, Tübingen 1922.
EBELING, E. 1953: Die akkadische Gebetsserie „Handerhebung“ von neuem gesammelt und herausgegeben: Deutsche Akademie der Wissenschaften zu Berlin. Institut für Orientforschung Veröffentlichung Nr. 20, Berlin 1953.
EDZARD, D.O. 1965: Art. Sonnengott: HAUSSIG, H.W. (Hrsg.), Wörterbuch der Mythologie I, Stuttgart 1965, 126f.
EHRLICH, A.B. 1968 [1912]: Randglossen zur Hebräischen Bibel, 5. Bd.: Ezechiel und die kleinen Propheten, Hildesheim 1968 (Nachdruck der Ausgabe Leipzig 1912).
EISSFELDT, O. 1954: Der Gott Karmel, Berlin 1954.
FALKENSTEIN, A. 1959: Zwei Rituale aus seleukidischer Zeit, in: Heinrich Lenzen, XV. vorläufiger Bericht über die von dem Deutschen Archäologischen Institut und der Deutschen Orient-Gesellschaft aus den Mitteln der Deutschen Forschungsge-

meinschaft unternommenen Ausgrabungen in Uruk-Warka, Winter 1956/57: Abhandlungen der Deutschen Orient-Gesellschaft Nr. 4, Berlin 1959, 36-44.

FALKENSTEIN, A. / SODEN, W. VON 1953: Sumerische und akkadische Hymnen und Gebete, Zürich 1953 [SAHG].

FAUTH, W. 1979: Sonnengottheit (^{D}UTU) und ‚Königliche Sonne' (^{D}UTU^{ši}) bei den Hethitern: UF 11 (1979) 227-263.

FLEISCHER, G. 2001: Das Buch Amos, in: DAHMEN, U. / FLEISCHER, G., Die Bücher Joel und Amos: Neuer Stuttgarter Kommentar AT 23/2, Stuttgart 2001, 115-292.

GEFFCKEN, J. 1929: Zum allgegenwärtigen Himmelsgott. Eine Berichtigung: Archiv für Religionswissenschaft 27 (1929) 346-349.

GESE, H. 1991: Komposition bei Amos: VTS 32 (1981) 74-95, neu abgedruckt in: ders., Alttestamentliche Studien, Tübingen 1991, 94-115.

GIBSON, J.C.L. 1978: Canaanite Myths and Legends, Edinburgh ^{2}1978.

GÖRG, M. 2001: Die Barke der Sonne. Religion im alten Ägypten, Freiburg u.a. 2001.

GROß, W. / JANOWSKI, B. (Hrsg.) 2000: unter Mitwirkung von Th. POLA, Psalter-Synopse. Hebräisch-Griechisch-Deutsch, Stuttgart 2000.

GULDE, S. 2001: Unterweltsvorstellungen in Ugarit, in: JANOWSKI, B. / EGO, B. (Hrsg.), Das biblische Weltbild und seine altorientalischen Kontexte: FAT 32, Tübingen 2001, 393-429.

GUNKEL, H. 1968 [1929]: Die Psalmen. Übersetzt und erklärt, 5. Aufl. (4. Aufl. 1929. Die ersten vier Aufl.: HK II/2), Göttingen 1968.

HAAS, H. 1922: Der Varuṇahymnus Atharvaveda IV, 16 und Ps 139: Beilage V zu: ders., „Das Scherflein der Witwe", Leipzig 1922, 99-105.

HARTENSTEIN, F. 1997: Die Unzugänglichkeit Gottes im Heiligtum. Jesaja 6 und der Wohnort JHWHs in der Jerusalemer Kulttradition: WMANT 75, Neukirchen-Vluyn 1997 (110-115 zu Am 9,1-4).

-- 2001: Wolkendunkel und Himmelsfeste. Zur Genese und Kosmologie der Vorstellung des himmlischen Heiligtums JHWHs, in: B. JANOWSKI und B. EGO, Das biblische Weltbild und seine altorientalischen Kontexte, Tübingen 2001, 125-179.

HEALEY, J.F. 1980: The Sun Deity and the Underworld: Mesopotamia and Ugarit, in: ALSTER, B. (Hrsg.), Death in Mesopotamia: CRRA I 26 (Mesopotamia 8), Copenhagen 1980, 239-242.

HEIMPEL, W. 1986: The Sun at Night and the Doors of Heaven in Babylonian Texts: JCS 38 (1986) 127-151.

HERRMANN, S. 1987: Die Herkunft der „ehernen Mauer", in: OEMING, M. / GRAUPNER, A. (Hrsg.), AT und christliche Verkündigung. FS A.H.J. GUNNEWEG, Stuttgart 1987, 344-352. Vgl. ders., Jeremia: BK XII/2 (1990) 81-83.

HOLMAN, J. 1970: Analysis of the text of Ps 139: BZ 14 (1970) 37-71.

-- 1971: Structure of Psalm 139: VT 21 (1971) 298-310.

-- 1992: Psalm 139 (MT) and Psalm 138 (LXX). A semiotic comparison, in: SCHUNCK, K.D. / AUGUSTIN, M. (Hrsg.), Goldene Äpfel in silbernen Schalen. Collected Communications to the Congress of the International Organization for the Study of the Old Testament, Leuven 1989: BEATAJ 20, Frankfurt a.M. 1992, 113-121.

HOMMEL, H. 1925: Der allgegenwärtige Himmelsgott. Eine religions- und formengeschichtliche Studie: ARW 23 (1925) 193-206.

-- 1929: Das religionsgeschichtliche Problem des 139. Psalms: ZAW 47 (1929) 110-124.

HORNUNG, E. 1998: Die Nachtfahrt der Sonne – Eine altägyptische Beschreibung des Jenseits, München [2]1998.

HUSSER, J.-M. 1997: Shapash psychopompe et le pseudo hymne au soleil (KTU 1.6 vi 42-53): UF 29 (1997) 227-244.

HUTTER, M. 1996: Religionen in der Umwelt des Alten Testaments I. Babylonier, Syrer, Perser, Stuttgart u.a. 1996.

IRSIGLER, H. 2002a: Psalm 139 als Gebetsprozess, in: ders. (Hrsg.), unter Mitarbeit von K. ÓLASON, „Wer darf hinaufsteigen zum Berg JHWHs?“. Beiträge zu Prophetie und Poesie des Alten Testaments. FS S.Ö. STEINGRIMSSON: ATS 72, St. Ottilien 2002, 223-264.

-- 2002b: Zefanja: HThKAT, Freiburg u.a. 2002.

JACOBSEN, T. 1987: The Harps that once ... Sumerian Poetry in Translation, New Haven / London 1987.

JANOWSKI, B. 1989: Rettungsgewißheit und Epiphanie des Heils. Das Motiv der Hilfe Gottes „am Morgen“ im Alten Orient und im Alten Testament, Bd. I: Alter Orient: WMANT 59, Neukirchen-Vluyn 1989.

-- 1999: Die rettende Gerechtigkeit. Beiträge zur Theologie des Alten Testaments 2, Neukirchen-Vluyn 1999 (ebd. zu Ps 7: 92-124, zuerst erschienen in: JBTh 9 [1994] 53-85).

-- 1999 [1995]: JHWH und der Sonnengott. Aspekte der Solarisierung JHWHs in vorexilischer Zeit, in: ders., Die rettende Gerechtigkeit. Beiträge zur Theologie des Alten Testaments 2, Neukirchen-Vluyn 1999, 192-219 (zuerst erschienen in: MEHLHAUSEN, J. [Hrsg.], Pluralismus und Identität, Gütersloh 1995, 214-241).

-- 2002: Die Frucht der Gerechtigkeit. Psalm 72 und die judäische Königsideologie, in: OTTO, E. / ZENGER, E. (Hrsg.), „Mein Sohn bist du“ (Ps 2,7). Studien zu den Königspsalmen: SBS 192, Stuttgart 2002, 94-134.

JEREMIAS, J. 1995: Der Prophet Amos: ATD 24,2, Göttingen 1995.

-- 1996: Hosea und Amos. Studien zu den Anfängen des Dodekapropheton, FAT 13, Tübingen 1996.

-- 1996a: Völkersprüche und Visionsberichte im Amosbuch, in: FRITZ, V., u.a. (Hrsg.), Prophet und Prophetenbuch. FS O. KAISER BZAW 185, Berlin / New York 1989, 82-97, neu abgedruckt in: FAT 13, Tübingen 1996, 157-171.

-- 1996b: „Zwei Jahre vor dem Erdbeben“ (Am 1,1), in: MOMMER, P. / THIEL, W. (Hrsg.), Altes Testament – Forschung und Wirkung. FS H. GRAF REVENTLOW, Frankfurt / M. u.a. 1994, 15-31, neu abgedruckt in: FAT 13, Tübingen 1996, 183-197.

-- 1996c: Das unzugängliche Heiligtum. Zur letzten Vision des Amos (Am 9,1-4), in: BARTELMUS, R. (Hrsg.), Konsequente Traditionsgeschichte: OBO 126, Freiburg (Schweiz) / Göttingen 1993, 155-167, neu abgedruckt in: FAT 13, Tübingen 1996, 244-256.

-- 1997: Rezeptionsprozesse in der prophetischen Überlieferung – am Beispiel der Visionsberichte des Amos, in: KRATZ, Reinhard Gregor / KRÜGER, Thomas (Hrsg.), Rezeption und Auslegung im Alten Testament und in seinem Umfeld. Ein Symposion aus Anlass des 60. Geburtstag von Odil Hannes Steck: OBO 153, Freiburg (Schweiz) / Göttingen 1997, 29-44.

KEEL, O. 1991: Psalm 139. Rundum geborgen, in: PUTTKAMMER, D. / WOLF, W. (Hrsg.), Ausdrücklich leben. Psalmen: Texte zur Bibel 7, Neukirchen-Vluyn 1991, 49-56 (48-58).

-- 1996: Die Welt der altorientalischen Bildsymbolik und das Alte Testament. Am Beispiel der Psalmen, Göttingen [5]1996.

-- 2002: Der Salomonische Tempelweihspruch. Beobachtungen zum religionsgeschichtlichen Kontext des Ersten Jerusalemer Tempels, in: KEEL, O. / ZENGER, E. (Hrsg.), Gottesstadt und Gottesgarten. Zu Geschichte und Theologie des Jerusalemer Tempels: QD 191, Freiburg. u.a. 2002, 9-23.

KEEL, O. / UEHLINGER, Chr. 2001: Göttinnen, Götter und Gottessymbole. Neue Erkenntnisse zur Religionsgeschichte Kanaans und Israels aufgrund bislang unerschlossener ikonographischer Quellen: QD 134, Freiburg u.a. 1992.[5]2001 [GGG].

KNUDTZON, J.A. u.a. 1964 [1915]: Die El-Amarna-Tafeln. Mit Einleitung und Erläuterungen: I. Teil: Die Texte; II. Teil: Anmerkungen und Register, Aalen 1964 (Neudruck der Ausgabe Leipzig 1915).

KÖHLMOOS, M. 2001: Amos 9,1-4, Jerusalem und Beth-El. Ein Beitrag zur Gerichtsverkündigung am Kultort in der Prophetie des 8. Jhs., in: AUGUSTIN, M. / NIEMANN, H.M. (Hrsg.), „Basel und Bibel“. Collected Communications to the XVIIth Congress of the International Organization for the Study of the Old Testament: BEATAJ 51, Basel 2001, 169-178.

LAMBERT, W.G. 1960: Babylonian Wisdom Literature, Oxford 1960 [BWL].

LANG, B. 2001: Art. Zarathustra: NBL II, Lfg. 14/15 (2001) 1170-1174.

LINVILLE, J.R. 1999: Visions and Voices: Amos 7-9*: Biblica 80 (1999) 22-42.

MATHIAS, D. 1999: Beobachtungen zur fünften Vision des Amos (9,1-4), in: KÄHLER, Chr. u.a. (Hrsg.), Gedenkt an das Wort. FS W. VOGLER, Leipzig 1999, 150-174.

MAYER-OPIFICIUS, R. 1984: Die geflügelte Sonne. Himmels- und Regendarstellungen im Alten Vorderasien: UF 16 (1984) 189-236.
MCCOMISKEY, T.E. 1992: The Minor Prophets. An Exegetical and Expository Commentary, Vol. 1: Hosea, Joel, and Amos, Grand Rapids, Michigan 1992.
MEISSNER, B. 1935-36: Sprichwörter bei Asarhaddon: AfO 10 (1935-36) 361f.
MICHEL, D. 1991: Gericht Gottes: NBL Lfg 5 (1991) 801-803.
MÜLLER, H.-P. 1969: Die Gattung des 139. Psalms, in: MÜLLER, H. (Hrsg.), Zur Erforschung des islamischen Sklavenwesens. 17. Deutscher Orientalistentag vom 21. bis 27. Juli in Würzburg. Vorträge, Teil 1: ZDMG Supplement I,1, Wiesbaden 1969, 345-355.
MULDER, M.J. 1972: Hat man in Ugarit die Sonnenwende begangen?: UF 4 (1972) 79-96.
OBERLIES, T. 1998: Die Religion des Ṛgveda, 1. Teil: Das religiöse System des Ṛgveda, Wien 1998.
OUELETTE, J. 1972: The Shaking of the Thresholds in Amos 9,1: HUCA 43 (1972) 23-27.
PAAS, S. 2002: Seeing and Singing: Visions and Hymns in the Book of Amos: VT 52 (2002) 253-274.
PARPOLA, S. / WATANABE, K. 1988: Neoassyrian Treaties and Loyalty Oaths: SAA 2, Helsinki 1988.
PETTAZZONI, R. 1957: Der allwissende Gott, Hamburg 1957.
PODELLA, T. 1993: Der „Chaoskampfmythos“ im Alten Testament. Eine Problemanzeige, in: DIETRICH, M. / LORETZ O. (Hrsg.), Mesopotamica – Ugaritica – Biblica. FS K. Bergerhof: AOAT 232. Kevelaer / Neukirchen-Vluyn 1993, 283-329.
-- 1996: Das Lichtkleid JHWHs. Untersuchungen zur Gestalthaftigkeit Gottes im Alten Testament und seiner altorientalischen Umwelt: FAT 15, Tübingen 1996.
REIMER, H. 1992: Richtet auf das Recht. Studien zur Botschaft des Amos: SBS 149, Stuttgart 1992 (S. 200-210 zu Am 9,1-4).
ROTH, R. 1856: Abhandlung über den Atharva Veda, Tübingen 1856.
RUDOLPH, W. 1971: Joel – Amos – Obadja – Jona: KAT XIII/2, Gütersloh 1971.
SAEBØ, M. 1966: Salme 139 og visdomsdikningen: TTK 37 (1966) 167-184.
SCHAUDIG, H. 2001: Die Inschriften Nabonids von Babylon und Kyros‘ des Großen samt den in ihrem Umfeld entstandenen Tendenzschriften: Textausgabe und Grammatik: AOAT 256, Münster 2001.
SCHMIDT, W.H. 1994: Mythos III. Alttestamentlich: TRE 23 (1994) 625-644. Ebd. zur polemischen Nutzung mythischer Sprache in Am 9,1-4: 628f.
SCHMITT, A. 1973: Entrückung, Aufnahme, Himmelfahrt: Untersuchungen zu einem Vorstellungsbereich im Alten Testament: FzB 10, Stuttgart 1973.

SCHOLLMEYER, A. 1912: Sumerisch-babylonische Hymnen und Gebete an Šamaš: SGKA 1 Ergänzungsband, Paderborn 1912 (Nachdruck: New York 1968).

SCHOTT, A. 1926: Die Vergleiche in den akkadischen Königsinschriften, Leipzig 1926.

SCHULER, E. VON 1965: Art. Sonnengottheiten, in: HAUSSIG, H.W. (Hrsg.), Wörterbuch der Mythologie, Bd. I, Stuttgart 1965, 196-201.

SCHÜNGEL-STRAUMANN, H. 1973: Zur Gattung und Theologie des 139. Psalms: BZ 17 (1973) 39-51.

SEUX, M.-J. 1976: Hymnes et prières aux dieux de Babylonie et d'Assyrie: LAPO 8, Paris 1976.

SEYBOLD, K. 1984: Gericht Gottes I. Altes Testament: TRE 12 (1984) 460-466.

-- 1996: Die Psalmen: HAT I/15, Tübingen 1996.

SHASHI, P.S.S. (Hrsg.) 1997: Encyclopaedia Indica, Vol. 15: Atharvaveda, Neudelhi / Delhi 1997.

SHIPP, R.M. 2002: Of Dead Kings and Dirges. Myth and Meaning in Isaiah 14:4b-21: SBL Academia Biblica 11, Leiden Boston 2002.

SMITH, M.S. 1990: The Near Eastern Background of Solar Language for Yahweh: JBL 109 (1990) 29-39.

SODEN, W. VON 1960: Licht und Finsternis in der sumerischen und babylonisch-assyrischen Religion: Studium Generale 13 (1960) 647-653.

SOLLBERGER, E. / KUPPER, J.-R. 1971: Inscription royales sumériennes et akkadiennes: LAPO, Paris 1971.

SPIECKERMANN, H. 1989: Heilsgegenwart. Eine Theologie der Psalmen, Göttingen 1989.

SPIEGEL, J. 1939: Der Sonnengott in der Barke als Richter: MDALÄ 8 (1939) 201-203.

SPRONK, K. 1998: Down with Hêlēl! Th Assumed Mythological Background of Isa. 14:12, in: DIETRICH, M. / KOTTSIEPER, I. (Hrsg.), „Und Mose schrieb dieses Lied auf". Studien zum Alten Testament und zum Alten Orient. FS O. LORETZ: AOAT 250, Münster 1998, 717-726.

STARR, I. 1990: Queries to the Sungod. Divination and Politics in Sargonid Assyria: SAA 4, Helsinki 1990.

STAUSBERG, M., Die Religion Zarathustras. Geschichte – Gegenwart – Rituale, Stuttgart u.a. 2002.

STUART, D. 1987: Hosea – Jonah: World Biblical Commentary 31, Waco, Texas 1987.

TALLQUIST, K. 1938: Akkadische Götterepitheta, mit einem Götterverzeichnis und einer Liste der prädikativen Elemente der sumerischen Götternamen: StOv 7, Helsingfors 1938.

VANDEVALLE, J. 1969: Psalm 139 and the Atharva-Veda: Indian ecclesiastical studies 8 (1969) 88-105.

VAN WOLDE, E. 2003: In Words and Pictures: The Sun in 2 Samuel 12:7-12: Biblical Interpretation 11, 3/4 (2003) 259-278.

WAGNER, S. 1978: Zur Theologie des Psalms 139, in: IOSOT Congress Volume Göttingen 1977: VT.S 29, Leiden 1978, 357-376.

WASCHKE, E.-J. 1994: Die fünfte Vision des Amosbuches (9,1-4). – Eine Nachinterpretation: ZAW 106 (1994) 434-445.

WEIMAR, P. 1981: Der Schluß des Amos-Buches: BN 16 (1981) 60-100.

WEIPPERT, H. 1985: Amos: Seine Bilder und ihr Milieu, in: WEIPPERT, H. / SEYBOLD, Kl. / WEIPPERT, M. (Hrsg.), Beiträge zur prophetischen Bildsprache in Israel und Assyrien: OBO 64, Freiburg (Schweiz) / Göttingen 1985, 1-29.

WEISS, M. 1990: „From Thee to Thee I flee“ in Psalm 139, in: ASSAF, D. (Hrsg.), Proceedings of the Tenth World Congress of Jewish Studies Jerusalem, August 16-24, 1989, Division A: The Bible and its World, Jerusalem 1990, 31-35 (hebr.).

WELLHAUSEN, J. 1963 [1898]: Die kleinen Propheten übersetzt und erklärt, Berlin 1963 (Reprint der Ausg. 1898).

WESTERMANN, C. 1984: Ausgewählte Psalmen. Übersetzt und erklärt, Göttingen 1984, 186-190.

WIGGINS, S.A. 1996: Shapsh, Lamp of the Gods, in: WYATT, N. / WATSON, W.G.E. / LLOYD, J.B. (Hrsg.), Ugarit, Religion and Culture. Proceedings of the international Colloquium on Ugarit, Edinburgh, July 1994: UBL 12, Münster 1996, 327-350.

WILLI-PLEIN, I. 1971: Vorformen der Schriftexegese innerhalb des Alten Testaments. Untersuchungen zum literarischen Werden der auf Amos, Hosea und Micha zurückgehenden Bücher im hebräischen Zwölfprophetenbuch. BZAW 123, Berlin u.a. 1971.

WOLFF, H.W. 1985: Dodekapropheton 2. Joel und Amos: BK XIV/2, Neukirchen-Vluyn (1969) ^{3}1985.

WÜRTHWEIN, E. 1957: Erwägungen zu Psalm 139: VT 7 (1957) 165-182.

WYATT, N. 1998: Religious Texts From Ugarit. The Words of Ilimilku and his Colleagues, Sheffield 1998.

--1998: Arms and the King. The earliest allusions to the *Chaoskampf* motif and their implications for the interpretation of the Ugaritic and biblical traditions, in: DIETRICH, M. / KOTTSIEPER, I. (Hrsg.), „Und Mose schrieb dieses Lied auf“. Studien zum Alten Testament und zum Alten Orient. FS O. LORETZ: AOAT 250, Münster 1998, 833-882.

YOSHIDA, D. 1996: Untersuchungen zu den Sonnengottheiten bei den Hethitern. Schwurgötterliste, helfende Gottheit, Feste, Heidelberg 1996.

YOUNG, E.J. 1965: The Background of Ps 139: Bulletin of the Evangelical Theological Society 8 (1965) 101-110.

ZENGER, E. 2000: „Mein Gut bist Du allein“ (Ps 16,2). Gottesmystik in den Psalmen, in: DELGADO, M. / KUSTERMANN, A.P. (Hrsg.), Gottes-Krise und Gott-Trunkenheit. Was die Mystik der Weltreligionen der Gegenwart zu sagen hat, Würzburg 2000, 51-72.

Die Ehemetaphorik in Hosea 2,4-25 – Elemente, Funktion, Hintergründe[1]

Eberhard Bons
Strasbourg

I. Einleitung

„Par le moyen des prophètes, je dirais des paraboles“ – „Mit Hilfe von Propheten werde ich Gleichnisse aussprechen“: So gibt Edmond JACOB in seinem französischsprachigen Hoseakommentar Hos 12,11c wieder: וביד הנביאים אדמה.[2] Ob die zitierte Übersetzung der homonymen Wurzel *dmm* oder *dwm* zutreffend ist, mag dahingestellt bleiben. Fest steht, dass das Hoseabuch in den vierzehn Kapiteln, die es in seiner heutigen Gestalt bietet, die Leserinnen und Leser mit einer verwirrenden Fülle von bildhaften Formulierungen konfrontiert, von denen viele ungewöhnlich und in der Bibel ohne Parallele sind, andere dagegen eine mehrfache Wiederverwendung erfahren, vor allem in den Büchern Jeremia und Ezechiel. Da das Hoseabuch immer wieder vom Verhältnis zwischen Israel und seinem Gott handelt, verwundert es nicht, dass eine spezifische Funktion, die Gott in einem Abschnitt annimmt, mit einer Funktion Israels korrespondiert. So kann Gott etwa in Hos 2,4-25 mit einem Ehemann verglichen werden. Israel nimmt folglich die Rolle einer Ehefrau an. Spätestens ab Hos 4 verliert diese Vorstellung an Bedeutung, da neue Vergleiche und Bilder eingeführt werden, die ineinander übergehen oder die einander abwechseln, die sich ergänzen oder überlagern, oft genug auch miteinander inkompatibel sind. So kann Gott etwa als Bauer (Hos 10,11), als Hirt (Hos 13,6), aber auch als Löwe (Hos 5,14) oder Bärin (Hos 13,8) auftreten und entsprechend handeln, ja er kann nicht nur anthropomorphe oder theriomorphe Züge annehmen, sondern sich geradezu „dendromorph“ verhalten, wie aus

---

1 Leicht überarbeitete Version des Vortrags vom 3.9.2003. Der Vortragsstil wurde weitgehend beibehalten. Für wichtige Anregungen und Hinweise danke ich verschiedenen Kolleginnen und Kollegen, vor allem Dr. Susanne Gillmayr-Bucher (Erfurt) und Prof. Herbert Niehr (Tübingen).

2 E. JACOB ^{3}1992, 85.

dem letzten Vergleich des Hoseabuches hervorgeht: „Ich bin wie ein blühender Wacholder / wie eine blühende Zypresse" (Hos 14,9). Was Israel angeht, lässt sich Ähnliches beobachten: Es kann mit Tieren oder Sachen verglichen werden, etwa mit einem Rind (Hos 4,16), mit einer Taube (Hos 7,11) oder mit einem zu spät gewendeten Kuchen (Hos 7,8). Diese Beispiele mögen vorerst genügen. Sie erlauben wenigstens eine vorläufige Feststellung: Genauso flexibel wie das Hoseabuch in Vergleichen von Gott redet, kann es in Vergleichen Israels Rolle zur Sprache bringen.

In den letzten Jahren ist die Rede von Gott und Israel im Hoseabuch gründlich untersucht worden. Erinnert sei nur an die neueren Monographien von Brigitte SEIFERT[3], Göran EIDEVALL[4], Bernhard OESTREICH[5], Emmanuel O. NWAORU[6], Richtsje ABMA[7] und Gerlinde BAUMANN[8]. Wie zu erwarten ist, setzt jede dieser Arbeiten andere Schwerpunkte. EIDEVALL etwa behandelt nicht Hos 1-3, ABMA und BAUMANN schenken dagegen Hos 4-14 wenig oder gar keine Beachtung, während OESTREICH sich auf Hos 14 konzentriert. Lediglich NWAORU und SEIFERT widmen sich dem gesamten Hoseabuch – wobei ihre Detailanalysen zwangsläufig knapper ausfallen als die der anderen Monographien.

Ohne die Ergebnisse dieser Arbeiten im einzelnen zu resümieren[9], werde ich im Hauptteil des vorliegenden Artikel an die von den einzelnen Autorinnen und Autoren gewählten Kategorien und Methoden anknüpfen und dabei auf einen Abschnitt eingehen, der immer wieder – auch in den letzten Jahren – im Zentrum der verschiedenartigen Exegesen des Hoseabuches stand: Hos 2,4-25 und seine Bilder von der Ehe YHWHs mit Israel. Wenn das Buch diese Thematik spätestens ab Hos 4 verlässt, stellt sich die Frage, in welchem Verhältnis die Ehemetaphorik zu den übrigen metaphorischen Aussagen des Hoseabuches über Gott und Israel steht. Diese Thematik ist offenbar wenig behandelt worden.[10] Ihr werde ich am Ende des Artikels einige skizzenartige Überlegungen widmen. Doch zuvor einige methodologische Vorüberlegungen, die sich aus der neueren Metapherndiskussion ergeben und die auch eine Interpretation von Hos 2,4-25 berücksichtigen muss. Ohne in

---

[3] B. SEIFERT 1996.
[4] G. EIDEVALL 1996.
[5] B. OESTREICH 1998.
[6] E.O. NWAORU 1999.
[7] R.J. ABMA 1999.
[8] G. BAUMANN 2000.
[9] Vgl. besonders für die Arbeiten von Seifert und Eidevall 1998; E. BONS / E. EYNIKEL 1999.
[10] M.E. auch nicht von E.O. NWAORU 1999, 93.

die damit verbundenen Theoriedebatten einzusteigen, möchte ich folgende fünf Punkte hervorheben[11]:

1. Metaphern sind nicht als isolierte sprachliche Phänomene zu betrachten, etwa im Sinne der auf Aristoteles zurückgehenden Substitutionstheorie, wonach in einer Metapher ein „uneigentlich" gebrauchter Ausdruck an die Stelle eines „eigentlich" gebrauchten tritt. Demnach findet nur der Austausch zwischen zwei Begriffen statt, die man in Anlehnung an die Unterscheidung De Saussures von „signifié" und „signifiant" als „comparé" und „comparant"[12] bezeichnen kann. In dem von Aristoteles (*Poetik*, 1457b) gewählten Beispiel „Mein Schiff steht still" (= liegt vor Anker) wäre demnach die Vorstellung des Stillstehens als „comparant" aufzufassen, das damit gemeinte Vor-Anker-Liegen als „comparé". Neuere Metapherntheorien – z.B. die von Matthew BLACK[13] – lehren demgegenüber, dass in einer Metapher *zwei Bereiche* miteinander in Beziehung treten: Die in einem gegebenen Text zur Sprache gebrachten Ideen oder wenigstens implizierten Sachverhalte, die den Kontext des Vergleichsempfängers („comparé") bilden, sowie die Ideenwelt, auf die der Vergleichsspender („comparant") verweist.[14] Das bedeutet gleichzeitig: Wenn die Metapher eine Beziehung zwischen beiden Bereichen herstellt, stellt sie beide in neue assoziative Zusammenhänge, die ihnen sonst möglicherweise fremd wären, ja sie lässt den Vergleichsempfänger „in einem neuen Licht" erscheinen.[15]

2. Wenn die Elemente metaphorischer Sprache in einem Text nicht isoliert zu betrachten sind, ergeben sich daraus zwei Folgerungen: Einerseits ist danach zu fragen, ob die genannten Elemente Gemeinsamkeiten aufweisen und ihnen möglicherweise eine andere Kohärenz herstellende „Wurzelmetapher" zugrunde liegt.[16] Andererseits sind die Elemente des Kontextes in die Analyse einzubeziehen, die *nicht* durch einen metaphorischen Sprachgebrauch gekennzeichnet sind. Dabei genügt es selbstverständlich nicht, das gewonnene Material zu inventarisieren und verschiede-

---

11 Einen guten Überblick über die aktuelle Debatte bietet R. ZIMMERMANN 2000.

12 Zur Definition der Begriffe vgl. J. MAZALEYRAT / G. MOLINIÉ 1989, 213.

13 Vgl. M. BLACK 1983, 55-79.379-413.

14 Beispiel: Wird der Mensch als „Wolf" bezeichnet, treten zwei „implicative complexes" (vgl. ebd. 392f.) miteinander in Beziehung, etwa die aggressiven Seiten des Menschen und bestimmte Merkmale im Verhalten des Wolfes.

15 M. BLACK (ebd. 72), bezeichnet die Metapher als „Filter", die bestimmte Züge des Vergleichsempfängers auswählt – im vorgenannten Beispiel etwa die angsterregenden Eigenschaften des Menschen – während andere Eigenschaften gleichzeitig ausgeblendet werden.

16 Vgl. zu diesem Terminus G. EIDEVALL 1996, 36-37.

nen Kategorien zuzuteilen, etwa der belebten oder der unbelebten Welt. Vielmehr ist es notwendig zu fragen, auf welche Weise ein Text seine Informationen schrittweise aufbaut und an welchen Stellen er metaphorisches und nichtmetaphorisches Material miteinander verknüpft.

3. Die Leistung metaphorischer Sprache erschöpft sich nicht darin, Beziehungen zwischen einem Vergleichsspender und einem Vergleichsempfänger herzustellen, sondern sie regt dazu an, eine bestimmte Wirklichkeit in einer neuen, ungewohnten Perspektive wahrzunehmen, die eben mit der Metapher „neubeschrieben" wird.[17] Man kann daher von einer kognitiven Funktion sprechen, in prophetischen Texten wohl auch von einer argumentativen Funktion. Gerade in solchen Texten sind aber auch die Aspekte der Metapher zu berücksichtigen, die darauf abzielen, Gefühle auszulösen und die Adressaten zu irgendeinem Handeln zu veranlassen. Wir können hier von den emotionalen und voluntativen Funktionen der Metapher sprechen.[18]

4. Wenn Metaphern dazu anleiten, die Wirklichkeit mit anderen Augen wahrzunehmen, dann betrifft dies möglicherweise beide Ebenen: die Gedanken und Ideen, die in einem gegebenen Kontext zum Ausdruck kommen sollen, sowie die Wirklichkeit, der die Metapher entnommen ist.[19] Für die in diesem Artikel behandelte Fragestellung bedeutet dies: Werden Elemente eines Mythos zu Metaphern, so werden diese in einen ganz neuen Kontext integriert und erhalten somit einen neuen, kontextspezifischen Sinn.

5. Metaphorische Sprache schafft nicht nur neue Sinnzusammenhänge, sondern sie hat auch Grenzen. Vergleiche „hinken" nun einmal, wie man im Deutschen zu sagen pflegt. Solche Grenzen treten dann klar zutage, wenn Elemente metaphorischer Sprache abgewandelt, verändert oder ersetzt werden, wenn sie Brüche aufweisen, ja, wenn die metaphorische Ebene schließlich völlig verlassen wird. Gerade dieses Zusammenspiel von metaphorisch und wörtlich gebrauchten Sprachelementen kann vielleicht darauf hinweisen, dass beide der Wirklichkeit, die zur Sprache gebracht werden soll, letztlich nicht angemessen sind. Nur in ihrem Neben- und Miteinander sind sie imstande, dieser *gemeinten Sache* – gleichsam heuristisch – näherzukommen.

---

[17] Vgl. P. RICŒUR 1974, 52.

[18] Die Terminologie ist B. SEIFERT 1996, 113, entnommen; eine andere Begrifflichkeit bietet R. ZIMMERMANN 2000, 127f.

[19] B. SEIFERT 1996, 43 Anm. 59, zitiert das Beispiel der Mimose.

Nach Auffassung der meisten Exegeten wird man als das Leitmotiv von Hos 2,4-25 eine Ehemetaphorik ansehen können. Danach repräsentiert der Prophet YHWH, seine untreue Frau das YHWH gegenüber abtrünnige Israel. So wie der Prophet seine Frau mit verschiedenen Maßnahmen zurückzugewinnen versucht, so strebt Gott eine neue und dauerhafte Beziehung mit Israel an, die schließlich zustande kommt.[20] Bei genauerer Betrachtung erweist sich der Textbefund aber als wesentlich komplizierter. Der Abschnitt ist durch eine beachtliche Anzahl von Inkohärenzen gekennzeichnet, ob man diese nun mit diachronen oder mit synchronen Modellen erklären mag. Beides ist ja in der Vergangenheit geschehen.[21] Ohne hier eine Entscheidung darüber zu treffen, wie viele Redaktionsstufen in Hos 2,4-25 vorliegen und welche Elemente des Textes ihnen zugeordnet werden können, möchte ich zunächst auf eine Reihe von Textphänomenen aufmerksam machen, die für unsere Frage bedeutsam sind. Dabei komme ich nicht umhin, zunächst anhand einiger Beobachtungen zu erläutern, wo und wie innerhalb von Hos 2,4-25 die Metapher der Ehe eingesetzt wird und wie sie – textimmanent betrachtet – „funktioniert“. Folgende Fragen sind in diesem Zusammenhang wichtig: Wie baut der Text seine Informationen auf? Welche Elemente des Vergleichsspenders übernimmt er und wie setzt er sie ein? Wie wird metaphorisches und nichtmetaphorisches Material verknüpft? Welche argumentative Funktion hat die Ehemetaphorik im Kontext des Abschnitts Hos 2,4-25? Welche Vorbilder und Hintergründe besitzt schließlich die Ehemetaphorik in mythischen Überlieferungen?[22] Welche Wirkungen sollte sie möglicherweise bei zeitgenössischen Adressaten auslösen? Meine Überlegungen dazu stelle ich in vier Schritten vor:

1. Was die *dramatis personae* des Abschnitts angeht, ergreift in Hos 2,4 ein anonymer Sprecher das Wort, offenbar ein Mann, der seine Kinder auffordert, ihre Mutter zu verklagen. Diese ist anscheinend gleichzeitig die Ehefrau des Sprechers. Spätestens ab Hos 2,7a treten die Kinder, hier als בנים bezeichnet, von der Bühne ab, die von nun an vom Mann und seiner Frau allein beherrscht wird. Die Rollen sind aber insofern ungleich verteilt, als

---

[20] Vgl. etwa A. WEIDER 1993, 63f.

[21] Für die diachrone Analyse des Textes vgl. u.a. B. RENAUD 1980 und 1982; M.-Th. WACKER 1996, für die synchrone Analyse D.J.A. CLINES 1979.

[22] Zu weiteren Fragen, die allerdings den Umfang dieses Artikels sprengen würden, vgl. R. ZIMMERMANN 2000, 130-133.

die Frau nicht selbst spricht, sondern höchstens von ihrem Mann zitiert wird (V. 7.9.18).[23] In der Rede des Mannes begegnen dann noch namenlose Liebhaber der Frau, denen sie verschiedene Güter zu verdanken glaubt (V. 7-12). Daraus sind Beziehungen entstanden, die der Mann als Ausdruck der Untreue ihm gegenüber ansieht. Er kündigt zwar an, seine Frau öffentlich vor den Liebhabern zu entwürdigen (V. 12), dennoch wird diesen kein Platz auf der Bühne eingeräumt. Jegliche Rede und jegliches Eingreifen ist ihnen verwehrt.[24] Es bleibt also dabei, dass der Mann letztlich einen langen Monolog vorträgt, in dem er verschiedene Strafen, später aber auch die Wiederaufnahme der Beziehung ankündigt (V. 16-25). Dabei redet er nur selten die Frau unmittelbar an (V. 8a דרכך, 18b). Meist spricht er von ihr in der 3. ps. Auf diese Eigenschaft des Textes komme ich noch später zurück, ebenso auf die Frage der „Zuschauer" oder Adressaten.

2. Was die Identität des Mannes betrifft, wird er vielfach mit dem Propheten identifiziert, die namenlose Frau mit seiner Ehefrau, die Kinder mit denen, die aus der Ehe hervorgegangen sind. Diese Folgerung ist angesichts von Hos 1,2-9 nicht völlig hypothetisch, denn dort war bereits von der Gründung der Familie des Propheten die Rede. Doch vertiefen wir nicht diese – letztlich historische – Frage, die darauf abzielt, das in Hos 2,4-25 zur Sprache gebrachte Geschehen in das Leben des Propheten und seiner Familie einzuordnen.[25] Bleiben wir eher einen Moment lang bei den Leseerwartungen stehen, die Hos 2,4 weckt. Folgende Punkte seien notiert:

a) Zunächst glaubt man, in die letzte Phase eines Konfliktes zwischen zwei Ehepartnern versetzt zu werden. Der Mann sagt nur, dass die Frau nicht mehr als seine Frau gelten kann, genauso wenig wie er sich als ihr Mann versteht. Würde der Mann anschließend die Verstoßung der Frau aussprechen, also die definitive Trennung von ihr[26], dann könnte der Prozess beendet sein,

---

[23] Auf diese Eigenschaft des Textes macht vor allem die feministische Auslegung des Textes aufmerksam, vgl. etwa H. BALZ-COCHOIS 1982, 44ff.

[24] Vgl. noch A. WÉNIN 2003, 39.

[25] Die Exegese von Hos 1-3 hat sich oft die Aufgabe gestellt, aus den Angaben dieser drei Kapitel die Ehegeschichte Hoseas zu rekonstruieren; vgl. noch die Abschnittsüberschrift „The story of Hosea's Marriage" in F.I. ANDERSEN / D.N. FREEDMAN 1980, 115. Vor einem solchen Verfahren, das leicht die Grenzen der Spekulation überschreitet, warnt etwa J. JEREMIAS 1983, 53.

[26] Dazu passt, dass die in Hos 2,4 gebrauchten Formeln anscheinend keine Scheidungsformeln sind; vgl. etwa W. RUDOLPH 1966, 65. Die Frage ist jedoch seit langem umstritten; für das Gegenteil plädiert in neuerer Zeit u.a. P.A. KRUGER 1992, 12.

und beide Akteure träten von der Bühne ab. Auf dieses Ergebnis *könnte* der Prozess hinauslaufen, in Wirklichkeit geht aber die Verhandlung weiter. Tatsächlich fordert der Mann die Frau auf, die Kennzeichen der Untreue an ihrem Körper zu entfernen, worin auch immer solche Merkmale oder Embleme bestanden haben mögen. Offen bleibt weiterhin – und zwar bis V. 7 –, welcher konkreter Taten die Frau beschuldigt wird und welchen bzw. welche Partner sie ihrem rechtmäßigen Ehemann vorgezogen hat.[27] Ebenso liegen ihre Motive im Dunklen: Was hat sie dazu bewogen, solche Beziehungen einzugehen? Eine Antwort wird nicht gegeben. Offenbar steht im Zentrum des Interesses weniger die Anklage der Frau als die Weiterführung und Aufrechterhaltung der Ehe.[28]

b) Falls die Frau die genannten Kennzeichen nicht ablegt, droht der Mann ihr harte Strafen an (so Hos 2,5-6). Doch auch hier bietet der Text eine Schwierigkeit: Während in V. 5a vom Entkleiden der Frau die Rede ist, kündigt der Mann in V. 5b an, er mache die Frau der Wüste sowie einem verdorrten Land gleich. Spätestens hier wundert man sich. Zweifellos sind die ersten Strafen geeignet, die Frau ihrer Würde zu berauben; sie erscheinen aber keineswegs als undurchführbar – so skandalös sie in den Ohren heutiger Leserinnen und Leser klingen mögen. Aber wie muss man sich die zweite Strafe vorstellen? Der Text bietet keine weiteren Hinweise – außer dass der Mann ankündigt, die Frau vor Durst umkommen zu lassen. Das ist aber kaum eine Folge des Entkleidens, sondern der unmittelbar zuvor erwähnten Strafen. Wie ist also der Text zu verstehen? Wer schon Hos 1,2 gelesen hat, weiß, dass der Text „durchsichtig“ ist für eine weitere Sinnebene: Die Frau des Propheten steht für das Land, ihre Untreue für diejenige Israels gegenüber YHWH. Was nun die in Hos 2,5 genannten Strafen angeht, stoßen wir hier auf eine vergleichbare „Doppelbödigkeit“ des Textes[29]: Die erste Strafe, das Entkleiden, ist vom Vergleichsspender dominiert, d.h. von der Bestrafung der untreuen Frau, wiewohl biblische Parallelen für das Entkleiden im Zusammenhang der Verstoßung einer angeblich untreuen Frau fehlen.[30] Die

---

[27] Vgl. F.I. ANDERSEN / D.N. FREEDMAN 1980, 218.

[28] Vgl. ebd. 221.

[29] Die folgenden Aussagen lehnen sich an B. SEIFERT 1996, 101, an.

[30] Zu möglichen Parallelen in altorientalischen Texten vgl. P.A. KRUGER 1992, 12-15; G. BAUMANN 2000, 78-84. W. VOGELS 1988, 419, versteht die Entkleidung wie folgt: Mit der Eheschließung verpflichtet sich der Mann, seine Ehefrau mit Nahrung und Kleidung zu versorgen. Mit der Verstoßung – VOGELS denkt hier an eine vom Mann ausgesprochene Scheidung – nimmt der Mann ihr diese Güter; ähnlich H. NIEHR 1989, 379.

zweite Strafe dagegen ist kaum auf die Frau zu beziehen und daher wohl eher vom Vergleichsempfänger bestimmt: Die Frau steht „eigentlich“ für das Land, das zur Wüste wird, bzw. für seine Bewohner, die mangels Wasser vor Durst umkommen.

Wenn diese Interpretation des Textes zutrifft, ergibt sich folgendes *Zwischenergebnis*: Hos 2,4-5 korrigiert eine doppelte Lesererwartung. Man erwartet zunächst, an der Zuspitzung eines Konfliktes zwischen zwei Ehepartnern beteiligt zu werden, der auf eine unwiderrufliche und endgültige Trennung hinausläuft. Beides ist aber nicht der Fall: Zunächst behält der Mann sich vor, die Strafe nicht in die Tat umzusetzen – gleichzeitig ist die Frau aufgerufen, ihr Verhalten zu ändern. Der Konflikt ändert nichts an der Existenz der Ehe.[31] Dazu kommt: Beide Partner bilden keinesfalls ein „normales“, d.h. aus zwei menschlichen Partnern bestehendes Ehepaar, sondern ihre Ehe und der Konflikt, in den sie mündet, ist in Wirklichkeit eine Metapher, ein Gleichnis für eine ganz andere Realität: Das Verhältnis zwischen YHWH und Israel (s.u.).

3. Wenn man hier die Kategorie der Leserlenkung aufgreift, kann man sagen, dass der Text seinen Adressaten gelegentlich – und zunächst sehr diskret – signalisiert, dass die Aussagen über die Ehe zwischen zwei menschlichen Partnern nicht (oder wenigstens nicht in erster Linie) auf eine Wirklichkeit verweisen, mit denen diese Begrifflichkeit in der Regel in Verbindung gebracht wird, d.h. auf die Ehe zwischen zwei menschlichen Partnern, sondern dass sie einen anderen Sachverhalt metaphorisch zur Sprache bringen will. Auf zwei Stellen soll hier näher eingegangen werden:

a) Ähnlich wie Hos 2,5 schwankt Hos 2,10b zwischen zwei Ebenen: Der erste Satz „auch Silber habe ich für sie [3. fem. sg.] vermehrt“ handelt noch vom Verhältnis zwischen den beiden Partnern, während der zweite Satz diese Ebene verlässt: „... und Gold haben sie [3. ps. pl.] zu Baal gemacht“. Wie auch immer man עשׂו לבעל versteht – „sie haben [das Gold] zu einem Baalsbild verarbeitet“ oder „sie haben [das Gold] für Baal verwandt“[32]–, der Satz legt nahe, dass die Frau die Israeliten repräsentiert, die in ein Verhältnis zu Baal getreten sind. Argumentiert man mit einem diachronen Textentstehungsmodell, so können die Inkohärenzen zwischen den beiden Sätzen die Folgerung nahe legen, dass

[31] Vgl. zu dieser Interpretation E. BONS 1996, 39.
[32] Vgl. H.-W. WOLFF ^{3}1976, 45.

וזהב עשׂו לבעל eine Glosse darstellt.[33] Trotzdem bleibt zu konstatieren, dass וזהב עשׂו לבעל eine Information vorwegnimmt, die Hos 2,15 liefert: Dort werden die Liebhaber, denen die Frau gefolgt ist, zusammen mit den Baalim erwähnt, denen sie geopfert hat. Diese Parallelisierung ermöglicht es, beide miteinander gleichzusetzen.[34]

b) Schließlich ist ein Blick auf Hos 2,16 zu werfen, also auf das Ende des ersten langen Abschnitts der Rede: Dort konstatiert der Mann, die Frau habe ihn vergessen (ואתי שׁכחה). Sodann beschließt er seine Worte mit der Formel נאם יהוה. So rätselhaft für uns der Sinn dieser Formel ist, so ist doch ihre Funktion an dieser Stelle eindeutig: Spätestens hier wird unmissverständlich klar, dass die vorausgegangenen Worte nicht von einem beliebigen Ehemann ausgesprochen wurden, sondern von YHWH.[35] Dasselbe gilt erst recht von den nächsten Versen.

Zusammenfassend können wir also feststellen, dass Hos 2,4-16 sich der Thematik der Ehe, der Untreue und des dadurch entstehenden Konflikts bedient, um seine Adressaten Schritt für Schritt zu der Einsicht zu führen, dass das Verhältnis zwischen YHWH und Israel in den Kategorien einer Ehe zu denken ist.

4. Kommen wir nochmals auf die Kategorie der Ehe zurück, die in Hos 2,4a eingeführt wird. Welche Funktion hat diese Kategorie? Folgende Hypothesen sollen hier aufgestellt werden:

a) Ohne eine zu allgemeine Aussage zu treffen, kann man annehmen, dass im vorexilischen Israel die Ehe eine auf Dauer angelegte und durch rechtsverbindliche Vereinbarungen geregelte Beziehung zwischen einem Mann und einer Frau darstellte. Dabei hatte allerdings nur der Mann einen Alleinanspruch auf die Frau, nicht umgekehrt. Die Ehe war also nur „in einer Richtung“ monogam.[36] Wenn diese Vorstellung im Hintergrund der Ehemetaphorik von Hos 2,4-25 steht, bedeutet dies, dass Israel, als Frau gedacht, nur einen einzigen Ehemann haben kann, YHWH, und an diesen gebunden ist, solange er sich nicht aus eigener Initiative von dieser Frau trennt. Alle anderen Partner, mit denen die Frau in dieser Zeit Beziehungen unterhält, können folglich nur als Liebha-

---

33 Zu dieser Annahme neigen zahlreiche Kommentatoren, vgl. zuletzt A.A. MACINTOSH 1997, 54.

34 Vgl. noch neuerdings R. ABMA 1999, 184.

35 So auch F.I. ANDERSEN / D.N. FREEDMAN 1980, 262: „Now there can be no mistake. It is Yahweh himself who has been saying all this in the life and through the words of the prophet.“

36 Verwiesen sei nur auf A. TOSATO ^{2}2001, Kap. VI-IX.

ber gelten. Jeglicher eheähnlicher Kontakt mit ihnen muss deshalb von vornherein als unrechtmäßig gelten.[37]

b) Nach der hier zugrunde gelegten Rechtskonzeption ist die Ehefrau keineswegs rechtlos, wiewohl man keineswegs von einer Gleichheit der Rechte sprechen kann. Im Gegenteil, wir können aus den Vereinbarungen, die in Ehevertragsformularen enthalten sind, schließen, dass der Mann für die Nahrung und Kleidung seiner Frau aufzukommen hatte.[38] Im Alten Testament haben sich Reminiszenzen an solche Rechtsgepflogenheiten etwa in Ex 21,10 erhalten, wobei an dieser Stelle noch dazukommt, dass der Mann der Sklavin, die er anscheinend neben einer weiteren Frau hat, neben den genannten Gütern anscheinend auch nicht die eheliche Gemeinschaft verweigern darf.[39] An diesem Punkt hat die Ehemetaphorik sicherlich ihre Grenzen. Die ersten beiden Punkte sind aber um so bedeutender: In der Rolle des Ehemannes ist YHWH geradezu verpflichtet, ohne Aufforderung die Frau, Israel, mit den lebensnotwendigen Gütern auszustatten. Für Hos 2,4-25 bedeutet dies, dass die Frau von ihrem Ehemann erwarten kann, dass er ihr diese Güter wie selbstverständlich zur Verfügung stellt, und zwar ohne dass sie dafür irgendwelche Anstrengungen unternehmen muss. Darin liegt nun auch der Unterschied zwischen dem Ehemann und den Liebhabern: Diese muss die Frau ja erst suchen und finden (Hos 2,8-9), für sie verwendet sie ihr Gold (Hos 2,10), und ihnen bringt sie Rauchopfer dar (Hos 2,15). Man fühlt sich an das Prinzip *do ut des* erinnert, nach der die Frau handelt: Sie gibt ihre Schätze her, auf dass die Liebhaber sie mit Nahrung und Kleidung versorgen.[40]

c) Solange der Mann noch einen Prozess führt (Hos 2,4) und seine Frau nicht verstoßen hat, solange gilt er als mit ihr verheiratet. Das bedeutet: Er kann alle denkbaren Schritte unternehmen, um die Frau zur Rückkehr zu veranlassen. Sehen wir uns dazu den Text ab Hos 2,5 noch einmal genauer an. Wir haben dort eine wörtliche Rede des Mannes vor uns, die nicht von irgendwelchen Ausführungsnotizen unterbrochen wird. Aus keinem Wort geht

---

37 Vgl. B. SEIFERT 1996, 113f.

38 Vgl. A.A. TOSATO ²2001, 185 (bes. Anm. 66).196-197. Was die erhaltenen Ehevertragstexte angeht, datieren einige der in dieser Hinsicht aussagekräftigsten Beispiele aus später Zeit, vgl. etwa P. YADIN 10, abgedruckt in Y. YADIN / J.C. GREENFIELD / A. YARDENI 1994.

39 Diese Interpretation hängt von der Deutung des Hapaxlegomenons עֹנָה ab; vgl. dazu die Wörterbücher und Kommentare.

40 R. ABMA 1999, 196, geht noch weiter: „That the Baals are beneficent to the woman altogether seems a misconception: they seem to be 'giving' but are actually 'taking' goods from the people."

also hervor, dass der Mann die Frau entkleidet, sie öffentlich bloßstellt usw. Man sollte daraus nicht folgern, die in der wörtlichen Rede evozierten Maßnahmen hätten ihre Entsprechung in einem realen Handeln des Mannes[41], sei dieser nun als menschliches Subjekt, etwa als Prophet, oder als göttliches Subjekt gedacht. Dazu kommt eine weitere Überlegung: Würde der Mann die Drohungen von Hos 2,5 ausführen, wäre seine Frau bald nicht mehr am Leben, und jegliche weitere Initiative seinerseits würde sich von vornherein als sinnlos erweisen.[42] Der Mann scheint darum die Drohungen von Hos 2,5 wenigstens aufzuschieben, wenn nicht aufzugeben, wenn er weitere Maßnahmen ankündigt. Diese zielen freilich nicht mehr darauf ab, das Leben der Frau aufs Spiel zu setzen. Die jeweils mit לכן in Hos 2,8.11 angekündigten Strafen scheinen daher eher *Optionen* darzustellen, die der Mann erwägt, aber letztlich zugunsten einer ganz anderen Maßnahme fallen lässt, die er in V. 16 ankündigt.[43] Doch bevor es dazu kommt, zieht er es in Betracht, der Frau die Zugangswege zu den Liebhabern abzuschneiden (Hos 2,8-9) sowie ihr sämtliche Gaben zu nehmen, die sie von ihnen glaubt erhalten zu haben. Dadurch ist sie „bloßgestellt" – und dies um so mehr, da keiner der Liebhaber rettend eingreifen kann (Hos 2,11-12). Mit der ersten Maßnahme beabsichtigt der Ehemann, die Frau von den unrechtmäßigen Beziehungen zu den Liebhabern abzuhalten, mit der zweiten macht er deutlich, dass die Gaben der Natur nicht von den Liebhabern stammen, sondern von ihm selbst. Der Mann behält sich also das Recht vor, diese Güter zurückzuziehen und insofern seinen Anspruch auf sie geltend zu machen, wenn die Frau ihre Verpflichtungen ihm gegenüber nicht einhält. Damit scheint die zweite Maßnahme gewissermaßen in der Logik der schon erwähnten Pflicht des Ehemanns zu liegen, die Frau mit Nahrung und Kleidung zu versorgen.[44] Ob die öffentliche Entkleidung als Strafmaßnahme gegen eine angeblich untreue Frau Vorbilder besaß, muss hier offen bleiben, ebenso die Frage, ob solche „Szenen einer Ehe" in Israel selbstverständlich waren.[45]

---

[41] Vgl. E. JACOB ^{3}1992, 26: „... rien ne permet d'affirmer que le prophète ait exécuté quelques-uns des gestes ici mentionnés, tels que la mise à nu et l'envoi au désert."
[42] Vgl. E. BONS 1996, 46.
[43] So D.J.A. CLINES 1979, 87.
[44] Vgl. H.W. WOLFF ^{3}1976, 45. Unter Berufung auf Th. PODELLA 1996 zieht G. BAUMANN 2000, 84, die Möglichkeit in Erwägung, dass sich die Änderung des Rechtsstatus einer Person öffentlichkeitswirksam in der Kleidung ausdrückt.
[45] Das nimmt G. BAUMANN 2000, 102f., an.

d) Wie schon vorhin gesagt, deutet nichts im Text darauf hin, dass der Mann die zuvor genannten Strafen ausführt. Vielmehr erwägt er in Hos 2,16ff. eine neue Initiative. Zunächst erweckt der Vers den Anschein, er setze die Serie der in Hos 2,8.11 jeweils mit לכן eingeleiteten Ankündigungen fort. Dieser Eindruck wird noch dadurch verstärkt, dass der Mann offenbar eine weitere Maßnahme ergreift, die die Frau geradezu widerstandslos über sich ergehen lassen muss: Er lässt sie in die Wüste gehen. Und trotzdem ist ein wichtiger Unterschied zu den in Hos 2,8-15 genannten Strafen festzustellen: Erstmals spricht der Mann zu seiner Frau (Hos 2,16), genauer gesagt: „zu ihrem Herzen" (על־לבה). Dem geht die Ankündigung des Mannes voraus, er wolle die Frau „verführen" (הנה אנכי מפתיה). Wenn auch beide Ausdrücke פתה *pi'el* sowie דבר על־לב nicht in jedem Fall solche Konnotationen haben müssen[46], sind beide mit dem Vokabular der Liebessprache keineswegs unvereinbar. Wie auch immer, das Werben, Verlocken und Umstimmen der Frau, von dem in Hos 2,16 die Rede ist, geht einher mit der Gabe der Weinberge und des Tals von Achor, was immer das konkret bedeuten mag (Hos 2,17a). Von dieser Initiative verspricht sich der Mann, dass seine Frau aufgeschlossen reagiert, und zwar wie in den Tagen, als sie mit ihm aus Ägypten heraufgezogen ist (Hos 2,17b). Dies schließt unter anderem ein, dass sie ihn mit אישי „mein Mann" (vgl. schon Hos 2,9c die Rede vom ersten איש) anredet und nicht mit בעלי „mein Baal" (Hos 2,18b). Mit diesen Worten stimmt die Frau wohl offiziell und verbindlich der neuaufgenommenen Beziehung zu.[47] Aber es bleibt nicht beim Werben: Die Vergangenheit in der Wüste hat eine Entsprechung in der Zukunft[48]: Der Mann strebt eine neue Verlobung an, d.h. er verspricht der Frau rechtsverbindlich die Ehe (Hos 2,21-22) – nicht weil die erste Ehe geschieden wäre und er sich nun mit derselben Frau erneut verheiraten würde, sondern weil die erste Ehe geradezu als irrelevant betrachtet wird – genauso wie die gesamte Vergangenheit und die Krise zwischen den beiden Partnern – und wie seinerzeit im Zusammenhang des Exodus ein völliger Neuanfang angestrebt wird.[49] Aber nicht nur diese Ankündigung ist erstaunlich: Wie als ob es sich um eine wirkliche Ehe handele, ist die Übergabe des sogenannten Brautpreises beabsich-

[46] Dies betonen G. FISCHER 1984, 249; R. MOSIS 1989, 123-127, und J.-M. BABUT 1995, 69-85. Zu Einzelheiten der folgenden Auslegungen vgl. u.a. E. BONS 1996, 53-60.
[47] So P.A. KRUGER 1992, 21.
[48] Vgl. G. VON RAD 1952/53, 18f.
[49] Vgl. E. BONS 1996, 58.

tigt. Nochmals wird also die Metaphorik der Ehe beansprucht, wobei diese hier an ihre Grenzen stößt: Die Bestandteile des Brautpreises, jeweils mit einem *Beth pretii* angekündigt, sind keine materiellen Gaben[50], die dem Vater der Braut übergeben würden – wer wäre hier der Schwiegervater YHWHs? –, sondern die Einstellungen[51], in denen YHWH selbst die Beziehung mit Israel wiederaufnimmt. Dabei ist offenbar vorausgesetzt, dass die Initiative YHWHs nicht unbeantwortet bleiben soll. Im Gegenteil: Mit diesen „Gaben" beschenkt, soll Israel nicht gleichgültig bleiben sondern imstande sein, YHWH zu „erkennen" (Hos 2,22b). Das Verb ידע kann zwar durchaus sexuelle Konnotationen haben, steht jedoch hier in einem völlig anderen Kontext: Die Frau soll all die Haltungen aufgeben, die ihr bisheriges Handeln kennzeichnen: „nicht wissen" (Hos 2,10), „vergessen" (Hos 2,15).[52]

e) Mit Hos 2,22b wird nochmals deutlich gemacht, dass die beiden Ehepartner, von denen im Kapitel 2 die Rede ist, nicht in erster Linie zwei menschliche Partner sind, sondern YHWH und Israel. Ob in den folgenden Sätzen die Ehemetaphorik nochmals anklingt, hängt von der Interpretation des problematischen und umstrittenen Satzes Hos 2,25a וזרעתיה לי בארץ ab, vor allem von der Frage, auf wen oder was man das enklitischen Personalpronomen der 3. fem. sg. bezieht („und ich werde *sie* [3. fem.] mir im Land einsäen"). Wenn das Bezugswort die Frau ist, könnte dies bedeuten, dass YHWH ihr Kinder entstehen lässt, was an Hos 2,1 anknüpfen würde. Dazu bedarf es keineswegs eines sexuellen Verhältnisses zwischen beiden, da YHWH als der eigentliche Spender von Fruchtbarkeit vorgestellt werden kann, und zwar auch angesichts der menschlichen Beteiligung (vgl. Rut 4,13; 1 Sam 1,19-21). Eine andere Interpretationsmöglichkeit besteht darin, die Frau als Metapher für das Volk anzusehen, das nicht in der Wüste, sondern *im Land*, d.h. dort, wo YHWH es ansiedelt und es in Sicherheit wohnen lässt (vgl. Hos 2,20), seine Fruchtbarkeit von Gott erhält. Wie auch immer man den

---

50 Dass bei Ehen, die zwischen Göttern geschlossen werden, ein materieller Brautpreis übergeben werden kann, ist durchaus möglich, vgl. die Ehe zwischen Yarik und Nikkal KTU 1.20.

51 Zum Folgenden vgl. etwa F.I. ANDERSEN / D.N. FREEDMAN 1980, 283: „They [die genannten Gaben] constitute at once what the groom contributes to and what he expects from the relationship." B. SEIFERT 1996, 19: „Alle fünf Nomina benennen vor allem, was JHWH dem Volk zuwendet bzw. schenkt. Zugleich dürfte allerdings jeweils Israels Verhalten mitgemeint sein, das aus solcher Zuwendung seines Gottes erwächst und ihm entspricht." Ähnlich zuletzt A.A. MACINTOSH 1997, 83f.

52 Auf diese Bezüge machen W. RUDOLPH 1966, 81, und F.I. ANDERSEN / D.N. FREEDMAN 1980, 284, aufmerksam.

problematischen Satz Hos 2,25a interpretiert, spätestens von hier an wird die Ehemetaphorik verlassen. Die Frau kommt nicht mehr zu Wort, sondern nur noch der Sohn Lo-Ammi, der nach Hos 1,9 aus der Ehe Hoseas mit Gomer hervorgegangen war und mit seinem Namen den Bruch des Verhältnisses zwischen YHWH und Israel symbolisieren sollte. Genauso wie YHWH angeordnet hatte, dem Kind diesen Namen zu geben, so verändert er ihn nun, indem er ihn ins Positive verkehrt. Da dieser Name genauso symbolhaft ist und nun die Wiederaufnahme des Verhältnisses zwischen YHWH und Israel symbolisiert, ist Ammi imstande, YHWH als אלהי „mein Gott“ anzureden. Weisen wir noch darauf hin, dass von Hos 2,25 an die Ehemetaphorik nur noch kurz in Kapitel 3 wiederkehrt. Auch dort geht es um die Wiederaufnahme einer Beziehung, in der die Frau nicht mehr andere Beziehungen pflegt, sondern allein auf ihren Mann hin orientiert ist. Dasselbe scheint genauso für den Mann zu gelten. Die Metaphorik nimmt aber hier eine andere Wendung als in Kapitel 2, da die zukünftige Beziehung von einem langen Warten gekennzeichnet ist. Dieses symbolisiert wiederum das lange Warten der Israeliten, die auf ihre gewohnten politischen und religiösen Institutionen verzichten müssen, bevor sie zu YHWH, ihrem Gott, zurückkehren.

f) Wir haben schon gesehen, dass der Text seine Adressaten Schritt für Schritt zu der Einsicht lenkt, dass das Verhältnis zwischen YHWH und Israel in den Kategorien einer Ehe zu denken ist. Damit sind die Rollen beider Partner bis zu einem gewissen Grad vorgegeben: Der Ehemann ist verpflichtet, die Frau mit allem Lebensnotwendigen auszustatten. Diese wiederum unterhält keine Beziehungen zu fremden Partnern. Sollte das trotzdem der Fall sein, gelten diese Beziehungen von vornherein als unrechtmäßig. Letztlich gibt der Mann aber die untreue Frau nicht preis, sondern versucht mit allen Mitteln die Beziehung wiederherzustellen, wobei letztlich die positiven Gefühle die Oberhand behalten. Gerlinde BAUMANN schreibt hierzu: „In keinem anderen Gottesbild kann die Nähe JHWHs zu Israel und gleichzeitig seine Leidenschaft für Israel sowie sein Festhalten an ‚ihr‘ trotz ihrer Verfehlungen ausgedrückt und gleichzeitig emotional verständlich gemacht werden.“[53] Doch ist damit nicht alles erklärt. Das „Grundgerüst“, das die Metapher der Ehe darstellt, erfährt im Text eine mehrfache Modifizierung. Da der Mann nämlich kein menschliches Subjekt, sondern YHWH ist, stellt die Ehe zwar das gedankliche Modell dar, die „Wurzelmetapher“, das seine Überle-

[53] G. BAUMANN 2000, 103, mit Berufung auf Renita J. WEEMS.

gungen beeinflusst. Dennoch wird es an mehreren Stellen durchbrochen: YHWH als Gott beschränkt sich nicht darauf, Israel mit den lebensnotwendigen Gütern auszustatten, sondern geht darüber hinaus. In der zukünftigen Ehe lässt er Israel sicher wohnen, d.h. entfernt alle Bedrohungen, die von den wilden Tieren des Landes, aber auch von menschlichen Gegnern ausgehen können (Hos 2,21). Weiterhin schenkt er den Regen, der die Fruchtbarkeit des Landes ermöglicht (Hos 2,23-24), und zuletzt sind seine Brautgaben, die er in die neue Ehe einbringt, nicht materieller Art (Hos 2,22). Da ferner in Hos 2,17 die Vergangenheit der Beziehung zwischen YHWH und Israel zur Sprache kommt, erhält YHWHs Rolle noch eine weitere, und zwar eine geschichtliche Dimension: Er ist der Gott, dem Israel schon bereitwillig in seinen Jugendtagen gefolgt ist, als es aus Ägypten heraufzog.

g) All diese Eigenschaften und Qualitäten werden den Baalen nicht zugeschrieben. Schenkt man den Aussagen des Textes Glauben, scheint ihre Aufgabe sich darauf zu beschränken, für die Fruchtbarkeit des Landes zu sorgen, ja sie gelten als nur mit einer Funktion ausgestattete Götter.[54] Doch die Sorge um das Kulturland wird nicht nur Baal abgesprochen und YHWH zugesprochen.[55] Dessen Fähigkeit, die Fruchtbarkeit des Landes zu bewirken, ist darüber hinaus Element seiner dauerhaften Beziehung zu Israel. An dieser Stelle entfaltet die Ehemetaphorik ihre eigentliche Wirkung: Während der Kontakt mit den Liebhabern, d.h. den Fruchtbarkeitsgöttern, nur gelingt, wenn man sie sucht und findet – d.h. wohl immer wieder aufs neue – ist YHWH mit Israel „verheiratet“, und zwar auf Dauer und dies offenbar seit dem Exodus. Die Tatsache der Untreue Israels YHWH gegenüber ändert nichts an der Tatsache, dass diese „Ehe“ niemals getrennt wurde und folglich weiterhin besteht. Sie ist darum weder an saisonale Faktoren gebunden, sondern dauerhaft und nicht irgendwelchen Konflikten YHWHs mit anderen Göttern unterworfen.[56] Israel hat es darum einzig und allein mit YHWH zu tun, und sein Schicksal ist nur von ihm abhängig. Mit den Worten Matthias KÖCKERTs: Die Ehemetaphorik „läßt keinen Zweifel daran, daß es für Israel vor

---

[54] R. ABMA 1999, 177, spricht von „more or less one-talent gods“.
[55] So mit Recht D. KINET 1977, 213; ders. 1981, 151.
[56] Vgl. ders. 1981, 151f. Ob die Auseinandersetzungen Baals mit seinen Widersachern, wie sie vom Baalszyklus aus Ugarit überliefert werden, mit dem Wechsel der Jahreszeiten assoziiert werden können, ist inzwischen aber umstritten, vgl. P. XELLA 1999, 292.

Jahwe keine temporär neutralen Zonen, noch sektorale Freiräume geben kann."[57]

h) Vorhin wurde schon festgestellt, dass Hos 2,4-25 nicht sogleich die Vorstellung einführt, YHWH sei als der Ehemann Israels zu denken, sondern diese Information Schritt für Schritt aufbaut. Kann man hierin ein Indiz dafür sehen, dass die Ehemetaphorik, wie sie Hos 2,4-25 entwickelt, eine Neuschöpfung des Propheten bzw. der Verfasser des Abschnitts darstellt? Völlige Gewissheit wird man in dieser Frage nicht erlangen können. Dennoch stellt sich die Frage, ob die Vorstellung einer ehelichen Verbindung zwischen einem Gott und einem Volk einen Hintergrund oder ein Vorbild in den Religionen aus der Umgebung Israels besitzt. Dass solches der Fall ist, wird gegenwärtig bezweifelt. Zumindest sind derzeit keine Quellen bekannt, die einen solchen Schluss nahe legen.[58] Als kaum haltbar hat sich insbesondere die Hypothese erwiesen, die prophetische Ehemetaphorik sei beeinflusst von den Überlieferungen über Stadtgöttinnen und ihrem ehelichen Verhältnis zu einem zugehörigen Schutzgott.[59] Möglich ist jedoch, dass in den Jahrzehnten, in denen das Hoseabuch eine erste ziemlich endgültige Festlegung erfuhr, die Vorstellung von Götterehen aus den Religionen des syro-palästinischen Raumes bekannt waren[60], wenigstens – und hier übernehme ich in freier Verwendung einen Begriff von Umberto ECO – im Sinne einer Enzyklopädie, d.h. eines allgemein geteilten Basiswissens.[61] Wenn dies zutrifft, lässt sich der Unterschied zwischen Götterehen und der Ehe YHWHs mit Israel vielleicht wie folgt beschreiben: YHWH ist danach nicht durch hierarchische, verwandtschaftliche, eheartige Beziehungen oder anderweitig mit der übrigen Götterwelt verflochten. Dazu kommt: Die Eheschließung findet weder in einer „Vorzeit" noch in einer „Parallelwelt" statt, die menschlicher Beteiligung weitgehend oder völlig entzogen ist. Vielmehr kennt die Ehe YHWHs mit Israel einen Anfang in der Vergangenheit Israels und einen (Neu-)Anfang in dessen Zukunft. Diese Situierung der Ehe in die Geschichte Israels hat nicht nur zur Folge, dass YHWH die Versorgung seiner „Frau" gewährleistet und ihr Schutz vor inneren und äußeren Feinden bietet, sondern die „für immer" (Hos 2,21: לעולם) geschlossene Ehe gründet auf einer

---

57 M. KÖCKERT 1988, 116.

58 Zu diesem Ergebnis kommen E.O. NWAORU 1999, 109, und G. BAUMANN 2000, 90.

59 Vgl. zuletzt Chr. MAIER 2003, 164f.

60 Vgl. hierzu etwa H. NIEHR 1998, passim.

61 Vgl. U. ECO ^{5}1998, 18 u.a.

Reihe von Einstellungen und Haltungen, d.h. setzt die gefühls- und willensmäßige Beteiligung beider Partner voraus.[62] In der Vergangenheit wurden solche Aspekte der Ehe YHWHs mit Israel verschiedentlich mit den Kategorien „Interiorisierung" und „Historisierung" mythischer Vorstellungen gedeutet.[63] Diese Interpretationen sind nicht grundsätzlich unzutreffend. Dennoch stellt sich die Frage, ob die zitierten Kategorien angemessen sind. Was die Kategorie der „Interiorisierung" angeht, darf sie nicht zu der Annahme verleiten, die Ehe zwischen YHWH und Israel sei allein durch bestimmte „innerliche" Haltungen gekennzeichnet. Dagegen beruht die Verwendung der Kategorie „Historisierung" auf Voraussetzungen, deren Geltung inzwischen nicht mehr unumstritten ist. Dazu gehört beispielsweise die Theorie, nach der nicht nur die jährliche Fruchtbarkeit des Landes einem zyklischen Kreislauf unterworfen ist; vielmehr ist dieser von einem ebenso zyklischen Handeln unter den Göttern abhängig, namentlich von der Heiligen Hochzeit, die wiederum – genauso zyklisch – ihre Entsprechung in der kultischen Prostitution hat.[64] Seit ungefähr drei Jahrzehnten ist jedoch dieses Theoriegebäude ins Wanken geraten. Insbesondere die Existenz der kultischen Prostitution gilt keineswegs als bewiesen; dazu kommt, dass dieser Begriff in der Forschung reichlich undifferenziert verwendet wird.[65] Die Hypothese, Hos 2 liege die implizite Historisierung eines Mythos zugrunde, basiert somit auf der Gegenüberstellung von linearem und zyklischem Geschichtsdenken; dabei führe der biblische Text ein lineares Geschichtsdenken ein, während sein mythisches „Quellenmaterial" kanaanäischer Herkunft das zyklische Geschichtsdenken voraussetze. Angesichts der gegenwärtigen Quellenlage ist es jedoch nach wie vor unklar, auf welche schriftlich oder mündlich überlieferten mythischen Motive aus der Umwelt die biblischen Autoren zurückgreifen konnten und welche Geschichtskonzeptionen diese Überlieferungen voraussetzten. Dass hier Bedarf an weiteren Forschungen besteht, vor allem aber an terminologischer Klarheit, ist unbestreitbar.

---

[62] Vgl. D. KINET 1977, 226: „Die historische Dimension und die zwischenmenschlichen Kategorien der Ehebeziehung und der Liebe betonen noch deutlicher die Eigenart des Verhältnisses, das eben dadurch einen personal ausgerichteten Charakter bekommt und sich vom naturhaften Bereich abhebt."

[63] So E. JACOB 1963, 252; vgl. auch D. KINET 1981, 154.

[64] Vgl. die Darstellung bei E. JACOB 1963, 252.

[65] Zitiert sei lediglich J.G. WESTENHOLZ 1995, 59, die resümierend konstatiert: „‚Sakrale Prostitution' ist ein Amalgam aus falschen Auffassungen, Hypothesen und wirklichen Irrtümern."

i) Zu Anfang wurde schon bemerkt, dass in Hos 2,4-25 die Frau nicht selbst das Wort ergreift, sondern höchstens vom Mann zitiert wird. Dieser spricht zwar noch in Hos 2,4 seine Kinder an, doch diese treten anscheinend diskret von der Bühne ab. Von den sporadischen an die Frau gerichteten Bemerkungen abgesehen, scheint der Mann in den Zuschauerraum zu sprechen. Doch wer sitzt dort? Anscheinend die intendierten Adressaten der Rede, möglicherweise Männer wie auch Frauen. Sie erfahren von den verschiedenen Maßnahmen, die der Mann erwägt, um der Frau die Rückkehr in die Ehe zu ermöglichen. Sie erfahren auch, dass die Frau diesen Schritt vollzieht und von ihren Liebhabern loslässt. Sind sie nicht eingeladen – und hiermit komme ich zur anfangs erwähnten emotionalen und voluntativen Funktionen der Metapher –, der Frau auf diesem Weg nachzufolgen, d.h. von den Baalen abzulassen und in die Ehe mit YHWH zurückzukehren?[66] Was dies auf der Ebene der religiösen und kultischen Realitäten des 8. Jh. v. Chr. bedeutet, ist dann die nächste Frage: Waren die Baale – möglicherweise als Sammelbezeichnung – Götter, die mit YHWH in Konkurrenz treten? Oder bezeichnet der Name „Baal" Überlagerungen und Verfälschungen des YHWH-Glaubens, die es Hosea zufolge auszuscheiden galt?[67] Steht er für ein „verfehltes Gottesverhältnis"[68]? Muss man schließlich noch weiter gehen und sogar in den Baalim selbst wieder eine Metapher sehen, und zwar für fremde Völker, in denen Israel Verbündete sucht, für ökonomische Tendenzen, die auf eine Konzentration des landwirtschaftlichen Besitzes und eine Zentralisierung des Handels in den Städten hinzielen?[69] Der Text selbst legt m.E. keine eindeutige Antwort nahe. Dass Israels Versagen gegenüber YHWH nicht nur im Baalskult lag, machen jedoch Passagen wie Hos 14,4 deutlich: Wenn Israel zu YHWH umkehren will, muss es einsehen, dass Assur nicht sein Retter sein kann, d.h. es darf nicht seine Rettung in der Außenpolitik suchen; es muss darauf verzichten, auf Pferde zu steigen, d.h. sein Selbstbewusstsein nicht auf seine militärische Stärke gründen; schließlich soll es nicht mehr „mein Gott" zum Werk seiner Hände sagen, d.h. Götterbilder verehren. Von dieser Deutlichkeit ist jedoch Hos 2,4-25 noch weit entfernt.

---

[66] Vgl. B. SEIFERT 1996, 113f.; R. ABMA 1999, 197.
[67] Vgl. R. ALBERTZ 1992, 271f.; anders B. SEIFERT 1996, 104 Anm. 47, 248f.
[68] So J. JEREMIAS 1994, 446 u.ö.
[69] Vgl. zu derartigen Ansätzen der Forschung A.A. KEEFE 2001, bes. Kap. 7; G.A. YEE 2001, bes. 357-360.369; zusammenfassend W. BOSHOFF 2002, 34-38.

j) Was nun die Ehemetapher in Hos 2,4-25 angeht, lässt sich zusammenfassend festhalten, dass ihre zentralen Motive – Aufgaben und Rollen von Mann und Frau – wohl im Wesentlichen einem lebensweltlichen Kontext entstammen, d.h. den Rechtsgewohnheiten, die die Ehe auf der Ebene zweier Menschen im vorexilischen Israel bestimmen. Zumindest angesichts der gegenwärtigen Quellenlage gelingt es nicht, in den bekannten mythischen Traditionen unmittelbare Vorbilder für die Vorstellung von YHWHs Ehe mit Israel zu finden. Zu betonen ist jedoch, dass die Elemente der Ehemetapher in Hos 2,4-25 mit anderen Motiven kombiniert werden, etwa in der typologisch motivierten Assoziation einer Ursprungssituation mit deren Wiederherstellung in Hos 2,16-17 sowie im Versprechen des Schutzes und der Fruchtbarkeit in Hos 2,20.23-24. Gerade diese Kombination von Motiven verschiedener Herkunft gibt Anlass zu der Schlussfolgerung, dass die Ehemetapher für sich allein nicht ausreicht, um das Verhältnis zwischen YHWH und Israel in der Zukunft zu beschreiben.[70] Denn wiewohl auch diese Aussagen unter dem Vorzeichen der Ehe stehen, übernimmt YHWH ja nach Hos 2,20.23-24 Aufgaben, die diejenigen eines „normalen" Ehemannes überschreiten. Das bedeutet wiederum: Entzieht sich Israel diesem Ehemann, indem es anderswo – bei anderen Göttern, bei ausländischen Mächten usw. – Hilfe, Beistand und Schutz sucht, dann läuft es Gefahr, seine Ehe zu brechen. Damit wird aber allmählich der Übergang zu den Kapiteln vorbereitet, die YHWH nicht mehr in der Rolle des Ehemannes beschreiben und Israel nicht mehr in der der Ehefrau. Dazu nun im nächsten und letzten Abschnitt.

III. Die Ehemetapher im Kontext des Hoseabuches

Aus der Leserperspektive ist folgende Beobachtung wichtig. Zwar wird noch in Hos 3 die Ehemetapher in abgewandelter Form wiederaufgenommen, in Hos 4-14 ist jedoch nirgendwo mehr explizit die Rede davon, dass Israel sich zu YHWH wie eine Frau zu ihrem Mann verhält. Trotzdem kann man nicht behaupten, dass diese

---

[70] Vgl. hierzu die Feststellung von E.O. NWAORU 1999, 109: „... Hosea refines, transcends and augments the prevailing beliefs of the larger cultural environment in order to fashion images which meet the needs of his prophetic message. Therefore, it would be unrealistic to place, without important qualification, the sources of Hosea's metaphors in foreign traditions." Ähnlich auch N. STIENSTRA 1993, 100.124-126.

Metapher völlig relativiert werde, da andere an ihre Stelle treten[71], oder dass sie keinen Einfluss auf die anderen großen Abschnitte des Buches ausübe.[72] Ich möchte hier nur noch einige Probleme kurz skizzieren:

1. Wenn auch Israel nicht mehr explizit mit einer Frau verglichen wird, so kennt beispielsweise Hos 9,1 durchaus die Vorstellung, dass Israel sich durch Unzucht von seinem Gott entfernt und auf seinen Tennen, d.h. dort wo die Fruchtbarkeit des Landes mit Händen zu greifen ist, Dirnenlohn empfangen habe. Aus diesem Vers geht völlig eindeutig hervor, dass Israel kein Recht hat, anstelle von YHWH oder gleichzeitig mit ihm andere Götter zu verehren. Der Alleinanspruch YHWHs auf Israel, der mit der Ehemetapher vorgegeben ist, stellt darum so etwas wie ein Vorzeichen dar, unter dem auch die anderen Aussagen des Buches über das Verhältnis zwischen YHWH und Israel stehen. Aus dieser Perspektive gelesen, scheinen die Exegesen des Hoseabuches eine richtige Fährte zu verfolgen, die Israels Fehlverhalten, seinen „Baalsdienst“ nicht (oder nicht in erster Linie) in einem Fremdgötterkult sehen, der mit gewissen Fruchtbarkeitsriten verbunden war.

2. Abgesehen von Hos 2,17, wo an den Exodus erinnert wird, spielt die Anfangszeit der „Ehe“ zwischen YHWH und Israel erst im letzten Teil des Buches wieder eine wichtigere Rolle. So hebt Hos 13,4 hervor: „Aber ich bin YHWH, dein Gott, vom Land Ägypten her, und einen Gott außer mir sollst du nicht kennen, und einen Retter [מוֹשִׁיעַ] neben mir gibt es nicht.“ Damit schließt sich der Kreis: Seit dem Exodus soll Israel nur einen Gott und einen Retter kennen: YHWH. Der Nominalsatz „einen Retter neben mir gibt es nicht“ bringt zum Ausdruck, dass der Gott des Exodus in Vergangenheit, Gegenwart und Zukunft für Israel „Hilfe und Heil schafft“[73].

3. Wenn für das Hoseabuch YHWH diese Funktion seit alters her erfüllt, drückt sich dies nicht nur im Bild des Ehemanns aus, der seine Frau mit den lebensnotwendigen Gütern versorgt, sondern auch in anderen Bildern des Schutzes, der Fürsorge und der Betreuung. Um nur ein weiteres Beispiel zu nennen: In Hos 11,1-4 vermischen und durchdringen sich verschiedene Bilder. Ohne hier sämtliche grammatische und semantische Schwierigkeiten des Textes zu behandeln, kann man festhalten, dass YHWH Israel „als

---

[71] Dies nimmt G. BAUMANN 2000, 110, an.
[72] So G. EIDEVALL 1996, 229; ähnlich E.O. NWAORU 1999, 93.
[73] B. SEIFERT 1996, 173.

seinen Sohn“ aus Ägypten ruft (V. 1), Israel gilt als jung und bedarf der Betreuung (V. 3a), YHWH verhält sich ihm gegenüber wie ein Arzt (V. 3b) und wie ein Viehzüchter, der seine Tiere liebevoll behandelt (V. 4a, evtl. V. 4b[74]). Das bedeutet gleichzeitig, dass YHWH Funktionen übernimmt, die in der religiösen Umwelt des Hoseabuches anderen Göttern zugesprochen wurden. Diese Gedanken können hier nur angedeutet werden.[75]

4. In ihrer Monographie zur Metaphorik des Hoseabuches macht Brigitte SEIFERT deutlich, dass die vielen nominalen und verbalen Gottesmetaphern des Hoseabuches darauf zielen, den zeitgenössischen Adressaten YHWH als einen nahen und zugänglichen Gott vorzustellen, der *wie* ein Ehemann, *wie* ein Arzt, *wie* ein Bauer oder Viehzüchter usw. handelt und dem folglich menschliche Sorgen und Nöte nicht fremd sind.[76] Demgegenüber sind die expliziten Identitätsaussagen des Buches nicht zahlreich: So wird YHWH als Israels Gott vom Land Ägypten her vorgestellt (Hos 12,10), als sein einziger Retter (Hos 13,4) und als der Heilige in seiner Mitte (Hos 11,9). Gerade diese letztgenannte Aussage steht aber parallel zu einer anderen: YHWH ist לא־איש. Er ist nicht Mensch, darum auch nicht Mann und nicht Ehemann. „Am Ende kann Gottes Handeln auch mit Hilfe metaphorischen Sprechens nicht mehr adäquat benannt werden, sondern nur noch *via negationis*.“[77]

Abstract

The aim of this article is to analyse the marriage imagery of Hosea 2:4-25. The introduction presents some important results of the recent debate about the use of metaphors in general. The principal part of the article is a detailed analysis of the marriage metaphor in Hos 2:4-25, its structure, its use of metaphorical and non-metaphorical elements, its function and its alleged mythological background. Although it may seem that “marriage” as a “root metaphor” is the common denominator of a certain number of the elements of this text, it does not explain all of them (cf. e.g. Hos 2:21-24). However, this idea enables the “husband”, YHWH, to maintain the relationship inspite of the “infidelity” of his “wife”,

---

[74] Zu dieser Interpretation vgl. E. BONS 1995, 285-288.
[75] Vgl. ausführlicher dazu B. SEIFERT 1996, 259-261.
[76] B. SEIFERT 1996, 256-258.
[77] Dies., 263. Vgl. auch H.-W. JÜNGLING 1979, 358.

Israel. As for the mythological background of the imagery, a thorough analysis of the alleged parallels in ancient Near Eastern literature does not prove a close relationship. In this context, the theory of cultic prostitution cannot any more be regarded as a link between the well-known oriental myths and the Old Testament evidence. The final part of the article examines the relationship between the marriage metaphor and other images the book of Hosea applies to the relationship between YHWH and Israel.

Literatur

ABMA, R. 1999: Bonds of Love. Methodic Studies of Prophetic Texts with Marriage Imagery (Isaiah 50,1-3 and 54,1-10; Hosea 1-3; Jeremiah 2-3): SSN 40, Assen 1999.

ALBERTZ, R. 1992: Religionsgeschichte Israels in alttestamentlicher Zeit, Bd. 1, Göttingen 1992.

ANDERSEN, F.I. / FREEDMAN, D.N. 1980: Hosea: AncB 24, New York u.a. 1980.

BABUT, J.-M. 1995: Les expressions idiomatiques de l'hébreu biblique. Signification et traduction. Un essai d'analyse componentielle: CRB 33, Paris 1995.

BALZ-COCHOIS, H. 1982: Gomer oder die Macht der Astarte. Versuch einer feministischen Interpretation von Hos 1-4: EvTh 42 (1982) 37-65.

BAUMANN, G. 2000: Liebe und Gewalt. Die Ehe als Metapher für das Verhältnis JHWH-Israel in den Prophetenbüchern: SBS 185, Stuttgart 2000.

BLACK, M. 1983: Die Metapher, in: HAVERKAMP, A. (Hrsg.), Theorie der Metapher: WdF 389, Darmstadt 1983, 55-59.

-- 1983: Mehr über die Metapher, in: HAVERKAMP, A. (Hrsg.), Theorie der Metapher: WdF 389, Darmstadt 1983, 379-413.

BONS, E. 1995: Zwei Überlegungen zum Verständnis von Hos xi: VT 45 (1995) 285-293.

-- 1996: Das Buch Hosea: Neuer Stuttgarter Kommentar zum Alten Testament 23,1, Stuttgart 1996.

-- 1998: L'approche „métaphorologique" du livre d'Osée: RevSR 72 (1998) 133-155.

BONS, E. / EYNIKEL, E. 1999: Hosea in de recente exegetische literatuur: ACEBT 17 (1999) 1-22.

BOSHOFF, W. 2002: The female imagery in the Book of Hosea. Considering the marriage metaphor in Hosea 1-2 by listening female voices: OTEs 15 (2002) 23-41.

CLINES, D.J.A. 1979: Hosea 2: Structure and Interpretation, in: LIVINGSTONE, E.A. (Hrsg.), Studia Biblica 1978. Vol. I: Papers on Old Testament and Related Themes. Sixth International Congress on Biblical Studies. Oxford 3-7 April 1978, Sheffield 1979, 83-103.

ECO, U. [5]1998: Lector in fabula. La cooperazione interpretativa nei testi narrativi, Milano [5]1998.

EIDEVALL, G. 1996: Grapes in the Desert. Metaphors, Models and Themes in Hosea 4-14: CB.OT 43, Stockholm 1996.

FISCHER, G. 1984: Die Redewendung דבר על־לב. Ein Beitrag zum Verständnis von Jes 40,2: Bib. 65 (1984) 244-250.

HAVERKAMP, A. (Hrsg.) 1983: Theorie der Metapher: WdF 389, Darmstadt 1983.

JACOB, E. 1963: L'Héritage cananéen dans le livre du prophète Osée: RHPhR 43 (1963) 250-259.

-- [3]1992: Osée, in: JACOB, E. u.a., Osée, Joël, Amos, Abdias, Jonas: CAT, Genève [3]1992, 7-98.

JEREMIAS, J. 1983: Der Prophet Hosea: ATD 24,1, Göttingen 1983.

-- 1994: Der Begriff „Baal" im Hoseabuch und seine Wirkungsgeschichte, in: DIETRICH, W. / KLOPFENSTEIN, M.A. (Hrsg.), Ein Gott allein? JHWH-Verehrung und Monotheismus im Kontext der israelitischen und altorientalischen Religionsgeschichte: OBO 139, Freiburg (Schweiz) / Göttingen, 1994, 441-462.

JÜNGLING, H.-W. 1979: Aspekte des Redens von Gott bei Hosea: ThPh 54 (1979) 335-359.

KEEFE, A.A. 2001: Woman's Body and the Social Body in Hosea: JSOT.S 338, Sheffield 2001.

KINET, D. 1977: Ba'al und Jahwe. Ein Beitrag zur Theologie des Hoseabuches: EHS XXIII,87, Frankfurt a.M. Bern 1977.

-- 1981: Ugarit – Geschichte und Kultur einer Stadt in der Umwelt des Alten Testamentes: SBS 104, Stuttgart 1981.

KÖCKERT, M. 1988: Verbindliches Reden von Gott in der Verkündigung des Propheten Hosea: GlLern 3 (1988) 105-119.

KRUGER, P.A. 1992: The Marriage Metaphor in Hosea 2:4-17 against its Near Eastern background: OTEs 5 (1992) 7-25.

MACINTOSH, A.A. 1997: Hosea: ICC, Edinburgh 1997.

MAIER, Chr. 2003: Tochter Zion im Jeremiabuch. Eine literarische Personifikation mit altorientalischem Hintergrund, in: FISCHER, I. / SCHMID, K. / WILLIAMSON, H.G.M. (Hrsg.), Prophetie in Israel. Beiträge des Symposiums „Das Alte Testament und die Kultur der Moderne" anlässlich des 100. Geburtstags Gerhard VON RADS (1901–1971) Heidelberg, 18.–21. Oktober 2001, Münster 2003, 157-167.

MAZALEYRAT, J. / MOLINIÉ, G. 1989: Vocabulaire de la stylistique, Paris 1989.

MOSIS, R. 1989: Die Wiederherstellung Israels. Zur anthropologischen Dimension des verheißenen Heils nach Hos 2,16f, in: MOSIS, R. / RUPPERT, L. (Hrsg.), Der Weg zum Menschen. Zur philosophischen und theologischen Anthropologie. FS A. DEISSLER, Freiburg i.Br. u.a. 1989, 110-133.

NIEHR, H. 1989: Art. עָרוֹם: ThWAT VI (1989) 375-380.

-- 1998: Religionen in Israels Umwelt, Würzburg 1998.

NWAORU, E. 1999: The Imagery in the Prophecy of Hosea. A Literary and Exegetical Survey of Hosea's Metaphors and Similes: ÄAT 41, Wiesbaden 1999.
OESTREICH, B. 1998: Metaphors and Similes for Yahweh in Hosea 14:2-9 (1-8), Frankfurt 1998.
PODELLA, Th. 1996: Das Lichtkleid JHWHs. Untersuchungen zur Gestalthaftigkeit Gottes im Alten Testament und seiner altorientalischen Umwelt: FAT 15, Tübingen 1996.
RAD, G. VON 1952/1953: Typologische Auslegung des Alten Testaments: EvTh 12/13 (1952/1953) 17-33.
RENAUD, B. 1980: Genèse et unité rédactionnelle de Os 2, RevSR 54, 1980, 1-20.
-- 1982: Le livret d'Osée 1-3. Un travail complexe d'édition: RevSR 56 (1982) 159-178.
RICŒUR, P. 1974: Stellung und Funktion der Metapher in der biblischen Sprache, in: RICŒUR, P. / JÜNGEL, E., Metapher. Zur Hermeneutik religiöser Sprache, München 1974, 45-70.
RUDOLPH, W. 1966: Hosea: KAT 13,1, Gütersloh 1966.
SEIFERT, B. 1996: Metaphorisches Reden von Gott im Hoseabuch: FRLANT 166, Göttingen 1996.
STIENSTRA, N. 1993: YHWH is the Husband of His People. Analysis of a biblical metaphor with special reference to translation, Kampen 1993.
TOSATO, A. ^{2}2001: Il matrimonio israelitico: una teoria generale. Nuova prefazione, presentazione e bibliografia: AnBib 100, Roma ^{2}2001.
VOGELS, W. 1988: Hosea's Gift to Gomer (Hos 3,2): Bib. 69 (1988) 412-421.
WACKER, M.-Th. 1996: Figurationen des Weiblichen im Hosea-Buch: HBS 8, Freiburg i.Br. u.a. 1996.
WEIDER, A. 1993: Ehemetaphorik in prophetischer Verkündigung. Hos 1-3 und seine Wirkungsgeschichte im Jeremiabuch. Ein Beitrag zum alttestamentlichen Gottesbild: fzb 71, Würzburg 1993.
WÉNIN, A. 2003: Le serpent, le taurillon et le baal. Variation sur l'idolâtrie dans le premier Testament: RTL 34 (2003) 27-42.
WESTENHOLZ, J.G. 1995: Heilige Hochzeit und kultische Prostituion: WuD 23 (1995) 43-62.
WOLFF, H.W. ^{3}1976: Dodekapropheton 1: Hosea: BK.AT 14,1, Neukirchen-Vluyn ^{3}1976.
XELLA, P. 1999: Die ugaritische Religion: Methodologische und kulturhistorische Betrachtungen, in: KROPP, M. / WAGNER, A. (Hrsg.), ‚Schnittpunkt' Ugarit, Frankfurt 1999, 285-302.
YADIN, Y. /GREENFIELD, J.C. / YARDENI, A. 1994: Babatha's *Ketubba*: IEJ 44 (1994) 75-101.
YEE, G.A. 2001: „She is not my Wife and I am not her Husband": A Materialist Analysis of Hosea 1-2: Biblical Interpretation 9 (2001) 345-383.
ZIMMERMANN, R. 2000: Metapherntheorie und biblische Bildersprache. Ein methodologischer Versuch: ThZ 56 (2000) 108-133.

Gott als Vater und Mutter und die Sohnschaft des Volkes in der Prophetie
Rezeption mythischer Vorstellungen

Maria Häusl
Würzburg

1. Schritt für Schritt zum Thema

1.1 Gott als Vater und Mutter ...

In G. VANONIs Buch „Du bist doch unser Vater" findet sich der lapidare Satz: „Die Vatervorstellung ist nicht eindeutig."[1]

Welche (mythischen) Vorstellungen sind im Alten Testament mit Gott als Vater und Mutter konnotiert bzw. nicht konnotiert? Eine Abgrenzung des Alten Testaments von seiner altorientalischen Umwelt, dass nämlich alttestamentlich „nur metaphorisch" von Gott als Vater und Mutter gesprochen werde und altorientalisch die Vorstellung mythisch zu verstehen sei, ist dabei weder hilfreich noch sinnvoll.[2] Die Elternvorstellung muss vielmehr als grundlegend angesehen werden. Denn „Vater- und Muttergottheiten gibt es im gesamten Bereich der Religionsgeschichte."[3]

Im altorientalischen Raum finden sich die Bezeichnungen einer Gottheit als Vater oder / und als Mutter in ganz unterschiedlichen religiösen Kontexten und Texten:
- in Schöpfungserzählungen[4]

---

1 G. VANONI 1995, 38.

2 So aber z.B. L. PERLITT 1976, 98: „Zuerst: die Vorstellung einer physischen Vaterschaft Gottes im mythologischen Vollsinn des Ausdrucks ist im AT ausgeschlossen." Dagegen schreibt etwa R. ALBERTZ 1978, 238 Anm. 405, im Hinblick auf die mit Gott als Vater verknüpften Schöpfungsvorstellung: „Die physische Abstammung von Gott ist genauso real oder genauso übertragen gemeint, wie alle anderen Schöpfungsvorstellungen auch." Vgl. auch G. VANONI 1995, 32.

3 F. STENDEBACH 1983, 153.

4 Vgl. die altorientalischen und ägyptischen Vorstellungen der Schöpfung der Welt, der Menschen bzw. der Götter durch Fortpflanzung (Zeugung, Geburt): z.B. der sumerische Text: „Prolog des Streitgesprächs zwischen Holz und Rohr" (TUAT III 357-360). Vgl. den Überblick bei O. KEEL / S. SCHROER 2002, 100-121, bei R. KRATZ / H. SPIEKERMANN 1999, bei G. FRANTZ-SZABÒ,

- in Herrlichkeitsaussagen und Hymnen[5]
- in der persönlichen Frömmigkeit, etwa in Bittgebeten[6]
- in Texten und Bildern der Königsideologie[7]

So kann eine Gottheit im Bezug auf verschiedene Größen als Vater oder / und als Mutter bezeichnet werden:[8]

- im Bezug auf andere Götter und Göttinnen als Göttervater oder Göttermutter in polytheistischen Systemen[9]
- im Bezug auf den Kosmos als Weltenvater oder Weltenmutter[10]
- im Bezug auf die Menschheit als Menschenvater oder Menschenmutter[11]
- im Bezug auf den Einzelmenschen in einem persönlichen Vertrauensverhältnis als „mein Vater" oder „meine Mutter"[12]
- im Bezug auf den König, den auserwählten Menschen, als Vater des Königs oder als Mutter und Amme des Königs[13]

Art. Muttergöttin, in: RLA 8, 502-519, und bei J. ASSMANN, Art. Muttergottheit: LÄ IV, 266-271.

5 Vgl. etwa die von H.-W. JÜNGLING 1994, 368-380, zusammengestellten ägyptischen, hethitischen und akkadischen Texte; für Ägypten vgl. auch C. LEITZ 2002a, 573-588 und C. LEITZ 2002b, 247-271.

6 Vgl. etwa Ps 27, Ps 103 und die sumerischen Herzberuhigungsklagen (H.-W. JÜNGLING 1994, 371-375); vgl. auch Ps 22 und Ps 71, wo JHWH das Kind bei und nach der Geburt versorgt.

7 Zu nennen sind die Vorstellung der den König / Prinzen versorgenden göttlichen Mutter und Amme, wie sie in Ugarit, in Ägypten und im neuassyrischen Reich belegt sind (vgl. etwa die Zusammenstellung des Bildmaterials bei M. NISSINEN 1991, 276-290), und die Vorstellung von der Zeugung des Königs durch Amun-Re oder die Osiris-Horus-Konstellation in Ägypten (vgl. J. ASSMANN 1976, 12-49, und 1982a, 13-61).

8 Vgl. G. VANONI 1995, 37, und A. BÖCKLER 2000, 49-52; nachfolgend sind jeweils nur Beispiele genannt, Vollständigkeit ist nicht angezielt.

9 Z.B. in Ugarit: El als *qny ʾilm*, Schöpfer der Götter (KTU 1.10 III 5; KTU 1.23) bzw. andere Götter als Söhne Els (KTU 1.65:1-3) und Athirat als *qnyt ʾilm*, Erschafferin der Götter und *ʾum ʾilm*, Mutter der Götter (KTU 1.4 I 23; KTU 2.31:46).

10 Z.B. in Ägypten Ptah im sog. Denkmal memphitischer Theologie (vgl. O. KEEL / S. SCHROER 2002, 171ff. und Text 11) oder Atum in der Theologie von Heliopolis (vgl. J. VAN DIJK 1995, 1699-1701).

11 Z.B. in Ugarit: El als *ʾab ʾadm*, Vater der Menschen und *bny bnwt*, Schöpfer der Geschöpfe (KTU 1.14 I 37; KTU 1.4 II 11); in Mesopotamien: die Göttin Mami im Atramchasis-Epos oder die Muttergöttinnen Ninchursanga und Nintu(r).

12 Vgl. H. VORLÄNDER 1975; vgl. auch die Eigennamen mit den entsprechenden theophoren Elementen im Hebräischen, Ugaritischen und Akkadischen: A. BÖCKLER 2000, 53-172.

13 Z.B. in Ugarit: El als *ṯr ʾabh ʾil*, Stier, sein Vater El (KTU 1.14 II 6; 1.14 IV 5), Athirat und Anat als Amme des Prinzen (KTU 1.23.24); in Ägypten: vgl. J. ASSMANN 1982a, 13-61; in Mesopotamien: vgl. M. WEIPPERT 1985, 55-93, und M. NISSINEN 1991, 280-290.

Unsere Themenstellung bezieht nun die Elternschaft JHWHs auf Israel. Andere Größen, die im Alten Testament ebenfalls als „Kinder JHWHs“ vorgestellt sind, bleiben im Folgenden daher ausgeblendet und unberücksichtigt:

- der König[14]
- der Einzelmensch[15]
- die Witwen und Waisen[16]
- andere Gottheiten[17]
- die Welt / der Kosmos[18]
- Zion bzw. die Stadt als Tochter[19]

Wenngleich Israel im Vergleich zu den anderen Größen am häufigsten als „Kind JHWHs“ erscheint, bedeutet es eine klare Einschränkung, sich beim Thema Gott als Vater und Mutter allein auf die Kindschaft Israels zu konzentrieren.

Die Sohnschaft des Volkes ist nun nicht die einzige und auch nicht die vorrangige Vorstellung für die Bindung JHWHs an Israel bzw. Israels an JHWH im Alten Testament. Vorherrschend sind vielmehr die Rede vom Bund zwischen JHWH und Israel und von der Erwählung durch JHWH.[20] Für die Bindung JHWHs an das Volksganze ist ein geschichtlicher Prozess vorauszusetzen, an dessen Anfang die Erfahrungen einzelner israelitischer Sippen standen. Zu denken ist etwa an die Exoduserfahrung oder / und an die Erfahrung des Schutz- und Kriegsgottes JHWH in der Philisterzeit.[21] Von diesen Erfahrungen ausgehend wird dann eine Theologie entwickelt, in der sich JHWH als Schutzgott erweist, „der nicht mehr allein einzelnen israelitischen Sippen und auch nicht mehr nur einem judäischen Königshaus, sondern dem Volksganzen verpflichtet ist.“[22] Diese wenigen textlichen und

---

14 2 Sam 7,14; Ps 2,7; Ps 89,27f.; 1 Chr 17,13; 1 Chr 22,10; 1 Chr 28,6.

15 Ps 22; Ps 27; Ps 71; Ps 131,2; Spr 3,12; Mal 3,17.

16 Ps 68,6.

17 Göttersöhne in Gen 6,1-4; Ijob 1,6; Ijob 2,1; Ijob 38,7; personifizierte Weisheit in Spr 8,24f.

18 Ijob 38,8; Ijob 38,28f.; Ps 90,2; Ps 110,3.

19 Jes 49,14.15. Ein Vergleich der „Sohnschaft des Volkes“ mit der „Tochterschaft der Stadt“ wäre in verschiedener Hinsicht interessant: Welche Unterschiede und Gemeinsamkeiten besitzen die Bilder von „Sohn“ und „Tochter“ bzw. die Größen Israel und Stadt? Zur Stadt als Tochter vgl. M. HÄUSL 2003, 35-85, und E. SEIFERT 1997, 237-316.

20 Auf mögliche Verknüpfungen von Bundesgedanke, Erwählung und Eltern-Kind-Vorstellung wird im Folgenden nicht näher eingegangen.

21 J. VAN OORSCHOT 2002, 129.

22 J. VAN OORSCHOT 2002, 129.

geschichtlichen Hinweise machen deutlich, dass die Rede von der Sohnschaft des Volkes nicht den Anfang der Beziehung JHWH-Israel markieren kann. Die alttestamentlichen Texte zeigen vielmehr ein Bewusstsein für die Geschichtlichkeit der Beziehung JHWH-Israel. So stellt sich die Frage, ob die Sohnschaft des Volkes als eine späte, evtl. inner-alttestamentliche Transformation einer ursprünglich für den König oder für den Einzelmenschen / die kleine Gruppe verwendeten Vorstellung anzusehen ist.

1.3 ... in der Prophetie ...

Die Themenstellung nimmt nicht nur im Hinblick auf die als Kind vorgestellte Größe, sondern auch im Hinblick auf die alttestamentlichen Belege eine Einschränkung auf die prophetischen Schriften vor. Dies bedeutet, dass andere Texte aus dem Alten Testament, die ebenfalls die Elternschaft JHWHs im Bezug auf Israel thematisieren, nicht bzw. nur am Rande behandelt werden.[23] Für den Vortrag wurde aus dem prophetischen Textkorpus exemplarisch ausgewählt. Dies geschah entsprechend der Häufigkeit des Bildes von Vaterschaft, Elternschaft,[24] bzw. Mutterschaft für JHWH. Die Textbeispiele sollen zudem die Vielfalt der Konnotationen von JHWH als Vater und Mutter vor Augen führen.[25]

1.4 ... Rezeption mythischer Vorstellungen

Die Texte bzw. Textkomplexe werden im Folgenden mit ihren thematischen und intentionalen Schwerpunkten vorgestellt, um dann zu klären, welche Funktion die Rede von der Vater-, Mutter- oder Elternschaft JHWHs im je einzelnen Text besitzt, welcher mythischen Konstellationen sich ein Text gegebenenfalls bedient, und wie diese im jeweiligen Text transformiert wurden.

---

[23] Zu nennen sind etwa: Ex 4,22; Ex 19,4; Ex 34,6ff.; Num 11,12; Num 14,17ff.; Dtn 1,30.31; Dtn 8,5; Dtn 14,1; Dtn 32,5.6.10-15.18.19; Ps 103,13; 1 Chr 29,10.

[24] Der moderne Terminus Elternschaft wird in Abgrenzung zu Vaterschaft und Mutterschaft dort verwendet, wo ein Text für beide Elternteile offen ist. Vgl. I. FISCHER 1998, 256f.

[25] Nicht ausführlich behandelt werden Jes 42,13.14, das nicht das Bild der Mutter, sondern der Gebärenden für JHWH verwendet, Jes 49,14.15, das von der Kindschaft Zions spricht, Jes 43,6.7, das Jakob / Israel als Söhne und Töchter JHWHs bezeichnet, Jes 45,9-11; Hos 11; Mal 1,6 und Mal 2,10.

Leitend sind dabei folgende übergreifenden Fragen:[26]

1. Welche Aspekte benennt die Eltern-Kind-Beziehung als kreatürliche und verwandtschaftliche Vorstellung, wenn sie die Beziehung JHWH-Israel beschreibt?
2. Wird bei der Rede von der Elternschaft JHWHs bzw. der Sohnschaft des Volkes Bezug genommen auf geschichtliche Traditionen oder Erfahrungen Israels mit JHWH?
3. Welche mythischen Wurzeln hat die Eltern-Kind-Vorstellung, die wir in den prophetischen Texten für die Beziehung JHWH-Israel verwendet finden?

2. Die Vielfalt der Aspekte in den Texten

*2.1 „Ich dachte, ‚Mein Vater' würdet ihr mich rufen!" – Jer 2.3**

2.1.1 Zur Textintention

Bei Jer 2.3*[27] handelt es sich um eine bedingte Verheißung mit ausführlichen Schuldaufweisen. Inhaltlich geht es um die Frage, wie nach der Vernichtung, verursacht durch den Abfall von JHWH, eine erneute Beziehung zu JHWH möglich ist. Dazu hebt der Text als grundlegende Bedingungen erstens die Schuldeinsicht und zweitens die Anerkenntnis der Tatsache hervor, dass eigentlich keine Beziehung zu JHWH mehr möglich ist. Der Neuanfang hängt vielmehr allein von JHWHs Güte ab.[28] Aufgrund der Geschichtsrückblicke, dem Hauptschuldvorwurf der Hinwendung zu anderen Gottheiten und der Möglichkeit zur Umkehr, die allein an

---

[26] Auf den sozialen Ursprung der (mythischen) Rede von Gott als Vater bzw. Mutter wird nicht ausführlich eingegangen.

[27] Jer 2.3* wird als kompositorische Einheit angesehen. Zur ausführlichen Begründung vgl. M. HÄUSL 2003, 303-306 (vgl. auch R. CARROLL 1986, 115-118; K. SEYBOLD 1993, 71-80; D. BÖHLER 1995, 91-127). Diese Position richtet sich v.a. gegen zwei Annahmen, nämlich gegen die literarkritische Trennung aufgrund des Wechsels der Personen 2. fem. sg. und 2. mask. pl. (M. BIDDLE 1990) und gegen die literarkritische Trennung von Jer 2 und Jer 3 (z.B. K. SCHMID 1996, 277-294).

[28] Um die Zustimmung zur Richtigkeit der JHWH-Perspektive zu erreichen, verwendet der Text für Israel drei verschiedene Figuren, die als 2. mask. pl., 2. fem. sg. bzw. 2./3. mask. sg. angesprochen sind (vgl. M. HÄUSL 2003, 306-342).

der Güte der Gottheit hängt, ist Jer 2.3* wohl in die Nähe von JerD zu rücken.[29]

*2.1.2 Zu JHWHs Vaterschaft in Jer 2.3**

In Jer 2.3* finden sich insgesamt drei „Vaterbekenntnisse“, die nicht getrennt voneinander gedeutet werden dürfen, sondern aufeinander bezogen sind und in der Komposition Jer 2.3* zentrale theologische Aussagen entwickeln. Alle drei Aussagen sind von JHWH als Bekenntnisse Israels zitiert. Als Zitate lassen sie auf theologische Positionen schließen, gegen die sich der Text richtet.

Jer 2,26.27

26a	*k˙=bušt gannāb*	Wie die Schande den Dieb trifft
b	*kī yimmaṣē(ʾ)*	wenn er gefunden wird,
c	*kin hō*bīšū bēt YŚRʾL*	so ist das Haus Israel beschämt,
	him⊕a(h) malạ̇kē=him	sie, ihre Könige,
	śar[r]ē=him	ihre Fürsten;
	*w˙=kō*hinē=him*	und ihre Priester
	w˙=nạ̇bīʾē=him	und ihre Propheten.
27a	*ʾō*mirīm l˙=[h]a=ʿiṣ*	Sie sagen zum Holz:
b	*ʾabī=[y] ʾattā*	„Mein Vater bist du!“
c	*w˙=l˙=[h]a=ʾabn*	und zum Stein:
d	*ʾatt yạ̇lạ̇dtī*=nī*	„Du hast mich geboren!“
e	*kī panū ʾil-ay=[y] ʿurp*	Ja, sie wenden mir den Nacken zu
	w˙=lō(ʾ) panīm	und nicht das Gesicht.
f	*w˙=b˙=ʿi[t]t*	In der Zeit
	raʿ[ʿ]at-a=m yō(ʾ)mirū	ihrer Not aber werden sie rufen:
g	*qūm-a(h)*	„Steh auf
h	*w˙=hōšīʿ-i=nū*	und hilf uns!“

Im Schuldaufweis Jer 2,26.27 wird der Abfall Israels zu anderen Gottheiten an dessen falschen Bekenntnissen aufgezeigt. Man sagt zum Holz „Mein Vater bist du!“ und zum Stein „Du hast mich geboren!“[30] und ruft nur in Notsituationen JHWH um Hilfe an. Es fällt auf, dass die ersten beiden Zitate singularisch formuliert sind, als ob sie von einer Einzelperson gesprochen wären.

[29] Vgl. R. ALBERTZ, 2001, 238, der zwar Jer 2.3 nicht JerD zuweist, aber darauf hinweist, dass JerD – anders als das DtrG – schon eine verhaltene Zukunfts- bzw. Heilsperspektive besitzt.
[30] Das Ktib der masoretischen Form יְלִדְתַּנִי ist als 2. fem. sg. + ePP 1.sg. zu interpretieren; vgl. C. FREVEL 1995, 361, und A. BÖCKLER 2000, 302f.

Jer 3,4.5.12e-g

4a	*hȧ=lō(w᾽) mi[n]=ʿi̇tt-a(h)*	Hast du nicht von da an
	qarā(᾽)tī l=ī	zu mir gerufen:
bV	*᾽abī=[y]*	„Mein Vater!
b	*᾽allūp nȧʿū*r-ay=[y] ᾽attā*	Der Erzieher / Lehrer meiner
		Jugendzeit bist du!
5a	*hȧ=yinṭur l˙=ʿōlam*	Wird er ewig zürnen
b	*᾽im yišmur la=naṣḥ*	oder für immer (Zorn) bewahren?“
c	*hinni(h) dibbartī*	Siehe, so hast du gesprochen
d	*wa=ti̇ʿśī ha=raʿ[ʿ]ōt*	und Schlechtes getan.
e	*wa=tūkal*	Das hast du vollbracht.
	…	
12e	*lō(w᾽) ᾽appīl pan-ay=[y]*	Ich verfinstere mein Gesicht nicht
	ba=kim	vor euch,
f	*kī ḥasīd ᾽ȧnī*	denn ich bin gütig.
fJ	*nȧ᾽ū*m YHWH*	– Spruch JHWHs –
g	*lō(᾽) ᾽iṭṭu(w)r l˙=ʿōlam*	Ich zürne nicht ewig.

In Jer 3,4, dem Bekenntnis des weiblich figurierten Israels, wird nun JHWH als Vater angerufen und als „*᾽allūp nȧʿūr-ay=[y]*“ bezeichnet. Mit A. BÖCKLER meine ich, dass „beide Begriffe [Vater und *᾽allūp*] nahestehende Personen bezeichnen, die Erziehungsfunktionen innehaben.“[31] Denn das Verb *᾽LP* hat eine dem Verb *LMD* vergleichbare Bedeutung[32] und meint ein Lehr- und Erziehungsverhältnis. So ist in Jer 3,4 nicht an ein Eheverhältnis zu denken, sondern daran, dass in einem Vater-Tochter-Verhältnis der Vater als der Erzieher / Lehrer erscheint. In Jer 3,5 hält JHWH anschließend aber fest, dass im Verhalten Israels noch keine Veränderungen erkennbar sind, dass also die Anrufung JHWHs als Vater als reines Lippenbekenntnis zu werten ist.

Jer 3,19.20

19a	*w˙=᾽anō*kī ᾽amartī*	Aber ich hatte gesagt:
b	*᾽ē-k ᾽ȧšīt-i=k*	Ich will dich
	b˙=[h]a=banīm	unter die Söhne rechnen,
c	*w˙=᾽ittin l-a=k ᾽arṣ ḥimdā*	und will dir ein liebliches Land,
	*ni̇ḥlat ṣȧby ṣȧbȧ᾽ōt gōyī*m*	ein herrliches Erbe unter den Völkern
		geben.
d	*wa=᾽ō[᾽]mi̇r*	Und ich dachte:
e	*᾽abī=[y] tiqrȧ᾽ū l=ī*	„Mein Vater“ würdet ihr mich rufen,
f	*w˙=mi[n]=᾽aḥ⊕ȧr-ay=[y]*	und euch
	lō(᾽) tašūbū	nicht von mir abwenden.

[31] Vgl. A. BÖCKLER 2000, 312f.
[32] Vgl. Jer 13,21.

20a	*ʾakin bagădā ʾiššā* *mi[n]=riʿ-a=h*	Aber wie eine Frau wegen ihres Freundes treulos ist,
b	*kin băgadtim b=ī*	so seid ihr mir treulos geworden,
bV	*bēt YŚRʾL*	Haus Israel.
bJ	*năʾū*m YHWH*	– Spruch JHWHs –

Jer 3,19.20 ist eine zusammenfassende Rückerinnerung, die vor der Umkehr Israels in Jer 3,21-25 und der Verheißung an Israel in Jer 4,1.2 nochmals verdeutlicht, wie sich JHWH die Beziehung zu Israel vorgestellt hätte. JHWH hätte das weiblich figurierte Israel gern unter seine Söhne gerechnet, sie mit einem schönen Land ausgestattet und erwartet, dass Israel – nun als 2.mask.pl-Gruppe – ihn als Vater anruft und sich nicht von ihm abwendet.[33]

Die Schuldvorwürfe in Jer 2.3* thematisieren die Exklusivität JHWHs als Gott Israels. Darum kritisiert Jer 2,27 die Bezeichnung anderer Gottheiten als Vater bzw. als Gebärerin. *ʿiṣ* und *ʾabn*, Holz und Stein bezeichnen sehr wahrscheinlich kultische Symbole einer männlichen und einer weiblichen Schöpfungsgottheit im Familienkult.[34] Anders als in einer allgemeinen Götzenbildpolemik kritisiert Jer 2,27 *ʿiṣ* und *ʾabn* nicht einfach als die Materialien, aus denen Götterbilder gemacht werden.[35] Denn die Verwendung des Artikels vor den Substantiven lässt darauf schließen, dass ein bestimmter Stein und ein konkretes Holz gemeint sind.[36] Dass es um die Kritik an Schöpfungsgottheiten geht, wird durch *YLD* und das parallel verwendete *ʾab* angezeigt. Da die Bekenntnisse singularisch formuliert sind, handelt es sich wahrscheinlich um Zitate aus der Familienfrömmigkeit,[37] die von Schöpfung durch Zeugung und Geburt des einzelnen Menschen sprechen.[38] Die beiden Bekenntnisse und weniger die Differenzierung in Holz und Stein[39] legen m.E. das Nebeneinander einer männlichen und einer weiblichen Gottheit in der familiären Frömmigkeit nahe. Mit

---

33 Eine Änderung der Verbalformen in Jer 3,19e.f von 2. mask. pl. zu 2. fem. sg. ist nicht erforderlich.

34 Gegen S.M. OLYAN 1987, 254-259, der *ʾabn* mit JHWH identifizieren will.

35 Vgl. C. FREVEL 1995, 362.374-379.

36 Vgl. A. BÖCKLER 2000, 300f.

37 Gegen A. BÖCKLER 2000, 302f., die den Zitatcharakter bestreitet. Ihre Begründung mit Hilfe der Andersartigkeit der weiteren Zitate in Jer 2 ist nicht überzeugend; vgl. M. HÄUSL 2003, 308.

38 Vgl. R. ALBERTZ 1974, 156f., und R. ALBERTZ 1992, 146. Ob Holz und Stein allerdings Ahnenbilder bezeichnen, wie dies O. KEEL / S. SCHROER 2002, 50, meinen, scheint fraglich.

39 Ob eine polemische Zuordnung der Materialien Holz und Stein als Symbole der männlichen bzw. weiblichen Gottheit vorliegt, ist unsicher.

Namen kann man diese Gottheiten allerdings aufgrund von Jer 2,27 nicht greifen.

Im Sinne der Exklusivität JHWHs plädiert Jer 2.3* nun dafür, dass JHWH allein für Israel zuständig ist und ihm allein das Vater-Bekenntnis gebührt. In welchem Sinne aber will der Text Jer 2.3* JHWH als Vater Israels verstanden wissen, wenn er das Vater-Bekenntnis für JHWH in Jer 3,4.19 explizit aufgreift, die Aussagen über Schöpfung durch Zeugung und Geburt dagegen nicht auf JHWH bezieht?

Jer 2.3* ist bemüht das Vatertum JHWHs geschichtlich zu verorten, es bleibt nicht unbestimmt, sondern ist auf eine geschichtliche Zeit bezogen. Denn Jer 3,19 spielt auf die Landnahme an, wenn JHWH als Vater seine Erbtochter mit Land ausstatten will.[40] In Jer 3,4 wird durch die Bezeichnung *ʾallūp nāʿūr-ay=[y]* auf Jer 2,2 Bezug genommen, das von der Zeit der Wüstenwanderung spricht. Das für JHWH entworfene Vater-Bild enthält mit Jer 3,19 einen rechtlichen Aspekt und mit Jer 3,4 einen Erziehungsaspekt. Der Aspekt des Schöpfertums wird in Jer 2.3* dagegen nicht explizit mit dem Vater-Bild für JHWH verbunden.[41]

Das Vater-Bild für JHWH besitzt aber in Jer 2.3* noch einen weiteren Aspekt. So erscheint JHWH in Jer 3,4.5.12 nicht nur als erziehender Gott, sondern als gütiger Gott, der nicht ewig zürnt.[42] Gerade die Güte und die Barmherzigkeit JHWHs sind von zentraler theologischer Bedeutung in Jer 3*, weil die erneute Beziehung zwischen JHWH und Israel allein von JHWHs Güte abhängt. Auf die Frage in V. 5, ob JHWH ewig zürnen werde, antwortet JHWH in V. 3,12e-g, dass er gerade nicht ewig zürnen werde, sondern gütig ist.[43]

Wir erhalten also folgende Vatervorstellung in Jer 2.3*: JHWH erweist sich in der Geschichte als Vater, er ist der Vater Israels seit der Wüstenzeit und durch die Landgabe. Sein Vatertum besitzt einen rechtlichen Aspekt, einen Erziehungsaspekt und den Aspekt der Güte und Barmherzigkeit. Ein solches Vaterbild wird in Abwehr anderer Gottheiten und im Sinne der Exklusivität JHWHs

---

[40] In Dtn 32,8 ist interessanterweise die Erbgabe auch als mythisches Motiv belegt, wenn El den anderen Gottheiten ihr Erbe zuteilt; vgl. hierzu v.a. A. SCHENKER 1991, 1-53.

[41] Schöpfung im Sinne von Zeugung und Geburt ist aber an anderen Stellen auf JHWH bezogen: Dtn 32,18; Num 11,12; Zeugung des Königs in Ps 2,7.

[42] Zur Verknüpfung der beiden Vorstellungen vgl. G. VANONI 1995, 68-77.

[43] Dabei bedient sich Jer 3,12 nicht des bekannten Credosatzes vom „gütigen und barmherzigen Gott“, wie ihn R. SCORALICK 2002 nun eingehend untersucht hat.

entworfen. Dabei fehlen die Integration der Aspekte der Göttin und der Schöpfung, die in Jer 2,27 aufscheinen.

Im religionsgeschichtlichen Vergleich erscheint JHWH durch den Vater-Titel und durch die damit verknüpften Aspekte – nicht durch deren geschichtliche Verortung – als El-gestaltig, als JHWH-El.[44]

2.2 *„Du bist doch unser Vater!" – Jes 63,7-64,11*

2.2.1 *Zur Textintention*

Jes 63,7-64,11[45] kreist um „das theologische Grundproblem der Beziehung zwischen Gott und seinem Volk. ... Die einst so heilvolle, von JHWH initiierte Verbindung (63,8) zu Israel, die sich in der rettenden Präsenz Gottes manifestierte, wurde von beiden Seiten her abgebrochen (63,10). Dem sündigen, von JHWH abgewandten Volk bleibt nur noch die Erinnerung (63,7.11) an die früheren Heilstaten in der gegenwärtigen Erfahrung der Absenz Gottes."[46] Die Präsenz Gottes in der Vergangenheit und die Absenz Gottes in der Gegenwart strukturieren den Text:

1. Jes 63,7: Hymnische Einleitung

I. Jes 63,8-14: Rückblick

2. Jes 63,8-10: Summarischer Geschichtsrückblick
3. Jes 63,11-14: Erinnerung an Gottes Führung in der Exodus- und Wüstenzeit

II. Jes 63,15-64,11: Gegenwart: Bitte um Zuwendung

4. Jes 63,15-19a: Bitte um Sinneswandel JHWHs
5. Jes 63,19b-64,3: Theophanie-Bitte
6. Jes 64,4-8: Bitte um das Ende des Zorns
7. Jes 64,9-10: Schilderung der Zerstörung
8. Jes 64,11: Liedabschluss: Klage über JHWHs Schweigen

---

[44] Vgl. R. SCORALICK 2002, 44ff., die die neueste Literatur zur Frage des Verhältnisses von El und JHWH kritisch sichtet und feststellt, dass eine „gründliche Untersuchung religionsgeschichtlicher Parallelen und möglicher Hintergründe der Gottesprädikationen in Ex 34,6f noch aussteht." Vgl. auch M. KORPEL 1990, 168f.

[45] Jes 63,7-64,11 wird seit längerem als literarische Einheit erachtet – wenn auch aus verschiedenen Elementen zusammengesetzt. Vgl. J. GOLDENSTEIN 2001, 26f. Ob Jes 63,7-64,11 allerdings als literarisches Produkt anzusehen ist, das bewusst für den Kontext von Tritojesaja bzw. für das Gesamtjesajabuch geschaffen wurde, wie dies die Studie von J. GOLDENSTEIN 2001 erweisen will, scheint mir noch fraglich.

[46] I. FISCHER 1989, 284.

Das Eltern- bzw. Vater-Kind-Motiv ist an drei zentralen Stellen belegt:

Jes 63,8-10

8a	*wa=yō(ʾ)mir*	Er sprach:
b	*ʾak ʿamm=ī him⊕a(h)* *banīm*	„Ach, mein Volk sind sie, Kinder,
bR	*lō(ʾ) y˙šaqqirū*	die nicht täuschen."
c	*wa=yihy la=him l˙=mōšīʿ*	Er wurde für sie zum Retter.
9a	*b˙=kul[l] ṣar[r]at-a=m* *l=ō ṣar[r]*	In all ihrer Not hatte er Not.[47]
b	*w˙=malʾak pan-a(y)=w* *hōšīʿ-a=m*	Der Bote seines Angesichts rettete sie.
c	*b˙=ʾahbat=ō* *w˙=b˙=ḥimlat=ō* *hū(ʾ) gȧʾal-a=m*	Durch seine Liebe und sein Mitleid löste er selbst sie aus.
d	*wa=y˙naṭṭil-i=m*	Er hob sie hoch
e	*wa=y˙naśśiʾ-i=m kul[l]* *yȧmē ʿōlam*	und trug sie alle Tage der Vorzeit.
10a	*w˙=him⊕a(h) marū*	Sie aber waren widerspenstig,
b	*w˙=ʿiṣṣibū ʾat rūḥ qudš=ō*	so dass sie den Geist seiner Heiligkeit betrübten.
c	*wa=yi[h]hapik la=him* *l˙=ʾōyib*	Da wandelte er sich für sie zum Feind,
d	*hū(ʾ) nilḥam b-a=m*	er selbst kämpfte gegen sie.

Der erste summarische Rückblick Jes 63,8-10, nicht die folgende Rückerinnerung an die Exodus- und Wüstentradition in Jes 63,11-14 ist von einer Eltern-Kind-Vorstellung geprägt. Diese Eltern-Kind-Beziehung erscheint damit im Aufbau des Gesamtgebetes noch vor der Exodustradition als Grundlage der Beziehung zwischen JHWH und Israel. JHWH bezeichnet Israel als sein Volk und als seine Kinder; er liebte sie, teilte ihre Not, wurde ihr Retter, löste sie aus, hob sie hoch und trug sie in der Vorzeit. Sie aber waren widerspenstig, so dass er zum Feind wurde. Die göttliche Fürsorge, die mit dem Ungehorsam der Kinder kontrastiert wird, geschieht dabei in einer unbestimmten Vorzeit und wird nicht geschichtlich verortet. Es finden sich Aussagen über JHWHs

[47] In V. 9a wird mit *Q l=o* gelesen und *b˙=kul[l] ṣar[r]at-a=m l=o ṣar[r]* als eigener Satz angesehen; vgl. I. FISCHER 1989, 6.7.36, und G. VANONI 1995, 80; die meisten Ausleger ziehen *b˙=kul[l] ṣar[r]at-a=m* dagegen zu V. 8c, so auch wieder J. GOLDENSTEIN 2001, 54-57.

emotionale Bindung sowie über seine Fürsorge. Das Großziehen und Tragen von Kinder sind dabei nicht einfach sozialweltliche Vorstellungen, sie finden sich vielmehr auch in mythischen Kontexten, worauf später bei den Texten Jes 1,2-4, Jes 46,3.4 und Jes 66,10-13 noch einzugehen sein wird.[48]

Im zweiten Teil, dem Bittteil wird JHWH dreimal *ʾabī=nu* „unser Vater“ genannt.

Jes 63,15.16

15a	*habbiṭ miš=šamaym*	Blick vom Himmel,
b	*w˙=rʾē(h) miz=z˙bū*l*	und schau vom Wohnsitz
	qudš=ka	deiner Heiligkeit
	w˙=tipʾart-i=ka	und deiner Pracht:
c	*ʾayyē(h) qinʾat=ka*	Wo sind dein Eifer
	*w˙=gȧbūrō*t-i=ka*	und deine Heldentaten,
	hȧmōn miʿē=ka	die Regung deines Inneren
	w˙=raḥmē=ka	und deine Erbarmungen?
d	*ʾil-ay=[y] hitʾappiqū*	Vor mir(?) halten sie sich zurück.
16a	*kī ʾattā ʾabī=nū*	Du bist doch unser Vater
b	*kī ʾBRHM lō(ʾ) yȧdaʿ-a=nū*	denn Abraham kennt uns nicht
c	*w˙=YŚRʾL lō(ʾ)*	und Israel weiß nicht
	yakkīr-a=nū	um uns.
d	*ʾattā*	Du,
dV	*YHWH*	JHWH,
d	*ʾabī=nū*	bist unser Vater
e	*gō*ʾil-i=nū mi[n]=ʿōlam*	Unser Löser seit jeher
	šim-i=ka	ist dein Name.

Jes 64,7.8

7a	*w˙=ʿitt-a(h)*	Jetzt aber,
aV	*YHWH*	JHWH,
a	*ʾabī=nū ʾattā*	unser Vater bist du.
b	*ʾȧnaḥnū ha=ḥumr*	Wir sind der Ton,
c	*w˙=ʾattā yō*ṣir-i=nū*	und du bist unser Töpfer,
d	*w˙=maʿśē(h) yad=ka*	Das Werk deiner Hände
	kull-a=nū	sind wir alle.
8a	*ʾal tiqṣup*	Zürne,
aV	*YHWH*	JHWH,
a	*ʿad m(ʾ)ōd*	nicht gar so sehr,
b	*w˙=ʾal la=ʿad tizkur*	und denke nicht für immer
	*ʿawō*n*	an die Schuld.
c	*hin[n] habbiṭ nā(ʾ)*	Siehe, schau,
	ʿamm=ka kull-a=nū	dein Volk sind wir allesamt.

[48] Vgl. Punkt 2.4.2: „Zum Elternmotiv: Großziehen von Kindern“.

Beide Textausschnitte enthalten Bitten um die erneute Zuwendung JHWHs, und in beiden Texten begründet die Vaterschaft JHWHs diese Bitten um Machterweis und Erbarmen.

In Jes 63,16 steht JHWH als Vater und Löser in einem verwandtschaftlichen Verhältnis zu Israel. JHWH ist auch dann noch Vater, wenn man von den irdischen Vätern verlassen ist. Wenn dabei die Abraham- und Jakob-Kindschaft negiert wird, bedeutet dies m.E. nur in zweiter Linie eine Verwerfung der Vätertradition.[49] In erster Linie soll die Unauflöslichkeit der Vaterschaft JHWHs im Vergleich zur Vaterschaft irdischer Väter betont werden, wie wir dies auch in Jes 49,14.15 – dort verknüpft mit einer Muttervorstellung – oder in Ps 27,10 finden.

In Jes 64,7 ist die Vatervorstellung dagegen mit der Vorstellung eines Töpfers, also mit der Vorstellung eines souveränen Schöpfers verknüpft. JHWHs Schöpfungshandeln geschieht hier nicht durch Zeugung, sondern durch das handwerklichen Tun eines Töpfers. Gerade eine solche die Distanz zwischen Schöpfer und Geschöpf betonende Vorstellung erklärt nun aber sehr gut die vielen Bitten nicht nur um Erbarmen, sondern um Theophanieerfahrungen und um das machtvolle Eingreifen der Gottheit zugunsten des Volkes. Als Schöpfer ist JHWH fähig, sich für die Rettung Israels machtvoll einzusetzen.[50] JHWHs Schöpfertum wird in diesem Text als der Urgrund für die erneute Rettung Israels angesehen. Es ist dem Gesamttext zentral wichtig, die Souveränität JHWHs zu betonen. Die Vatervorstellung enthält also die Aspekte des souveränen Schöpfers und des Verwandten, als der JHWH zugleich fähig und willens ist, sich für Israel einzusetzen; er ist ein naher, kein ferner Gott. Die mythische Vorstellung von Schöpfung durch Töpfern ist altorientalisch und altägyptisch breit belegt; es sei nur auf die bekannten Beispiele der ägyptischen Götter Chnum und Ptah verwiesen.[51]

Dreimal wird JHWH dabei im Bittteil explizit als *ʾabī=nu* bezeichnet. Weibliche Metaphorik fehlt oder ist in diesem zweiten

---

[49] Vgl. I. FISCHER 1989, 115f.; anders dagegen A. BÖCKLER 2000, 284-288, die in der Ablehnung der Väter-Tradition eine Bezugnahme und Betonung der am Anfang des Gebetes in Jes 63,11-14 vorhandenen Exodustradition sieht. Dies scheint mir aber kaum überzeugend, wenn man bedenkt, dass nicht dieser zweite, sondern der erste Rückblick in Jes 63,8-10 von einer Elternvorstellung geprägt ist.

[50] Vgl. S. PAAS 2003, 427: „In a number of texts there is indeed the supporting of the salvation belief by means of the creation belief. JHWH not only is willing to save, but the fact that He is the Creator implies that he is also able to do so."

[51] Vgl. aber auch El in Ugarit (KTU 1.16 V 25-38); vgl. die Zusammenstellung bei O. KEEL / S. SCHROER 2002, 121ff.

Teil des Gebetes gar vermieden.[52] Dadurch ergibt sich im Hinblick auf die verwendete Elternvorstellung für JHWH ein gewisse Spannung zwischen dem rückblickenden ersten Teil und dem bittenden zweiten Teil des Gebetes. Im ersten Teil wird als Grundlage der Beziehung zwischen JHWH und Israel die Vorstellung einer von Empathie und Fürsorge geprägten Eltern-Kind-Beziehung entworfen, die für beide Elternteile offen ist. Diese wird nicht geschichtlich verortet, sondern „spielt" in einer unbestimmten Vorzeit. Im Bittteil des Gebetes wird JHWHs „Elternschaft" als Vaterschaft expliziert und dabei der Aspekt des souveränen Schöpfertums betont.

Die Verknüpfung der Eltern- bzw. Vatervorstellung mit der Geschichte ist in Jer 2.3* und Jes 63,7-64,11 verschieden. Während sich in Jer 2.3* JHWHs Vaterschaft gerade als „Fürsorge" in der Geschichte, nämlich während der Wüstenzeit und durch die Landgabe erweist, und der Aspekt des Schöpfertum vernachlässigt wird, ist die Vorstellung des souveränen Schöpfers in Jes 63,7-64,11 zentral. Schöpfertum ist der Grund, warum JHWH in der gegenwärtigen Notsituation für Israel eingreifen kann und soll. In Jer 2.3* hängt dagegen alles an der Güte und Barmherzigkeit der Gottheit.

2.3 Efraim als Erstgeborener und Lieblingskind – Jer 31,7-9 und Jer 31,18-20

Als letzter Text mit Vater-Metaphorik soll Jer 31,7-9 vorgestellt werden. Da Jer 31,7-9 eng mit der Elternmetaphorik in Jer 31,18-20 zusammenhängt, wird dieser Text ebenfalls besprochen.

Für Jer 30.31 kann keine literarische Einheitlichkeit vorausgesetzt werden. Jer 31,18-20 wird weithin zur Grundschicht gerech-

---

[52] Nimmt man eine Rezeption von Deuterojesajatexten durch diesen Tritojesajatext an (vgl. G. VANONI 1995, 45, und I. FISCHER 1989, 114f.), so scheinen an vier Stellen weibliche Metaphern für JHWH bewusst vermieden worden zu sein, weil die in den Deuterojesajatexten vorhandene Weiblichkeitsmetaphorik nicht mitaufgegriffen wurde. Jes 63,15 und Jes 64,11 beziehen sich auf Jes 42,13-16, ohne dass das Bild der Gebärenden für JHWH erwähnt wäre (vgl. U. BERGES 1998, 488f.). In Jes 45,9-11 ist JHWH wie in Jes 64,7 als Vater und Töpfer angesprochen (vgl. U. BERGES 1998, 493). Allerdings ist dort neben der Zeugung durch den Vater auch die Geburt durch die Mutter erwähnt. In Jes 63,16 ist JHWH Vater, auch wenn die irdischen Väter Abraham und Israel ihre Kinder nicht kennen, in Jes 49,14.15 ist JHWH dagegen eine Mutter, die ihr Kind Zion nicht vergessen kann. Außerdem lässt Jes 63,16 die Erwähnung der Mutter Sara aus Jes 51,2 weg.

net, während Jer 31,7-9 von den meisten Auslegern als sekundäre Ergänzung angesehen wird.[53]

2.3.1 Zur Vatermetaphorik in Jer 31,7-9

Jer 31,7-9

7a	*kī kō(h) ʾamar YHWH*	Ja, so hat JHWH gesprochen:
b	*runnū l˙=YʿQB śimḥā*	Jubelt Jakob mit Freuden zu,
c	*w˙=ṣahlū b˙=rō(ʾ)š*	und jauchzt über das Haupt
	*ha=gōyī*m*	der Völker,
d	*hašmīʿū*	lasst hören,
e	*hal[li̇]lū*	jubelt
f	*w˙=ʾimrū*	und sagt:
g	*hōši̇ʿ YHWH ʾat ʿamm=ka*	JHWH hat dein Volk gerettet,
	ʾät š(ʾ)ērīt YŚRʾL	den Rest Israels.
8a	*hin[ni̇]=nī mibī(ʾ) ʾōt-a=m*	Seht, ich bringe sie
	mi[n]=ʾarṣ ṣapōn	aus dem Nordland,
b	*w˙=qibbaṣtī=m*	ich sammle sie
	miy=yari̇kȧtē ʾarṣ	von den Enden der Erde.
c	*b-a=m ʿiwwir w˙=pissiḥ*	Unter ihnen sind Blinde und Lahme,
	*harā w˙=yō*li̇dt yaḥd-aw*	Schwangere und Wöchnerinnen gleichermaßen.
d	*qahal gadu(w)l yašūbū*	Als große Gemeinde kehren sie
	hinn-a-h	hierher zurück.
9a	*b˙=bȧky yabō*ʾū*	Unter Weinen kommen sie,
b	*w˙=b˙=taḥnūnīm ʾōbīl-i=m*	mit Erbarmen geleite ich sie.
c	*ʾōlīk-i=m ʾil naḥȧlē maym*	Ich führe sie an Wasserbäche und
	b˙=dark yašar	auf geradem Weg,
cR	*lō(ʾ) yikkaši̇lū b-a=h*	wo sie nicht stolpern.
d	*kī hayītī l˙=YŚRʾL l˙=ʾab*	Denn ich wurde Israel zum Vater.
eP	*w˙=ʾPRYM*	und Efraim –
e	*bu̇kur=ī hū(ʾ)*	er ist mein Erstgeborener.

Jer 31,7-9 thematisiert in Ergänzung zur Zionszentriertheit der folgenden Verse VV. 10-14 pointiert die Heimkehr des Restes Israels. Der Text handelt also von der Sammlung und Rückfüh-

---

[53] Vgl. etwa K. SCHMID 1996, 110-153.433, der eine differenzierte literarische Schichtung für Jer 30.31 annimmt, zählt zur „Grundkomposition" von Jer 30.31 die Texte Jer 30,4.5-7, Jer 30,12-17*, Jer 30,18-21, Jer 31,4f und Jer 31,15-22.26. Als sekundär gegenüber der Grundkomposition in Jer 30.31 werden Jer 30,1-3, Jer 30,17d, Jer 30,23.24, Jer 31,1, Jer 31,23-40 angesehen. Meist werden auch Jer 30,8.9 und Jer 31,7-14 zu den sekundären Passagen gerechnet; vgl. etwa B. BOZAK 1991, 82, die gezeigt hat, dass VV. 7-14 das Komplementärstück zum Aufruf in V. 6 ist, und K. SCHMID 1996, 156, der auf die unterschiedliche Personenführung in VV. 7-9 und VV. 10-14 hinweist und damit begründet, dass es sich um zwei selbstständige Einheiten handelt.

rung des Restes Israels. Dass JHWH die Verstreuten heimführt, wird damit begründet, dass er Efraim zum Vater wurde. Die Rede von einem Vater-Sohn-Verhältnis JHWHs zu Israel / Efraim[54] kommt im Text allerdings sehr unvermittelt, zumal nicht gesagt ist, wie und warum JHWH zum Vater wurde. Als Erklärung wird in der Auslegung deshalb gern auf die Exodus-Tradition verwiesen, die hier als Hintergrund anklingen soll. Immer wieder genannt werden Ex 4,22, wo Israel ebenfalls als Erstgeborener JHWHs bezeichnet wird, und Hos 11,1, wo davon die Rede ist, dass Efraim aus Ägypten gerufen wird. Eine Bezugnahme auf diese Texte oder auf den Exodus scheinen mir aber für Jer 31,7-9 wenig wahrscheinlich, da mit Ausnahme des Lexems *bukūr* und des Namens Efraim ansonsten keinerlei rückerinnernde Anklänge an die Exodus-Thematik vorhanden sind.

Die sprachliche Gestaltung *kī hayītī l˙=YŚR'L l˙='ab* verweist vielmehr auf die Vaterschaftsformel für den König in 2 Sam 7,14, die die Erwählung des Königs durch JHWH bezeichnet, und die in Jer 31,9 auf Efraim übertragen scheint. Wenn es stimmt, dass Jer 31,7-9 als sekundäre Erweiterung ihr Augenmerk besonders auf die Rückführung des Restes Israels legen will, so kann damit durchaus die Absicht verbunden sein, diesen zurückkehrenden Rest gegenüber anderen Gruppen in besonderer Weise zu legitimieren. Dieser Absicht würde dann auch die Bezeichnung des Restes als *bukūr* ‚Erstgeborener' dienen.[55]

Stimmt die Vermutung, dass in Jer 31,7-9 das Bild der Vaterschaft JHWHs aus der Königsideologie stammt, so ist als mythischer Hintergrund auf diejenigen Texte und Bilder zu verweisen, die eine männliche Gottheit als Erzeuger und Vater des Königs kennen. Zu nennen wären neben den einschlägigen alttestamentlichen Texten[56] besonders die ägyptische oder die ugaritische Königsideologie.[57]

Grundsätzlich scheint die Vater-Sohn-Metaphorik in Jer 31,9 aber durch die Familienmetaphorik der Grundschicht in Jer 30.31

[54] Israel und Efraim bezeichnen dieselbe Größe; vgl. Hos 11, wo Israel und Efraim allerdings das Nordreich bezeichnen.

[55] Vgl. Ps 89,27, wo der König als *bukūr* bezeichnet ist.

[56] 2 Sam 7,14; Ps 2,7; Ps 89,27f.; 1 Chr 17,13; 1 Chr 22,10; 1 Chr 28,6.

[57] Vgl. für Ägypten den Mythos von der Geburt des Gottkönigs (J. ASSMANN 1982a) und für Ugarit KTU 1.14 II 6; 1.14 IV 5, wo El als *ṯr 'abh 'il* bezeichnet ist. Für einen religionsgeschichtlichen Überblick zur Sohnschaft des Königs in der altorientalischen Umwelt vgl. A. BÖCKLER 2000, 197-211.

motiviert zu sein.[58] Deshalb soll die zentrale Stelle der Familienmetaphorik in Jer 30.31*, Jer 31,18-20 genauer untersucht werden.

2.3.2 Zur Familienmetaphorik in Jer 31,18-20

Jer 31,18-20

18a	*šamōʿ šamaʿtī ʾPRYM mitnōdid*	Sehr gut höre ich Efraim klagen:
b	*yissarta=nī*	„Du hast mich erzogen,
c	*wa=ʾiwwasir k˙=ʿigl*	und ich ließ mich erziehen wie ein
cR	*lō(ʾ) lummad*	unbelehrbarer Jungstier.
d	*hȧšīb-i=nī*	Lass mich umkehren,
e	*w˙=ʾašūb-a(h)*	und ich werde umkehren,
f	*kī ʾattā YHWH ʾi̇̈lō*h-ay=[y]*	denn du bist JHWH, mein Gott.
19aI	*kī ʾaḥ⊕ȧrē šūb=ī*	Denn nach der Abkehr
a	*ni[ḥ]ḥamtī*	reute es mich
bI	*w˙=ʾaḥ⊕ȧrē hiwwadi̇ʿ=ī*	und nach meiner Einsicht
b	*sapaqtī ʿal yarik*	schlage ich mir auf die Hüfte:
c	*buštī*	Ich verspüre die Schande
d	*w˙=gam niklamtī*	und schäme mich,
e	*kī naśā(ʾ)tī ḥarpat nȧʿūr-ay=[y]*	denn ich trage die Schmach meiner Jugendzeit.“
20a	*hȧ=bin yaqqīr l=ī ʾPRYM*	Ist mir Efraim ein so teurer Sohn
b	*ʾim yald šaʿšū*ʿīm*	oder ein Wonnekind?
cI	*kī mid=dē dabbi̇r=ī b=ō*	Denn sooft ich auch gegen ihn redete,
c	*zakō*r ʾizkůr-an=[h]u(w) ʿōd*	muss ich doch immer wieder an ihn denken.
d	*ʿal kin hamū miʿ-ay=[y] l=ō*	Deshalb bebt mein Inneres
e	*raḥ[ḥ]im ʾ˙raḥ[ḥ]i̇m-an=[h]u(w)*	und fühle ich Erbarmen mit ihm.
eJ	*nȧʾū*m YHWH*	– Spruch JHWHs –

Die Grundschicht in Jer 30.31 stellt die von JHWH verheißene Zukunft als Wende der Not dar und verwendet hierzu für Israel je zwei weibliche und männliche Symbolgestalten: Jakob und Ra-

[58] G. Vanoni 1995, 79, bezeichnet Jer 31,7-9 als „Familienzusammenführung“ durch JHWH. A. Böckler 2000, 275, nennt noch eine weitere Erklärung für die Vatermetaphorik in Jer 31,7-9. Das Sammeln der Verstreuten wird altorientalisch als Aufgabe des Königs beschrieben, der dabei ebenfalls als Vater seines Volkes bezeichnet ist. JHWH würde in Jer 31,7-9 also aufgrund seiner königlichen Aufgabe als Vater erscheinen. Die Frage allerdings, ob die Vatervorstellung vom König auf die Gottheit oder umgekehrt von der Gottheit auf den König übertragen wurde, ist umstritten.

chel, sowie Efraim und die Jungfrau Israel. Drei der Symbolgestalten Jakob, Rachel und Efraim stellen dabei „eine (Groß-)Familie in ihren Lieblingsbeziehungen vor Augen“[59] und betonen so den Aspekt der Gemeinschaft in der heilvollen Zukunft.[60] Als Kind dieser Großfamilie repräsentiert Efraim zusammen mit der Jungfrau Israel, die dies allerdings auf andere Weise tut, das Ende der Not und die Zukunft.

Efraim ist aber nicht nur das Kind dieser Familie, sondern auch der Sohn JHWHs. Angesichts der Umkehr und der Reue Efraims in Jer 31,18.19 bekennt JHWH in Jer 31,20 seine Liebe zu diesem Sohn und offenbart seine tiefsten Empfindungen für ihn. Eine solche Gott-Rede scheint v.a. wirkintentional begründet zu sein. Denn in einer Situation der Bedrängnis und Not erzeugt die Vorstellung JHWHs als Elternteil Hoffnung, zumal eine starke Emotionalisierung der Gottesvorstellung vorliegt.[61] Eine eindeutige Festlegung JHWHs auf einen bestimmten Elternteil ist dagegen nicht möglich; der Text besitzt vielmehr eine Offenheit für die Vater- und Mutterrolle.[62]

JHWH wird als Elternteil in die Familienmetaphorik der Symbolgestalten Jakob, Rachel und Efraim einbezogen. Wir finden also eine doppelte Verwendung der Elternmetapher für zwei verschiedene Sachaspekte. Sie steht für den Gemeinschaftsaspekt der Zukunft Israels und für die diese Zukunft garantierende Beziehung der Gottheit zu Israel. Israel wird selbst als Familie vorgestellt, in der zugleich JHWH eine Elternrolle besitzt.[63]

---

[59] G. FISCHER 1993, 107.

[60] Vgl. G. FISCHER 1993, 252.

[61] Vgl. G. FISCHER 1993, 276f.: „Wir sind hier in Jer 31,20 an einem Höhepunkt und zugleich an Grenzen für das Sprechen von Gott im AT angelangt. ... Es ist ihm [Gott] aufgrund seines inneren Empfindens unmöglich, diese Haltung der erbarmenden Zuwendung zu Efraim aufzugeben. ... Mit der Schilderung eines Gottes, der durch seine seelischen und körperlichen Empfindungen in seinem Handeln beeinflusst wird, sind wir freilich auch an Grenzen des Redens von Gott gestoßen. ... Die Vorstellung eines menschlichen, ‚begrenzten‘ Gottes wird offensichtlich als anstößig empfunden.“ G. VANONI 1995, 80, spricht von „JHWH, der sein Herz offenlegt“. Dieser Gott begegnet uns auch wieder in Ps 103,13 und Jes 63,9.15, wobei Jer 31,20 meist als Wurzel dieser Gott-Rede herangezogen wird.

[62] P. TRIBLE 1976, 271-280, R. CARROLL 1986, 600, gehen von einem mütterlichem Gott aus; U. WINTER 1983, 531-535, meint dagegen, dass kein Elternteil ausgeschlossen werden kann, vielmehr ein mütterlich-väterlicher Gott vorzustellen ist. Die Gefahren einer einseitigen Verknüpfung von *RḤM* mit Mütterlichkeit in der Gott-Rede zeigt R. SCORALICK 2002, 50f.: Verfestigung unreflektierter Geschlechterstereotypen und Fehlen einer grundsätzlichen Revision der Gott-Rede angesichts der Geschlechterdifferenz.

[63] Die Elternvorstellung ist in Jer 31,18-20 ergänzt durch das Erziehungsmotiv und das ebenfalls sozialweltliche Motiv des „widerspenstigen Sohnes“, die

Religionsgeschichtlich sind zwei sich nicht ausschließende Wurzeln einer solchen Gottesvorstellung denkbar. Die dominante Familienmetaphorik und das Fehlen jeglicher geschichtlicher Bezugnahmen machen es wahrscheinlich, dass JHWH als Schutzgott einer Familie gezeichnet ist. Wir hätten also eine Gottesvorstellung aus der Familienreligion vorliegen, in der die Gottheit eine innige Beziehung zur Familie besitzt. Die Rede von der Barmherzigkeit Gottes und die Nähe von Jer 31,20 zu Hos 11,8 lassen JHWH erneut als El-gestaltig, sowie als Aschera-gestaltig erscheinen.[64]

2.4 Ich habe euch getragen und großgezogen, wie eine Mutter tröste ich euch – Jes 1,2-4, Jes 46,3.4 und Jes 66,10-13

Abschließend sollen drei Texte aus Jesaja besprochen werden, die die Vorstellung von der Versorgung kleiner Kinder enthalten. Jes 1,2-4 und Jes 46,3.4 sind in der Metaphorik offen für beide Elternteile, Jes 66 verknüpft die Vorstellung der Versorgung kleiner Kinder mit einem Muttervergleich für JHWH.

2.4.1 Texte und Textintentionen

Jes 1,2-4

2a	*šimʿū*	Höre,
aV	*šamaym*	Himmel,
b	*w˙=haʾzīnī*	horche,
bV	*ʾarṣ*	Erde,
c	*kī YHWH dibbir*	denn JHWH hat gesprochen:
d	*banīm giddaltī*	Kinder habe ich großgezogen
e	*w˙=rōmamtī*	und aufgebracht.

---

uns in anderer Ausprägung schon in Jer 2.3* und Jes 63,8-10 begegnet sind. Vgl. dazu ausführlicher unter Punkt 2.4.2. „Zu den widerspenstigen Kindern".

64 So ist auf den Titel Athirats *rḥmy*, Barmherzige in KTU 1.23:13-15 zu verweisen (vgl. R. Scoralick 2002, 52f.). Zur Gottesvorstellung in Hos 11 vgl. M.-Th. Wacker 1996, 295: „Der Duktus von Hos 11 ließe sich also lesen als immer neues Bemühen JHWH-Els um sein Kind, sein ‚Zögern im Zorn', sein schließliches Dreinschlagen, dann aber seines erneuten Erbarmens. Die JHWH in Hos 11,1-4 zugeschriebenen Züge der königlichen Amme dagegen mögen an Els ugaritische Paredros Athirat / Aschera erinnern, die zusammen mit Anat als Amme von Göttern und Prinzen auftritt. Wären in der Gottheit von Hos 11 also die Züge Els und Ascheras zusammengeflossen?"

f	*w˙=him pašáʿū b=ī*	Sie aber lehnten sich gegen mich auf.
3a	*yadaʿ šōr qō*n-i=hu(w)*	Ein Stier kennt seinen „Besitzer“
b	*w˙=ḥimōr ʾibūs bá ʿal-a(y)=w*	und ein Esel die Krippe seines Herrn.
c	*YŚRʾL lō(ʾ) yadaʿ*	Israel aber weiß nichts,
d	*ʿamm=ī lō(ʾ) hitbōnan*	und mein Volk verhält sich uneinsichtig.
4aJ	*hōy*	Wehe,
aV1	*gōy ḥō*ṭá(ʾ)*	du sündiges Volk,
aV2	*ʿam[m] kàbīd ʿawō*n*	du Volk, schwer an Schuld,
aV3	*zarʿ miriʿ[ʿ]īm*	du Brut an Übeltätern,
aV4	*banīm mašḥītīm*	ihr Verderben bringende Kinder,
aVR1	*ʿazábū ʾat YHWH*	die JHWH verließen,
aVR2	*niʾ[ʾ]iṣū ʾat qádu(w)š YŚRʾL*	die den Heiligen Israels verschmähten,
aVR3	*nazō*rū ʾaḥōr*	die ihm den Rücken kehrten.

Vor Himmel und Erde klagt JHWH in VV. 2.3 Israel bzw. dessen Verhalten an. Er beklagt, dass Israel ihn als Herrn nicht kenne, es keine Einsicht habe, obwohl er sie als Kinder großgezogen hat.[65]

Jes 46,3.4

3a	*šimʿū ʾil-ay=[y]*	Hört auf mich,
aV	*bēt YʿQB w˙=kul[l] š(ʾ)ērīt bēt YŚRʾL*	Haus Jakob und aller Rest des Hauses Israel,
b	*ha=ʿámū*sīm min⊕-ī baṭn*	die ihr aufgeladen seid vom Mutterleib an,
c	*ha=náśū*ʾīm min⊕-ī raḥm*	die ihr getragen seid vom Mutterschoß an.[66]
4a	*w˙=ʿad ziqnā ʾánī hū(ʾ)*	Bis ins hohe Alter da bin ich's,
b	*w˙=ʿad śēbā ʾánī ʾisbul*	bis zum Ergrauen werde ich tragen.
c	*ʾánī ʿaśītī*	Ich habe es getan,
d	*w˙=ʾánī ʾiśśā(ʾ)*	und ich werde hochheben.
e	*w˙=ʾánī ʾisbul*	Ich selbst werde tragen
f	*w˙=ʾ˙malliṭ*	und ich werde retten.

In Jes 46,3.4 beschreibt sich JHWH als ein Gott, der Israel von Kindheit an bis ins Alter trägt. Alle Zeitangaben *min-ī baṭn, min-ī raḥm, ʿad ziqnā* und *ʿad śēbā* beziehen sich auf Jakob / Israel.[67] Auf den Zeitangaben in V. 4 liegt der spezielle Akzent des Textes, denn sie stehen betont voraus. V. 4 überbietet somit die Aussage

---

65 R. KESSLER 1997.

66 Die Vulgata schreibt: „qui portamini a meo utero qui gestamini a mea vulva“, bezieht den Mutterschoß und den Mutterleib durch die Personalpronomina 1.sg eindeutig auf JHWH und zeichnet JHWH damit als Mutter.

67 I. FISCHER 1998, 256.

und das Bild aus V. 3. Nicht nur als Kind, sondern während seiner ganzen Lebensspanne ist Israel von JHWH getragen. „Selbst wenn die Kinder erwachsen und sogar alt geworden sind, will JHWH sie tragen und schleppen, wie er es vom Mutterleib an getan hat.“[68] JHWHs Handeln steht zudem im krassen Gegensatz zu den in VV. 1.2 genannten Götzen, die selbst getragen werden müssen. Der kurze Text Jes 46,1-4 sichert in dem eindrücklichen Bild vom Tragen den Exilierten Hilfe zu und stellt so die Wirkmächtigkeit JHWHs in der Notsituation heraus.

Jes 66,10-13

10a	*śimḥū ʾit[t] YRWŠLM*	Freut euch mit Jerusalem!
b	*w˙=gīlū b-a=h*	Jubelt in ihr,
bV	*kul[l] ʾō*hi̇bē=ha*	alle die sie lieben!
c	*śīśū ʾitt-a=h maśōś*	Seid fröhlich,
cV	*kul[l] ha=mitʾabbi̇līm ʿal-ē=ha*	alle über sie Trauernden!
11a	*l˙=maʿn tīnȧqū*	Dann werdet ihr saugen
b	*w˙=śȧbaʿtim miš=šud tanḥū*mē=ha*	und euch sättigen an der Brust ihrer Tröstungen.
c	*l˙=maʿn tamuṣṣū*	Dann werdet ihr schlürfen
d	*w˙=hitʿannagtim miz=zīz kȧbōd-a=h*	und euch laben an der Mutterbrust ihres Reichtums.
12a	*kī kō(h) ʾamar YHWH*	Ja, so spricht JHWH:
b	*hin[ni̇]=nī nō*ṭā̈ ʾil-ē=ha k˙=nahar šalōm*	Siehe, ich leite wie einen Strom den Frieden zu ihr,
c	*w˙=k˙=naḥl šōṭip kȧbōd gōyī*m*	und wie einen Bach den Reichtum der Völker.
d	*w˙=yȧnaqtim*	Dann werdet ihr saugen.
e	*ʿal ṣad[d] tinnaśiʾū*	Auf die Hüfte werdet ihr hochgehoben
f	*w˙=ʿal bȧrkaym t˙šuʿšaʿū*	und auf den Knien geschaukelt werden.
13a.aR	*k˙=ʾīš ʾȧšr ʾimm=ō t˙naḥ[ḥ]i̇m-an=[h]u(w)*	Wie jemanden seine Mutter tröstet,
b	*kin ʾanō*kī ʾ˙naḥ[ḥ]im=kim*	so werde ich euch trösten,
c	*w˙=b˙=YRWŠLM t˙nuḥ[ḥ]amū*	und durch / in Jerusalem werdet ihr getröstet.

In Jes 66,5-17 ist als Situation die Bedrängnis einer Gruppe im nachexilischen Jerusalem vorauszusetzen,[69] der von JHWH eine heilvolle Zukunft in Aussicht gestellt wird.

---

[68] I. FISCHER 1998, 256.
[69] Vgl. J. RO 2002, 62.

Jes 66,7-9 beginnt mit der Beschreibung einer wunderbaren, schmerzlosen und kinderreichen Geburt Zions,[70] bei der JHWH als Geburtshelfer, als Hebamme fungiert.[71] In VV. 10-12 wird die Vorstellung von einer Mutter fortgeführt. Die Gruppe soll und kann sich an Zions Milch satt trinken.[72] Darüber hinaus werden sie als Kinder getragen und geschaukelt – ob von Zion oder von JHWH, lässt der Text mit seinen Passivformulierungen allerdings offen. Im anschließenden V. 13 vergleicht sich JHWH zudem selbst mit einer Mutter; er selbst ist wie eine Mutter, die die bedrängte Gruppe tröstet. Dabei kommt der Vergleich JHWHs mit einer Mutter überraschend, denn als Fortführung und Ergänzung der Vorstellung Zions als Mutter wäre der Vergleich JHWHs mit einem Vater oder Ehemann zu erwarten. Wie in Jer 31,18-20 liegt aber auch hier die doppelte Verwendung einer Metapher, nämlich der Muttermetapher vor. In Jer 31,18-20 wurde die Familienmetapher für Jakob und Rachel und Efraim sowie für Efraim und JHWH verwendet. Hier sind sowohl JHWH als auch Zion (wie eine) Mutter, beide trösten die angesprochene Gruppe.[73] Der Vergleich JHWHs mit einer tröstenden Mutter fasst abschließend die Aussagen über eine neue Zukunft und über die Versorgung mit Reichtum zusammen. Jes 66,7-13 will Trost spenden,[74] und dies geschieht mit Hilfe einer Vielzahl weiblicher Bilder für Zion und JHWH.[75]

---

[70] Das Bild von Zion als Kinderloser, die auf wunderbare Weise zu Kindern kommt, verbindet diesen Text mit Jes 49,14-23 und Jes 54,1-4.

[71] Die Rede von Gott als Geburtshelfer/in ist nicht singulär, sondern findet sich auch in Ps 22,10 und Ps 71,6. JHWH erscheint dabei in der Rolle einer Geburtsgöttin; vgl. U. WINTER 1983, 380-385.

[72] Das Bild der Milch wird in V. 12 gedeutet, wenn vom Frieden und vom Reichtum aus den Völkern gesprochen wird.

[73] Vgl. die Deutung von U. BERGES 1998, 524ff. Ob die Verwendung der Mutter-Metapher für JHWH von der Mütterlichkeit Zions herrührt, wie dies J. SCHMITT 1985, 557-569, annimmt, scheint mir fraglich.

[74] Jes 66,13 schließt auch das im Jesajabuch wichtige Leitthema „Trösten" ab: Jes 12,1; Jes 40,1; Jes 49,13; Jes 51,3; Jes 51,12.19; Jes 52,9; Jes 54,11; Jes 61,2; vgl. U. BERGES 1998, 527.

[75] Das Elternbild für JHWH ist als Themamotiv des Gesamtjesajabuches zu werten. So steht das Elternmotiv am Anfang des Jesajabuches in Jes 1,2-4, findet sich dann in Jes 43,6, Jes 46,3.4, Jes 45.9-11, Jes 49,14-23 und wird in der Vatermetaphorik von Jes 63,7-64,11 und dem Muttervergleich in Jes 66,13 abgeschlossen. H.-W. JÜNGLING 1994, 382, sieht den Muttervergleich in Jes 66,13 als bewusste Ergänzung zum Vaterbild in Jes 63,7-64,11: „Die Texte 63,7-66,24 sind nach der für Gott verwendeten Doppelmetapher *Vater – Mutter* geordnet. ... Die hervorgehobene Anrede JHWHs als *unser Vater* hat ihre Entsprechung in dem direkten Vergleich JHWHs mit der *Mutter* in 66,13."

In allen drei Texten Jes 1,2-4, Jes 46,3.4 und Jes 66,10-13 wird JHWH als (mütterlicher) Elternteil beschrieben, der Kinder großzieht oder trägt. Weitere Belegstellen finden sich, so dass sich folgende Übersicht ergibt:

- Gott zieht Kinder groß in Jes 1,2-4, Hos 11,1-4.
- Gott trägt Kinder in Jes 46,3.4, Jes 63,9, Jes 66,12, Num 11,12, Dtn 1,30.31.[76]

Hochheben und Tragen erscheinen als wesentliche und zentrale Motive, die allein oder zusammen mit anderen Tätigkeiten[77] das Großziehen von Kindern durch JHWH beschreiben und bezeichnen.[78] *GDL-D* meint dabei die konkrete Versorgung eines kleinen Kindes als Folgetätigkeit des Gebärens, die in der Regel von einer weiblichen Gestalt ausgeübt wird.[79] *YSR* in Sinne von Erziehung ist dagegen mit *GDL-D* primär nicht verbunden.[80]

---

[76] R. SCORALICK 2002, 52.126f., zeigt, dass die Elternrolle Gottes im Pentateuch nicht nur an den Adjektiven *raḥūm* und *ḥanūn*, sondern wesentlich auch am Verb *NŚʾ* hängt. Neben den oben genannten Texten sind deshalb zu ergänzen: Ex 19,4 und Dtn 32,11, wo JHWH als elterlicher Geier erscheint und Num 14,19, wo bewusst die Doppeldeutigkeit von *NŚʾ* als „hochheben“ und „vergeben“ für die Gott-Rede verwendet ist. A. BÖCKLER 2000, 350, deutet *NŚʾ* in Dtn 1,30.31 dagegen nicht als Bild, sondern als „Verantwortung tragen für jmd.“

[77] Hos 11,1-4; Jes 66,10-13; Num 11,12.

[78] Narrative Texte erwähnen das Tragen eines Kindes mit Ausnahme des syntaktisch schwierigen Gen 21,14 nicht. Eine deutliche Vorstellung davon, wie das Tragen von Kindern in altorientalischer Zeit geschah, geben aber die neuassyrischen Palastreliefs der Deportationszüge. (vgl. die Interpretation von I. SCHWYN 2000). Das Großziehen von Kindern (*GDL-D, RūM, RBY-H*) ist auch Thema in prophetischen Texten, wo eine Stadt, v.a. Zion als Mutter ihrer Bewohner/innen erscheint: Jes 23,4; Jes 49,21-23; Jes 51,18; Klgl 2,22. Besonders interessant ist Jes 49,21-23, wo *NŚʾ* eng mit dem Großziehen von Kindern verbunden ist und zugleich die Rückkehr aus dem Exil anklingen lässt (vgl. auch Jes 60,4).

[79] Vgl. R. KESSLER 1997, 134-139. Die Aufgabe des Tragens und des Großziehens fällt also in der Regel der Mutter zu oder wird von einer Amme übernommen. Wenn 2 Kön 10,6, Num 11,12, Jes 49,23 männliche Personen nennen, so ist entweder nicht das Großziehen von Kleinkindern im Blick wie in 2 Kön 10,6, oder es ist mit einer kontextbedingten Wahl des männlichen Geschlechtes zu rechnen. Bevor an allen Stellen, wo Gott als Großziehender und Tragender erscheint, beide Geschlechter „mitgelesen“ werden, wie dies H.-W. JÜNGLING 1994, 382, vorschlägt, wäre der sprachliche Umgang mit der Integration von weiblichen Rollenstereotypen im Gottesbild noch näher zu prüfen.

[80] Dass das Erziehungsmotiv mit der Elternrolle Gottes verknüpft ist, ist damit unbestritten. Wir finden es etwa auch in Jer 3,4 und Jer 31,18, allerdings in sehr verschiedenen Ausformung; vgl. etwa auch Dtn 8,5. An diesen Stellen ist allerdings nicht vom Großziehen kleiner Kinder die Rede.

In allen drei Texten Jes 1,2-4, Jes 46,3.4 und Jes 66,10-13 ist die Vorstellung der Versorgung durch die Gottheit für die Beziehung JHWH-Israel nicht geschichtlich aufgelöst. Sie verbleibt in der Urzeit, Frühzeit, Vorzeit, „Neuen Zeit". Die so deutlich werdende Fürsorge scheint nämlich grundsätzlich die Funktion zu haben, das (Ur-)Vertrauen in die Gottheit zu festigen bzw. zu begründen.[81]

Die alttestamentlichen Texte, die von einem elterlichen, versorgenden Gott sprechen, stehen in der altorientalischen Religionsgeschichte nicht isoliert, sondern greifen Vorstellungen auf, die auch für andere Gottheiten belegt sind. Die Vorstellung der großziehenden, das Kind tragenden Gottheit findet sich sowohl auf den König bezogen als auch in der persönlichen Frömmigkeit. Dabei sind außerhalb des Alten Testaments mit Versorgen, Großziehen und Tragen des Königs, bzw. des einzelnen Menschen ausschließlich Göttinnen betraut. Die hier vorgestellten Texte zeigen aber, dass es möglich ist, die ursprünglich mit Göttinnen verknüpften Funktionen in der Rede von JHWH zu integrieren. Im fließenden Übergang ergänzen sich in Jes 66,7-13 etwa die Vorstellung einer mütterlichen Göttin, einer Helferin bei der Geburt und einer Amme zu einem weiblich-göttlichen Motivkomplex für JHWH.

Als Beispiel aus der Religionsgeschichte sei für die Königsideologie auf die neuassyrische Prophetie verwiesen,[82] in der die Vorstellung einer Göttin als Mutter und / oder Amme des Königs breit belegt ist. Regelmäßig erscheinen Ischtar von Arbela und Mullissu in dieser Funktion.[83] Die Texte dienen der Legitimierung und Garantierung der Herrschaft des jeweiligen Königs, sprechen also in eine Zeit hinein, in der die Herrschaft gefährdet ist. M. NISSINEN nennt folgende Parallelen zu Hos 11,1-4* – wir könnten ergänzen, nicht nur zu Hos 11,1-4*, sondern auch zu anderen Texten: „1) die göttliche Liebe zu einem Kind, 2) seine Benennung als Sohn Gottes, 3) die Fütterung des Kindes, 4) das Großziehen des Kindes, 5) das Tragen des Kindes auf den Armen."[84] Da darüber hinaus für das Mutter- bzw. Ammen-Motiv sowohl in

---

[81] In der Anklage Jes 1,2-4 freilich nur indirekt.

[82] Vgl. M. WEIPPERT 1985, 55-93, und M. NISSINEN 1991, 280-292.

[83] Als Beispiel sei zitiert: NAP 7: 20-25: (Du,) dessen Mutter Mullissu ist, fürchte dich nicht! (Du,), dessen Amme die Herrin von Arbela ist, fürchte dich nicht! Wie eine Amme nehme ich dich auf den Schoß, als einen Granatapfel(?) setze ich dich zwischen meine Brüste. Des nachts wache ich und beschütze dich/ jeden Tag gebe ich dir Milch, morgens .../ Du, fürchte dich nicht, mein Kalb, das ich aufziehe! (Übersetzung nach M. NISSINEN 1991, 287).

[84] M. NISSINEN 1991, 290.

Ägypten als auch in Ugarit ikonographische sowie textliche Belege vorhanden sind,[85] kann man wohl von einer gemeinaltorientalischen religiösen Konstellation sprechen.

Als Beispiel dafür, dass auch in der persönlichen Frömmigkeit die Vorstellung des Großziehens durch eine Gottheit vertraut ist, sei auf (auch) in Palästina gefundenen Göttinnen-Figurinen mit erhobenen Brüsten oder die Darstellungen einer thronenden und stillenden Göttin mit Kind auf dem Arm verwiesen.[86] Auch die mit *ʿMS* gebildeten Eigennamen, der Name *Giddil* sowie die Beschreibung JHWHs als Helfer/in nach der Geburt in Ps 22,10 und Ps 71,6 belegen die Vorstellung der Versorgung durch die persönliche Gottheit.[87]

2.4.3 Zu den „widerspenstigen Kindern"

Die Vorstellung von JHWH als versorgender Elternteil ist in Jes 1,2-4 mit der „Widerspenstigkeit" der Kinder kontrastiert. Zu dieser Aussage sei deshalb noch einiges angemerkt.

In der Forschung wird häufig zwischen dem Motiv der Vaterschaft JHWHs und dem der Sohnschaft Israels unterschieden, wobei die Sohnschaft v.a. mit Gehorsam konnotiert sei. Gerne würden die Propheten in ihren Anklagen den Abfall von JHWH als „Ungehorsam der Söhne" verdeutlichen.[88] Eine solche Trennung der Beziehungsmetaphern Vater / Mutter – Kind scheint mir aber nicht überzeugend. Für die „Widerspenstigkeit der Kinder" zeigt sich zudem keine einheitliche auf das Bild der Kinder abgestimmte Terminologie.[89] Die entsprechenden Lexeme werden vielmehr auch dort für den Abfall von JHWH verwendet, wo Israel nicht als Kind gezeichnet ist. Dass vom ungehorsamen Israel als Kind gesprochen wird, kann vielmehr in den meisten Fällen als Fortführung der Familien-Bildwelt erklärt werden, die an den entsprechenden Textstellen entfaltet ist.[90]

---

[85] Vgl. U. WINTER 1983, 389.

[86] Vgl. etwa O. KEEL / C. UEHLINGER 1992, Abb. 103; Abb. 326; Abb. 327b; Abb. 328.

[87] Vgl. R. ALBERTZ 1974, 34f.

[88] Vgl. z.B. A. BÖCKLER 2000, 379.

[89] Jes 1,2: *PŠʿ* sich auflehnen; Jes 63,10: *MRY*, widerspenstig sein, *ʿṢB* kränken; Jer 31,18: *lōʾ LMD-Gp* unbelehrbar sein; Jes 30,1.9: *SRR* störrisch sein. In Hos 11 und Jer 2.3* wird der Abfall von JHWH ohne Verwendung von Eltern-Kind-Metaphorik beschrieben.

[90] Vgl. Jes 1,2; Jes 63,10; Jer 31,18; Dtn 32,5.6.18.19. Nur in Jes 30,1.9 und Jer 4,22 ist keine Eltern-Kind-Metaphorik vorhanden.

Die Rede von der Widerspenstigkeit oder dem Ungehorsam der Kinder besitzt jedenfalls keine mythischen Hintergründe. Es sind aber Anklänge an das weisheitliche Ideal der Erziehung (eines ungelehrigen Kindes etwa durch Züchtigung) vorhanden.[91] Deshalb ist es erklärlich, dass etwa in Jer 3,4 oder Jer 31,18 die Vorstellung von JHWH als Erzieher aufscheint.[92]

3. Fragen und Antworten

Stellen wir nun abschließend nochmals die Fragen, mit denen wir begonnen haben, und schauen wir zusammenfassend, welche Antworten sich in den Texten fanden.

1. Welche Aspekte benennt die Eltern-Kind-Beziehung als kreatürliche und verwandtschaftliche Vorstellung, wenn sie die Beziehung JHWH-Israel beschreibt?
2. Wird bei der Rede von der Elternschaft JHWHs bzw. der Sohnschaft des Volkes Bezug genommen auf geschichtliche Traditionen oder Erfahrungen Israels mit JHWH?
3. Welche mythischen Wurzeln hat die Eltern-Kind-Vorstellung, die wir in den prophetischen Texten für die Beziehung JHWH-Israel verwendet finden?

3.1 Zu den Aspekten und zum Geschichtsbezug

In den behandelten prophetischen Texten umfasst das Bild der Elternschaft Gottes vor allem zwei Aspekte: 1. die (anfängliche) Versorgung durch die Gottheit und 2. die Barmherzigkeit und Güte der Gottheit. Interessanterweise stellt R. SCORALICK für die Elternrolle Gottes im Pentateuch auch genau diese beiden Aspekte heraus.[93] Der Tatbestand des Abfalls von JHWH, der in der Klage und Anklage, im Schuldvorwurf und Schuldbekenntnis ebenfalls aufscheint, wird teilweise als „Widerspenstigkeit bzw. Ungehorsam der Kinder“ aufgegriffen.

Nicht alle behandelten Texten enthalten aber diese drei Aspekte Versorgung, Widerspenstigkeit und Barmherzigkeit. Welche Aspekte im Einzeltext betont sind, hängt vielmehr an der jeweiligen Aussageabsicht. Darüber hinaus unterscheiden sich die Texte auch

---

[91] Z.B. Spr 15,5; Spr 22,15; Spr 23,13f.; Spr 29,15.

[92] Vgl. auch Dtn 21,18-21, das dargelegt, wie Eltern mit ihrem widerspenstigen und störrischen Sohn umgehen sollen.

[93] R. SCORALICK 2002, 121-127.

in ihren Bezugnahmen auf Geschichtstraditionen und in ihren Zeithorizonten. In Jes 1,2-4 finden sich keine zeitlichen oder geschichtlichen Bezüge, wenn in der Klage bzw. Anklage Gottes seine elterliche Versorgung mit der Auflehnung der Kinder kontrastiert wird. Ganz ähnlich ist der Rückblick Jes 63,8-10 gestaltet. Dort geschieht JHWHs umfassende elterliche Fürsorge, die als Grundlegung der Beziehung JHWH-Israel erscheint, in den Tagen der Vorzeit, ohne dass Bezugnahmen auf Geschichtstraditionen, etwa auf die Exodustradition, greifbar wären. In Jes 46,3.4 dagegen erfolgt die Fürsorge Gottes nicht in einer Zeit vor dem Abfall, in einer Vorzeit. Sie ist vielmehr als immerwährend und auf die aktuelle Situation bezogen gedacht, wenn JHWH Israel vom Mutterleib an bis ins hohe Alter trägt. Das Heilswort Jes 46,3.4 verwendet ausschließlich die Vorstellung des elterlichen Tragens, um Gottes Hilfe und Zuwendung zuzusichern. In Jes 66,7-13 lassen die Bilder von Geburt, Stillen und Tragen die Vorstellung von einer „Neue Schöpfung“ entstehen. Die (mütterliche) Fürsorge besitzt hier eine eschatologische Orientierung und nimmt deshalb auch nicht auf zurückliegende geschichtliche „Ereignisse“ Bezug. Es fällt auf, dass die Versorgung durch die Gottheit in diesen vier Texten auf drei völlig verschiedene Zeithorizonte bezogen ist. In Jes 63,8 und Jes 1,2-4 geschieht die Fürsorge in einer unbestimmten Vorzeit, in Jes 46,3.4 dagegen in der gegenwärtige Situation und in Jes 66,12 in einer „Neuen Zukunft“. In allen vier Texten ist die Vorstellung der Versorgung durch die Gottheit dabei nicht mit einem „geschichtlichen Ereignis“ in der Beziehung JHWH-Israel verknüpft.

Jer 31,18-20 thematisiert die Aspekte der Widerspenstigkeit sowie der Barmherzigkeit und der Güte. An Stelle des Versorgungsmotives finden wir hier allerdings ein Erziehungsmotiv. Aber auch dieser Text besitzt keine Bezugnahmen auf „geschichtliche Ereignisse“, sondern bleibt sowohl beim Schuldbekenntnis des Sohnes Efraim als auch in der erneuten Zuwendung JHWHs im Bild der Familie.

Jer 2.3* enthält alle drei Aspekte, Versorgung, Widerspenstigkeit sowie Barmherzigkeit und Güte. Jer 2.3* nimmt dabei deutlich auf Geschichtstraditionen Bezug. JHWH ist der Vater (und Erzieher) Israels seit der Wüstenzeit und durch die Landgabe. Der Abfall Israels von JHWH, der in den anklagenden Passagen in Jer 2.3* breit entfaltet ist, besteht in der Hinwendung zu anderen fremden Gottheiten. In Jer 2,26.27 ist dieser Vorwurf auch mit Hilfe der Eltern-Kind-Vorstellung formuliert, wenn der Vorwurf lautet, Israel rufe andere Gottheiten als Vater oder Mutter an.

Zentrale Aussage in Jer 2.3* ist nun, dass JHWHs Vaterschaft sich insbesondere in seiner Güte erweist, denn nur sie ermöglicht eine erneute Beziehung zu JHWH.

Jes 63,7-64,11, ein Text, der, wie bereits ausgeführt, in Jes 63,8-10 ebenfalls von Versorgung und Widerspenstigkeit spricht, betont nun in seinem Bittteil, der auf eine erneute Beziehung zu JHWH abzielt, nicht die Barmherzigkeit JHWHs, sondern seine Schöpfungsmächtigkeit. JHWH ist als der Vater Israels dessen souveräner Schöpfer. In seinem Schöpfertum wird der Urgrund für die erneute Rettung Israels gesehen.

Das Vaterbild in Jer 31,7-9, dem letzten behandelten Text, lässt sich dagegen nicht mit dem Schema Versorgung – Widerspenstigkeit – Barmherzigkeit erklären. Jer 31,7-9 betont vielmehr die Aspekte der Erwählung und Legitimierung, wie sie auch bei der Sohnschaft des Königs wichtig sind.

3.2 Zu den Wurzeln

Bildebene – Sachebene	Mythische Hintergründe
Elterliche Versorgung von Kindern[94] – Erfahrung der Präsenz JHWHs	- Gott der persönlichen Frömmigkeit - Muttergottheit, göttliche Amme: z.B. Athirat und Anat in Ugarit, Ischtar und Mullissu in Assyrien, Isis und Hathor in Ägypten.
Barmherzigkeit, Erbarmen, Güte – erneute Beziehung zu JHWH	- Gott der persönlichen Frömmigkeit - El in Ugarit, bei den Aramäern - Athirat in Ugarit
Vater und Töpfer – Gott als Schöpfer	Schöpfergottheit als Töpfer: z.B. El in Ugarit, Chnum und Ptah in Ägypten
Vaterschaft – Erwählung und Legitimierung	- Vorstellung der Zeugung des Königs durch eine männliche Gottheit: z.B. Amun-Re in Ägypten, El in Ugarit
Widerspenstige und ungehorsame Kinder – Abfall von JHWH	- kein mythischer Hintergrund, - Fortführung der Familien-Bildwelt, - sozialweltliche Metapher

Wenn die prophetischen Texte mit dem Bild der Elternschaft häufig die Aspekte Versorgung und Erbarmen hervorheben, wird

94 Die Vorstellung der göttlichen Versorgung kann dabei auch mit Erziehung verknüpft sein, wobei Erziehung in den alttestamentlichen Texten nicht notwendigerweise mit einer Eltern-Kind-Vorstellung verbunden sein muss.

die Elternschaft JHWHs als engstes Verwandtschaftsverhältnis verstanden, das für das Kind Fürsorge, Schutz und Erbarmen bedeutet. Es ist als ein inniges Vertrauensverhältnis beschrieben, in der die Gottheit Verantwortung übernimmt, das Kind versorgt und eine emotionale Bindung zum Kind besitzt. Als religionsgeschichtliche Wurzel der Rede von JHWH als Elternteil, Vater und / oder Mutter ist m.E. deshalb in erster Linie auf die persönliche bzw. Familienfrömmigkeit zu verweisen. Darin unterscheidet sich das Alte Testament nicht von seiner altorientalischen Umwelt. Die Fürsorge und Empathie der persönlichen Gottheit begleiten das Kind seit seiner Geburt.

Eine letzte abschließende Bemerkung sei gemacht: Dieser Textdurchgang hat auch gezeigt, dass Elternmetaphorik für JHWH weit häufiger im Alten Testament vorhanden ist, als gemeinhin angenommen wird, wenn man sich bei der Suche nicht auf die Worte Vater und Mutter beschränkt. Damit ist auch das Urteil zu revidieren, dass diese Metaphorik im Alten Testament nur ein Randdasein führt.

Abstract

In every religion and in the Ancient Near Eastern religions as well we find father-gods and mother-goddesses in different contexts, in relation to different objects and with different connotations. This paper examines the idea of god as father and mother of the son Israel in the prophetic corpus from the point of view of the following questions: Which aspects of the relation JHWH - Israel are described by a parent-child-relation? Which (historical) traditions of Israel are mentioned as well? Which mythical sources are detectable in the prophetic texts? While Isa 63:15-64:11 is dominated by the idea of god as potter and sovereign creator and Jer 31:7-9 legitimates Efraim by calling god father and Efraim his first-born, the other texts Jer 2; 3*; Isa 63:8-10; Jer 31:18-20; Isa 1:2-4; Isa 46:3,4 and Isa 66:10-13 emphasize god's providing for and mercy upon his child. Therefore these texts are mostly based on conceptions of god in family religion which exist not only in Israel but also in the Ancient Near Eastern cultures.

Literatur

ASSMANN, J. 1976: Das Bild des Vaters im Alten Ägypten, in: TELLENBACH, H. (Hrsg.), Das Vaterbild in Mythos und Geschichte, Stuttgart 1976, 12-49.

-- 1982a: Die Zeugung des Sohnes. Bild, Spiel, Erzählung und das Problem des ägyptischen Mythos, in: ASSMANN J. / BURKERT W. / STOLZ F., Funktionen und Leistungen des Mythos. Drei altorientalische Beispiele: OBO 48, Freiburg (Schweiz) / Göttingen 1982, 13-61.

-- 1982b: Art. Muttergöttin, in: Lexikon der Ägyptologie Bd. IV, Wiesbaden 1982, 266-271.

ALBERTZ, R. 1974: Weltschöpfung und Menschenschöpfung. Untersucht bei Deuterojesaja, Hiob und in den Psalmen: CThM 3, Stuttgart 1974.

-- 1978: Persönliche Frömmigkeit und offizielle Religion. Religionsinterner Pluralismus in Israel und Babylon: CThM 9, Stuttgart 1978.

-- 1992: Religionsgeschichte Israels in alttestamentlicher Zeit: GAT 8/1.2, Göttingen 1992.

-- 2001: Die Exilszeit. 6. Jahrhundert v. Chr.: Biblische Enzyklopädie 7, Stuttgart 2001.

BERGES, U. 1998: Das Buch Jesaja. Komposition und Endgestalt: HBS 16, Freiburg i.Br. u.a. 1998.

BIDDLE, M. 1990: A Redaction History of Jeremiah 2:1-4:2: AThANT 77, Zürich 1990.

BÖCKLER, A. 2000: Gott als Vater im Alten Testament. Traditionsgeschichtliche Untersuchungen zur Entstehung und Entwicklung eines Gottesbildes, Gütersloh 2000.

BÖHLER, D. 1995: Geschlechterdifferenz und Landbesitz. Strukturuntersuchungen zu Jer 2,2-4,2, in: GROß, W. (Hrsg.), Jeremia und die „deuteronomistische Bewegung“: BBB 98, Weinheim 1995, 91-127.

BOZAK, B. 1991: Life „Anew“. A Literary-Theological Study of Jer 30-31: Analecta Biblica 122, Rom 1991.

CARROLL, R. 1986: Jeremiah. A Commentary, London 1986.

DIJK, J. VAN 1995: Myth and Mythmaking in Ancient Egypt, in: SASSON J.M. (Hrsg.), Civilization of the Ancient Near East Vol. III, New York 1995, 1697-1709.

FISCHER, G. 1993: Das Trostbüchlein. Text, Komposition und Theologie von Jer 30-31: SBB 26, Stuttgart 1993.

FISCHER, I. 1989: Wo ist Jahwe? Das Volksklagelied Jes 63,7-64,11 als Ausdruck des Ringens um eine gebrochene Beziehung: SBB 19, Stuttgart 1989.

-- 1998: Das Buch Jesaja. Das Buch der weiblichen Metaphern, in: SCHOTTROFF L. / WACKER M.-Th. (Hrsg.), Kompendium Feministische Bibelauslegung, Gütersloh 1998.[2]1999, 246-257.

FRANTZ-SZABÒ, G. 1993-1997, Muttergöttin A. I. In Mesopotamien, in: RLA, Berlin 1993-1997, 502-519.

FREVEL, C. 1995: Aschera und der Ausschließlichkeitsanspruch YHWHs: BBB 94/1.2, Weinheim 1995.
GOLDENSTEIN, J. 2001: Das Gebet der Gottesknechte. Jesaja 63,7-64,11 im Jesajabuch: WMANT 92, Neukirchen-Vluyn 2001.
HÄUSL, M. 2003: Bilder der Not. Weiblichkeits- und Geschlechtermetaphorik im Buch Jeremia: HBS 37, Freiburg i.Br. u.a. 2003.
JÜNGLING, H.-W. 1994: „Was anders ist Gott für den Menschen, wenn nicht Vater und Mutter?" Zu einer Doppelmetapher in der religiösen Sprache, in: DIETRICH W. / KLOPFENSTEIN, M.A. (Hrsg.), Ein Gott allein? JHWH-Verehrung und biblischer Monotheismus im Kontext der israelitischen und altorientalischen Religionsgeschichte: OBO 139, Freiburg (Schweiz) / Göttingen 1994, 365-386.
KEEL, O. / UEHLINGER, C. 1992: Göttinnen, Götter und Gottessymbole. Neue Erkenntnisse zur Religionsgeschichte Kanaans und Israels aufgrund bislang unerschlossener ikonographischer Quellen: QD 134, Freiburg i.Br. u.a. 1992.^{5}2001.
KEEL, O. / SCHROER, S. 2002: Schöpfung. Biblische Theologien im Kontext altorientalischer Religionen, Göttingen 2002.
KESSLER, R. 1997: „Söhne habe ich großgezogen und emporgebracht ..." Gott als Mutter in Jes 1,2, in: ders. (Hrsg.), „Ihr Völker alle, klatscht in die Hände", FS für E. GERSTENBERGER zum 65. Geburtstag, Münster 1997, 143-147.
KORPEL, M.Ch.A. 1990: A Rift in The Clouds. Ugaritic and Hebrew Descriptions of the Divine: UBL 8, Münster 1990.
KRATZ, R. / SPIEKERMANN, H. 1999: Art. Schöpfer / Schöpfung II, Altes Testament: TRE 30 (1999) 258-283.
LEITZ, C. (Hrsg.) 2002a.b: Lexikon der ägyptischen Götter und Götterbezeichnungen 1-7: OLA 110-116, Leuven 2002, hier OLA 110: 2002a und OLA 112: 2002b.
NISSINEN, M. 1991: Prophetie, Redaktion und Fortschreibung im Hoseabuch. Studien zum Werdegang eines Prophetenbuches im Lichte von Hos 4 und 11: AOAT 231, Neukirchen-Vluyn 1991.
OLYAN, S.M. 1987: The Cultic Confessions of Jer 2,27a: ZAW 99 (1987) 254-259.
OORSCHOT, J. VAN 2002: „Höre Israel ...!" (Dtn 6,4f.) Der eine und einzige Gott Israels im Widerstreit, in: KREBERNIK M. / OORSCHOT J. VAN (Hrsg.), Polytheismus und Monotheismus in den Religionen des Vorderen Orients: AOAT 298, Münster 2002, 113-135.
PAAS, S. 2003: Creation and Judgement. Creation Texts in Some Eighth Century Prophets: OTS 47, Leiden 2003.
PERLITT, L. 1976: Der Vater im Alten Testament, in: TELLENBACH H. (Hrsg.), Das Vaterbild in Mythos und Geschichte, Stuttgart 1976, 50-101.
RICHTER, W. 1997: Biblia Hebraica transcripta, Release 4, BH^{t}-Software, München 1997.

RO, J.U.-S. 2002: Die sogenannte „Armenfrömmigkeit" im nachexilischen Israel: BZAW 322, Berlin 2002.
RÖMER, W.H.Ph., Übersetzung des „Prologs des Streitgespräches zwischen Holz und Rohr": TUAT III (1997) 237-360.
SCHENKER, A. 1991: Gott als Vater – Söhne Gottes. Ein vernachlässigter Aspekt einer biblischen Metapher: FZPhTh 25 (1978) 3-55, zitiert nach ders., Text und Sinn im Alten Testament. Textgeschichtliche und bibeltheologische Studien: OBO 103, Freiburg (Schweiz) / Göttingen 1991, 1-53.
SCHMID, K. 1996: Buchgestalten des Jeremiabuches. Untersuchungen zur Redaktions- und Rezeptionsgeschichte von Jer 30-33 im Kontext des Buches: WMANT 72, Neukirchen-Vluyn 1996.
SCHMITT, J. 1985: The Motherhood of God and Zion as Mother: RB 92 (1985) 557-569.
SCHWYN, I. 2000: Kinderbetreuung im 9. – 7. Jahrhundert. Eine Untersuchung anhand der Darstellungen auf neuassyrischen Reliefs, in: lectio difficilior 1/2000 (www.lectio.unibe.ch).
SCORALICK, R. 2002: Gottes Güte und Gottes Zorn. Die Gottesprädikationen in Exodus 34,6f und ihre intertextuellen Beziehungen zum Zwölfprophetenbuch: HBS 33, Freiburg i.Br. u.a. 2002.
SEIFERT, E. 1997: Tochter und Vater im Alten Testament. Eine ideologiekritische Untersuchung zur Verfügungsgewalt von Vätern über ihre Töchter: Neukirchner Theologische Dissertationen und Habilitationen 9, Neukirchen 1997.
SEYBOLD, K. 1993: Der Prophet Jeremia. Leben und Werk, Stuttgart 1993.
STENDEBACH, F. 1983: Vater und Mutter. Aspekte der Gottesvorstellung im alten Israel und ihre anthropologische wie soziologische Relevanz, in: KATH. BIBELWERK (Hrsg.), Dynamik im Wort, Stuttgart 1983, 147-162.
TRIBLE, P. 1976: The Gift of a Poem. A Rhetorical Study of Jeremiah 31:15-22: Andover Newton Quarterly 17 (1976) 271-280.
VANONI, G. 1995: „Du bist doch unser Vater" (Jes 63,16). Zur Gottesvorstellung des Ersten Testaments: SBS 159, Stuttgart 1995.
VORLÄNDER, H. 1975: Mein Gott. Die Vorstellungen vom persönlichen Gott im Alten Orient und im Alten Testament: AOAT 23, Kevelaer / Neukirchen-Vluyn 1975.
WACKER, M.-Th. 1996: Figurationen des Weiblichen im Hosea-Buch: HBS 8, Freiburg i.Br. u.a. 1996.
WEIPPERT, M. 1985: Die Bildsprache der neuassyrischen Prophetie, in: WEIPPERT H. / SEYBOLD K. / WEIPPERT M. (Hrsg.), Beiträge zur prophetischen Bildsprache in Israel und Assyrien: OBO 64, Freiburg (Schweiz) / Göttingen 1985, 55-93.
WINTER, U. 1983: Frau und Göttin: Exegetische und ikonographische Studien zum weiblichen Gottesbild im Alten Israel und in dessen Umwelt: OBO 53, Freiburg (Schweiz) / Göttingen 1983.²1987.

Beobachtungen zur Aktualisierung und Transformation von Totenweltmythologie im alten Israel

Von der Grabbeigabe bis zur Rezeption ägyptischer Jenseitsbilder in Mal 3,20

Silvia Schroer
Bern

Dem folgenden Beitrag liegen mehrere Prämissen zugrunde, die hier vorab formuliert sein sollen, da gerade diese übergreifenden Fragestellungen in den Fachdiskussionen der Freiburger Tagung den roten Faden darstellten.

1. Über die alttestamentliche Art der Aktualisierung oder Transformation mythischer Stoffe können wir nur überprüfbare Aussagen machen, wenn wir angeben, wie wir einen Mythos, das Mythische, eine Metapher usw. definieren. Die wissenschaftlichen Diskurse über diese Fragen lassen bis dato den interdisziplinären Austausch vermissen. R. ZIMMERMANN (2001, bes. 35-54) beklagt die ignorante Koexistenz der Diskurse in den verschiedenen Fachdisziplinen. Im vorliegenden Beitrag gehe ich im Anschluss an die Arbeit von O. KEEL und der Freiburger Schule sowie im Anschluss an R. ZIMMERMANN davon aus, dass der Mythos die Tiefenstruktur der Auffassung von Welt und Menschsein in der Welt ausmacht, und dass diese Vorstellungen sich dann gleichermaßen in Bildern wie Erzählungen und darüber hinaus in Texten vieler Gattungen als Textbilder, Bildfelder und Metaphern entfalten.[1]

2. Rezeption, Aktualisierung und Transformation mythischer Stoffe gab es, wie Chr. UEHLINGER betont,[2] nicht erst oder nur im alten Israel. J. GOODNICK WESTENHOLZ (1996) hat beispielsweise die gut vergleichbaren Prozesse, die sich im Umgang mit mythischem Material von der sumerischen hin zur akkadischen Erzählliteratur abspielten, ähnlich beschrieben und zu ordnen versucht, wie wir es im Blick auf biblische Texte tun. Auch sie postuliert

1 Vgl. zu diesem Ansatz J. ASSMANN / W. BURKERT / F. STOLZ 1982.
2 In seinem Referat im Rahmen der AGAT-Tagung 2003 (nicht veröffentlicht).

eine mythische Matrix, die der sumerischen Symbolsprache wie auch den Bildern, Vergleichen, Metaphern der akkadischen Erzählliteratur zugrunde liegt (1996, 194). Wir können davon ausgehen, dass Israel wie seine Nachbarn aus einem großen Pool mythischer Vorstellungen schöpfte. Besonders interessant ist im Blick auf Rezeptionsvorgänge die Tatsache, dass bestimmtes mythisches Material häufig und anderes ganz selten abgerufen wird. „Schöpfung als Handwerk“ und „Schöpfung als Kampf“ sind beispielsweise im Ersten Testament sehr dominante Schöpfungsmodelle. Fast gar nicht sind hingegen biologistische Vorstellungen von der Entstehung der Welt anzutreffen. Die Rezeption und Entwicklung von mythischen Konzeptionen, die im kulturellen Gesamtpool greifbar und wahrscheinlich bekannt waren, ist also wählerisch. Auch der Verzicht oder das Desinteresse hat eine Bedeutung.

3. Wenn wir eine Skala von unreflektiert-selbstverständlicher Aktualisierung mythischer Vorstellungen bis hin zu höchstreflexivem, kritischem oder sogar bewusst literarischem Umgang mit mythischem Material annehmen, stellt sich die Frage, ob es in der Antike das für uns Heutige vorstellbare Extrem geben konnte, dass ein mythisches Bild oder eine Metapher als rein literarisches Stilmittel, als pures Vehikel eines abstrakteren Gedankens also, oder als bloßes Zitat verwendet wurde. Es deutet vieles darauf hin, dass diese Annahme anachronistisch ist[3] und nur deshalb so beliebt, weil sie theologisch gebraucht wird. Forschungsgeschichtlich treiben wir immer noch im Kielwasser der dialektischen Theologie, der das Beweisen der Einzigartigkeit Israels, seiner Unterscheidung von den anderen, heidnischen Kulturen, ein ganz zentrales Anliegen war. Dazu war es notwendig, sich die Verfasser der biblischen Schriften als aufklärerisch Denkende vorzustellen, die alles mythische Material aus der Umwelt bezogen, aus Gründen der besseren Verständlichkeit benutzten, aber zugleich quasi in Anführungszeichen setzten. Im Bereich der Schöpfungstheologie des alten Israel hat diese interessengeleitete Lektüre der biblischen Texte zu vielen Fehlurteilen geführt. Gerade die Schöpfungsvorstellungen Israels zeigen jedoch, wie kreativ Mythisches angewandt, aktualisiert oder umgeformt wurde.[4]

---

[3] Diese Sicht der Dinge ist von der Diskussion der modernen Literatur geprägt. Im Alten Orient sind hingegen die Grenzen zwischen Konkretum und Abstraktum, zwischen Mythischem und im weiteren Sinn Bildhaftem fließend. Sogar wenn ein Stilmittel wie die Personifikation eingesetzt wird, ist ein mythologischer Untergrund erkennbar, wie bei der Chokmah und beim Tod.

[4] O. KEEL / S. SCHROER 2002. Das Buch zeigt auf, dass die Schöpfung in der Vorstellung der IsraelitInnen trotz der in den biblischen Texten dominanten

Ein weiterer Bereich, in dem die Exegese sich gern auf die mythoskritischen oder vermeintlich aufklärerischen Züge der biblischen Botschaft konzentriert hat, ist der Umgang mit dem Tod. Es besteht ein sehr weitgehender Konsens über Israels Zurückhaltung gegenüber mythischen Vorstellungen in diesem Bereich: Scheol gehört nicht zum Zuständigkeitsbereich des Gottes Israels,[5] der als Gott der Lebenden angerufen wird und dem nur lebendige VerehrerInnen dienlich sind, weshalb sie ihn als Retter vor dem Tod in Pflicht nehmen. Frömmigkeit und Religion hören an der Grenze zum Tod anscheinend auf. Erst spät und vorsichtig durchbricht die Hoffnung auf Gerechtigkeit und Gottes Treue, die diese Gerechtigkeit auch nach dem individuellen Tod wiederherzustellen vermag, die radikale Todesgrenze (K. BIEBERSTEIN 1998).

Religionsgeschichtlich gesehen bringt JHWH tatsächlich gar keine chtonischen Aspekte mit. Auch die Höhlen, die in der Realität der judäischen Lebenswelt so oft Schutz und Zuflucht boten, werden in Bild oder Kultarchitektur nie mit dem Gott Israels verbunden, wie es bei vielen ägyptischen Gottheiten der Fall ist (O. KEEL / S. SCHROER 2002, 58). Trotzdem war der Umgang mit dem Tod in Israel nicht total entmythisiert oder gar ein außergött-

---

Gegenüberstellung eines souveränen Schöpfergottes einerseits und der geschaffenen Welt andererseits nicht ganz entgöttlicht war. Sie behielt ihre Numinosität in erstaunlichem Ausmaß. Auf Schritt und Tritt finden sich mythische Denkweisen, findet sich Bekanntes, Verwandtes sowohl der ägyptischen wie der mesopotamischen Weltbilder, wobei allerdings selten größere literarische Komplexe, wie z.B. ein ägyptischer Sonnenhymnus in Ps 104, transferiert werden, sondern viel häufiger nach dem Prinzip des *pars pro toto* mit einem Stichwort, einem Bild ein größerer Zusammenhang angeschlagen wird, ohne dass alle auf diese Weise evozierten Vorstellungen in ein einziges, kohärentes Modell eingefügt werden können. Die numinose Qualität der Schöpfung und ihre von mythischen Vorstellungen geprägte Erfahrungsweise mag in unseren Augen in Spannung zu Gen 1 und anderen Texten stehen, wo Gott in seiner Schöpfersouveränität Sonne und Mond zu profanen Himmelskörpern mit reiner Zeichenfunktion degradiert. Gen 1 ist aber, obwohl wir das gern in den Text hineinlesen, kein aufklärender entmythologisierender Text. Er eliminiert nur durch die konsequente Option für ein bestimmtes mythisches Modell, nämlich Gott als einzige Quelle der Schöpfung, die Inkohärenzen der verschiedenen Modelle. Es gab Gruppen in Israel, die die Entwicklung hin zum Monotheismus mit theologischen Systematisierungen unterstützten, aber das Gros der Texte spiegelt deren rigorose Ansichten nicht.

[5] Nur sehr selten wird gesagt, dass JHWHs Macht sich bis zur Unterwelt erstrecke wie in Dtn 32,22; Ps 139,8, Am 9,2. Die normalerweise geäußerte Position findet sich in Ps 88,11-13; vgl. Jes 38,18.

licher Bereich, wie V. MAAG (1964/1980) postulierte.[6] JHWH mag ursprünglich nicht in der Totenwelt gegenwärtig gewesen sein, er hatte dort keinen Wohnsitz, aber dieser Bereich war deshalb noch längst kein religiöser Leerraum. H. BRUNNER hat in seiner Einleitung zu den ägyptischen Weisheitslehren (1988, 41-45) vermerkt, dass man beim Lesen dieser auf das Leben hin orientierten Literatur schlicht nicht auf die Idee käme, dass die ÄgypterInnen eine ausgeprägte Jenseitsliteratur – ich würde das ausweiten zu Jenseitsvorstellungen – hatten: Fast kein Satz über das Leben nach dem Tod, einzig über die Regelung der Bestattung. Ein literarisches Corpus wirft also möglicherweise ein sehr einseitiges oder beschränktes Licht auf bestimmte Bereiche einer Kultur und ihrer Religiosität. Was man ungeschützt behaupten kann, ist, dass in Israel anders als in Ägypten die ökonomischen Ressourcen und die geistigen Kapazitäten der Kultur offenbar nie auf ein neues Leben nach dem Tod ausgerichtet wurden. Schon in der Frühbronzezeit rezipiert Palästina nach Ausweis der Ikonographie auffälligerweise aus Ägypten zwar die Königsideologie, aber nicht die Bildwelt der Gräber und den Totenkult.[7]

---

6 Zu Sterben – Tod – Totenwelt in Israel gibt es inzwischen eine Fülle von Untersuchungen (vgl. zuletzt die Bibliographie von B. JANOWSKI in Chr. BARTH 1947/1997, 165-177), besonders hingewiesen sei auf die größeren Arbeiten, die sich mit den Todesbildern und ihrer religionsgeschichtlichen Herkunft besonders auseinandersetzen: Chr. BARTH 1947/1997; L. WÄCHTER 1967; O. KEEL [5]2001, 53-97; A. BERLEJUNG 2001. Eine eigentliche Klärung der Bedeutung biblischer Todesbilder zwischen Mythos und Poesie versucht M. KRIEG (1988) unter Zuhilfenahme des Begriffs der Metaphorologie; vgl. zur hermeneutischen Frage schon B.S. CHILDS (1987), der einerseits die Bedeutung des kultischen Sitzes im Leben von biblischen Aussagen über den Tod wieder in den Vordergrund stellen möchte und andererseits die Rezeption bestimmter Aussagen und die Bedeutungsveränderung durch die Rezeption.

7 Im neuesten Buch über die Ägyptenbilder der hebräischen Bibel von R. KESSLER (2002) bekommt man den frappierenden Eindruck, dass das im engeren Sinn religiöse Symbolsystem Ägyptens, Götterwelt und Jenseitsglaube, neben den dominant politischen und weisheitlich-kulturellen Aspekten in den biblischen Texten eine ganz marginale Rolle spielte. R. KESSLER hat dieses merkwürdige Bild kritisch kommentiert (2002, 129ff.). Es sind ihm allerdings wichtige Texte, in welchen das Stichwort Ägypten fehlt, entgangen, wie z.B. Ez 8,7-13. Dennoch sind die biblischen Reflexe auf Ägyptens religiöse Vorstellungen, auch solche polemischer Art, vor der Sapientia Salomonis (1. Jh. v. Chr.) nicht sehr ausgeprägt, vielleicht weil sie nicht als fremd wahrgenommen wurden.

Grabbeigaben sind unverdächtig, nur metaphorisch oder „figurative language" zu sein. Sie spiegeln ziemlich getreulich wieder, was die Verstorbenen oder ihre Angehörigen sich erhofften, zu welchen göttlichen oder anderen Mächten sie Zutrauen hatten. Mehr als eine Stichprobe auf *external evidence* kann das zur Zeit nicht sein, doch werden wir uns verstärkt um diese Art von Daten bemühen müssen, wenn wir die biblische Rede von Tod und Unterwelt richtig verstehen und einordnen wollen.

Ohne Zweifel haben die IsraelitInnen die ganze Eisenzeit hindurch den Toten etwas mit ins Grab gegeben, neben Perlen und anderem Schmuck auch Dinge, die im Alltag gebraucht wurden: einen Krug mit Wasser,[8] eine Lampe (dazu weiter unten), eine Pfeilerfigurine, ein Siegel und Amulette. Viele Grabbeigaben wirken vom Umfang her eher wie ein kleiner Proviant, wie ein bescheidener Versuch, den Toten ein letztes Mal etwas mitzugeben, das sie in der Finsternis und Stickigkeit des Grabes brauchen könnten, nicht als ernsthafter Versuch einer längerfristigen Totenversorgung.

Zu den Amuletten liegt die umfassende Monographie von Chr. HERRMANN (1994) vor. Wenn man dort ausgewählte Orte aus Juda, die über jeden Verdacht ausländischer Beeinflussung erhaben sind, auf die Amulettmotive der Eisenzeit, und zwar nur solche aus Gräbern, sichtet, dann ist unübersehbar, dass das ägyptische Pantheon und die ägyptische Symbolwelt besonders in der Eisenzeit IIB (9./8. Jh. v. Chr.) stark präsent waren (Tabelle).
Ägyptische Motive auf Amuletten aus judäischen Gräbern (basierend auf Chr. HERRMANN 1994, 48-61, Spitzenwerte fettgedruckt):

Epoche	**Fundort**	**Motiv**	**Anzahl**
SB IIB - EZ IB	Lachisch	Bes	2
		Patäke	5
		Menit	1
EZ IA-B	Bet-Schemesch	Anat nackt	1
		Bes oder Patäke	2
		Udjat-Auge	1

[8] Vgl. schon O. KEEL (⁵1996, 164ff.) zur Bedeutung des „Quells des Lebens".

Epoche	Fundort	Motiv	Anzahl
EZ IB	Bet-Schemesch	Bes	1
		unbestimmte löwenköpfige Gestalt	1
		Udjatauge	1
	Lachisch	**Udjatauge**	**5**
		Figur mit Mond in beiderlei Gestalt	1
EZ IIA	Bet-Schemesch	**Patäke**	**8**
		Löwenkopf	1
		Sachmet oder Bastet	1
		unbestimmte löwenköpfige Gestalt	1
	Lachisch	Patäke	1
		Sachmet oder Bastet	**3**
		weibliche Gestalt mit Kuhgehörn und Sonnenscheibe	1
EZ IIA-B	Bet-Schemesch	Isis	1
		Patäke	1
		Udjatauge	**15**
		Varia	1
	Lachisch	**Udjatauge**	**3**
		Isis	1
		Sachmet oder Bastet	1
EZ IIB	Bet-Schemesch	Sachmet oder Bastet	2
		Gestalt mit Atefkrone	1
		Hatmehit	1
		Nefertem	1
		weibliche Gestalt mit Kuhgehörn und Sonnenscheibe	1
		falkenköpfige Gestalt	1
		sonstiger Kopf	1
		Patäke	**5**
		Katze	1
		Sau	1
		Affe	1
		Falke mit Doppelkrone	1
		Udjatauge	1
		Pfeileramulett	2
		Varia	2
		Beskopf	1
		sonstiger Kopf	1

Epoche	Fundort	Motiv	Anzahl
	Lachisch	Harpokrates mit Federkrone	1
		Sachmet oder Bastet	**7**
		Katze	3
		Udjatauge	**5**
		Pfeileramulett	1
		Bes	**4**
		Gestalt mit Doppelkrone	1
		Patäke	2
		Sphinx	1
		Widder	1
		Löwe	1
		Sau	1
		Affe	2
		Falke mit Doppelfederkrone	1
		Nefertem	1
EZ IIB-C	Lachisch	Bes	1
EZ IIB-III	Lachisch	Isis	1
EZ IIC	Bet-Schemesch	Udjatauge	2
		Thot	1
		Patäke	1
		sonstige Gestalten	1
	Lachisch	Sau	1

Im Hinblick auf den *kompletten Befund an Amuletten* in Palästina / Israel stellt Chr. HERRMANN (1994, 70-76) fest, dass in der Eisenzeit IIA bereits eine Zunahme an anthropomorphen Gestalten, Patäken (sowie Patäkenköpfen), Sachmet oder Bastet und Isis mit Horuskind vorliegt. In der Eisenzeit IIB verdoppelt sich die Gesamtanzahl der Amulette und auch die Anzahl der Fundorte, mit einer signifikanten Mehrheit im Süden, während der Norden offenbar weniger unter ägyptischem Einfluss steht. Die Beliebtheit anthropomorpher Gestalten im Repertoire der Amulettmotive nimmt zu. Neben dem Patäken und der Sachmet erfreut sich jetzt auch Bes großer Beliebtheit. Daneben finden sich vor allem die Udjataugen mit ihren solaren Konnotationen. Nach einem Einbruch in der Eisenzeit IIC erfahren die Amulette dann mit vielen neuen Motiven und unter Verlagerung der Fundorte an die Mittelmeerküste einen neuen Aufschwung.

Wenn wir diesen Gesamtbefund mit der – statistisch schmalen – Basis der Grabfunde aus Gräbern in Juda (unsere Tabelle) vergleichen,[9] ergeben sich keine bemerkenswerten Abweichungen. Die Anzahl der Amulette in den Gräbern der betreffenden Orte ist eindeutig in der Eisenzeit IIB markant höher als vorher und nachher. Auch das Gesamtrepertoire an Motiven ist in dieser Epoche besonders artenreich. Beginnend mit der Eisenzeit IIA (Patäke 9, Sachmet / Bastet 4) findet in der Eisenzeit IIA-B zugleich eine sehr eindeutige Konzentration auf die oben genannten anthropomorphen Motive – Patäke (7) oder Bes (4-5) sowie Sachmet / Bastet (10) – und auf die Udjataugen (24) statt. Damit bestätigt sich einmal mehr, dass es in Palästina / Israel üblich war, den Toten Dinge (Gefäße, Lämpchen, Figürchen, Schmuck etc.) mit ins Grab zu geben, die auch im Alltag gebraucht wurden. In den Gräbern Judas finden sich die ägyptischen Motive, von denen auch die Lebenden Schutz und die Mobilisierung vitaler Lebenskräfte erhofften. Für Ägypten typische Grabbeigaben wie Uschebtis oder Totenbücher fehlen völlig.

Die Bevölkerung Judas hat also das vor allem seit der Spätbronzezeit in Palästina / Israel flächendeckend verbreitete ägyptische religiöse Symbolsystem gekannt[10] und den Toten ihre eigene Auswahl dieser Amulettmotive zum Schutz und zur Stärkung mit ins Grab gegeben.[11] Die Masse der Fayenceamulette ist nach Chr. HERRMANN aus Ägypten importiert worden, aber man hat auch einzelne Besmatrizen in Juda gefunden (O. KEEL / Chr. UEHLINGER ^{5}2001, 250). Die Kritik Ezechiels (20,7f.) an den Scheusalen und Götzen, die weggeworfen werden sollen, kann jedenfalls

---

[9] Die Kontrollgruppe von Amuletten derselben Grabungsorte, die nicht aus Gräbern stammen, ergibt nur eine relativ größere Anzahl von Sachmet-Amuletten, sonst aber keine signifikanten Verschiebungen im Repertoire. Die Anzahl der nicht aus Gräbern stammenden Amulette ist im Vergleich zu den Grabfunden erheblich kleiner (123:28). Auch die Siegelamulette aus Gräbern derselben Fundorte sind die ganze Eisenzeit hindurch stark von ägyptischer Symbolik geprägt. Doch treten auf den im Land hergestellten Siegeln neben die ägyptischen die eher kanaanäischen Motive wie säugende Capride oder Verehrer am Baum, Motive die vielleicht am ehesten mit den Segensmächten einer Aschera in Verbindung zu bringen sind, mütterlich-nährende, tröstende Bilder.

[10] Zur Signifikanz der Amulettfunde in Palästina / Israel vgl. B.U. SCHIPPER 1999, bes. 8f.

[11] Die ägyptischen Totenweltvorstellungen waren in der Spätbronze- und frühen Eisenzeit in Palästina / Israel sehr weitgehend durch verschiedenste Bildträger, Miniaturkunst, aber auch Stelen, Tonsarkophage usw. verbreitet. Auch einzelne Vignetten der ägyptischen Totenbücher waren bekannt (O. KEEL / S. SCHROER 1998). Sie werden hier außer acht gelassen, da sie die religiösen Vorstellungen der späteren israelitischen Bevölkerung nicht notwendigerweise beeinflusst haben und daher keinen Beweis darstellen.

als historisch durchaus zutreffender Hinweis auf die beliebten Amulette gelten.[12]

Es ist denkbar, dass den damaligen JudäerInnen die Bedeutung einer Sachmet, eines Udjatauges usw. nicht vollumfänglich, also im kompletten Sinn des mythischen Herkunftskontextes, klar war, aber es ist ebenfalls auszuschließen, dass sie den Verstorbenen Zeichen mitgaben, die ihnen gar nichts sagten, oder die sie erwarben, weil ägyptischer Nippes gerade in Mode war. Die absoluten Spitzenreiter unter den Amuletten sind Udjataugen,[13] Patäken und Besfiguren sowie die Sachmet, die vor allem als Bekämpferin von Krankheiten beliebt war, wobei Udjatauge und Bes in den größeren Zusammenhang des ägyptischen Sonnenkultes weisen und dem Patäken besondere schöpferische Kräfte – in Ägypten wiederum eng verbunden mit dem Sonnenkult – zugesprochen wurden. Solche Amulette stellten hilfreiche Medien dar, um die Lebenden wie auch Verstorbene der heilenden und stärkenden Kräfte des Schöpfer- und Sonnengottes und seines Lichts zu vergewissern. Die Beliebtheit von Udjatauge, Patäke und Bes fügt sich in das Bild der zunehmenden Solarisierung der religiösen Symbole besonders im 8./7. Jh. v. Chr.[14]

Vielleicht haben die JudäerInnen diese Amulette in einen Zusammenhang mit der JHWHverehrung gebracht, als *seine* Segensmächte. Damit würden sich die Indizien für die zuletzt von A. BERLEJUNG (2001, 488f.) geäußerte Vermutung bestätigen, dass durch die Solarisierung der Religion in Juda JHWH früher oder später auch chtonische Aspekte gewinnen musste.[15] Immerhin fand der Gott Israels im Grab von Chirbet el-Qom namentlich Erwähnung, zusammen mit der Segensmacht Aschera. Aufmerk-

---

12 Gegen R. KESSLER (2002, 116-121), der die ganze auf Ägypten zielende Idolatriekritik in Ez 20 als reine Rückprojektion aus der Exilszeit in die Frühzeit betrachten will, deren eigentliche Zielscheibe aber der kanaanäische Kult in Juda vor dem Exil sei.

13 Das Udjatauge galt als linkes Auge des falkenköpfigen Himmelsgottes Horus, das von Seth beim Kampf um den Thron Ägyptens verletzt und anschließend vom Weisheits- und Schreibergott Thot wiederhergestellt wurde. Ein anderer Mythos definiert das Udjatauge als Auge des Sonnengottes Re, das er verlor und das Thot zurückholte (LÄ I, 562-567).

14 Vgl. O. KEEL / Chr. UEHLINGER [5]2001, bes. 316f. B.U. SCHIPPER (1999, 257-261) hat aber darauf hingewiesen, dass die Grabfunde von Silwan (um 700 v. Chr.) auch architektonisch direkten ägyptischen Einfluss beweisen (sog. Grab der Pharaonentochter).

15 Der enigmatische Hinweis auf das Beweinen des Tammuz am Jerusalemer Tempel in Ez 8,14 könnte ein Hinweis darauf sein, dass die Solarisierung der JHWH-Verehrung, von der unmittelbar im Anschluss (8,16) die Rede ist, auch eine Chtonisierung mit sich brachte, jedenfalls mit Regenerationshoffnungen und deren rituellem Ausdruck gekoppelt war.

samkeit verdient in diesem Zusammenhang besonders der Fund der beschrifteten Amulettröllchen aus dem Grab von Ketef Hinnom (um 700 v. Chr.). In den bekannten Segenswünschen, die offenbar aus dem liturgischen Kontext in die Welt der Gräber hineingetragen werden, wird JHWH in seinen lichthaften,[16] möglicherweise eher lunaren Aspekten[17] eindeutig als Schutzgott für die dort liegenden Verstorbenen bemüht. Im selben Grab wurden außerdem ein Beskopf und ein Sachmet- oder Bastetamulett gefunden (O. KEEL / Chr. UEHLINGER [5]2001, 421) .

Vorstellungen von Scheol

Mit einem großen Teil des Mittelmeerraums teilt Israel die Vorstellung von einer Unterwelt, in der die Toten schattenhaft weiterexistieren, auch kontaktierbar sind, ob mit oder ohne spezialisierte MantikerInnen, und so den Lebenden mit ihren Auskünften nützen, unter Umständen aber auch schaden können. 1 Sam 28,[18] wahrscheinlich aber auch die Hinweise auf Terafim in Erzählungen und in prophetischen Texten (S. SCHROER 2001), sprechen für solche Kontakte mit der Totenwelt auch in Israel. Mit Leben hat das Weiterexistieren der Toten nichts zu tun, es wird wie in Griechenland als höchst bedauernswerte Form des Seins gefürchtet und ist mit keinerlei positiven Erwartungen verbunden. Auch in Ägypten waren die Toten in der Unterwelt zunächst dem Horror einer gefährlichen, trostlosen Umgebung ausgesetzt, darüber machte man sich keine Illusionen.[19] Wer sich hingegen gut ge-

---

[16] Licht ist eines der größten Bedürfnisse der Menschen, es bedeutet Leben (Gen 1,3f.; Ps 56,14), weil es die Grundlage für Leben und Wachsen ist. Der Beter von Ps 49,20 kann zwar feststellen, dass die verstorbenen Väter das reale Licht nicht mehr sehen, aber die vielen Öllämpchen könnten tatsächlich, wie O. KEEL schon in seinem Psalmenbuch vorgeschlagen hat, als Vergegenwärtigungen der Nähe JHWHs verstanden worden sein, sein Licht und sein leuchtendes, zugewandtes Angesicht repräsentieren wie z.B. in Ps 36,10 ([5]1996, 166; vgl. auch die Grabmalereien aus Marissa (3. Jh. v. Chr.) bei Abb. 257); vgl. auch Ps 112,4 und Jes 60,1-3. Die Lichtmetaphorik kommt auch in der sog. Jesaja-Apokalypse zum Tragen (Jes 26,19), wo sich mit dem Licht Gottes deutlich die Hoffnung auf eine Wiederbelebung von Toten verbindet.

[17] Vgl. Sach 4 und evtl. Ps 121,3f. Zur lunaren Verehrung JHWHs vgl. O. KEEL 1998, bes. 59-120.

[18] Zur Totenbeschwörung in Israel vgl. S. SCHROER 2002.

[19] Eine Frau klagt zu Häupten des Sarges ihres verstorbenen Gatten:
„Wie drückend ist der Gang zum Land des Schweigens.
Der Wachsame wird zum Schläfer.
der nachts nicht einschlief,
liegt ermattet alle Tage.

wappnet und mittels der Sprüche des Totenbuchs eine Art schützendes Vademecum in der Hand hatte und wer von den Angehörigen gut versorgt wurde, konnte darauf hoffen, die Prüfungen zu bestehen und als Verklärter zu einem neuen, nicht irdischen Sein zu erstehen, indem er oder sie sich mit dem Sonnenlauf vereinigte.

Auch in Israel galt die Unterwelt als schrecklicher Ort, allenfalls konnte man sich wie Ijob (3,17ff.) damit trösten, dass dort Ruhe herrschte. In manchen Situationen mag die Vorstellung, dass die Scheol Kleine und Grosse gleichmacht, eine sozialkritische Funktion gehabt haben.[20] Wenn in Jes 14 der Sturz des Königs von Babel in die Totenwelt mit reichen Schilderungen beschrieben wird (dazu Chr. UEHLINGER 1990, 537-546) oder in Ez 32,17-32 das würdelose Ende des einst so stolzen Pharao (R. KESSLER 2002, bes. 77f.), so sind diese Texte keineswegs rein metaphorisch zu verstehen. Im Totenreich, dem Reich der Gräber, der Finsternis, der Verwesung, gibt es zwar weiterhin Kennzeichen der Rangordnungen, ruhmreiche Heldentote an oberster Stelle. Die Könige thronen sogar noch, aber sie sind schwach, ohne jegliche Macht, in einem elenden Zustand. Wir haben es mit derselben Art von Schatten zu tun, die wir auch aus den homerischen Epen kennen. Solche Totenweltschilderungen dürften sehr ernsthaft geglaubt worden sein. Der einzige Hinweis auf eine Distanzierung von dieser mythischen Welt ist die Form des Spottlieds oder die ironisch verwendete Form der Klage. Sie kann, muss aber nicht, eine gewisse poetische Spannung zwischen den verwendeten Bildern und der Wirklichkeit andeuten.[21]

Die Personifikation des Todes oder der Scheol

Der Tod erscheint in Hld 8,6 als ein mythischer Gegenspieler der Liebe. Andere Texte sprechen von Mot als unheilvollem Raubmörder und Sensenmann (Jer 9,21f.), Vertragspartner (Jes

---

Das Haus derer vom Westland ist tief und finster,
keine Tür, kein Fenster ist in ihm,
kein Licht zur Beleuchtung,
kein Wind, das Herz zu erquicken.
In ihm geht die Sonne nicht auf.
Sie liegen alle Tage im Dunkel.“ (S. SCHOTT 1952, 142f.)

20 Vgl. zu Ps 49 P. CASETTI 1982.

21 Wenn in Ez 26,19-21 in einem Drohwort Tyrus in die Totenwelt hinabgestoßen wird, geht es wohl weniger um die leblosen Menschen als um die Ruine der einst prachtvollen Stadt, die eine Stätte des Todes wird.

28,15.18) oder Hirten, der die Toten weidet (Ps 49,15).[22] Eindeutig liegt hier das Stilmittel der Personifikation vor, die mythischen Hintergründe sind nicht immer präzise fassbar (J.-F. HEALEY 1999). Wenn es hingegen heißt, dass Scheol die Toten verschlingt (vgl. auch Spr 1,12; 27,20; 30,15f.), erinnert diese Personifikation unmittelbar an die ägyptische Totenfresserin, die auf das Herz der Prüflinge beim Totengericht wartet und so die endgültige Vernichtung eines Menschen besiegelt. Personifikationen sind nicht unbedingt Zeichen einer fortgeschrittenen Bewusstseinsstufe im Umgang mit Mythischem. So ist das Bild vom Tod als Räuber auch in der ägyptischen Literatur bekannt. In der Lehre des Ani (frühestens 18. Dyn., also nach 1500 v. Chr.) heißt es:

Es ist gut dich zu rüsten;
wenn dann ein Bote kommt, dich zu holen,
so soll er dich bereitfinden, an deinen Ruheplatz zu gehen;
dann sage: Ja, hier kommt einer mit, der sich auf dich vorbereitet hat.
Sage aber nicht: Ich bin zu jung, als dass du mich holst.
Du kennst deinen Tod ja nicht!
Wenn der Tod kommt,
raubt er das Kind aus den Armen seiner Mutter
ebenso wie den, der ein hohes Alter erreicht hat.[23]

Die Evokation von mythischen Vorstellungen des altorientalischen Kulturraums und der Transfer von Totenweltmythologie in die Welt der Lebenden

Zahlreiche Monographien haben sich mit den Todesängsten der PsalmenbeterInnen beschäftigt, in denen die Todesgefahren als räuberische Tiere, hinterhältige Feinde, bedrohliche Wasserfluten, finstere Tiefen usw. beschrieben werden. A. BERLEJUNG (2002) hat kürzlich das Beispiel des Vogelfangs und der Netzmetaphorik wieder aufgegriffen, dem L. WÄCHTER in seinem älteren Buch über den Tod im alten Israel bereits ein ganzes Kapitel gewidmet

---

22 Weitere Hinweise auf mythische Personifikation in Ijob 18,13; Jes 5,14; 25,8; Hos 13,14.

23 Übersetzung nach H. BRUNNER 1988, 202 Zeilen 101-109; vgl. auch die Klage einer ptolemäischen Verstorbenen (S. SCHOTT 1952, 144f. No 114) über den unabwendbaren Zugriff des Todes, der durch keine Bitte bewegt werden kann, nicht zu kommen oder zu kommen. Im berühmten Gespräch des Lebensmüden mit seiner Seele (Übersetzung nach S. SCHOTT 1952, 139 No 103) nimmt der Tod bereits andeutungsweise personhafte Züge an.

hat (1967, 40-44).[24] Präziser als WÄCHTER hat sie herausgearbeitet, dass in Mesopotamien in einer großen Anzahl mythischer Texte und Beschwörungen eine Verwandlung der Verstorbenen in Vögel angenommen wurde und der Vogelfang so zum Bild für die Lebensberaubung durch den Tod, genauer todbringende Gottheiten, wurde.[25]

Für Israel lässt sich der Glaube an eine Metamorphose von Toten in Vögel nicht nachweisen, aber die Todesangst, der Verlust der Vitalität wird als Bedrängnis eines gefangenen Vogels erlebt. Th. STAUBLI (2002) hat zudem nachgewiesen, dass die Freilassung des Vogels bei der Heilung von Aussatz (Lev 14,4-7) in diesem Kontext als liturgische Feier der Rettung vor dem (sozialen) Tod zu verstehen ist.

L. WÄCHTER und O. KEEL (^{5}1996, 78-84) haben bemerkt, dass in Ägypten die Netzbilder ebenfalls schon früh, besonders aber im Totenbuch (Spr 153A-B, Spruch aus dem Fangnetz / Fischnetz zu entkommen) gebraucht werden. Im Totenbuch geht es vor allem um die Kenntnisse, die die Verstorbenen im Totenreich besitzen müssen, um den gefährlichen Netzen auszuweichen. Die Netzbilder können also durchaus von beiden Nachbarkulturen beeinflusst worden sein, sie sind offen für die Einordnung im einen oder anderen Symbolsystem. Daher ist es auch nicht nötig, literarische Abhängigkeiten anzunehmen. Hier greifen verschiedene Kulturen desselben großen Kulturraums auf einen Pool an Vorstellungen zurück. Das gilt für viele andere dieser vertrauten Bilder auch, wie zum Beispiel für die Löwen oder Schlangen. Da der Tod in Israel weit mehr in seiner sozialen denn in seiner biologisch-medizinischen Dimension wahrgenommen wurde, konnten die Vorstellungen von den Gefahren der Unterwelt das Erleben von Todesangst zu Lebzeiten füllen.

Damit kommen wir zu einer beachtlichen Leistung der israelitischen Literatur. Sie integriert Bilder, die in der Umwelt Israels stark auf die Schrecken oder Schutzmächte des Totenreichs bezo-

---

24 A. BERLEJUNG knüpft nicht an L. WÄCHTER an. Ergänzend zu ihrer Literaturliste sei noch der Beiträg über Vogelmetaphorik im Vorderen Orient von J. BLACK (1996) erwähnt.

25 „Während die Metapher von der Verwandlung des sterbenden Menschen in einen Vogel im Gilgamešepos und die Vorstellung vom Leben in der Unterwelt als gefangener Vogel den Wechsel der Existenzform („ontologische Veränderung") zum Ausdruck bringt, veranschaulicht die Metapher des Vogelfangs Bedrohung und Verlust des Lebensraums, der Zeit im Diesseits, aber auch die Isolation von der gewohnten Gemeinschaft und die gewaltsame Überführung des Toten in eine andere Welt." (A. BERLEJUNG 2002, 485).

gen sind, in hohem Maß in die Welt der Lebenden.[26] In Ägypten kümmern sich geflügelte Gottheiten wie Isis, Nephthys, Nut, Maat und die Geiergöttinnen um die Verstorbenen, in den Psalmen suchen die Lebenden in Gefahr den bergenden Schutz der Flügel Gottes (Ps 17,7f.; 36,7b-9; 57,2; 61,4f.; 63,8; 91,1-4.13).[27]

Sonnenflügel und Stierkälber – die eschatologische Zusage in Mal 3,20f. als literarisch kunstvoller Rückgriff auf ägyptische Theologie

Eine ausgesprochen spannende Art von Transformation mythischer Stoffe findet sich im Buch Maleachi. Da wird in einem Prophetenwort[28] den Gottlosen der vernichtende JHWHtag prophezeit und den JHWHfürchtigen ein Tag der Freude:

19 Denn siehe: Der Tag kommt brennend wie ein Ofen und alle Übermütigen und alle Verbrecher werden Stoppeln sein, und es wird sie verbrennen der Tag, der kommt, spricht JHWH Zebaot, der ihnen weder Wurzel noch Zweig lässt.
20 Euch aber wird, wenn ihr meinen Namen fürchtet, die Sonne der Gerechtigkeit aufgehen (וזרחה), und Heilung (ומרפא) wird in ihren Flügeln (בכנפיה) sein.
Und ihr werdet (neu) geboren werden (ויצאתם) und davonsprengen (ופשתם) wie losgelassene Jungstiere,
21 und ihr werdet die Gottlosen zerstampfen. Ja, sie werden Staub sein unter euren Fußsohlen, am Tag, den ich schaffe, spricht JHWH Zebaot. (Mal 3,20f.)

Die Auslegung von Mal 3,20f. kreist bis heute zum einen um die Bilder und Vergleiche, vor allem die geflügelte, heilende Sonne, und zum anderen um die redaktionsgeschichtliche Zuordnung der Verse. Weder die eine noch die andere Diskussion soll hier detailliert referiert werden. Es besteht, um kurz zu resümieren, ein Konsens darüber, dass mit der „Sonne der Gerechtigkeit" die Wirkkraft eines im engeren oder weiteren Sinn solarisierten

26 Auch das negative Sündenbekenntnis, das in Ägypten beim Totengericht vor Osiris abgelegt wird, wird biblisch im Kontext der Lebenden verortet (Ijob 31; vgl. A. KUNZ 2001). Allerdings hatte es auch in Ägypten die Funktion einer ethischen Weisung für die Lebenden. Auf diese Prüfung musste man sich schließlich vorbereiten, die war nicht mit Magie allein zu bewältigen.
27 Vgl. dazu ausführlich S. SCHROER 1997.
28 Die Verse sind poetisch komponiert und enthalten Wortspiele (עגל – רגל / מרפא – מרבק).

JHWH aufgerufen wird.[29] Nun ist natürlich die Frage, ob diese Solarisierung im konkreten Kontext eher ägyptischer oder vorderasiatischer Couleur ist. Die Verbindung von שמש und צדקה weist eindeutig auf die vorderorientalische Tradition vom richtenden Sonnengott.[30]

Die folgenden Bilder sind schwieriger zuzuordnen. Geflügelte Sonnenscheiben[31] als Himmels- oder Sonnensymbole finden sich in Ägypten wie in Mesopotamien, auch in der hethitischen Kunst. Bei den Jungstieren, die hervortreten und lossprengen, verlässt die meisten Ausleger jede Intuition, sodass sie zumeist paraphrasieren oder ganz einfach wohlgenährte, übermütige Rinder als – eher zufällige – Bildspender für das verheißene Wohlergehen der Gottesfürchtigen betrachten (G.J. BOTTERWECK 1960, 235f.). Das Bild von den springenden Stieren hat bis anhin keine auch nur ansatzweise sachlich begründete Erklärung gefunden. Der einzige Exeget, der sich, soweit ich sehe, bemüht hat, eine Quelle für den gesamten Stichwortkontext zu finden, ist M. KRIEG: „Mir scheint, das Bild der aufgehenden und geflügelten Sonne, die zugleich eine gerechte und heile Weltordnung sichtbar werden läßt, gehöre in dieser konzentrierten Verbindung nach Ägypten." (1993, 167f.). Die engste Verbindung der fünf wichtigsten im Maleachitext vorkommenden Vorstellungselemente (Aufgehen, Sonne, Gerechtigkeit, Heilung, Flügel) und weiterer (Feindvernichtung und Kalb) findet er in den ägyptischen Hymnen an den Sonnengott und bezieht sich dabei auf die eindrückliche Motivtafel von J. ASSMANN ([2]1999, bes. 26f.) zu den Sonnenhymnen. Er führt darüber hinaus eine beachtliche Menge von Hymnen an, in denen alle fünf oder wenigstens vier der erwähnten Stichworte vorkommen. M.E. ist damit aber nicht viel mehr erwiesen, als dass die Bilder in Mal 3,20f. ägyptischer Provenienz sein könnten. Im einzelnen halten die Belege nicht stand, sind sie doch Ergebnis eines weitgehend statistischen Vorgehens, das auf den Inhalt der einzelnen Sonnenhymnen nicht eingeht, das auf der Übersetzung der ägyptischen

---

[29] Selten wird noch behauptet, dass es sich um reine „figurative language" (J.G. TAYLOR 1993) oder um hypostatische Epiphanieabwandlungen (H.-P. MÜLLER 1969, 79) handle. Zur Solarisierung JHWHs vgl. STÄHLI 1985; H. NIEHR 1990, 141-163; M.S. SMITH 1990; J.G. TAYLOR 1993; O. KEEL / Chr. UEHLINGER 1994, 269-306; dies. [5]2001, 316f.403f.; B. JANOWSKI 1999, 192-219; O. KEEL 2002 und den Beitrag von H. IRSIGLER in diesem Band. Weitere Referenzen bei A.E. HILL 1998, bes. 350-353.

[30] Vgl. den Überblick über die Forschungspositionen bei A.E. HILL 1998, 350-353.

[31] Vgl. die Flügel der Morgenröte Schachar in Ps 139,9.

Texte und teilweise auf Assoziationen beruht.[32] Ich stimme dem Autor hingegen sehr grundsätzlich darin zu, dass der Zusammenhang des Aufgangs der Sonne mit Heilung ein ägyptischer Grundgedanke ist. Das wird allerdings nicht deutlich, wenn man bei Heilung an die Tätigkeit eines Arztes oder an die physische Gesundung nach Krankheit denkt[33] oder an Rettung.[34] Vielmehr dürfte mit מרפא[35] ein sehr umfassender Vorgang von Regeneration angesprochen sein, eine Wiederherstellung, die im Kontext quasi kosmische Dimensionen hat. In Jes 19,22 steht diese Art von umfassender Heilung im Kontrast zum Schlagen.[36]

JHWH wird die Ägypter schlagen – schlagen und heilen! Sie werden sich zu JHWH bekehren, und er wird sich von ihnen bitten lassen und sie heilen. (Jes 19,22; vgl. 14,19)

Auch Tritojesaja kennt die Verbindung von hervorbrechendem Sonnenlicht, Heilung und Gerechtigkeit der JHWHfürchtigen:

Dann wird dein Licht hervorbrechen wie die Morgenröte (כשׁחר),
und alsbald wird deine Heilung (וארכתך) sprossen (תצמח),
deine Gerechtigkeit wird vor dir her gehen,
und die Herrlichkeit JHWHs folgt dir nach. (Jes 58,8)

Genau diese umfassende Weise von Neubelebung wird in Ägypten dem Sonnengott und seinem morgendlichen Aufgehen nach einer gefährlichen Nachtfahrt zugeschrieben. Das pflanzenartige Sprießen der Heilung in Jes 58,8 könnte sogar eine Remi-

---

32 So verbucht KRIEG z.B. die Stichworte Gerechtigkeit, Maat, Rechtfertigung statistisch unter „Gerechtigkeit" und die schlichte Erwähnung des Falken unter „Flügel", wodurch der Befund sich enorm vergrößert.

33 H. NIEHR (1990, bes. 159f.) hat vor allem nach Zeugnissen für die Heilkräfte des Sonnengottes in babylonischen, phönizischen und aramäischen Quellen gesucht und den auch biblisch gut bezeugten Zusammenhang zwischen Vergebung und Heilung hervorgehoben. Die Belege scheinen mir aber viel weniger zentral als in Ägypten, wo die Verbindung von Sonnengott und Regeneration die wichtigste Achse der ganzen Theologie ausmacht.

34 So B. JANOWSKI 1999, 208.

35 Als Nomen kommt מרפא in Jer 8,15; 14,19 und 33,6 vor. Auch in diesen Zusammenhängen geht es um umfassende Visionen von Schrecken oder Heilung / Heil (שׁלום) für das ganze Volk, die ganze Stadt, um die Wende des Schicksals, nicht um individuelle Heilung von Krankheit. Die Grundbedeutung der Wurzel רפא ist „wiederherstellen, reparieren" (HALAT III, 1186ff.). In Gen 20,17 wird die Bedeutung bei der Heilung des Hauses Abimelechs ganz stark zugespitzt auf Fruchtbarkeit. In Spr 4,22 könnte statt „Arznei" auch die Bedeutung „Regeneration, Wiederherstellung" angenommen werden. In Sir 43,22 findet sich das Wort im Zusammenhang der Regeneration des ausgedorrten Landes durch Gottes Regen.

36 Der Schluss von Jes 19 dürfte ebenfalls in die hellenistische Zeit datieren (zuletzt R. KESSLER 2002, 87f.).

niszenz an Riten im Osiriskult sein, bei welchen sprießendes Korn die Hoffnung auf ein neues Leben der Toten zum Ausdruck brachte.[37]

Nachdem für einen ägyptisch-theologischen Hintergrund von Mal 3,20f. Indizien gesammelt worden sind, geht es nun um das noch ungelöste Rätsel der springenden Stiere. Einen Schlüssel zur Deutung könnten ägyptische Grabdekorationen der 19. und 20. Dynastie (1292-1070 v. Chr.), das ägyptische Totenbuch sowie Sargdekorationen ab der 21. Dynastie (1070-946 v. Chr.) liefern. Im Grab des Sennedjem in der Handwerkerstadt Deir el-Medina (19. Dynastie) tritt ein gescheckte Kalb, auf dem eine Göttergestalt sitzt, neben dem Bild des falkenköpfigen Sonnengottes Harachte zwischen den beiden Horizontsykomoren hervor (**Abb. 1**). Die werdende Sonne, in deren lebensverheißenden Lauf der Verstorbene aufgenommen werden möchte, wird hier als Kälbchen dargestellt, denn der Sonnenball wird nach einer häufig bezeugten Vorstellung von der Himmelskuh, der Göttin Nut, geboren, und das Kind der Himmelskuh ist natürlich ein Kalb. Im etwas späteren Grab (20. Dynastie) des Irinefer in Deir el-Medina (**Abb. 2**) steht der Grabherr vor den beiden Horizontsykomoren, zwischen denen die Sonne hervorgeht. Der Totenbuchspruch 109, bezeugt in Papyri der 18. und 19. Dynastie, mit einer Vignette des Kalbs zwischen den Horizontbäumen (**Abb. 3**), verbindet mit dem Sonnenkalb die Hoffnung der Verstorbenen, wie die Sonne neugeboren zu werden:

1 Ich kenne jenes östliche Tor des Himmels...
7 Ich kenne jene beiden Sykomoren aus Türkis,
8 zwischen denen Re hervorgeht...
19 Ich kenne die östlichen Mächte:
20 Harachte ist es, das Sonnenkalb ist es, der Morgenstern ist es.[38]

Der biblische Text verspricht den Gerechten, den JHWHgläubigen, nichts weniger als ein neues Leben, eine Neugeburt wie sie der Sonne, dem Kalb der Himmelskuh, widerfährt. Sie werden, wie in Ägypten die Verstorbenen („Osiris im Grab") durch den Sonnenlauf in den Zyklus des Wiedererstehens zu neuem Leben hineingenommen.

---

[37] Vgl. Jes 30,26; 58,8 oder Ps 72, wo der König unter der Sonne (72,17) Recht und Fruchtbarkeit garantiert. In Mal 3,20 wird allerdings ein Bezug zur solaren Königsmythologie durch nichts nahegelegt (gegen M.S. SMITH 1990).

[38] Übersetzung nach E. HORNUNG 1979, 209f.

Nun fehlt den Sonnenkälbern das in Mal 3,20f. wichtige Element der Beweglichkeit. Die Bilder zeigen sie ruhig schreitend, nicht galoppierend. Springend wird aber seit der Dritten Zwischenzeit und bis in die ptolemäische Epoche auf den Fußplatten von Holzsarkophagen der Apisstier dargestellt (**Abb. 4**), der auf den späteren Zeugnissen häufig die Mumie des Toten bei seinem stürmischen Auslauf auf dem Rücken trägt (**Abb. 5**). Hinter dem Bild steht das fruchtbarkeitsfördernde Ritual des Apisstiers, der über die Felder rennt und dabei in Stellvertretung für Horus die zerstückelten Teile des toten Osiris einsammelt und zur Mumie zusammenfügt. Der oder die Verstorbene hoffte auf die osirisgleiche Wiederherstellung, wie die Darstellungen erkennen lassen (A. NIWINSKI in S. BICKEL u.a. 2004, 117f.).

Auf dem Hintergrund ägyptischer Jenseitsbilder bekommen die Maleachiverse einen einschlägigen Sinn. Es geht nicht nur um die Freudensprünge,[39] für die dann zufällig bildhaft Kälber[40] zum Vergleich herangezogen werden, sondern um das durch den Glauben ermöglichte neue Leben.[41] Nur so lässt sich auch das hintergründige „ihr werdet hervorgehen“ (ויצאתם), das z.B. W. RUDOLPH in seinem Kommentar (1976, 289) ganz apologetisch auf den Stall bezog, weil ihm die Formulierung anrüchig vorkam, richtig verstehen im Sinne von „geboren werden“.[42] In Mal 3,21 wird den Gottesfürchtigen zudem verheißen, dass sie die Verbrecher unter ihren Fußsohlen zu Staub zertreten werden.[43] Auch dieses Element fügt sich gut in die ägyptische Vorstellungswelt, da die Verklärten in Gemeinschaft mit dem Sonnengott tatsächlich große Gefahren, allen voran den Apophis, überwinden müssen. Von dieser Feindüberwindung ist auch in den ägyptischen Sonnenhymnen dauernd die Rede.

Das evozierte Bild, in Ägypten Ausdruck der Hoffnung des Verstorbenen auf seine Verklärung, sein neues sonnengleiches Aufgehen in eine andere Lebensform hinein, seine Überwindung

---

39 Das ausgelassene Springen junger Rinder (פוש) wird in Jer 50,11 negativ konnotiert, als Bild verantwortungslosen Übermuts. Auch in Hab 1,8, wo sich das Wort auf das Dahersprengen von Pferden bzw. Reitern bezieht, steht das bedrohlich Stürmische im Vordergrund.

40 Die nähere Bestimmung „Stallkälber“, d.h. Kälber, die zur Mast angebunden waren (1 Sam 28,24; Jer 46,21; Am 6,4) kann den Aspekt des Wohlernährtseins und Wohlergehens unterstreichen.

41 Vgl. die ähnlich verdichtete Verheißung in Hab 2,4, dass der Gerechte am Leben bleiben werde.

42 So auch in Gen 15,4; 17,6; 25,25ff. u.ö.

43 Vgl. den engen Zusammenhang von Schutz unter Gottes Flügeln und Zertreten von Löwen und Ottern in Ps 91,4.13.

aller Gefahren, alles Bösen, ist in eine Weissagung für eine kollektive Heilszeit und die endgültige Rechtfertigung der Gerechten eingefügt worden, eine andere Art von Jenseitshoffnung. Ich meine, dass so nicht nur oberflächlich, sondern auch in der inhaltlichen Tiefendimension, die Vorstellungsquelle gefunden ist, mit der die biblischen VerfasserInnen gearbeitet haben.

Da das Prophetenwort von seiner Stellung im Kanon her (Epilog der Nebiim innerhalb des Tanach oder Abschluss des christlichen Ersten Testaments) ein besonderes Gewicht hat, muss es erstaunen, dass gerade hier ägyptische Symbolik bemüht wird, um JudäerInnen die Transformations- und Regenerationskraft des JHWHglaubens zuzusprechen. Wer waren die AutorInnen, die die ägyptische Bildwelt und ihre theologische Bedeutung so gut kannten und an zentraler Stelle einfließen ließen? Die wahrscheinlich in brillanter Weise die beiden Sonnentraditionen, die in Palästina / Israel seit je beheimatet waren, hier verschmolzen, indem sie die ägyptische Bildwelt durch das Stichwort צדקה mit der vorderorientalischen Schamaschtradition zusammenführten?

Damit komme ich zu den redaktionsgeschichtlichen Fragen.[44] In der deutschsprachigen Exegese wird Mal 3,20f., auch von jenen, die eine Grundschicht des Buches aus nachexilischer Zeit (5. Jh. v. Chr.) annehmen, eher als spätere Fortschreibung angesehen (E. ZENGER ^{4}2001, 530-533). Manche ordnen Mal 3,20f. sehr präzise einer ersten Überarbeitungsschicht der hellenistischen Zeit (240-220 v. Chr.) zu, der es um die eschatologische Scheidung der Gerechten[45] und der Gottlosen ging. Hier und da wurde auch vertreten, dass der ganze Komplex Haggai – Sacharja – Maleachi in die Ptolemäerzeit datiere (L. BAUER 1992).

Die Beziehung zwischen Mal 3,20f. und dem Totenbuch kann für eine späte Datierung des Prophetenwortes in die Zeit der ptolemäischen Herrschaft über Juda sprechen, wenngleich wohl keine Sicherheit darüber zu gewinnen ist. In Palästina nützten Totenbuchpapyri den Toten wenig, man hat schon in der Spätbronzezeit höchstens gelegentlich wichtige Vignetten auf Skarabäen reprodu-

---

[44] Vgl. J.M. O'BRIEN 1995; H. UTZSCHNEIDER 2002 sowie im Zusammenhang mit Jes 1-39 E. BOSSHARD-NEPUSTIL 1997.

[45] E. BOSSHARD-NEPUSTIL 1997, 445; L. BAUER (1992, 215f.) versteht unter den Gerechten ganz konkret diejenigen, die sich nicht dem zeitbedingten Gewinnstreben ergeben haben. In Weish 5,6 wird möglicherweise auf die Maleachistelle Bezug genommen, wenn die Gottlosen in einem Gedankenzitat sagen:
So sind wir also doch vom Weg der Wahrheit abgeirrt,
das Licht der Gerechtigkeit hat uns nicht geleuchtet,
und die Sonne ist uns nicht aufgegangen.

ziert (O. KEEL / S. SCHROER 1998). Aber die Oberschicht der Lebenden scheint sich mit der Literatur und den zugehörigen Bildern gut ausgekannt zu haben. Wenn Ezechiel (11,19; 36,25f.) die komplette Verwandlung der menschlichen Geschöpfe mit Bildern der reinigenden Besprengung und des Herzausreißens und -schenkens beschreibt, dann rekurriert er auf die große Bedeutung des Herzens im ägyptischen Totengericht (Spr 125) und in den Bestattungssitten Ägyptens. Eine ziemlich genaue Kenntnis des Totenbuchs verrät auch das negative Sündenbekenntnis in Ijob 31 (A. KUNZ 2001). Das Totenbuch, das in der 26. Dynastie (664-525 v. Chr.) in Ägypten eine regelrechte Renaissance erfuhr, war in der Ptolemäerzeit dort immer noch sehr verbreitet (E. HORNUNG 1997, 22-33).[46] Diese Information würde sich gut in das – allerdings im Bezug auf Juda lückenhafte – Bild einer jüdischen Elite fügen, die vielleicht sogar in Alexandria eine Ausbildung genießen konnte. Die Ptolemäer haben in Palästina sicher nicht nur den griechischen Anteil ihrer Kultur hinterlassen.[47] Das Koheletbuch bezeugt, wie Chr. UEHLINGER (1997) gezeigt hat, ebenfalls die regen jüdisch-hellenistischen Rezeptionen ägyptischer Traditionen, und dass gerade das Totenbuch durch seine enorme Verbreitung die jüdischen Kreise erreichte, könnten auch Bezüge auf die ägyptischen Baumgöttinnen im Buch Jesus Sirach nahe legen (S. SCHROER 1987).[48]

---

[46] Die moderne Systematisierung der Sprüche geht auf Papyri dieser Epoche zurück.

[47] Es fehlen immer noch genauere Untersuchungen zum 3. Jh. v. Chr.; vgl. M. HENGEL ^{2}1973, 128f.; H.-P. KUHNEN 1990, bes. 32-87.

[48] In Ägypten sind Baumgöttinnen in Gräbern seit der Zeit Thutmosis III. bezeugt und engstens mit den Vorstellungen vom Durst und der Nahrungsbedürftigkeit der Verstorbenen verbunden (O. KEEL 1992, 61-138; 1998, 20-57). Im Totenbuch werden sie den Sprüchen 59 und 63A, wo es vor allem um Luft und Wasser für die Verstorbenen geht, zugeordnet. Ikonographisch sind Baumgöttinnen ägyptischer Provenienz für das eisenzeitliche Palästina / Israel nicht bezeugt. Bei Jesus Sirach aber wird die Weisheit mit Zügen ägyptischer Baumgöttinnen ausgestattet (Sir 14,20-15,10; 24,19-21) und lädt als solche die wissbegierigen Studierenden ein, sich bei ihr auszuruhen und zu laben. Auch das Johannesevangelium (4,10-14; 6,35; 7,37) greift kräftig auf diese Bildwelt zurück, wobei die johanneischen Verse den altägyptischen Beischriften im Munde der Baumgöttinnen frappierend ähnlich sind. Jesus bezeichnet sich selbst als Wasser und Brot des Lebens. Da klingen die Worte der Baumgöttinnen Nut und Merit an, die in Texten thebanischer Gräber des Neuen Reiches zum Toten sagen: „Ich gebe dir das Wasser des Lebens“ oder „Brot, das aus meinem Leibe kommt“ (zit. nach E. HERMSEN 1981, 118f.).

Abstract

The contribution tries to recognize and to order the different modes of ancient Israelite usage of mythology of the underworld and to understand them as actualizations and transformations. After some preliminary hermeneutical remarks the author moves from the meaning of Judaic burial gifts to Old Testament conceptions of Sheol, biblical personifications of death, Israelite application of Old Oriental mythology of the underworld to the world of the living ones and, finally, to a more detailed analysis of the question of background of the enigmatic solar metaphoric of Mal 3:20. This background could be sought in Egyptian conceptions of the Hereafter, particularly in ‚the book of the dead', which must have not only been known to the authors of Mal 3:20, but also theologically understood by them. In this way they could supply, at an important position in the canon, a topical eschatological predication with a literarily artificial cross-reference to the Egyptian sun-theology.

Abbildungen

Abb. 1

Abb. 2

Abb. 3

Abb. 4

Abb. 5

Abbildungsnachweise

Abb. 1: Darstellung im Grab des Sennedjem in Deir el-Medina (19. Dynastie). Nach O. KEEL 1977, Abb. 232.

Abb. 2: Darstellung im Grab des Irinefer in Deir el-Medina (20. Dynastie). Nach O. KEEL 1977, Abb. 233.

Abb. 3: Vignette des Totenbuchspruchs 109. Nach E. HORNUNG 1979, 209 Abb. 57.

Abb. 4: Fußbrett eines anthropoiden Kartonagesarges, Hildesheim, Pelizaeus Museum 1902b. Nach S. BICKEL u.a. 2004, 117 Abb. 37b

Abb. 5: Fußbrett eines anthropoiden Kartonagesarges, London, British Museum 29777, aus post-saitischer oder ptolemäischer Zeit. Nach S. BICKEL u.a. 2004, 118 Abb. 37g.

Literatur

ASSMANN, J. 1999: Ägyptische Hymnen und Gebete: OBO Sonderband, Freiburg (Schweiz) / Göttingen [2]1999.

ASSMANN, J. / BURKERT, W. / STOLZ, F. 1982: Funktionen und Leistungen des Mythos. Drei altorientalische Beispiele: OBO 48, Freiburg (Schweiz) / Göttingen 1982.

BARTH, Chr. 1947/1997: Die Errettung vom Tode. Leben und Tod in den Klage- und Dankliedern des Alten Testaments. Neu herausgegeben von Bernd JANOWSKI, Stuttgart u.a. 1997.

BAUER, L. 1992: Zeit des Zweiten Tempels – Zeit der Gerechtigkeit: Beiträge zur Erforschung des Alten Testaments und des Antiken Judentums 31, Frankfurt a.M. u.a. 1992.

BERLEJUNG, A. 2001: Tod und Leben nach den Vorstellungen der Israeliten. Ein ausgewählter Aspekt zu einer Metapher im Spannungsfeld von Leben und Tod, in: JANOWSKI, B. / EGO, B. (Hrsg.), Das biblische Weltbild und seine altorientalischen Kontexte: FAT 32, Tübingen 2001, 465-502.

BICKEL, S. u.a. 2004: In ägyptischer Gesellschaft. Ägyptiaca der Sammlungen BIBEL+ORIENT an der Universität Freiburg Schweiz, Freiburg (Schweiz) 2004.

BIEBERSTEIN, Kl. 1998: Der lange Weg zur Auferstehung der Toten. Eine Skizze zur Entstehung der Eschatologie im Alten Testament, in: S. BIEBERSTEIN, S. / KOSCH, D. (Hrsg.), Auferstehung hat einen Namen. Biblische Anstöße zum Christsein heute, FS Hermann-Josef VENETZ, Luzern 1998, 3-16.

BLACK, J. 1996: The Imagery of Birds in Sumerian Poetry, in: VOGELZANG, M.E. / VANSTIPHOUT, H.L.J. (Hrsg), Mesopotamian Poetic Language: Sumerian and Akkadian: Cuneiform Monographs 6, Groningen 1996, 23-46.

BLOCH-SMITH, E. 1992: Judahite Burial Practices and Beliefs about the Dead: JSOT.S 123, Sheffield 1992.

BOSSHARD-NEPUSTIL, E. 1997: Rezeptionen von Jesaia 1-39 im Zwölfprophetenbuch. Untersuchungen zur literarischen Verbindung von Prophetenbüchern in babylonischer und persischer Zeit: OBO 154, Freiburg (Schweiz) / Göttingen 1997.

BOTTERWECK, G.J. 1960: Die Sonne der Gerechtigkeit am Tage Jahwes. Auslegung von Malachias 3,13-21: BiLe 1 (1960) 253-260.

BRUNNER, H. 1988: Altägyptische Weisheit. Lehren für das Leben, Zürich München 1988.

CASETTI, P. 1982: Gibt es ein Leben vor dem Tod? Eine Auslegung von Psalm 49: OBO 44, Freiburg (Schweiz) / Göttingen 1982.

CHILDS, B.S. 1987: Death and Dying in Old Testament Theology, in: MARKS, J.H. / GOOD, R.M. (Hrsg.), Love & Death in the Ancient Near East. Essays in Honor of Marvin H. POPE, Guilford (Connecticut) 1987, 89-91.

EBELING, E. 1931: Tod und Leben nach den Vorstellungen der Babylonier, Berlin / Leipzig 1931.

EIßFELDT, O. 1963: Die Flügelsonne als künstlerisches Motiv und als religiöses Symbol, in: ders., Kleine Schriften II, Tübingen 1963, 416-419.

GLAZIER-MCDONALD, B. 1987: Malachi. The Divine Messenger: SBL Dissertation Series 98, Atlanta 1987.

GOODNICK WESTENHOLZ, J. 1996: Symbolic Language in Akkadian Narrative Poetry: The Metaphorical Relationship Between Poetical Images and the Real World, in: VOGELZANG, M.E. / VANSTIPHOUT, H.L.J. (Hrsg.), Mesopotamian Poetic Language: Sumerian and Akkadian: Cuneiform Monographs 6, Groningen 1996, 183-202.

HEALEY, J.F. 1999: Art. Mot, in: TOORN, K. VAN DER (Hrsg.), Dictionary of Deities and Demons in the Bible [DDD], Leiden u.a. ²1999, 598-603.

HENGEL, M. 1973: Judentum und Hellenismus: WUNT 10, Tübingen ²1973.

HERMSEN, E. 1981: Lebensbaumsymbolik im alten Ägypten: Arbeitsmaterialien zur Religionsgeschichte 5, Köln 1981.

HERRMANN, Chr. 1994: Ägyptische Amulette aus Palästina / Israel. Mit einem Ausblick auf ihre Rezeption durch das Alte Testament: OBO 138, Freiburg (Schweiz) / Göttingen 1994.

HILL, A.E. 1998: Malachi. A New Translation with Introduction and Commentary: The Anchor Bible, New York u.a. 1998.

HORNUNG, E. 1979: Das Totenbuch der Ägypter, Zürich / München 1979.

-- 1997: Altägyptische Jenseitsbücher. Ein einführender Überblick, Darmstadt 1997.

JANOWSKI, B. 1999: Die rettende Gerechtigkeit: BThAT 2, Neukirchen-Vluyn 1999.

JOHNSTON, Ph.S. 2002: Shades of Sheol: Death and Afterlife in the Old Testament, Downers Grove 2002.

KEEL, O. 1977: Jahwe-Visionen und Siegelkunst. Eine neue Deutung der Majestätsschilderungen in Jes 6, Ez 1 und 10 und Sach 4: SBS 84/85, Stuttgart 1977.
-- 1992: Das Recht der Bilder gesehen zu werden. Drei Fallstudien zur Methode der Interpretation altorientalischer Bilder: OBO 122, Freiburg (Schweiz) / Göttingen 1992.
-- 1996: Die Welt der altorientalischen Bildsymbolik. Am Beispiel der Psalmen, Göttingen [5]1996.
-- 1998: Goddesses and Trees. New Moon and Yahweh. Two Natural Phenomena in Ancient Near Eastern Art and in the Hebrew Bible: JSOT.S 261, Sheffield 1998.
-- 2002: Der salomonische Tempelweihspruch. Beobachtungen zum religionsgeschichtlichen Kontext des Ersten Jerusalemer Tempels, in: KEEL, O. / ZENGER, E. (Hrsg.), Gottesstadt und Gottesgarten. Zu Geschichte und Theologie des Jerusalemer Tempels: QD 191, Freiburg i.Br. u.a. 2002, 9-23.
KEEL, O. / SCHROER, S. 1998: Darstellungen des Sonnenlaufs und Totenbuchvignetten auf Skarabäen: ZÄS 125 (1998) 13-29.
-- 2002: Schöpfung. Biblische Theologien im Kontext altorientalischer Religionen, Göttingen / Freiburg (Schweiz) 2002.
KEEL, O. / UEHLINGER, Chr. 1994: Jahwe und die Sonnengottheit von Jerusalem, in: DIETRICH, W. / KLOPFENSTEIN, M. (Hrsg.), Ein Gott allein? JHWH-Verehrung und biblischer Monotheismus im Kontext der israelitischen und altorientalischen Religionsgeschichte: OBO 139, Freiburg (Schweiz) / Göttingen 1994, 269-306.
-- 2001: Göttinnen, Götter und Gottessymbole. Neue Erkenntnisse zur Religionsgeschichte Kanaans und Israels aufgrund bislang unerschlossener ikonographischer Quellen: QD 134, Freiburg i.Br. u.a [5]2001.
KESSLER, R. 2002: Die Ägyptenbilder der Hebräischen Bibel. Ein Beitrag zur neueren Monotheismusdebatte: SBS 197, Stuttgart 2002.
KRIEG, M. 1988: Todesbilder im Alten Testament oder: „Wie die Alten den Tod gebildet“: AThANT 73, 2 Bde., Zürich 1988.
-- 1993: Mutmaßungen über Maleachi. Eine Monographie: AThANT 80, Zürich 1993.
KUHNEN, H.-P. 1990: Palästina in griechisch-römischer Zeit: Handbuch der Archäologie Vorderasien II 2, München 1990.
KUNZ, A. 2001: Der Mensch auf der Waage. Die Vorstellung vom Gerichtshandeln Gottes im ägyptischen Totenbuch (Tb 125) und bei Hiob (Ijob 31): BZ.NF 45 (2001) 235-250.
LIWAK, R. 1996: „Sonne der Gerechtigkeit, gehe auf zu unsrer Zeit...“. Notizen zur solaren Motivik im Verhältnis von Gott und König, in: DÖRRFUß, E.M. / MAIER, Chr. (Hrsg.), Am Fuß der Himmelsleiter – Gott suchen, den Menschen begegnen. Beiträge für Peter WELTEN zum 60. Geburtstag am 26. April 1996, Berlin 1996, 111-120.

MAAG, V. 1964/1980: Tod und Jenseits nach dem Alten Testament, in: SCHMID, H.H. / STECK, Odil H. (Hrsg.), Kultur, Kulturkontakt und Religion. Gesammelte Studien zur allgemeinen und alttestamentlichen Religionsgeschichte, Göttingen 1964/1980, 181-202.

MÜLLER, H.-P. 1969: Ursprünge und Strukturen alttestamentlicher Eschatologie: BZAW 109, Berlin 1969.

NIEHR, H. 1990: Der höchste Gott. Alttestamentlicher JHWH-Glaube im Kontext syrisch-kanaanäischer Religion des 1.Jahrtausends v.Chr.: BZAW 190, Berlin New York 1990.

O'BRIEN, J.M. 1995: Malachi in Recent Research: Currents in Research: Biblical Studies 3 (1995) 81-94.

RUDOLPH, W. 1976: Haggai – Sacharja – Maleachi – Kommentar: KAT XIII,4, Gütersloh 1976.

SCHIPPER, B.U. 1999: Israel und Ägypten in der Königszeit. Die kulturellen Kontakte von Salomo bis zum Fall Jerusalems: OBO 170, Freiburg (Schweiz) / Göttingen 1999.

SCHOTT, S. 1952: Altägyptische Liebeslieder. Mit Märchen und Liebesgeschichten, Zürich 1952.

SCHROER, S. 1987: Die Zweiggöttin in Palästina / Israel. Von der Mittelbronze IIB-Zeit bis zu Jesus Sirach, in: KÜCHLER, M. / UEHLINGER, Chr. (Hrsg.), Jerusalem. Texte – Bilder – Steine: NTOA 6, Festschrift Hildi und Othmar KEEL-LEU, Freiburg (Schweiz) / Göttingen 1987, 201-225.

-- 1995: Die Göttin und der Geier: ZDPV 111 (1995) 60-80.

-- 1997: „Im Schatten deiner Flügel". Religionsgeschichtliche und feministische Blicke auf die Metaphorik der Flügel Gottes in den Psalmen, in Ex 19,4; Dtn 32,11 und in Mal 3,20, in: KESSLER, R. u.a. (Hrsg.), „Ihr Völker alle, klatscht in die Hände!" Festschrift für Erhard S. GERSTENBERGER zum 65. Geburtstag, Münster 1997, 296-316.

-- 2001: Art. „Terafim", in: GÖRG, M. / LANG, B. (Hrsg.), Neues Bibellexikon IV, Düsseldorf Zürich 2001, 816f.

SCHROER, S. 2002: Häusliche und außerhäusliche religiöse Kompetenzen israelitischer Frauen – am Beispiel von Totenklage und Totenbefragung: lectio difficilior 1/2002 (www.lectio.unibe.ch).

SMITH, M.S. 1990: The Near Eastern Background of Solar Language for Yahweh: JBL 109 (1990) 29-39.

STÄHLI, H.-P. 1985: Solare Elemente im Jahweglauben des Alten Testaments: OBO 66, Freiburg (Schweiz) / Göttingen 1985.

STAUBLI, Th. 2002: Die Symbolik des Vogelrituals bei der Reinigung von Aussätzigen (Lev 14,4-7): Bib. 83 (2002) 230-237.

TAYLOR, J.G. 1993: Yahweh and the Sun: Biblical and Archaeological Evidence for Sun Worship in Ancient Israel: JSOT.S 111, Sheffield 1993.

TROPPER, J. 1989: Nekromantie. Totenbefragung im Alten Orient und im Alten Testament: Alter Orient und Altes Testament 223, Kevelaer / Neukirchen-Vluyn 1989.

UEHLINGER, Chr. 1990: Weltreich und „eine Rede". Eine neue Deutung der sogenannten Turmbauerzählung (Gen 11,1-9): OBO 101, Freiburg (Schweiz) / Göttingen 1990.
-- 1997: Qohelet im Horizont der mesopotamischen, levantinischen und ägyptischen Weisheit der persischen und hellenistischen Zeit, in: SCHWIENHORST-SCHÖNBERGER, L. (Hrsg.), Das Buch Kohelet. Studien zur Struktur, Geschichte, Rezeption und Theologie: BZAW 254, Berlin u.a. 1997, 155-247.
UTZSCHNEIDER, H. 2002: Art. Maleachi / Maleachibuch: RGG^4 V (2002) 712f.
WÄCHTER, L. 1967: Der Tod im Alten Testament: Arbeiten zur Theologie II,8, Stuttgart 1967.
WEYDE, K.W. 2000: Prophecy and Teaching. Prophetic Authority, Form Problems, and the Use of Traditions in the Book of Malachi: BZAW 288, Berlin New York 2000.
ZENGER, E. ^{4}2001, Einleitung in das Alte Testament. 4., durchgesehene und ergänzte Auflage: Kohlhammer Studienbücher Theologie 1,1, Stuttgart u.a. 2001.
ZIMMERMANN, R. 2001: Geschlechtermetaphorik und Gottesverhältnis: WUNT 2. Reihe 122, Tübingen 2001.

JHWH als Quelle der Fruchtbarkeit und das Motiv vom Gottesgarten in der Prophetie
Beobachtungen anhand des Zwölfprophetenbuches

Ruth Scoralick
Luzern

Hab 3,17 Mag denn die Feige nicht blühn, kein Ertrag an den Weinstöcken sein,
der Trieb des Ölbaums versagen, die Flur Speise nicht treiben,
die Schafe der Hürde entrissen und kein Rind mehr sein in den Ställen:
18 ich, freuen will ich mich SEIN, jubeln des Gotts meiner Freiheit.
19 ER, mein Herr, ist meine Kraft,
er läßt meine Füße wie der Hindinnen werden,
auf meine Kuppen läßt er mich treten.
Für den Chorleiter, mit Saitenspiel.

So endet der Psalm des Habakuk im Zwölfprophetenbuch in der Übersetzung von Martin BUBER. Es ist ein Vertrauensbekenntnis zu JHWH im Munde eines Beters. Er behauptet, er werde über seinen Gott jubeln, auch wenn von der lebensspendenden Kraft JHWHs in der agrarischen Lebenswelt, auf den Feldern, in den Obstgärten und bei den Herden absolut nichts zu spüren ist – im Gegenteil, wenn dort alles öde ist.

Ich möchte die Überlegungen zu JHWH als Quelle der Fruchtbarkeit mit diesem Psalmende beginnen lassen. Es deutet an, welche doch eher unverhofften Facetten das Thema im Kontext des Zwölfprophetenbuches aufweist. Die Kontextualisierung im Buchhorizont des Dodekapropheton lässt diesen kurzen Text am Ende der Habakukschrift obendrein ein ganz eigenes Profil gewinnen, wie ich später noch zeigen möchte.

Damit sind nun zugleich schon Textbasis und Frageperspektive angedeutet. Textbasis der Überlegungen ist das Zwölfprophetenbuch in der im masoretischen Text vorliegenden Schriftenfolge.[1] Anstelle einer summarischen Behandlung aller für die Fragestellung relevanten prophetischen Texte wird der Untersuchungsbereich auf das Zwölfprophetenbuch beschränkt, da hier bei der Beachtung schriftenübergreifender Zusammenhänge interessante Züge in den Blick kommen. Gelesen wird das Buch dabei nicht unter entstehungsgeschichtlicher Rücksicht, sondern im Sinne einer kanonisch-intertextuellen Lektüre, d.h. in Orientierung am vorliegenden Endtext und mit der Frage nach den von ihm getragenen und provozierten Lektürevorgängen. Dass im Bereich des Zwölfprophetenbuches in der jüngsten Forschung zunehmend die Kohärenz des ganzen Buches in den Blick kommt, und dies nicht nur unter redaktionsgeschichtlicher, also produktionsorientierter Perspektive, sondern auch unter rezeptionsästhetischer, betont Paul REDDITT in dem kurzen Forschungsüberblick, der den 2003 erschienenen Sammelband „Thematic Threads in the Book of the Twelve“ einleitet.[2] Trotzdem steht die kanonische Lektüre des Zwölfprophetenbuches noch am Anfang. Darum enthält auch dieser Vortrag mehr Fragen als Antworten – das muss kein Fehler sein.

Im Horizont des Tagungsthemas „Gestalt und Verwandlung des Mythischen in der Bildsprache der Propheten und Psalmen“ konzentriert sich der vorliegende Beitrag auf den Bereich der Transformation mythischer Motive und Motivkomplexe in den biblischen Texten, also auf die durch Neukontextualisierung gewonnenen Sinndimensionen. Auf den Versuch einer detaillierten Klärung der zugrundeliegenden mythischen Wissensstoffe mit ihrer Entwicklungsgeschichte wird in diesem Zusammenhang verzichtet.[3]

Schon T. COLLINS[4] weist auf „fertility and infertility“ als durchgängigen Themenfaden des Zwölfprophetenbuches hin. Die Hoseaschrift eröffnet dabei den Reigen der Schriften mit der expliziten Auseinandersetzung um die Frage, wen Israel als den Geber von „Korn, Wein und Öl“ ansehen sollte (Hos 2,10 u.ö.).

---

[1] Ich verwende im Folgenden die Bezeichnung „Buch“ für das ganze Zwölfprophetenbuch, seine Einzelteile nenne ich „Schriften“.

[2] P.L. REDDITT 2003, 1-26.

[3] Ansätze finden sich z.B. bei I. CORNELIUS 1988, I. CORNELIUS 1989, W. BERG 1988, G.P. LUTTIKHUIZEN (Hrsg.)1999, M. METZGER 1983, E. NOORT 1999 und T. STORDALEN 2000, sowie – mit Blick auf den Gott Dagan – bei J.F. HEALEY 1996.

[4] T. COLLINS 1993, 65.

I. Die Eröffnung des Horizonts in der Hoseaschrift
I.1 Die Rede vom „Land“

Die Hoseaschrift hat für das Zwölfprophetenbuch theologisch-programmatische Bedeutung.[5] Sie stellt erstmals die im Buchganzen wie auch in fast jeder Einzelschrift vorliegende Bewegung von Anklage zu Heilsverheißung vor Augen und deutet sie konzeptionell durch die theologisch zentralen Kapitel 11 und 14, die vom Herzensumsturz Gottes einerseits und von der daraufhin ermöglichten und erhofften Umkehr Israels andererseits sprechen. Damit ist eine Leitperspektive für das ganze Zwölfprophetenbuch vorgegeben. Rahmenbildungen auf mehreren Ebenen zwischen der Hoseaschrift und Maleachi, der letzten Schrift des Dodekapropheton, wie sie in der Literatur zunehmend vermerkt werden, stützen die These einer programmatischen Bedeutung der Hoseaschrift.[6]

Die ersten drei Kapitel bei Hosea verwenden für Gottes gestörtes (aber auch in der Verheißung erneuertes) Verhältnis zu Israel die Metapher einer Ehe und lassen dabei immer wieder Propheten- und Gottesschicksal ineinander schillern. Hos 1,2 als Eröffnungsvers dieser Kapitel spricht dabei vom „Land“ (הָאָרֶץ), es heißt dort in der Gottesrede:[7] לֵךְ קַח־לְךָ אֵשֶׁת זְנוּנִים וְיַלְדֵי זְנוּנִים כִּי־זָנֹה תִזְנֶה הָאָרֶץ מֵאַחֲרֵי יְהוָה׃ Vielleicht hat die heftige Diskussion über die Frage, was זְנוּנִים hier und im weiteren zu bedeuten habe, etwas das Augenmerk davon abgelenkt, dass vom *Land* (הָאָרֶץ) und nicht einfach von Israel die Rede ist.[8]

---

5 So schon T. COLLINS 1993, 66 („The skilful nature of the organization and arrangement is evident from the outset in the way that the Hosea collection stands at the beginning as the starting-point for the whole book, although historically speaking it should have been placed after Amos.“). Vgl. auch E. ZENGER 2001, 469, und R. SCORALICK 2002, 145-160.

6 Siehe T. COLLINS 1993, 66 (mit Hinweis auf die Ehemetaphorik in Hos 1-3 in Beziehung zu Mal 2,13-16); J.D.W. WATTS 2000 (mit Hinweis auf die Rede von Gottes Liebe); E. ZENGER 2001, 469 (mit Hinweis auf JHWHs Liebe zu Israel und die Geschichte als Trennung von Gerechten und Gottlosen – s. Hos 14,10); P.L. REDDITT 2001, 54, mit Verweis auf weitere Autoren.

7 *Geh hin, nimm dir ein hurerisches Weib und Kinder der Hurerei, denn verhurt hurt das Land, von MEINER Nachfolge ab* (Übersetzung M. Buber). Zur Wurzel זנה mit ארץ als Subjekt s. auch Lev 19,29.

8 Vgl. aber B. DUHM 1911, 18: „Das Weib Hoseas bedeutet übrigens das Land, nicht das Volk Israel, wie 24ff. zeigt“ und ebd. 19 (zu 2,4-15): „Dies wichtige Gedicht ist mir erst klar geworden, als ich begriff, dass nicht das Volk, sondern das Land Jahwes Weib ist ... Die Israeliten sind die Kinder. Selbstverständlich bilden trotzdem Land und Volk wiederum eine Einheit, aber es kommt zunächst darauf an, das von Hosea gewollte, uns freilich etwas fremdartige Bild richtig zu erkennen.“

Im Verlauf des zweiten Kapitels der Hoseaschrift wird dann immer wieder deutlich, dass die Metapher der Frau im Gegenüber zu JHWH in ihren Referenzpunkten zwischen Volk und Land und Volk im Land schillert. Das wird in den Kommentaren auch meist vermerkt. Als Beispiel für das Schillern der Bezüge sei auf Hos 2,4f. verwiesen: *Verklagt eure Mutter, macht ihr den Prozess, denn sie ist nicht meine Frau, und ich bin nicht ihr Mann. Sie entferne ihre Hurenzeichen aus ihrem Gesicht, ihre Ehebruchsmale zwischen ihren Brüsten.* 5 *Sonst ziehe ich sie nackt aus, setze sie aus wie am Tag ihrer Geburt, mache sie der Wüste gleich, richte sie zu wie dürres Land, lasse sie vor Durst umkommen.*[9] J. JEREMIAS bemerkt dazu: „die Frau ist hurerische Ehefrau, geschichtliches Israel und das Land Israel zugleich".[10]

Schon seit B. DUHM (1911) wird nun immer wieder für die Rede von der Ehe JHWHs mit dem Land ein Hintergrund in kanaanäischer Mythologie vermutet, etwa in Gestalt einer Ehe Baals mit dem Land.[11] Solche Annahmen müssen jedoch aus den Hoseatexten selbst erschlossen werden und sind durch außerbiblische Zeugnisse nicht klar belegt.

Eine ebenso schlichte wie interessante Beobachtung auf der Ebene des Zwölfprophetenbuches hat nun jüngst Laurie BRAATEN gemacht.[12] Sie verweist darauf, dass zu Beginn, gleich nach der Überschrift in Hos 1,2, das Wort „Land" (ארץ) verwendet werde, und dass dem der letzte Vers des Buches entspreche, wenn es in Mal 3,24 heißt, dass Elija kommen werde, das Herz der Väter den Kindern zuwende und das Herz der Kinder den Vätern, *damit ich nicht komme und das Land* (הָאָרֶץ) *mit dem Bann schlage.* Sie warnt davor, an diesen Stellen vorschnell die Rede vom Land nur auf seine Bewohner zu beziehen und fährt fort: „Given the importance of the land in the Hebrew Bible and the frequent use of vegetational imagery in the Twelve, however, it is possible that the collector(s) wished to designate land as an important theme

9 Übersetzung J. JEREMIAS 1993, 36.
10 J. JEREMIAS 1993, 41.
11 Zur Forschungsgeschichte in dieser Frage s. M.-T. WACKER 1996, 316-319. Die Annahme einer gemeinsemitischen Mythologie einer Gottesehe zwischen Himmel und Erde (W.R. SMITH) „konnte das eigenartige Oszillieren des Textes Hos 2,4ff. (Hos 1,2) zwischen „Frau" und „Land" in ein kohärentes Gesamtkonzept integrieren und wurde im Verlauf des 20.Jh. häufig rezipiert" (ebd. 318). So z.B. im Kommentar von H.W. WOLFF 1961, 40, bei J. JEREMIAS 1993, 41 („Angeklagt ist in V.4ff. [Hos 2,4ff., R.S.] teilweise das Volk, teilweise aber auch das Land, das nach kanaanäischer Mythologie von Baal den Samen des Regens empfängt") sowie nun auch wieder bei A.A. MACINTOSH 1997, 45.
12 L.J. BRAATEN 2003, 104-132.

throughout the work."[13] Im Einzelnen möchte ich ihren weiteren Thesen zum Land in der Hoseaschrift nicht folgen, aber die Frage, ob nicht in den ersten Kapiteln des Buches durch die schillernde Metaphorik ein Thema angelegt wird, das im Zwölfprophetenbuch schriftenübergreifende Relevanz hat, scheint mir berechtigt. Gestützt wird die Frage noch durch eine weitere Stelle, an der die Rede vom „Land" ein erstaunliches Gewicht gewinnt. Seit H.W. WOLFFs Kommentar wird der Vers Joel 2,18 von vielen Exegetinnen und Exegeten als der entscheidende formale Wendepunkt der Joelschrift aufgefasst:[14] *Da ereiferte sich JHWH für sein Land (!) und hatte Mitleid mit seinem Volk* (וַיְקַנֵּא יְהוָה לְאַרְצוֹ וַיַּחְמֹל עַל־עַמּוֹ׃). Trotz einer ganzen Fülle intertextueller Beziehungen gerade in diesen Versen der Joelschrift – mit denen teilweise Ex 32-34 als Hintergrundtext eingespielt wird – gibt es keine direkte Parallele zur Formulierung vom Sich-Ereifern JHWHs gerade für sein *Land*.[15]

Darüber hinaus weist die Maleachischrift nicht nur in ihrem letzten Vers die Rede vom Land auf. Vielmehr spielt in den vorangehenden Kapiteln die Opposition zweier „Länder" eine wichtige Rolle. Der erste Abschnitt der Maleachischrift, Mal 1,2-5, stellt JHWHs Liebe zu Israel / Jakob seinem Hass auf Edom / Esau gegenüber. Dabei kündigt JHWH in Mal 1,4 gegen (jegliche) Wiederaufbaupläne an, dass Edom als „Frevelgebiet" (גְּבוּל רִשְׁעָה) bezeichnet werden wird und als Volk, dem JHWH auf immer zürnt (וְהָעָם אֲשֶׁר־זָעַם יְהוָה עַד־עוֹלָם). Dem steht in Mal 3,6-12 ein Zukunftsausblick gegenüber, der einem sich wandelnden und endlich zu JHWH umkehrenden Israel (angesprochen als *ihr Jakobskinder*, בְּנֵי־יַעֲקֹב)[16] Segen verheißt, Abwehr von Fressern (= Heuschrecken) – das erinnert an die Joelschrift – und insofern behütete Fruchtbarkeit von Acker und Weinstock (Mal 3,10f.).[17] V. 12 fügt hinzu: *dann werden euch alle Völker glücklich preisen, denn ihr,*

---

[13] L.J. BRAATEN 2003, 105.

[14] H.W. WOLFF 1969, 6 u.ö.

[15] Der Formulierung am nächsten kommen noch zwei Stellen in der Sacharjaschrift (Sach 1,14; 8,2), die vom Eifern JHWHs für Jerusalem und Zion bzw. nur Zion sprechen.

[16] „Jakob" wird in der Maleachischrift in 1,2; 2,12 und 3,6 genannt.

[17] Vielleicht knüpft die Rede vom Öffnen der Himmelsfenster in Mal 2,10 kontrastiv an Gen 7,11; 8,2 an (nur an diesen Stellen אֲרֻבֹּת הַשָּׁמַיִם und פתח). Damit würden auch die übrigen Anspielungen des Zwölfprophetenbuches auf die Erzählung von der Flut (dazu mehr s.u.) hier zu einem alles ins Positive, Segen(s)volle wendenden Schlussausblick gebracht.

*ihr werdet ein / das Land der Lust (*oder: *des Wohlgefallens) sein* (כִּי־תִהְיוּ אַתֶּם אֶרֶץ חֵפֶץ).[18]

Die Entgegensetzung zu Hos 1,2 ist deutlich.[19] Und zugleich wird durch die Anredesituation (*ihr, ihr werdet ... sein*) unterstrichen, dass die Rede vom Land auf der Ebene der Kommunikationssituation und Textpragmatik des Zwölfprophetenbuches eine ganz eigene Rolle spielt. Schon in Hos 1f. bemerken Kommentatoren, dass ein komplexes Ineinander von Identifikationsangebot und Distanzierungsmöglichkeit im Blick auf die Rede von der Mutter / dem Land und den Kindern entsteht.[20] Der Gedanke wäre durch das Buch hin zu verfolgen. Werden auf diese Weise auch die vielfältigen Vegetationsbilder metaphorisiert oder zumindest um eine solche Dimension angereichert? Hat H.W. WOLFF (1961) recht, wenn er für Hos 2,4-17 das Zerbrechen des Mythos (eigentlich: in der Kommunikationssituation) konstatiert?[21]

I.2 Groß ist der Tag Jesreel

Ein zweiter buchübergreifender Aspekt, der in der Hoseaschrift einen Ansatzpunkt hat und in unseren Themenhorizont mit Blick auf JHWH als Geber von Fruchtbarkeit verweist, ist die Rede von Jesreel und vom Tag Jesreels in den ersten beiden Kapiteln bei Hosea.

Der erstgeborene Sohn der Gomer soll auf JHWHs Geheiß hin „Jesreel" genannt werden (Hos 1,4).[22] Dieser Name unterscheidet sich erheblich von den anderen beiden Unheil verkündenden Kindernamen, „Nicht-erbarmt" (לֹא רֻחָמָה) und „Nicht-mein-Volk" (לֹא עַמִּי) in Hos 1,6 und 9. Zum einen ist dem Namen Jesreel keine Verneinung vorangestellt, so dass er nicht durch deren einfache Auslassung zu einem heilvollen Namen werden kann. Jesreel wird als einziger Name in seiner im Text anschließenden Deutung zu-

[18] „... denn ihr seid ein glückliches Land" (EÜ); „denn das Land der Lust, ihr seids geworden" (M. BUBER); „for you shall be the most desired of lands" (NJPS).

[19] Ebenso deutlich dürften die inhaltlichen Bezüge zu Hos 14,2-9 sein.

[20] S. z.B. schon H.W. WOLFF 1961, 39 (zu Hos 2,4): „Die kühne Unterscheidung von Mutter und Söhnen eröffnet neue Wege für die Hörer, inmitten des schuldigen Israel auf Jahwes Seite zu treten", s. dort auch 40f.

[21] H.W. WOLFF 1961, 41: „Der Mythos zerbricht. Seine Elemente werden vom Jahweboten völlig frei benutzt."

[22] Für L.J. BRAATEN 2003, 107, lassen die Namen Jesreel und Jehu die Elija- und Elischa-Überlieferungen assoziieren. So entsteht ihrer Meinung nach eine weitere Klammer um das Buch durch die Erwähnung Elijas in Mal 3,23.

nächst ganz konkret geographisch und geschichtlich gefüllt. Seine sprachliche Gestalt wird nicht sofort ausgedeutet, etwa durch eine Aufnahme der Rede von „El / Gott sät“ oder „den Gott sät“. Diese Seite des Namens wird erst später aufgegriffen. Zunächst heißt es in Hos 1,4f. einfach:

4 Da sprach JHWH zu ihm: Nenne seinen Namen Jesreel,
denn nur ein weniges noch, dann ahnde ich die Bluttat von Jesreel am Hause Jehus, ich mache der Königsherrschaft des Hauses Israel ein Ende.
5 An jenem Tag wird es geschehen: Ich breche den Bogen Israels im Tal Jesreel.

Die Ebene Jesreel kommt als geschichtlicher Schauplatz in den Blick. Sie wird mit der Königsherrschaft in Israel verbunden, deren Ende angesagt wird. Auch V. 5 mit seiner Rede von jenem Tag, an dem der Bogen Israels, also wohl die militärische Macht des Nordreichs, zerbrochen wird, dürfte sich auf dieses Thema beziehen.

Die beiden weiteren Kindernamen in Hos 1 verkünden wachsendes Unheil, bis hin zur Rücknahme der heilvollen Bedeutung des Gottesnamens in Hos 1,9 durch die negative Anspielung auf Ex 3,13f.: *Nenne seinen Namen „Nicht-mein-Volk“, denn ihr seid nicht mein Volk, und ich bin nicht „Ich bin“ für euch* (וְאָנֹכִי לֹא־אֶהְיֶה לָכֶם).[23] Auf diese äußerste Unheilsansage folgt plötzlich und völlig unvermittelt der Umschlag zu Heilsansagen in Hos 2,1-3. Die Kindernamen werden aufgegriffen und im Blick auf die Zukunft „gewendet“.[24] Der Name des Erstgeborenen wird dabei nicht verändert – er war offenbar von Anfang an ambivalent. Mit Blick auf ihn heißt es in V. 2f.:

2 Versammeln werden sich Judäer und Israeliten miteinander,
sie setzen sich Ein Haupt und ziehen vom Lande herauf,
denn groß ist der Tag Jesreels (כִּי גָדוֹל יוֹם יִזְרְעֶאל).
3 Sagt zu euren Brüdern: Mein Volk! und zu euren Schwestern: Erbarmt!

Mit der Versammlung von Judäern und Israeliten kommt ganz Israel in den Blick. Mit der Rede vom einen Haupt wird der Gedanke der Herrschaft, der schon im ersten Kapitel mit Jesreel verbunden war, aufgegriffen. Die Wendung וְעָלוּ מִן־הָאָרֶץ (Hos 2,2)

---

23 Übersetzung: J. JEREMIAS 1993, 25.

24 J. JEREMIAS 1993, 35, sieht in der Wendung des Namens „Nicht mein Volk“ zu „Kinder (nach Jeremias: „Söhne“) des lebendigen Gottes“ (Hos 2,1) unter Verweis auf W.H. SCHMIDT [4]1982, 164-171, eine Anspielung auf den Mythos vom Fruchtbarkeitsgott, dessen Lebendigkeit sich in dem Wiederaufleben der Vegetation erweise.

ist in der Exegese ein alter Problemfall. Mit Rückgriff auf die parallele Wendung in Ex 1,10 wurde verschiedentlich für kriegerische Assoziationen votiert; auch die Vorstellungen eines neuen Exodus, einer Wallfahrt oder auch eines Heraufsteigens aus der Unterwelt werden erwogen.[25] Eine andere Auffassung, ursprünglich von TH. VRIEZEN in die Diskussion gebracht,[26] sieht Assoziationen zum Wachstum von Pflanzen gegeben, gerade in Verbindung mit dem nachfolgenden Jesreel – „Gott sät". Für eine solche Auffassung votiert in jüngerer Zeit auch der Hoseakommentar von A. MACINTOSH, der die Wendung als „they will flourish in the land" übersetzt. Schon H.W. WOLFF hatte mit einer schillernden Mehrsinnigkeit gerechnet und dürfte damit Recht haben. Für unsere Fragestellung ist die Pflanzenmetaphorik in Verbindung mit dem Hervorwachsen des Volkes aus dem Land interessant.[27]

Mit dem Namen Jesreel wird nun ein Zeitpunkt verbunden: der Tag Jesreels. Dieser Tag wird „groß" sein (כִּי גָדוֹל יוֹם יִזְרְעֶאל), und sich auf ein Israel aus Nord- und Südreichsbewohnern beziehen. Die Rede vom großen Tag wird in der an Hosea anschließenden Joelschrift aufgegriffen. Dort ist es der große Tag JHWHs (Joel 2,11; 3,4). Der Tag JHWHs ist zugleich das zentrale Thema der ganzen Joelschrift. Ist in Hosea der Name Jesreel grundlegend ambivalent – er lässt sich unverändert in Unheils- und in Heilsverkündigung verwenden – so ist in der Joelschrift auch der Tag JHWHs ambivalent. Der Tag naht sich als Katastrophe und *kann* sich zwar zum Heil und zum Segen wenden, muss dies aber nicht. Die Wende hängt auch von der Umkehr der Israeliten ab. Es herrscht in der exegetischen Literatur weitgehend Einigkeit darüber, dass der Tag JHWHs eines der Leitthemen des Zwölfprophetenbuches ist. Meist wird dabei von einer ersten Einführung des Motivs in der Schriftenfolge – nicht literarhistorisch – durch die Joelschrift ausgegangen, so etwa auch in der Untersuchung von Rolf RENDTORFF zur Frage.[28] Tatsächlich kommt die Wendung יוֹם יְהוָה, an der Rendtorff sich orientiert, in Joel erstmals vor. Ich halte jedoch den Gedanken vom großen Tag Jesreels in Hos 2, gerade in der Ambivalenz, die er in der Verbindung von Hos 1 und 2 gewinnt, für eine vorbereitende Ankündigung des Buchthemas. Für unsere Fragestellung bedeutsam ist dabei die

---

[25] Siehe im Einzelnen J. JEREMIAS 1993, 35 mit Anm. 16, und A.A. MACINTOSH 1997, 31-33.36f.

[26] T.C. VRIEZEN 1941, 13.22.

[27] Vgl. dazu in Hos 14 die Rede von JHWH als Tau und vom zukünftigen Israel in Pflanzenbildern.

[28] S.R. RENDTORFF 1998.

relativ enge Verbindung zum Gedanken von JHWH als Quelle von Fruchtbarkeit. Diese Verbindung wird zum einen im direkten Kontext von Hos 2,2 hergestellt: Hinter der Bezeichnung „lebendiger Gott“ (Hos 2,2) könnte (auch?) eine Anspielung auf eine Vegetationsgottheit stehen, und die Rede vom „Aufsteigen aus dem Land“ lässt sich gerade in Verbindung mit dem Namen „Jesreel“ als Pflanzenmetaphorik lesen. Zum andern wird die Verbindung der Rede vom Tag zur von JHWH ausgehenden Fruchtbarkeit in einem weiteren Heilswort in Hos 1-3 noch explizit aufgegriffen. Auch dort wird wiederum an die Unheilsnamen der Prophetenkinder angeknüpft.

So heißt es in Hos 2,23ff.: *An jenem Tag geschieht's, spricht Jahwe, da erhöre ich: Ich erhöre den Himmel, er erhört die Erde,* [24] *die Erde erhört Korn, Most und Olivensaft, und sie erhören Jesreel.* [25] *Da säe ich sie mir ein ins Land, erbarme mich der „Ohne-Erbarmen“ und spreche zu „Nicht-mein-Volk“: „Mein Volk bist du!“ und er wird sagen „Mein Gott!“* (אֱלֹהָי).[29]

Die Verse zuvor schildern einen meist paradiesisch genannten Tier- und Völkerfrieden (Hos 2,20). Gott zerbricht Kriegsgerät und Krieg מִן־הָאָרֶץ – vom Land hinweg. Er schließt eine neue Ehe mit Israel (Hos 2,21f.). Das anschließende Heilswort in den Versen 23-25 führt eine von Gott in Gang gesetzte Kette von Erhörungen vor Augen, die beim Namen Jesreel endet. Dazu schreibt Jörg JEREMIAS: „Jahwes Segen gilt speziell ‚Jesreel‘ ... Diesem Namen wird im Kontext erneut ein mehrfacher Sinn abgewonnen. Er steht einmal in V. 24 für die Kornkammer Israels, die fruchtbare Jesreelebene, zum anderen darüber hinaus in Umkehrung von 1,4 für den Ort des Heils schlechthin wie in 2,2 und für die Menschen im Heil, schließlich aber im Übergang zu V. 25 nach seiner Etymologie (‚Gott sät‘) bildhaft als Objekt einer Aussaat ...“[30] Dass die Kette der Erhörungen, die beim Himmel ansetzt, dann bei Jesreel endet, ist doch wohl etwas überraschend. Schon R. David Kimchi (12.-13.Jh.) hörte dabei eine klangliche Anspielung auf Israel heraus,[31] und so vermuten auch jüngere Autorinnen und Autoren.[32] Die klangliche Assoziation hat eine Stütze in V. 25, wenn es in Ausdeutung des Namens Jesreel heißt: *Da säe ich sie mir ein ins Land* – wobei ein Suffix feminin singular verwendet wird. So wird der Sohn Jesreel mit der weiblich personifizierten

---

[29] Übersetzung nach J. JEREMIAS 1993.
[30] J. JEREMIAS 1993, 51.
[31] S. dazu bei A.A. MACINTOSH 1997, 91.
[32] So z.B. M.-T. WACKER 1996, 84 und A.A. MACINTOSH 1997, 88.

Größe Israel geradezu selbstverständlich verschmolzen.[33] Darin deutet sich verhüllt an, dass der große Tag Jesreels eigentlich ein Tag Israels sein könnte. Als noch ausstehender und auch von den menschlichen Handlungen und Reaktionen abhängiger bleibt er aber Tag Jesreels mit aller Ambivalenz, die in der Bezeichnung liegt. In seiner Einleitungsfunktion für das Leitthema des Zwölfprophetenbuches, den Tag JHWHs, verknüpft die Rede vom Tag Jesreels in der Hoseaschrift die Thematik mit dem Motiv von JHWH als dem Geber von Fruchtbarkeit.[34]

Vielleicht liegt in der rätselhaften Rede der Maleachischrift vom זֶרַע אֱלֹהִים (Mal 2,15) auch ein möglicher Rückbezug auf Hos 1f. mit dem Namen „Jesreel / Gott sät"? Die im Kontext Mal 2,10-16 verhandelte Thematik von Ehe und Ehescheidung erinnert jedenfalls ohnehin an Hos 1-3. Doch ist der fragliche Text in so hohem Maß umstritten,[35] dass es hier einstweilen bei der bloßen Frage bleiben soll.

I.3 Hosea 4,1-3

Ein weiterer Text der Hoseaschrift ist für unsere Frageperspektive relevant und öffnet gleichfalls einen Horizont, der nicht auf die Hoseaschrift beschränkt bleibt, sondern in das Zwölfprophetenbuch hineinreicht. Der Text stellt eine Verbindung zwischen (ge)rechtem Verhalten und dem Zustand der natürlichen Lebenswelt her. Und er fasst implizit schon einen universalen Horizont ins Auge.

---

[33] „Israel, wholly attentive to Yahweh, is herself ‚sown in the land' (v.25 below) so that on her land she can be designated Jezreel (lit. 'God sows') and the mutual interdependance of land and people constitute a veritable Jezreel, i.e. the whole concept of Israel in her land is exemplified in that most fertile of her valleys" (A.A. MACINTOSH 1997, 88). I. CORNELIUS 1988, 44f., schreibt zu Hos 2,20ff.: „The future hope is thus connected with treaty terminology, but described in the language of paradise."

[34] Ebenso werden die Fragen von (Königs)Herrschaft und Kriegsmacht mit dem Leitthema verbunden, da sie zum Umfeld der Aussagen über Jesreel gehören. Doch kann diesen Verbindungen hier nicht mehr weiter nachgegangen werden.

[35] M.A. SWEENEY 2000, 738 nennt Mal 2,15 „very problematic"; nach M.-T. WACKER 1998, 379 sind die Verse 2,15f. „sprachlich sehr verschlüsselt und scheinen in ihrer jetzigen Form auf eine unverständlich gewordene Vorlage zurückzugehen, der man neuen Sinn abzugewinnen versucht hat."

4,1 Hört das Wort JHWHs, ihr Israeliten:
ja, einen Rechtsstreit hat JHWH mit den Bewohnern des Landes, denn es gibt keine Zuverlässigkeit, keine Treue und keine Gotteserkenntnis im Land.
2 Fluchen und Betrügen, Morden, Stehlen und Ehebrechen haben sich ausgebreitet / sind übergeflossen, und Blutschuld hat sich an Blutschuld gereiht.
3 Darum wird das Land trauern/welken, und alle Bewohner darin werden verschmachten,
zusammen mit den Tieren des Feldes und den Vögeln des Himmels, und sogar die Fische des Meeres werden hinweggerafft.

Die Verse sind als Neueinsatz kenntlich an der Wendung דְּבַר־יְהוָה, die erstmals nach Hos 1,1 hier wieder verwendet wird. Sie enthalten zugleich – wie schon oft beobachtet – das Stichwort רִיב das dann erst wieder in Hos 12,3 aufgegriffen wird. Inhaltlich haben die Verse programmatisch-grundsätzlichen Charakter, indem ihre Anklagepunkte sich nicht auf konkrete Vergehen beziehen, sondern im Anklang an dekalogische Formulierungen allgemein bleiben. Es wird auch unter den Landesbewohnern keine spezifische Gruppe und Situation angesprochen. Zwar setzt sich der Text nach V. 3 ohne großen Bruch fort, so dass in 4,1-3 auch die Einleitung für die nachfolgenden Verse vorliegt, doch bleibt der grundsätzliche Charakter dieser ersten Verse auffällig.[36] Der eröffnete Horizont eines Rechtsstreits JHWHs wird bis zum 11. Kapitel der Schrift dann mit konkreten Anklagen von wachsender Schärfe und Tragweite aufgefüllt.

הָאָרֶץ, das Land, das in Hos 1-3 noch teilweise als Frau Land identifiziert und immer wieder schuldig gesprochen wurde, kommt hier in V. 3 jetzt als Opfer des Fehlverhaltens der Landesbewohner in den Blick. Das erste Verb, אבל, bringt dabei sowohl den materiellen Sachverhalt des Vertrocknens und Verdorrens zur Sprache als auch die Metaphorik der Trauer. Beides dürfte auch innerlich zusammenhängen. Das Land wird trauern/verdorren, seine Bewohner verwelken – in Trauer. Der Sachverhalt bleibt nicht auf das Land und seine menschlichen Bewohner beschränkt: Die Liste der mitbetroffenen Geschöpfe – angefügt durch *beth concomitantiae* – macht deutlich, dass letztlich kosmische Ausmaße gemeint

[36] Dass die erste konkret angeklagte Gruppe, bei der die Anklage zugleich eng mit den programmatischen Versen Hos 4,1-3 verbunden ist, gerade Priester sind, entspricht der Maleachischrift und ihrer Perspektive auf Verantwortlichkeiten in Israel.

sind. Den Untaten, die (im Land) überfließen – das ist eine mögliche Wiedergabe des Verbs פָּרָצוּ in V. 2[37] – entspricht im Gegenbild die Ankündigung einer Dürre, die Feldtiere, Vögel und sogar Meeresfische umfasst und dahinrafft. Die Fische, die der Flut noch entkommen sind, werden dieses Unheil nicht überstehen. Die überfließende Gewalttat im Land bedroht also den Bestand der natürlichen Lebenswelt, und das nicht nur punktuell, sondern offenbar mit Blick auf das Ganze der Welt. Im weiteren Verlauf der Hoseaschrift wird der hier in 4,1-3, besonders in V. 3, eröffnete Horizont nicht wirklich aufgenommen und eingeholt.

Im weiteren Verlauf des Zwölfprophetenbuches gibt es jedoch Bezüge zu Hos 4,1-3 in der Joelschrift, im Vorspruch der Amosschrift in Am 1,2 und dann – wie schon oft notiert – im universellen Horizont der ersten Verse der Zefanjaschrift (Zef 1,2f.). Dazu sind hier nur kurze Bemerkungen möglich.

Zum Verhältnis der Joelschrift zu Hosea werden im Folgenden noch einige Überlegungen vorgestellt, im Moment interessiert nur, dass bei Joel Hos 4,1-3 in mehrfacher Weise aufgegriffen und entfaltet wird. Zum einen greift die Eröffnung der Schrift, Joel 1,2, als erste Stelle nach Hos 4,1 die Anrede an Landesbewohner, יוֹשְׁבֵי הָאָרֶץ, auf, und dies wie in Hos 4,1 in einem Höraufruf.[38] Zum andern entfaltet Joel im ersten Kapitel (u.a.) das Thema des verdorrenden, trauernden Landes, wobei er in 1,10 ausdrücklich vom trauernden / verdorrenden Ackerboden (אָבְלָה אֲדָמָה), spricht und auch das im Zwölfprophetenbuch nur fünfmal vertretene Verb אמל pu. (verwelken) gebraucht.[39] In der Joelschrift wird die in Hos 4,1-3 angedeutete universale Dimension des künftigen Geschehens entfaltet durch Einbezug des Kosmos und der Völkerwelt in die Aussagenkomplexe. Zugleich wird Hoseas theologische Perspektive um die Rede vom Zion und von Jerusalem als dem Wohnsitz JHWHs und seinem heiligen Berg ergänzt, ein im weiteren Verlauf des Zwölfprophetenbuches entscheidendes Moment. Man kann sich zugleich auch fragen, ob das Ende der Joelschrift nicht auch teilweise als ein implizites Gegenmodell zu Hos 4,1-3 gehört werden kann. Fließt in Hos 4,1-3 die Gewalttat der Landesbewohner über und führt zu Austrocknung und Tod, so stellt Joel am Ende den auf dem Zion wohnenden JHWH vor Augen, dessen

37 Siehe zur Frage A.A. MACINTOSH 1997, 129f., und vgl. LXX κέχυται ἐπὶ τῆς γῆς.

38 Von יוֹשְׁבֵי הָאָרֶץ ist im Zwölfprophetenbuch in Hos 4,1; Joel 1,2.14; 2,1; Zef 1,18 und Sach 11,6 die Rede.

39 אמל pu. wird im Zwölfprophetenbuch nur in Hos 4,3; Joel 1,10.12 sowie zweifach in Nah 1,4 verwendet.

Anwesenheit die Berge von Most fließen lässt und aus dessen Haus eine Quelle hervorgeht, die das Akaziental tränkt (Joel 4,18). Es kann jedoch sein, dass die Auffassung von פָּרָ֫צוּ in Hos 4,2 als „überfließen“ nicht die naheliegendste ist, dann entfällt diese Entsprechung.

Zu Beginn der Amosschrift, in dem der Schrift wie ein Motto[40] vorangestellten Vers 1,2, wird die durch die Joelschrift erweiterte Perspektive von Hos 4,1-3 aufgegriffen. Es heißt in Am 1,2: *Und er sagte: JHWH ist es, der vom Zion brüllt und von Jerusalem seine Stimme erschallen lässt. Da trauern* (וְאָבְלוּ) *die Triften der Hirten und verdorrt* (וְיָבֵשׁ) *der Gipfel des Karmel.*

Wenn JHWH vom Zion brüllt wie ein Löwe, wird diese Vorstellung in der exegetischen Literatur recht häufig zumindest entfernt mit Wettergottvorstellungen in Verbindung gebracht.[41] Die Triften der Hirten und der Gipfel des Karmel lassen sich jedoch am besten als polarer Merismus für minimale und maximale Vegetationsräume lesen,[42] so dass in Am 1,2 eine umfassende Aussage von kosmischen Dimensionen gemacht wird: Die ganze Vegetation stirbt ab, sie verdorrt.

Im Buchkontext wird das Brüllen des Löwen durch die vorausgehende Joelschrift (vgl. Joel 4,18; 2,11) auf das durch Propheten vermittelte Gotteswort bezogen.[43] Die weiteren Bezüge in der Amosschrift bestätigen dies (Am 3,8).[44] Die Zusammenstellung des vom Zion brüllenden Gottes mit der sterbenden Vegetation verwundert im Horizont von Hosea und Joel gelesen nicht. Sie wirkt wie ein Aufgreifen von bereits poetisch aufgeladenen Elementen der vorangehenden Schriften in hymnischer Diktion. Ebenso wirkt auch der direkt anschließende Zyklus der Wörter zunächst gegen fremde Völker im Anschluss an die Joelschrift passend.

---

40 J. Jeremias 1995, 1, spricht vom „Leitmotiv“.

41 So z.B. bei J. Jeremias 1995, 3f.; s. auch F.I. Andersen / D.N. Freedman 1989, 225.

42 Siehe E. Zenger 2002, 36f.

43 Den Nachweis für diese These s. bei R. Scoralick 2002.

44 Gegen Ende der Joelschrift werden Anfang und Ende von Amos nah beieinander bereits vorweggenommen. Joel 4,16 entspricht Am 1,2a und Joel 4,18 weist auf Am 9,13aßb voraus, die Rede von den Bergen, die von Most triefen. Es ist – das sei hier nur in Klammern bemerkt – interessant zu sehen, wie im Kommentar von F.I. Andersen / D.N. Freedman 1989, 225-227, um ein Verständnis der Stelle im Horizont mythischer Vorstellungen gerungen wird. JHWH in der Rolle des Wettergottes erscheint ihnen ‚etwas demythologisiert‘, wenn sein Brüllen nicht einen zerstörerischen Sturm, sondern eine Dürre auslöst. Sie erwägen dann eine Wirklichkeitserfahrung (einer Dürre) als Korrektiv für mythische Bildkonstellationen in Texten.

Der Vorspruch der Amosschrift ist nicht nur über das Stichwort „Gipfel des Karmel“ in Am 9,3 mit dem Schlussteil der Schrift verbunden, sondern auch durch die Umkehrung der Rede von der verdorrten Natur in Am 9,13. Darauf bereitet schon die Joelschrift vor, die an ihrem Ende in Joel 4,16 und 18 Formulierungen in Entsprechung zu Am 1,2 und 9,13 aufweist. Man kann fragen, ob Am 9,15 als Anspielung auf den יוֹם יִזְרְעֶאל, den Tag, an dem Gott Israel säen wird, gehört werden kann. Es heißt dort: *Dann werde ich sie einpflanzen in ihren Boden, so dass sie nicht mehr ausgerissen werden aus ihrem Boden, den ich ihnen gegeben habe.*[45] Die intertextuellen Beziehungen weisen zunächst direkter auf andere Texte, und zwischen säen und einpflanzen liegt auch ein realer Unterschied, aber ein Nachklang lässt sich hier gleichwohl hören.

Den deutlichsten Bezug weisen die Verse 4,1-3 der Hoseaschrift jedoch zu den ersten Versen der Zefanjaschrift auf.[46] Dort heißt es – in der Übersetzung von Hubert IRSIGLER:[47]

1,2 Raffen, ja wegraffen will ich alles hinweg von der Fläche des Erdbodens, Spruch JHWHs. 3 Wegraffen will ich Mensch und Vieh, wegraffen will ich die Vögel des Himmels und die Fische des Meeres, nämlich was die Frevler zu Fall bringt; so werde ich die Menschen austilgen hinweg von der Fläche des Erdbodens, Spruch JHWHs.

Sowohl das Verb אסף als auch die „Vögel des Himmels“ und die „Fische des Meeres“ sind wörtliche Entsprechungen zwischen beiden Texten.[48] Der Zefanjatext spielt gleich zu Anfang von Zef 1,2 mit den Wurzeln סוף hif. und אסף – also mit „ein Ende machen, vernichten“ einerseits und „einsammeln, wegnehmen“, auch im Sinne von „ernten“, andererseits – und greift so die Erntemetaphorik auf, die schon in den vorangehenden Schriften, in Joel 4 (4,13) und Amos (8,1-3) mit dem erwarteten oder eingetretenen Einschreiten JHWHs verbunden wurde. Und Zefanja stellt sich auf den äußersten Punkt der Linie, die mit Hosea 4,1-3 in den Blick gekommen ist. Die Ernte ist nun allumfassend, sie erinnert – auch durch intertextuelle Bezüge – an die Flut.[49]

---

45 Übersetzung mit J. JEREMIAS 1995.

46 A. SCHART 1998, 206f., weist Hos 4,3 und Zef 1,3 der gleichen (nach-dtr) Redaktionsschicht zu, die auf diese Weise ein Schriftenkorpus von Hos* bis Zef* rahmte.

47 H. IRSIGLER 2002, 90.

48 Vgl. die Untersuchungen zur Reihenbildung bei der Aufzählung von Lebewesen bei H. IRSIGLER 2002, 99f.

49 S. dazu bei H. IRSIGLER 2002, 99, und A. SCHART 1998, 206.

In dem sprachlich als solchen gekennzeichneten Einschub „nämlich was die Frevler zu Fall bringt“ (Zef 1,3) wird – sozusagen nach Art des Zwölfprophetenbuches – die Aussage über das allumfassende Ende sofort wieder ambivalent. Die Vernichtung von allem wird zum Ende nur der falschen Gottesverehrung, der Verehrung durch Abbilder von Schöpfungselementen. Adele BERLIN liest in ihrem Zefanjakommentar[50] diese Stelle auf dem Hintergrund von Dtn 4,16ff., dem Verbot der Verehrung von Götterbildern als Abbild von Lebewesen, wobei die Reihe der dort genannten Wesen eine Beziehung zu Zef 1,2 aufweist. So wird in ihren Augen der Beginn der Zefanjaschrift doppeldeutig: „On one hand Zephaniah is describing a reversal of creation; on the other hand, as becomes clear in the following verses, he is describing the destruction of idolatry. He can achieve this double message because the elements of creation (animals, birds, fish) may also be the elements of idolatry.“[51]

Hos 4,1-3 eröffnet einen Horizont, den die weiteren Schriften explizieren und der mit dem Anfang der Zefanjaschrift seine genaueste Wiederaufnahme erfährt. Das Trauern des Landes mit seinen Implikationen ist hier zur Ankündigung der Rücknahme, des Endes aller Lebewesen geworden – oder aber zum Ende aller irreführenden Abbilder von Lebewesen, die den Blick auf den lebendigen Gott verstellen. Die durchgängige Ambivalenz des Tages JHWHs hat auch in diesen wenigen Versen ihr Echo. Und die entscheidende Anrede an die impliziten Leser ist der Aufruf zur Suche nach JHWH und nach Gerechtigkeit in Zef 2,1-3, doch kann dies jetzt hier nur behauptet, nicht expliziert werden.

II. Zur Joelschrift

Im Kontext der Frage nach der Rede von JHWH als Quelle von Fruchtbarkeit und dem Motiv des Gottesgartens spielt auch die Joelschrift im Zwölfprophetenbuch eine besondere Rolle. Zum einen wird in ihrem zweiten Kapitel der Garten Eden erwähnt, und zum andern entfaltet sie in ihrem auf den Zion konzentrierten Heilsausblick im 4. Kapitel nach einigen Autoren eine Vorstellung von Zion als Eden. Dabei spielen die Elemente von Gottesberg und Tempelquelle eine Rolle.

---

50 A. BERLIN 1994.
51 A. BERLIN 1994, 73f.

II.1 Poetik prophetischer Texte

Die Joelschrift schließt sich durch vielfache Bezugnahmen und Verbindungen eng an Hosea an und bildet zusammen mit dieser Schrift die programmatisch-perspektivbildende Eröffnung des Zwölfprophetenbuches. Joel entfaltet in seinen ersten beiden Kapiteln eine mehrdimensionale literarische Katastrophenwelt, in der sich die an sich verschiedenen Sinnsphären von militärischer Bedrohung und landwirtschaftlicher Katastrophe überlagern und durchdringen. Die katastrophischen Sprachwelten, die zwischen Metaphorik und Erfahrungsbezug hin und her schillern, werden in Beziehung zum Theologumenon vom Tag JHWHs gesetzt, der in seiner ganzen Ambivalenz als drohendes Gericht und mögliche Wende zum Heil gezeichnet wird. Zugleich bespiegeln sich in der Darstellungstechnik des zweiten Kapitels bei Joel die universale Dimension und die auf Herzensumkehr der Einzelnen in der Gemeinschaft zielenden Aussagen. Die Botschaft zielt dabei in überaus kunstvoller Weise darauf, den Umkehraufruf als Wort Gottes im jeweiligen Hier und Jetzt der Hörer / Leser des Zwölfprophetenbuches als die angemessene Antwort auf ganz verschieden gefärbte Situationen nahe zu bringen. So heißt es in Joel 2,12, auf dem dramatischen Höhepunkt einer auch die Leser zunehmend bedrängenden Katastrophendarstellung: „*und auch jetzt noch – Spruch JHWHs – kehrt um zu mir mit eurem ganzen Herzen...!*“. Modellhaft wird der Jerusalemer Kult dabei als Ort der gemeinschaftlichen Umkehr vor Augen gestellt, ein Thema, das so in der Hoseaschrift nicht zu finden ist, jedoch ein Leitthema für das Zwölfprophetenbuch ist. Diese Thesen zur Joelschrift habe ich an anderer Stelle ausführlich begründet und breiter entfaltet.[52]

II.2 Garten Eden

Das zweite Kapitel der Joelschrift beginnt mit einem dramatischen Alarm, den offenbar JHWH selbst ausruft: *Stoßt in das Horn auf dem Zion! Schlagt Alarm auf meinem heiligen Berg!* Die zweite Vershälfte nennt das Ziel des Alarms: *Erzittern sollen alle Landesbewohner* und deutet die Bedrohung konzeptionell-theologisch als Tag JHWHs. Der Tag selbst entfaltet sich in kunstvoller Darstellung als Schilderung eines sich dem Zion nähernden großen Heeres. Durch planvolle Wechsel in der Technik des *point of view*

---

[52] Siehe R. SCORALICK 2002a, 160-179, und R. SCORALICK 2002b.

werden die Leser dabei zunehmend in die Position der von dem näherrückenden Heer Bedrohten versetzt, bis letztlich Schilderung und Textpragmatik in dem Aufruf zur Umkehr zu JHWH aus ganzem Herzen „auch jetzt noch“ in eins fallen. Dabei spielt JHWH eine Doppelrolle: Er ruft nicht nur den Alarm aus und fordert dringend zur Umkehr, sondern er ist auch als der Anführer des bedrohlichen Heeres gezeichnet.

Der Garten Eden wird im Einleitungsteil der Schilderung erwähnt. Diese Verse, Joel 2,1-3, lassen zum einen die kommende Schilderung als Aktualisierung des im ersten Kapitel bereits beschriebenen lesen. Dazu dient eine Reihe von Rückgriffen, beispielsweise in der Rede von der Unvergleichlichkeit des Geschehens, von der schon in 1,2b.3 die Rede war.

Konzentrieren wir uns auf die Verse 2 und 3. Ein zahlreiches und starkes Volk breitet sich wie Morgenlicht – also mit erschreckender Geschwindigkeit – auf den Bergen aus. Die Bedeutung des Geschehens wird zunächst aus zeitlicher und räumlicher Vogelperspektive beschrieben, es heißt: *2 desgleichen war noch nie von Urzeit her, und wird nach ihm nicht wieder sein bis in die Jahre von Generation zu Generation. Vor ihm her frisst Feuer und hinter ihm lodert Flamme.*
3 Wie der Garten Eden ist das Land vor ihm[53] *– und hinter ihm öde Wüste. Und auch Entrinnen gibt es nicht bei ihm.*

Diese erste Präsentation der Situation arbeitet mit dem Schema von „vor“ und „nach“ (לְפָנָיו und אַחֲרָיו), das sowohl auf Zeit wie auf Raum angewendet wird. Auf die Unvergleichlichkeit in der Zeit folgt eine Aussage, die zwar zur räumlichen Ebene wechselt, aber eigentlich die Beschreibbarkeit des Geschehens in Frage stellt. Wenn fressendes Feuer vorausgeht und lodernde Flamme folgt, kann man nicht viel erkennen oder beschreiben. Durch die an Theophanietexte gemahnenden Elemente wird jedoch schon an dieser Stelle das Heer mit numinosen Elementen aufgeladen.[54] Zugleich erinnern die Formulierungen an die Schilderung einer Dürresituation in Joel 1,19f. – auch dort ist von fressendem Feuer und lodernder Flamme die Rede. Joel 2 will sich auch durch diesen Rückgriff als weitere Aktualisierung von Joel 1 zeigen. Ist das Heer also ohne Parallele in der Zeit und nicht anschaulich im Raum – wie die Rede vom umgebenden Feuer zeigt – so richtet die dritte Bestimmung des „vor“ und „nach“ den Blick nicht mehr

---

[53] In der LXX heißt es: ὡς παράδεισος τρυφῆς ἡ γῆ πρὸ προσώπου.
[54] S. dazu auch U. DAHMEN 2001, 60.

direkt auf das Heer, sondern auf das Land (!) vor und nach ihm: כְּגַן־עֵדֶן הָאָרֶץ לְפָנָיו וְאַחֲרָיו מִדְבַּר שְׁמָמָה.

Parallele Formulierungen mit כְּגַן־עֵדֶן oder כְּגַן יְהוָה – in Jes 51,3; Ez 36,35 und Gen 13,10 – haben jeweils auch den völligen Umbruch einer Situation im Blick. In Gen 13,10 wird von der Jordangegend gesprochen, die wie der Garten Gottes war – bevor JHWH Sodom und Gomorra vernichtete. Der Vergleich dient also vor allen Dingen der Aussage des Kontrastes von Lebensraum und dessen Zerstörung.

Das Muster von „vor“ und „nach“ bestimmt in einer untergründigen Weise den weiteren Text von Joel 2,1-14. Die sich in der Dramatik steigernde Schilderung des heranrückenden Heeres wird an zwei Stellen durch Schilderungen seiner Wirkung unterbrochen, die den Leser aus dem Erleben des heranrückenden Schreckens entlassen. Der Blick richtet sich dabei auf die Wirkungen in Völkerwelt und Kosmos – angesichts des dort ausgelösten Schreckens und der Erschütterung ist dies auch keine Beruhigung für den Leser. Diese Erweiterungen des Blickwinkels formulieren beide mit פני (מִפָּנָיו in V. 6; לְפָנָיו in V. 10). Das heranrückende Heer löst vor sich Erschütterung und Angst aus, bis in kosmische Dimensionen hinein. Es rast auf den Zion zu, läuft auf der Mauer, steigt auf die Häuser hinauf, kommt durch die Fenster – und in die Spannung dieses Moments hinein erfolgt der Umkehrruf in Gottesrede, V. 12: *Auch jetzt noch – Spruch JHWHs – kehrt um zu mir mit ganzem Herzen.* In der anschließenden Prophetenrede wird der Umkehrruf aufgegriffen und durch Verweis auf die Gnadenformel aus Ex 34,6 begründet, ergänzt durch den Hinweis darauf, dass JHWH sich das Unheil leid sein lassen kann und dass er umkehren kann. V. 14 lautet dann: *wer weiß, (vielleicht) kehrt er um und lässt es sich leid sein und lässt hinter sich Segen übrig, Speiseopfer und Trankopfer für JHWH, euren Gott.*

Hier in V. 14 steht das letzte „hinter ihm“, אַחֲרָיו, des Textes. Es gibt eine Möglichkeit, die Folge von Garten Eden vor dem Heer und wüster Einöde hinter ihm aufzuhalten und umzukehren: Diese Möglichkeit liegt in der Umkehr zu JHWH hin, die er selbst ermöglicht und trägt. Dann lässt er vielleicht Segen zurück.[55]

Die Heilsschilderungen des Joelbuchs, die gerade auch den Ton auf die Fruchtbarkeit des Landes legen, schließen hier an. Das

[55] Die Stellen im Zwölfprophetenbuch, die von ברכה sprechen, scheinen untereinander verbunden zu sein: Joel 2,14; Sach 8,13 (mit Anspielung auf Abraham); Mal 2,2 und 3,10 (mit der Umkehrung von Flut und Joelbildern – infolge der Umkehr Israels). Es wäre interessant, dem näher nachzugehen.

Motiv des Kontrastes von גַּן־עֵדֶן und מִדְבַּר שְׁמָמָה, das in Joel 2,3 als zeitliche Folge vorkam, wird am Ende der Schrift indirekt, aber doch deutlich noch einmal aufgegriffen. Die Schilderung der Anwesenheit JHWHs auf dem Zion, seinem heiligen Berg, löst in 4,18 den Blick in die Zukunft aus. Die Berge werden von Most triefen und die Hügel von Milch, und alle Bäche Judas werden mit Wasser gefüllt sein. Dann wird eine Quelle vom Haus JHWHs ausgehen und das Schittim-Tal tränken. Die verwandten Stellen Ez 47,1ff. und Sach 14,8ff. sowie die Psalmen 46,5 und 65,10 lassen hier Anklänge an paradiesische Zustände hören.

Die lebensspendende Gegenwart JHWHs auf dem Zion wird kontrastiert mit dem Schicksal von Ägypten und Edom, die beide zu שְׁמָמָה werden, Edom sogar zu מִדְבַּר שְׁמָמָה (vgl. Joel 2,3) – wegen der Gewalttat an den Judäern. Der Kontrast, der in Joel 2,3 noch im Blick auf Zion und Judäa als zeitlich-räumliches Vor und Nach dargestellt ist, und dessen Entwicklung von der Umkehr zu JHWH abhängt – dieser Kontrast ist nun räumlich auf verschiedene Gebiete verteilt. Zion-Jerusalem und Umgebung fließen über von Lebensfülle, Ägypten und Edom werden zur Öde. Das erinnert wohl nicht umsonst an die beiden kontrastierten Gebiete / Länder in der letzten Schrift des Zwölfprophetenbuches, der Maleachischrift. Dort stand Edom als dem גְּבוּל רִשְׁעָה, das unter dem ewigen Zorn JHWHs steht (Mal 1,4), in Mal 3,6-12 die Verheißung gegenüber, dass ein Israel, das wirklich zu JHWH umkehrt, JHWHs Segen und Schutz erfahren wird, der sofort in Vorstellungen der Fruchtbarkeit expliziert ist. Dann werden alle Völker euch glücklich preisen: כִּי־תִהְיוּ אַתֶּם אֶרֶץ חֵפֶץ (Mal 3,12).

Eine solche Metaphorisierung des Landes ermöglicht direkt auch eine Ablösung der Freude, die sonst im Zwölfprophetenbuch vielfach auf Erntevorgänge bezogen wird, vom Zustand der natürlichen Lebenswelt. Damit kommen wir wieder zum Eingangstext zurück, dem Vertrauensbekenntnis des Beters des Habakukpsalms, er werde über JHWH jubeln, auch wenn das Land öde daliegt.

III. Des Ende des Habakukpsalms (Hab 3,17-19)

Hab 3,17 Mag denn die Feige nicht blühn, kein Ertrag an den Weinstöcken sein,
der Trieb des Ölbaums versagen, die Flur Speise nicht treiben,
die Schafe der Hürde entrissen und kein Rind mehr sein in den Ställen:

[18] *ich, freuen will ich mich SEIN, jubeln des Gotts meiner Freiheit.*
[19] *ER, mein Herr, ist meine Kraft,*
er läßt meine Füße wie der Hindinnen werden,
auf meine Kuppen läßt er mich treten.
Für den Chorleiter, mit Saitenspiel.

Auf die ganze Problematik des Psalms in Hab 3 mit seinen mythisch gefärbten Bildern kann an dieser Stelle nicht eingegangen werden. Der Psalm besingt in vielschichtigen, archaisch wirkenden Bildern den Kampf und letztlich den Sieg der rettenden Gerechtigkeit JHWHs. Das Thema der Fruchtbarkeit des Landes, das V. 17 anschneidet, kommt in diesem Zusammenhang relativ unerwartet. Es passt jedoch in den Duktus des Psalms, der recht eigentlich eine gegenweltkonstituierende Kraft angesichts der ausbleibenden Rettung vor Unrecht entfalten soll (s. V. 1). Die Thematik ist einfach um einen weiteren Bedrängnishorizont erweitert. Ob Hab 3,17 von einer realen Notlage spricht oder nur eine Möglichkeit vor Augen führt – wie die Buberübersetzung nahe legt, – ist strittig und hängt von der Auffassung des כי zu Beginn des Verses ab. Vielleicht soll hier sogar durch bewusst offene Formulierung ein Anknüpfungspunkt für die engagierte Lektüre des Textes auch in einer nicht von Fremdherrschaft und Unrecht gekennzeichneten Situation geschaffen werden. In jedem Fall kontrastiert die Freude und der Jubel des Beters über seinen Gott mit einer desolaten Situation auf den Feldern, in den Gärten und Weinbergen sowie bei den Herden, sei sie nun vom Beter nur als Möglichkeit postuliert oder real. Wenn V. 19 dann JHWH als Kraft des Beters bezeichnet – יְהוִה אֲדֹנָי חֵילִי – wirkt die Bezeichnung im Kontext doppeldeutig: חיל lässt sich hier im Sinne von „Kraft“ wie auch im Sinne von „Reichtum“ oder „Ertrag“ verstehen. Im einen Sinn schließt sich die Bezeichnung enger an die Bilder vom Kampf an, die den Psalm bestimmen, im anderen ist auch V. 17 im Blick. Eine Entscheidung ist nicht nötig, Mehrdimensionalität ist in poetischen Texten kein Fehler. Liest man חיל im Sinne von „Ertrag“ oder „Reichtum“, so entsteht eine Beziehung zum Anfang der Zefanjaschrift. In Zef 1,12f. werden in anklagender Weise Reiche beschrieben, die auf ihren Weinhefen eindicken und bei sich sinngemäß denken: JHWH tut ja doch nichts. Ihr Besitz – חֵילָם – wird der Plünderung verfallen, und ihre Häuser der Verwüstung. Sie werden dem Vergeblichkeitsfluch anheimfallen: Häuser bauen, aber nicht darin wohnen, Weinberge pflanzen, aber den Wein nicht trinken. Hubert IRSIGLER kommentiert: „Außen und Innen kommen bei diesen Herren zur Deckung. Ihrer satten Unbeweglichkeit, ihrem ‚Dick- und Festwerden' entspricht ein unbeweglicher Gott, der in das Geschehen nicht eingreift, weder schädlich noch förderlich."[56] Dabei rechnen diese Männer nach IRSIGLERS Auffassung wohl damit, dass JHWH „mit seinem stillen Segen das Leben erhält, obwohl das kaum ihre Sorge ist."[57] Das Leben ist dabei weitgehend bestimmt vom Ertrag der Felder und Weinberge, der Olivenhaine und Viehherden, die bei den Reichen vorauszusetzen sind. Diese Reichen halten sozusagen viel vom Segen, aber gar nichts vom Tag JHWHs. Das Ende des Habakukpsalms stellt den Beter als Gegenbild dieser Reichen vor Augen.

Noch in einem weiteren Sinn verbindet sich das Ende des Habakukpsalms mit dem Anfang der Zefanjaschrift. V. 19 in Hab 3 fährt fort: וַיָּשֶׂם רַגְלַי כָּאַיָּלוֹת וְעַל בָּמוֹתַי יַדְרִכֵנִי *er lässt meine Füße wie der Hindinnen werden, auf meine Kuppen lässt er mich treten.*

Die nächste Parallele ist ohne Zweifel Ps 18,34 // 2 Sam 22,34, denn dort ist sowohl von den „Füßen wie Hindinnen" die Rede als auch von בָּמֹתַי – allerdings ist das Verb verschieden, es heißt יַעֲמִידֵנִי. An diese Verschiedenheit des Verbs lassen sich einige Überlegungen anknüpfen. Es geht mir dabei um eine Nuance des Sinns, eine Facette, die den Formulierungen in ihrem neuen Kontext zuwächst.

Es gibt eine ganze Reihe von Parallelstellen, die von במות, oft von בָּמֳתֵי אָרֶץ sprechen, teilweise mit verschiedenen Verben (Jes 14,14; Job 9,8; Am 4,13; Mi 1,3; Dtn 33,29; Ps 18,34//2 Sam 22,34; Dtn 32,13 sowie Jes 58,14.).[58] Die Stellen wurden schon verschiedentlich untersucht. Von den Formulierungen mit der Wurzel דרך, „treten", ist Dtn 33,29 für Hab 3,19 interessant, da dort bei ähnlicher Formulierung die Überlegenheit Israels über seine Feinde ausgedrückt wird. Im Kontext des Zwölfprophetenbuches gelesen ist jedoch gerade die Verbindung von דרך mit במות interessant. Vom Treten JHWHs auf die Höhen der Erde spricht der hymnische Text Am 4,13. Die nächste, nun für Hab 3 besonders wichtige Stelle ist das 1. Kapitel der Michaschrift. In einer Theophanieschilderung heißt es dort in Mi 1,3-5:

---

56 H. IRSIGLER 2002, 160.
57 H. IRSIGLER 2002, 160f.
58 Vgl. dazu F.I. ANDERSEN / D.N. FREEDMAN 2000, 164f.169, sowie J.L. CRENSHAW 1972.

[3] *Fürwahr, siehe: JHWH geht heraus von seiner Stätte und steigt herab und tritt auf die Höhen der Erde.* [4] *Und es zerfließen die Berge unter ihm und die Täler spalten sich – wie Wachs vor dem Feuer, wie Wasser, hingeschüttet am Abhang.* [5] *Wegen der Verfehlung Jakobs geschieht all dies und wegen der Sünden des Hauses Israel. – Wer ist die Verfehlung Jakobs? ist es nicht Samaria? Und wer sind die Höhen* (במות) *Judas? Ist es nicht Jerusalem?*[59]

In diesem Text werden die Höhen der Erde, auf die JHWH tritt, in V. 5 zunächst als Bamot Judas aufgefasst und dann als Jerusalem identifiziert. Dabei hat das Wort במה dann einen negativen Klang, es bezeichnet eine illegitime Kulthöhe, wie die Parallele zur Frage nach der Sünde Jakobs verdeutlicht. Die Formulierung ist schockierend genug, um sich einzuprägen. Sie ist verbunden mit dem Wort gegen Jerusalem in Mi 3,9-12, wie Rainer KESSLER in seinem Kommentar gezeigt hat. Mi 3,9-12 identifiziert die Abgötterei Jerusalems, seinen Götzendienst, auf den die Bezeichnung במות verweist, als die soziale und politische Gewalt seiner Oberschicht.

Wenn unser Beter am Ende des Habakukpsalms sagt: *auf meine Höhen lässt er mich treten*, so legt sich m.E. die Frage nahe, ob nicht die Kausativform eine Art Nachfolgesituation zu dem in Micha beschriebenen Handeln Gottes bezeichnet? Dann würde der Beter ermächtigt, seine eigenen Kulthöhen, seinen Götzendienst zu zertreten. Die Deutung der ersten Zefanjaverse als Ende allen Bilderdienstes würde hier inhaltlich gut anschließen.

Natürlich gibt es die Schwierigkeit, dass im vorangehenden Versteil die Füße des Beters Hindinnen gleichgemacht werden, und dieses Bild dürfte auf Leichtfüßigkeit gemünzt sein. Ein trampelndes Reh ist sicher nicht gemeint. Vielleicht lässt sich jedoch auch die Nuance „Trittsicherheit in der Wildnis" hören? Das wäre für die Sinnnuance, die mir im Kontext anzuklingen scheint, passend. Oder vielleicht kann man sogar angesichts des Beziehungsreichtums der Texte des Zwölfprophetenbuches untereinander damit rechnen, dass dem impliziten Leser ein meditatives Lesen der Bilder zugemutet ist, das sich vom gegenüber Ps 18 abweichenden Verb inspirieren lässt, den Kontext des Zwölfprophetenbuches zur Erklärung der Abweichung heranzuziehen und damit problemlos mehrere Deutungen in einem einzigen Vers zu finden, auch wenn die Bilder nicht bei jeder Wendung perfekt aufgehen? Mir scheinen solche Fragen möglich und noch offen. Und ich hatte

[59] Übersetzung von R. KESSLER 1999.

zu Beginn der Darlegungen bereits gesagt, dass ich eigentlich mehr Fragen zu stellen, als Antworten zu geben habe.

Abstract

The paper analyses the idea of JHWH as giver (and withholder) of fertility in connection with the "land" throughout the book of the Twelve Prophets. A canonical reading with special attention to Hosea 1-3; 4:1-3; Joel 2:1-11 and Maleachi 1:2-5; 3:6-12 (including glances at Zefanja 1 and Habakuk 3) shows how this idea, rooted in Ancient Near Eastern mythology, is transformed into a multi-facetted theological motif and interwoven with main themes of the Twelve, such as the Day of JHWH, the question of idolatry and the characterization of Zion. The references to the "land" in Hos 1:2 and Mal 3:12 constitute a remarkable framing device for the book, which is also relevant to the structure of communication in the Twelve.

Literatur

ANDERSEN, F. I. / FREEDMAN, D.N. 1989: Amos: AncB 24A, New York u.a. 1989.

-- 2000: Micah: AncB 24E, New York u.a. 2000.

BERG, W. 1988: Israels Land, der Garten Gottes: BZ 32 (1988) 35-51.

BERLIN, A. 1994: Zephaniah: AncB 25A, New York u.a. 1994.

BRAATEN, L.J. 2003: God Sows: Hosea's Land Theme in the Book of the Twelve, in: REDDITT, P.L. / SCHART, A. (Hrsg.), Thematic Threads in the Book of the Twelve: BZAW 325, Berlin u.a. 2003, 104-132.

COLLINS, T. 1993: The Mantle of Elijah. The Redaction Criticism of the Prophetical Books: BiSe 20, Sheffield 1993.

CORNELIUS, I. 1988: Paradise Motifs in the "Eschatology" of the Minor Prophets and the Iconography of the Ancient Near East. The Concepts of Fertility, Water, Trees and "Tierfrieden" and Gen 2-3: JNSL 14 (1988) 41-83.

-- 1989: The garden in the iconography of the Ancient Near East. A Study of Selected Material from Egypt: Journal for Semitics 1 (1989) 204-228.

CRENSHAW, J.L. 1972: Wedôrek ʿal-bamotê ʿarec: CBQ 34 (1972) 39-53.

DAHMEN, U. / FLEISCHER, G. 2001: Das Buch Joel – Das Buch Amos: NSKAT 23/2, Stuttgart 2001.

DUHM, B. 1911: Anmerkungen zu den zwölf Propheten (Sonderabdruck aus der Zeitschrift für alttestamentliche Wissenschaft), Gießen 1911.

HEALEY, J. F. 1996: Grain and wine in abundance. Blessings from the ancient Near East, in: WYATT, N. / WATSON, W.G.E. / LLOYD, J.B. (Hrsg.), Ugarit, religion and culture. Proceedings of the international colloquium on Ugarit, religion and culture, Edinburgh July 1994. FS J.C.L. GIBSON: UBL 12, Münster 1996, 65-74.

IRSIGLER, H. 2002: Zefanja: HThKAT, Freiburg u.a. 2002.

JEREMIAS, J. 1993: Der Prophet Hosea: ATD 24/1, Göttingen 1993.

-- 1995: Der Prophet Amos: ATD 24/2, Göttingen 1995.

KESSLER, R. 1999: Micha: HThKAT, Freiburg u.a. 1999.

LUTTIKHUIZEN, G.P. (Hrsg.) 1999: Paradise interpreted. Representations of biblical paradise in Judaism and Christianity: Themes in biblical narrative. Jewish and Christian traditions 2, Leiden 1999.

MACINTOSH, A.A. 1997: A Critical and Exegetical Commentary on Hosea: ICC, Edinburgh 1997.

METZGER, M. 1983: Gottheit, Berg und Vegetation in vorderorientalischer Bildtradition: ZDPV 99 (1983) 54-94.

NOORT, E. 1999: Gan-Eden in the context of the mythology of the Hebrew Bible, in: LUTTIKHUIZEN, G.P. (Hrsg.), Paradise interpreted. Representations of biblical paradise in Judaism and Christianity: Themes in biblical narrative. Jewish and christian traditions 2, Leiden 1999, 21-36.

REDDITT, P.L. 2001: Recent Research on the Book of the Twelve as One Book: Currents in Research: Biblical Studies 9 (2001) 47-80.

-- 2003: The Formation of the Book of the Twelve: A Review of Research, in: REDDITT, P.L. / SCHART, A. (Hrsg.), Thematic Threads in the Book of the Twelve: BZAW 325, Berlin u.a. 2003, 1-26.

RENDTORFF, R. 1998: Alas for the Day! The "Day of the LORD" in the Book of the Twelve, in: LINAFELT, T. / BEAL, T.K. (Hrsg.), God in the Fray. FS W. BRUEGGEMANN, Minneapolis 1998, 186-197.

SCHART, A. 1998: Die Entstehung des Zwölfprophetenbuchs. Neubearbeitungen von Amos im Rahmen schriftenübergreifender Redaktionsprozesse: BZAW 260, Berlin u.a. 1998.

SCHMIDT, W. H. ^{4}1982: Alttestamentlicher Glaube in seiner Geschichte, Neukirchen-Vluyn ^{4}1982.

SCORALICK, R. 2002a: Gottes Güte und Gottes Zorn. Die Gottesprädikationen in Ex 34,6f und ihre intertextuellen Beziehungen zum Zwölfprophetenbuch: HBS 33, Freiburg u.a. 2002.

-- 2002b: „Auch jetzt noch" (Joel 2,12a). Zur Eigenart der Joelschrift und ihrer Funktion im Kontext des Zwölfprophetenbuches, in: ZENGER, E. (Hrsg.), „Wort JHWHs, das geschah ..." (Hos 1,1). Studien zum Zwölfprophetenbuch: HBS 35, Freiburg u.a. 2002, 47-70.

STORDALEN, T. 2000: Echoes of Eden. Genesis 2-3 and symbolism of the Eden garden in biblical Hebrew literature: Contributions to biblical exegesis and theology 25, Leuven 2000.

SWEENEY, M.A. 2000: The Twelve Prophets, Volume 2: Micah, Nahum, Habakkuk, Zephaniah, Haggai, Zechariah, Malachi: Berit Olam, Collegeville, MN 2000.

VRIEZEN, T.C. 1941: Hosea: profeet en cultuur, Groningen 1941.

WACKER, M.-T. 1996: Figurationen des Weiblichen im Hosea-Buch: HBS 8, Freiburg u.a. 1996.

-- 1998: Das Buch Maleachi. Zur Ehre Gottes, des Vaters?, in: SCHOTTROFF, L. / WACKER, M.-T. (Hrsg.), Kompendium Feministische Bibelauslegung, Gütersloh 1998, 376-383.

WATTS, J.D.W. 2000: A Frame for the Book of the Twelve: Hosea 1-3 and Malachi, in: NOGALSKI, J.D. / SWEENEY, M.A. (Hrsg.), Reading and Hearing the Book of the Twelve: SBL Symposium Series 15, Atlanta, GA 2000, 209-217.

WOLFF, H. W. 1961: Dodekapropheton 1: Hosea: BKAT XIV/1, Neukirchen-Vluyn 1961.

-- 1969: Dodekapropheton 2: Joel und Amos: BKAT XIV/2, Neukirchen-Vluyn 1969.

ZENGER, E. 2001: Einleitung in das Alte Testament, 4. durchges. Aufl., Stuttgart 2001.

-- 2002: „Wie ein Löwe brüllt er ..." (Hos 11,10). Zur Funktion poetischer Metaphorik im Zwölfprophetenbuch, in: ZENGER, E. (Hrsg.), „Wort JHWHs, das geschah ..." (Hos 1,1). Studien zum Zwölfprophetenbuch: HBS 35, Freiburg u.a. 2002, 33-46.

Sachregister

Bibelstellenregister

Die Autorinnen und Autoren dieses Bandes

Bons, Eberhard
Prof. DDr. Eberhard Bons, geb. 1958 in Krefeld-Uerdingen, Studium der Katholischen Theologie, Philosophie und Romanistik. 1988 Promotion Dr. phil. an der Universität Mainz, 1993 Dr. theol. an der Philosophisch-Theologischen Hochschule St. Georgen, Frankfurt a.M., 2000 Habilitation à diriger des recherches an der Université Marc Bloch, Strassburg, lehrt dort seit 1995 an der Fakultät für Katholische Theologie Altes Testament. Buchveröffentlichungen: Der Philosoph Ernesto Grassi. Integratives Denken – Antirationalismus – Vico-Interpretation, München 1990; Psalm 31 - Rettung als Paradigma. Eine leserorientierte Analyse: Frankfurter Theologische Studien Bd. 48, Frankfurt 1994; Das Buch Hosea, Stuttgart 1996; Les Douze prophètes: Osée: La Bible d'Alexandrie Bd. 23,1, Paris 2002 (zusammen mit J. JOOSTEN und St. KESSLER); Herausgeber von: „Car c'est l'amour qui me plaît, non le sacrifice ..." Recherches sur Osée 6:6 et son interprétation juive et chrétienne : Journal for the Study of Judaism, Supplements, Bd. 88, Leiden 2004 ; Le jugement dans l'un et l'autre Testament. Vol. I: Mélanges offerts à Raymond KUNTZMANN, Paris 2004.

Görg, Manfred
Prof. DDr. Manfred Görg, geboren 1938 in Blankenfelde bei Berlin, Studium der Katholischen Theologie in Bonn, Würzburg und Paderborn. 1963 Priesterweihe in Paderborn, 1963-1968 Gemeindedienst. 1967 Promotion Dr. theol. an der Universität Bonn, 1968-1972 Wissenschaftlicher Assistent an der Universität Bochum und Studium der Ägyptologie in Bonn, 1972 Habilitation für Alttestamentliche Exegese in Bochum und Ernennung zum Universitätsdozenten, 1974 Promotion Dr. phil. an der Universität Bonn und Ernennung zum apl. Prof. in Bochum, 1975-1985 Universitätsprofessor für Alttestamentliche Wissenschaften in der Universität Bamberg, 1984 Gastprofessor an der Freien Universität Berlin, 1985-2003 Universitäts-Professor für Alttestamentliche Theologie an der Universität München und Vorstand des Instituts für Biblische Exegese. 20 Jahre stellvertretender Vorsitzender des Deutschen Palästina-Vereins, mehrere Jahre Vorsitzender des Wissenschaftlichen Beirats des Katholischen Bibelwerks Stuttgart, seit 2001 Vorsitzender der Freunde Abrahams e.V. Zahlreiche Veröffentlichungen, zuletzt: Ein Haus im Totenreich. Jenseitserwartungen in Israel und Ägypten, Düsseldorf 1998; Die Barke der Sonne, Freiburg 2001. – Herausgeber u.a. von: Biblische Notizen. Beiträge zur exegetischen Diskussion, Bamberg-München, 1976-2003; Biblische Notizen, Beihefte, München, seit 1985; Ägypten und

Altes Testament. Studien zu Geschichte, Kultur und Religion Ägyptens und des Alten Testaments, Wiesbaden, seit 1979, bisher ca. 60 Bände; (mit B. LANG): Neues Bibel-Lexikon, 3 Bände, Zürich-Düsseldorf, 1988-2001.

Häusl, Maria
PD Dr. Maria Häusl, geb. 1964 in Waging am See / Oberbayern. Studium der Kath. Theologie in München. 1993 Promotion Dr. theol. in München, 2002 Habilitation und Ernennung zur Privatdozentin für das Fach ‚Altes Testament und biblisch-orientalische Sprachen' in Würzburg. Von 1992-2002 wissenschaftliche Assistentin, seit 2002 wissenschaftliche Oberassistentin am Lehrstuhl für Altes Testament in Würzburg. Letzte Veröffentlichungen: Bilder der Not. Weiblichkeits- und Geschlechtermetaphorik im Buch Jeremia, HBS 37, Freiburg 2003 (Habilitationsschrift); Geschlechterordnung, symbolische Ordnung, Götterordnung – Forschung zur Geschlechterdifferenz in der alttestamentlichen Exegese, in: HEININGER, B. (Hrsg.), Wahrnehmung der Geschlechterdifferenz in religiösen Symbolsystemen, Geschlecht – Symbol – Religion Bd. 1, Münster 2003, 15-25.

Irsigler, Hubert
Prof. Dr. Hubert Irsigler, geb. 1945, Studium der Philosophie, Theologie und orientalischer Sprachen in München und Tübingen. Priester der Diözese Augsburg (Priesterweihe 1977 in München). Promotion Dr. theol. 1976 und Habilitation 1983 für Alttestamentliche Einleitung und Exegese und biblisch-orientalische Sprachen an der Ludwig-Maximilians-Universität in München. Von 1986-1997 Professor für Alttestamentliche Wissenschaften an der Otto-Friedrich-Universität Bamberg. Seit 1998 Professor für alttestamentliche Literatur und Exegese an der Albert-Ludwigs-Universität Freiburg (z. Zt. Dekan der Theologischen Fakultät). Mitherausgeber der Reihe ATSAT. Mitglied der Sudetendeutschen Akademie der Wissenschaften und Künste (seit 1995). Forschungsschwerpunkte und Veröffentlichungen auf den Gebieten der Prophetie Israels, insbesondere der Kleinen Propheten und des Jesajabuchs, der Psalmen und Weisheitsliteratur, der Untersuchung von Menschen- und Gottesbildern im Alten Testament sowie in der Forschung an Sprechakten und Wirkintentionen in biblischer Poesie, auf den Gebieten der exegetischen Methodik und der althebräischen Sprachwissenschaft. Letzte Buchveröffentlichungen: Kommentar zum Buch Zefanja: HThKAT, Freiburg 2002; (Hrsg.), „Wer darf hinaufsteigen zum Berg JHWHs?". FS S.Ö. STEINGRÍMSSON: ATS 72, St. Ottilien 2002.

Keel, Othmar
Prof. em. Dr. Dr. h.c. Othmar Keel, geb. 1937, Studium der Bibelwissenschaft, Theologie und altorientalischer Kunst- und Religionsgeschichte in Zürich, Fribourg, Rom, Jerusalem und Chicago. 1969-2002 Professor für Altes Testament und Biblische Umwelt an der Theologischen Fakultät der Universität Fribourg. Er publizierte um die 30 Bücher und etwa 100 Artikel hauptsächlich zur Beziehung zwischen biblischen Texten und altorientalischen Bildern, besonders zu Themen aus der Weisheit, der Prophetie und den Psalmen. Zusammen mit Max KÜCHLER publiziert er den Studienreiseführer „Orte und Landschaften der Bibel" (bisher zwei Bände). Zur Zeit arbeitet er an der „Geschichte Jerusalems und des Monotheismus". Er ediert ein Corpus der Stempelsiegel-Amulette aus Palästina / Israel (bisher zwei Bände). Zusammen mit Thomas STAUBLI versucht er ein BIBEL+ORIENT Museum zu realisieren. Er ist Gründer und Mitherausgeber der Reihe „Orbis Biblicus et Orientalis" (über 200 Bände). Er erhielt den Irene Levi Sala Preis 1998 für das beste Buch zur Archäologie Israels. Er ist Ehrendoktor der theologischen Fakultäten der Universitäten Lund und Genf.

Müller, Hans-Peter
Prof. em. Dr. Hans-Peter Müller, geb. 1934 in Berlin. 1963 Promotion Dr. theol. in Heidelberg. Nach Tätigkeit als evangelischer Pfarrer im damaligen West-Berlin 1967 Habilitation im Fach ‚Altes Testament' in Münster, dort ab 1971 ‚Wissenschaftlicher Rat und Professor', 1978-1983 Ord. Professor für ‚Altes Testament und Spätisraelitische Religionsgeschichte' in Hamburg, danach Ord. Professor für ‚Altes Testament (ab 1995) und Religionsgeschichte' in Münster. Seit 1999 emeritiert. – Über 100 Aufsätze zu alttestamentlichen, orientalistischen und systematisch-theologischen Themen. – Letzte Buchveröffentlichungen: Das Hiobproblem. Seine Stellung und Entstehung im Alten Orient und im Alten Testament, Darmstadt ^{3}1995; Glauben, Denken und Hoffen. Alttestamentliche Botschaften in den Auseinandersetzungen unserer Zeit, Münster u.a. 1998.

Schroer, Silvia
Prof. Dr. Silvia Schroer, geb. 1958 in Münster / Westf., Studium der kath. Theologe und Altphilologie in Münster, München und Freiburg (Schweiz). 1986 Promotion Dr. theol., 1989 Habilitation als erste Frau an der Theologischen Fakultät Freiburg (Schweiz). Schwerpunkte der Ausbildung ‚Altes Testament und Biblische Umwelt' sowie feministische Bibelwissenschaft. Nach Jahren leitender Tätigkeit in der Erwachsenenbildung Forschungsprojekt des Schweizerischen Nationalfonds zur Religionsgeschichte Palästinas / Israels (zusammen mit O. KEEL). 1996/7

Stiftungsgastprofessur der Humboldt-Universität Berlin. 1997 Berufung als Professorin an die Evang.-theol. Fakultät der Universität Bern. Zahlreiche Publikationen zu Themen atl. Exegese, biblischer Theologie (Schöpfung, Anthropologie), der Bildkunst Palästinas / Israels und des Alten Orients sowie zu feministischer Exegese und Hermeneutik. Mehrere Bücher liegen bereits in Übersetzungen vor (Holland, USA, Brasilien). Neuere Buchveröffentlichungen: KEEL, O. / SCHROER, S., Schöpfung. Biblische Theologien im Kontext altorientalischer Religionen, Göttingen / Freiburg (Schweiz) 2002; SCHROER, S. / BIETENHARD, S. (Hrsg.), Feminist Interpretation of the Bible and the Hermeneutics of Liberation: JSOT.SS 374, Sheffield 2003.

Scoralick, Ruth
Prof. Dr. Ruth Scoralick, geb. 1960 in Frankfurt a.M., Studium der Philosophie und kath. Theologie in Frankfurt a.M. (Hochschule Sankt Georgen), München und Jerusalem (École Biblique et Archéologique). Promotion Dr. theol. in Frankfurt a.M., Habilitation 2001 an der Universität Münster, seit Oktober 2002 Professorin für Exegese des Alten Testaments an der Universität Luzern. Buchpublikationen: Trishagion und Gottesherrschaft. Psalm 99 als Neuinterpretation von Tora und Propheten: SBS 138, Stuttgart 1989; Einzelspruch und Sammlung. Komposition im Buch der Sprichwörter Kapitel 10-15: BZAW 232, Berlin 1995; Gottes Güte und Gottes Zorn. Die Gottesprädikationen in Exodus 34,6f und ihre intertextuellen Beziehungen zum Zwölfprophetenbuch: HBS 33, Freiburg i.Br. 2002.

Willmes, Bernd
Prof. DDr. Bernd Willmes, geb. 1952 in Wanne-Eickel (NRW); Studium der Katholischen Theologie und Pädagogik in Bochum. Seit 1984 Priester des Bistums Essen. 1983 Dr. theol. in Bochum, 1996 Dr. phil. in Bonn, seit 1991 ord. Professor für Exegese des Alten Testaments an der Theologischen Fakultät Fulda; 1994-2000 Prorektor; 2000-2004 Rektor. Bisher 8 Monographien, zahlreiche Aufsätze und Lexikonartikel zu alttestamentlichen Themen. Letzte Buchveröffentlichungen: Menschliches Schicksal und ironische Weisheitskritik im Koheletbuch. Kohelets Ironie und die Grenzen der Exegese: BThSt 39, Neukirchen-Vluyn 2000; Von der Exegese als Wissenschaft zur kanonisch-intertextuellen Lektüre? – Kritische Anmerkungen zur kanonisch-intertextuellen Lektüre von Gen 22,1-19: Fuldaer Hochschulschriften 41, Frankfurt am Main 2002.